Proibição de tributos com efeito de confisco

D569p Difini, Luiz Felipe Silveira
Proibição de tributos com efeito de confisco / Luiz Felipe Silveira Difini. – Porto Alegre: Livraria do Advogado Ed., 2006.
280 p.; 23 cm.

ISBN 85-7348-448-9

1. Direito Tributário. 2. Confisco. I. Título.

CDU - 336.2

Índice para o catálogo sistemático:

Direito Tributário
Direito Tributário: Confisco

(Bibliotecária responsável: Marta Roberto, CRB-10/652)

Luiz Felipe Silveira Difini

Proibição de tributos com efeito de confisco

Porto Alegre, 2007

©Luiz Felipe Silveira Difini, 2007

Capa, projeto gráfico e diagramação de
Livraria do Advogado Editora

Revisão
Rosane Marques Borba

Direitos desta edição reservados por
Livraria do Advogado Editora Ltda.
Rua Riachuelo, 1338
90010-273 Porto Alegre RS
Fone/fax: 0800-51-7522
editora@livrariadoadvogado.com.br
www.doadvogado.com.br

Impresso no Brasil / Printed in Brazil

Sumário

Introdução 7

1ª Parte – Previsão, Evolução e Classificação da Proibição de Tributos Confiscatórios

1. Confisco e Efeito Confiscatório 15
   1.1. Previsão constitucional 15
   1.2. Noção de confisco 19
   1.3. Efeito ou alcance confiscatório 20
   1.4. A vedação a tributos com efeito confiscatório constitui imunidade? 31
   1.5. Evolução em alguns sistemas jurídicos 34
       1.5.1. Argentina 34
       1.5.2. Estados Unidos 40
       1.5.3. Espanha 50
       1.5.4. Alemanha 53
       1.5.5. Brasil 58
           1.5.5.1. A norma do art. 150, IV, da Constituição constitui "cláusula pétrea"? 62
           1.5.5.2. Desenvolvimento do tema 64

2. Classificação da Norma de Proibição de Tributos com Efeito Confiscatório . 65
   2.1. Princípios e regras 65
       2.1.1 Aplicação dos princípios por ponderação 71
       2.1.2 Princípios e valores 74
   2.2. Norma de colisão 75
   2.3. Concreção da norma que veda a utilização de tributo com efeito de confisco . 82
       2.3.1. Proporcionalidade 83
       2.3.2. Razoabilidade 93
       2.3.3. Concreção da noção de efeito confiscatório 106
   2.4. Finalidade do princípio 110
       2.4.1. Norma de defesa do direito de propriedade 110
       2.4.2. Realização do valor de justiça do sistema tributário 115
   2.5. Vedação de efeito confiscatório e outros princípios constitucionais 118
       2.5.1. Capacidade contributiva 118
       2.5.2. Igualdade 127
       2.5.3. Progressividade 132
       2.5.4. Mínimo existencial 135

2.5.5. Direito de propriedade 139
2.5.6. Livre exercício profissional e livre iniciativa 141
2.5.7. Estado Social e Democrático de Direito 142
2.5.8. Boa-fé 145

2ª Parte – Âmbito de Aplicação Concreta da Proibição de Tributos Confiscatorios

1. Sua Aplicação às Diversas Espécies Tributárias 149
   1.1. Impostos 149
      1.1.1. Imposto sobre a renda 151
      1.1.2. Impostos reais: ITR, IPTU, IPVA 154
         1.1.2.1. Progressividade extrafiscal do ITR e do IPTU 161
      1.1.3. Impostos indiretos: IPI e ICMS 168
         1.1.3.1. Substituição tributária 177
      1.1.4. Impostos de transmissão: ITCD e ITIV 185
      1.1.5. Imposto sobre Serviços de qualquer natureza 188
      1.1.6. Imposto sobre operações de crédito, câmbio e seguro ou relativas a títulos ou valores mobiliários 191
      1.1.7. Impostos sobre o comércio exterior 196
      1.1.8. Imposto sobre grandes fortunas 200
      1.1.9. Impostos extraordinários de guerra 203
      1.1.10. Impostos residuais 204
   1.2. Taxas 205
   1.3. Contribuições de melhoria 210
   1.4. Outras contribuições 215
   1.5. Empréstimos compulsórios 218
   1.6. Tributos extrafiscais 224
   1.7. Referibilidade a cada tributo isoladamente ou ao sistema tributário como um todo 228
   1.8. Multa fiscal 236
   1.9. Juros e correção monetária 244

2. Parâmetros para Efetividade do Princípio 247
   2.1. Solução normativa ou jurisprudencial? 248
      2.1.1. Solução constitucional 248
      2.1.2. Solução legal 249
         2.1.2.1. Em lei complementar 252
         2.1.2.2. Em lei ordinária 252
      2.1.3. Solução jurisprudencial 254
   2.2. Construção de regras a partir das soluções de conflitos de princípios 258

Conclusões 261
Referências Bibliográficas 275

Introdução

O art. 150, inciso IV, da Constituição Federal dispõe ser vedado à União, aos Estados, ao Distrito Federal e aos Municípios utilizar tributo com efeito de confisco.

Que significa concretamente tal comando constitucional?

Cuida-se, sem dúvida, de expressão com característica de vagueza, conceito jurídico indeterminado, ou seja, termos que não têm apenas uma periferia de textura aberta, mas que são centralmente vagos.[1] Com efeito, certo grau de imprecisão é inerente à linguagem humana,[2] praticamente não existindo palavras que contenham significado unívoco. Quase dois séculos atrás já o apontava John Marshall: "Such is the character of human language that no word conveys to the mind in all situations one single definite idea".[3]

Mas a maioria dos termos apresenta um núcleo central de significado indiscutível e apenas hipóteses periféricas dúbias ou controversas. Já os conceitos jurídicos indeterminados são *centralmente vagos*: neles não é na minoria de casos, claramente periféricos, que surge a dúvida sobre seu significado, mas na imensa maioria dos casos reais esta se faz presente, impedindo que a aplicação do direito se faça por mera operação de *subsunção*, exigindo tarefa de *concreção*.

É o caso do objeto de nosso estudo, a norma constitucional que proíbe a utilização de tributo com efeito de confisco. Com mais uma peculiaridade: o conceito de confisco não só é semanticamente vago, como significativamente controversas as interpretações que se lhe dão, por razões inclusive ideológicas,[4] além de vagas e imprecisas as

---

[1] ATIENZA, Manuel e MANERO, Juan Ruiz. Sobre principios y reglas, *Doxa-Cuadernos de Filosofia del Derecho*, Alicante, vol. 10, p. 117, 1991.

[2] "Bem certo que *toda a palavra encerra alguma vaguidade*. Mas, queremos insistir que existem fórmulas expressionais onde predomina densamente a indeterminação, ao lado de outras de fácil e intuitivo reconhecimento, em que a ocorrência do mundo exterior está visivelmente demarcada sobrando pouco espaço para os desacordos de opinião". CARVALHO, Paulo de Barros. Sobre os princípios constitucionais tributários. *Revista de Direito Tributário*, São Paulo, nº55, p. 151, jan-mar/1991, grifo do original.

[3] MacCulloch v. Maryland 17 U.S. 316 (1819).

[4] Assim, por exemplo, de um ponto de vista do liberalismo econômico, sustenta Clarence B. Carson: "It is my contention that the axioms are valid regardless of the degree of the taxation. The power to tax involves the power to destroy whether the degree is some fraction of one percent or 100 percent". The power to tax is the power to destroy. In *Taxation and confiscation*, Irvington-on-Hudson: The Foundation for Economic Education, 1993, p. 176.

decisões jurisprudenciais a respeito. A ele é plenamente aplicável a observação de Alexy:

> A la vaguedad de la normación de los derechos fundamentales se suma, pues la vaguedad de la jurisprudencia sobre los mismos. Ciertamente, la jurisprudencia ha reducido en algo la vaguedad de la normación de los derechos fundamentales pero, en ningún caso, puede decirse que la haya eliminado.[5]

A conseqüência destas constatações talvez fosse desanimadora.

Poderíamos considerar "efeito de confisco" uma expressão vazia de conteúdo,[6] ou concluir, como Paulo de Barros Carvalho, "que a doutrina do confisco não fora elaborada, permanecendo em solo estéril as construções que tomem esta figura em linha de consideração".[7] Deste pessimismo acerca das possibilidades de concretização do instituto, também compartilha Dirceu Antônio Pastorello:

> Se o objetivo contido na indagação é procurar fixar padrões mensuráveis para se chegar à conclusão de que determinado ato legislativo estatal, de natureza fiscal ou tributária, configura ou não efeito de confisco, digo, desde logo, ser impossível.[8]

Ao final deste trabalho, almejamos ser capazes de indicar rumos e alcançar conclusões mais concretas. Inspira-nos a exortação de Geraldo Ataliba:

> Ora como deixar de reconhecer caráter jurídico a uma disposição constitucional? Na pior das hipóteses, a disposição constitucional mais abstrata e vaga possui, no mínimo, a eficácia paralisante de todas as normas inferiores, se contrastantes com seu sentido, bem como determinadora de importantíssimas conseqüências na compreensão do contexto constitucional e de cada disposição que o integra, bem como determina relevantes conseqüências exegéticas, relativamente a todo o sistema normativo (incluídas as leis ordinárias e normas inferiores).[9]

Na doutrina italiana, Giardina apontava (a respeito do princípio da capacidade contributiva) a necessidade de optar, entre as possíveis interpretações de um texto constitucional, por aquela que o tornasse apto a produzir efetivas conseqüências na ordem jurídica:

> Ora, non sembra che sia lecito considerare imprecise e approssimative le proposizioni costituzionali che possono invece meglio interpretarsi come fornite di un preciso significato e produttive di tassative conseguenze giuridiche. Tra le diverse possibili interpretazioni è da preferire quella che consente di riconoscere alla norma una concreta efficacia giuridica.[10]

No caso da vedação à utilização de tributos com efeito confiscatório, há uma longa tradição jurisprudencial ou doutrinária a respeito,

---

[5] ALEXY, Robert. *Teoria de los derechos fundamentales*. Trad. Ernesto Garzón Valdés. Madrid: Centro de Estudios Políticos y Constitucionales, 2001, p. 24. Antes o autor já referira que "si a la vaguedad se suma un profundo disenso acerca de los objetos de la regulación, entonces está ya abonado el terreno para una amplia polémica". Obra citada, p. 22.

[6] TORRES DEL MORAL, Antonio. *Principios de derecho constitucional español*. Madrid: Ateneo Ediciones, 1985, p.2.

[7] *Sobre os princípios...*cit., p.153.

[8] *In* MARTINS, Ives Gandra da Silva (Coord.). *Direitos fundamentais do contribuinte*. Pesquisas tributárias, nova série, n°6. São Paulo: Revista dos Tribunais, 2000, p. 566.

[9] *Lei Complementar na Constituição*. Revista dos Tribunais: São Paulo, 1971, p. 18.

[10] *Le basi teoriche del principio della capacitá contributiva*. Milano: Giuffrè, 1961, p. 437.

em diversos países, que, embora apresente inegáveis incertezas, poderá auxiliar-nos na tarefa de concreção do conceito.

Na Argentina, há incontáveis decisões da Corte Suprema de Justicia de la Nación, desde o julgado de 16 de dezembro de 1911 (Doña Rosa Melo de Cané, su testamentaria, Fallos 115:111), que, no dizer de José Osvaldo Casás "inicia la familia de pronunciamientos sobre la interdicción de la confiscatoriedad tributaria".[11] O reiterado enfrentamento jurisprudencial do tema pela CSJN acabou por fixar, inclusive, embora restritamente a alguns tributos, o célebre limite de 33% sobre o rendimento que adviria da correta e adequada exploração do bem, adotado pela jurisprudência argentina.

No direito americano, invocando a cláusula do *due process of law* substantivo, os tribunais chegaram à limitação da tributação confiscatória, superando inclusive as ilações que se poderiam extrair do célebre axioma de Marshall ("the power to tax involves the power to destroy").[12]

Na Itália, prepondera, face à sua expressa previsão no art. 53 da Constituição, o exame do princípio da capacidade contributiva. O estudo comparativo demonstrará que várias conseqüências que a doutrina argentina (inspirada na jurisprudência de sua Corte Suprema) extraiu do princípio da não-confiscatoriedade, na Itália, foram objeto de construção fundada na capacidade contributiva.

Na Alemanha, embora ausente previsão constitucional expressa, a matéria foi recentemente enfrentada pelo Tribunal Constitucional Federal, com importantes decisões a respeito, com fundamento no art. 14 da Lei Fundamental (garantia do direito de propriedade e sua correspondente vinculação ao interesse público).

No Brasil, já antes da previsão expressa na Constituição de 1988, Baleeiro apontava-o como princípio constitucional implícito:

> Dentre os efeitos jurídicos dos arts. 153, §§ 1º, 11 e 22, se inclui o da proibição de tributos confiscatórios, como tais entendidos os que absorvem parte considerável do valor da propriedade, aniquilam a empresa ou impedem o exercício de atividade lícita e moral.[13]

Idêntica era a lição de Pontes de Miranda,[14] e a jurisprudência, inclusive do Supremo Tribunal Federal, já vinha reconhecendo que "o poder de taxar não pode chegar à desmedida do poder de destruir, uma vez que somente aquele pode ser exercido dentro dos limites que

---

[11] *Los principios del derecho tributario*. Disponível em http:www.salvador.edu.ar. Acesso em 12.06.2003.

[12] McCulloch v. Maryland 17 U.S. 316, 431 (1819).

[13] BALEEIRO, Aliomar. *Limitações constitucionais ao poder de tributar*. 7ª ed., atualizada por DERZI, Misabel Abreu Machado, Rio de Janeiro: Forense, 2001, p. 564.

[14] *Comentários à Constituição de 1967, com a Emenda Constitucional nº1 de 1969*. 2ªed., São Paulo: Revista dos Tribunais, 1970, tomo III, p. 197.

o tornem compatível com a liberdade de trabalho, de comércio e de indústria e com o direito de propriedade".[15]

O tema, portanto, embora muito longe de ter seu âmbito de concreção adequadamente determinado, vem, de longa data e em vários países, sendo examinado pela doutrina e pela jurisprudência. Por outro lado, sua relevância mais se afirma nos tempos presentes em que há crescente necessidade de financiamento das funções do Estado, especialmente para satisfação dos direitos a prestações positivas, sempre maiores como derivação do princípio do Estado Social e Democrático de Direito. Tal fenômeno, somado a dados conjunturais e estruturais (por exemplo, o descomunal endividamento de países periféricos, como o nosso), tem levado a um agravamento das cargas tributárias, que já alcançam percentuais extremamente expressivos das respectivas produções nacionais. Só isto já justificaria dedicasse a doutrina, a quem cabe formular padrões argumentativos que possam apontar caminhos para soluções jurisprudenciais, estrita atenção ao tema, com vistas a proporcionar um significado mais preciso e produtor de efetivas conseqüências jurídicas ao princípio.

Pode-se iniciar a percorrer este caminho analisando o conceito de confisco em si:

> Confisco ou confiscação, é vocábulo que se deriva do latim confiscatio, de confiscare, tendo o sentido de ato pelo qual se apreendem e se adjudicam ao fisco bens pertencentes a outrem, por ato administrativo ou por sentença judiciária, fundados em lei.[16]

E ainda:

> Em regra, pois, o confisco indica uma punição. Quer isto dizer que sua imposição, ou decretação, decorre da evidência de crimes ou contravenções praticadas por uma pessoa, em virtude do que, além de outras sanções, impõe a perda de todos ou parte dos bens em seu poder, em proveito do erário público.[17]

Portanto, confisco é punição, pela qual se adjudicam ao fisco bens, por ato administrativo ou sentença com base em lei. Vê-se que tributo não pode ser confisco, pois tributo não é punição, de vez que não constitui sanção de ato ilícito.[18] O que se veda não é tributo que constitua confisco (disposição que nenhum efeito produziria, pois seria impossibilidade lógica), mas tributação que de tal forma lesione o patrimônio, renda ou atividade lícita do contribuinte, que acabe por ter efeitos equivalentes ao confisco ("efeito de confisco"), causando, pela via indireta da tributação, o desapossamento dos bens do contribuinte pelo Fisco.[19]

---

[15] RE nº 18.331-SP, 2ª Turma, Rel. Min. Orozimbo Nonato, julgado em 21.09.1951, in *Revista Forense*, Rio de Janeiro, vol. 145, p. 164, jan-fev. 1953.

[16] DE PLÁCIDO E SILVA (Oscar José). *Vocabulário Jurídico*. Atualizado por ALVES, Geraldo Mayola e SLAIBI FILHO, Nagib. Rio de Janeiro: Forense, 1999, CD-ROM.

[17] Idem.

[18] Como, entre nós, inclusive positivado no art. 3º do CTN.

[19] "Não se trata, portanto, de vedar o confisco, pois confisco em nada se assemelha com tributo, mas de evitar a tributação que por excessiva, redunde em penalização". GOLDSCHMIDT, Fabio Brun. *O princípio do não-confisco no direito tributário*. São Paulo: Revista dos Tribunais, 2004, p.49.

Quando a tributação tem este efeito? É inerente à tributação o desapossamento, sem indenização, de alguma parcela do patrimônio ou da renda do contribuinte, em favor do Estado.

Para Roque Carrazza, "é confiscatório o imposto que, por assim dizer, esgota a *riqueza tributável* das pessoas, isto é, não leva em conta suas capacidades contributivas".[20] Baleeiro considerava confiscatórios aqueles tributos que "absorvem parte considerável do valor da propriedade, aniquilam a empresa ou impedem o exercício da atividade lícita e moral".[21] Já, em sede jurisprudencial, a Corte Suprema de Justicia de la Nación estabeleceu que

> el impuesto degenera en exacción o confiscación cuando alcanza una parte sustancial de la propiedad o a la renta de varios años del capital gravado, porque en tales casos se restringen en condiciones excesivas los derechos de propiedad y testar que la Constitución consagra.[22]

Como se vê, as conceituações referidas não avançam significativamente na tarefa de reduzir o grau de vagueza da expressão "efeito de confisco".

Tal ficaria a cargo simplesmente do poder discricionário dos tribunais, como supõe Hart?

> Em qualquer sistema jurídico, deixa-se em aberto um vasto e importante domínio para o exercício do poder discricionário pelos tribunais e por outros funcionários ao tornarem precisos padrões que eram inicialmente vagos, ao resolverem as incertezas das leis, ou ao desenvolverem e qualificarem as regras comunicadas, apenas de forma imperfeita, pelos precedentes dotados de autoridade.[23]

Será que examinando o conteúdo do princípio poderíamos obter solução mais satisfatória, de maior auxílio para o estabelecimento dos *elementos* a ser tomados em conta na fundamentação das decisões que levarão à sua concreção?

Segundo Estevão Horvath,

> o princípio inibidor da tributação confiscatória, normalmente, é visto como:
> a) projeção do princípio da capacidade econômica;
> b) um componente a mais do princípio da justiça tributária;
> c) limite ao princípio da progressividade.[24]

---

[20] CARRAZZA, Roque Antonio. *Curso de Direito Constitucional Tributário*. 19ª ed., São Paulo: Malheiros, 2003, p. 89, grifo do original.

[21] *Limitações...*cit., p. 564.

[22] "Don Andrés Gallino, su sucesión". Fallos 160:247 (1930). Na síntese de Spisso, "la Corte Suprema de la Nación, en reiterados pronunciamentos, ha expresado que un impuesto es confiscatorio, y, por ende, incompatible con el derecho de propiedad, cuando de la prueba rendida surja *la absorción por el Estado de una parte sustancial de la renta o del capital gravado*". SPISSO, Rodolfo R. *Derecho constitucional tributario*. Buenos Aires: Depalma, 1991, p. 251, grifos do original.

[23] HART, H. L. A. *O Conceito de direito*. Trad. de A. Ribeiro Mendes. 2ª ed., Lisboa: Fundação Calouste Gulbenkian, 1990, p. 149. Aliás, o poder discricionário dos juízes é a explicação técnica do positivismo jurídico para a solução dos casos difíceis, sempre que a situação "não pode ser submetida a uma regra de direito clara". DWORKIN, Ronald. *Levando os direitos a sério*. Trad. de Nelson Boeira. São Paulo: Martins Fontes, 2002, p. 127.

[24] *O princípio do não-confisco no direito tributário*. São Paulo: Dialética, 2002, p. 31-32.

Nesta investigação, abordaremos, na *primeira parte*, a previsão e evolução da proibição de tributos com efeito confiscatório em diferentes sistemas jurídicos, procurando estudar seu desenvolvimento doutrinário e jurisprudencial nos direitos argentino, norte-americano, espanhol, alemão e brasileiro, visando a extrair, do desenvolvimento alcançado nas respectivas práticas tributário-constitucionais, elementos que possam, em desenvolvimento posterior, auxiliar na tarefa de determinação e concreção do instituto.

Também examinaremos as diferentes espécies de normas jurídicas (princípios e regras), com o que, após breve resenha das principais teorias a respeito, procuraremos delimitar a posição da norma sob exame nesta classificação. Buscaremos estabelecer quais os elementos relevantes para a concreção desta vedação constitucional, e o papel que a respeito podem desempenhar os princípios da proporcionalidade e da razoabilidade. Examinaremos a finalidade da norma, resenhando diferentes posições doutrinárias a respeito, especialmente as que a vinculam à defesa do direito de propriedade ou à realização do valor de justiça do sistema tributário. Procuraremos estabelecer as identidades e diferenciações do nosso tema com outros princípios constitucionais, tais como capacidade contributiva, igualdade, progressividade, mínimo vital, direito de propriedade, livre exercício profissional, Estado Social Democrático de Direito e boa-fé, identificando as soluções de colisões de princípios que conduzam à delimitação do âmbito de eficácia do tema objeto da pesquisa.

Na *segunda parte*, buscando fixar mais concretamente a extensão inclusive quantitativa da proibição, procuraremos precisar o âmbito de aplicação concreta do princípio, iniciando pelo exame de sua aplicabilidade às diversas espécies tributárias: assim os impostos (detalhando-se a situação quanto às suas diversas subespécies, como os impostos sobre a renda, reais, indiretos, de transmissão, sobre o comércio exterior, patrimônio, serviços, operações financeiras, extraordinários e residuais), taxas, contribuições de melhoria, outras contribuições e empréstimos compulsórios. Indagaremos ainda se a vedação se refere a cada tributo isoladamente ou ao sistema tributário como um todo, e se é aplicável às multas fiscais. Por fim, buscaremos identificar parâmetros para concreção do princípio, perquirindo se sua maior delimitação deve ser objeto de solução normativa (nesta hipótese, com as diferentes possibilidades: em sede constitucional, de lei complementar ou ordinária) ou jurisprudencial. Por fim, a título de conclusão, buscaremos identificar o resultado mais adequado das soluções de conflitos examinadas na parte anterior, que constituirão as regras resultantes para a efetiva aplicação do instituto da vedação à utilização de tributos com efeito de confisco.

1ª PARTE

Previsão, Evolução e Classificação da Proibição de Tributos Confiscatórios

1. Confisco e Efeito Confiscatório

1.1. PREVISÃO CONSTITUCIONAL

Nas Constituições de vários países, entre as quais a brasileira de 1988, encontra-se a expressa vedação à utilização de tributo com efeito de confisco. Em outras, inexistente texto específico a respeito, há diferentes disposições e são constitucionalizados outros princípios que vinculam o exercício da imposição tributária a requisitos não só formais, mas também substanciais.[25] Em outros países, enfim, inexistindo disposições constitucionais expressas sobre justiça tributária, exigências substanciais a respeito foram sendo criadas por via de interpretação, especialmente pelos órgãos (Cortes Supremas ou Tribunais Constitucionais) com papel de intérpretes autorizados da Constituição.

Segundo nossa Constituição, "sem prejuízo de outras garantias asseguradas ao contribuinte, é vedado à União, aos Estados, ao Distrito Federal e aos Municípios, utilizar tributo com efeito de confisco" (art. 150, IV). Já a literalidade da disposição, como se examinará em maior detalhe adiante (2ª Parte, itens 1.7 e 1.8), faz aflorar dúvida sobre se a vedação se refere a cada tributo isoladamente ou ao sistema tributário como um todo, e sobre sua aplicabilidade ou não às multas tributárias (que não constituem tributo, pela própria definição do art. 3º do Código Tributário Nacional).

Entre as Constituições que contêm expressa menção à proibição de tributos com efeito (ou alcance) confiscatório, a primeira a vir a lume foi a da Espanha, cujo art. 31, nº1, está assim posto: "Todos contribuirán al sostenimiento de los gastos públicos de acuerdo con su capacidad económica mediante un sistema tributario justo inspirado en los principios de igualdad y progresividad que, en ningún caso, tendrá alcance confiscatorio".

---

[25] "Dalla veloce rassegna fin qui esposta risulta quindi che la necessità di vincolare l'esercizio della potestà tributaria non solo a particolari requisiti formali (riserva di legge), ma anche a particolari requisiti sostanziali, è stata sentita e affrontata in diversi Paesi, pur fra loro molto diversi". MOSCHETTI, Francesco. *Il principio della capacità contributiva*. Padova: Cedam, 1973, p. 10.

Aqui, a vedação, sem dúvida, aplica-se ao sistema tributário no seu conjunto; a referência constitucional é a "alcance" (em lugar da expressão "efeito") confiscatório. A literalidade da disposição causou discussões doutrinárias sobre se a vedação era uma restrição à construção de um sistema tributário justo ou um freio à sua progressividade.[26]

Nos anos mais recentes, a proibição tem alcançado positivação expressa em várias constituições latino-americanas.

Assim, o art. 181 da Constituição da República do Paraguai, promulgada em 20 de junho de 1992: "La igualdad es la base del tributo. Ningún impuesto tendrá carácter confiscatorio. Su creación y su vigencia atenderán a la capacidad contributiva de los habitantes y a las condiciones generales de la economía del país".[27]

O art. 74 da Constituição do Peru, de 1993, por seu turno, apresenta a seguinte redação:

> Los tributos se crean, modifican o derogan, o se establece una exoneración, exclusivamente por ley o decreto legislativo en caso de delegación de facultades, salvo los aranceles y tasas, los cuales se regulan mediante decreto supremo.
> Los Gobiernos Regionales y los Gobiernos Locales pueden crear, modificar y suprimir contribuciones y tasas, o exonerar de éstas, dentro de su jurisdicción, y con los límites que señala la ley. El Estado, al ejercer la potestad tributaria, debe respetar los principios de reserva de la ley, y los de igualdad y respeto de los derechos fundamentales de la persona. *Ningún tributo puede tener carácter confiscatorio.*
> Las leyes de presupuesto y los decretos de urgencia no pueden contener normas sobre materia tributaria. Las leyes relativas a tributos de periodicidad anual rigen a partir del primero de enero del año siguiente a su promulgación.
> No surten efecto las normas tributarias dictadas en violación de lo que establece el presente artículo.[28]

---

[26] AGÜERO, Antonia Agulló. La prohibición de confiscatoriedad en el sistema tributario español. *Revista de Direito Tributário*, vol. 42, São Paulo, p. 31-32, out-dez. 1987.

[27] Ramón Valdés Costa aponta que aqui o princípio da não-confiscatoriedade se encontra vinculado no próprio dispositivo constitucional com os de igualdade e capacidade contributiva. *Curso de derecho tributario*. 2ª ed., Buenos Aires: Depalma, 1996, p. 127.

[28] Grifos nossos. O texto transcrito é o resultante das alterações promovidas pela reforma de 17-11-2004. A redação do art. 74 no texto original da Constituição peruana de 1993 era a seguinte:
"Los tributos se crean, modifican o derogan, o se establece una exoneración, exclusivamente por ley o decreto legislativo in caso de delegación de facultades, salvo los aranceles y tasas, los cuales se regulan mediante decreto supremo.
Los gobiernos locales pueden criar, modificar y suprimir contribuciones y tasas, o exonerar de éstas, dentro de su jurisdicción y con los límites que señala la ley. El Estado, al ejercer la potestad tributaria, debe respetar los principios de reserva de la ley, y los de igualdad y respeto de los derechos fundamentales de la persona. Ningún tributo puede tener efecto confiscatorio.
Los decretos de urgencia no pueden contener materia tributaria. Las leyes relativas a tributos de periodicidad anual rigen a partir del primero de enero del año siguiente a su promulgación. Las leyes de presupuesto no pueden contener normas sobre materia tributaria.
No surten efecto las normas tributarias dictadas en violación de lo que establece el presente artículo".
Como se vê, as modificações foram a inclusão no segundo parágrafo do texto dos governos regionais e redacional no terceiro.

Chamam atenção as restrições aos princípios de legalidade (possibilidade de delegação legislativa e exclusão em se tratando de *aranceles y tasas*) e anterioridade (limitada aos tributos de periodicidade anual) e a última frase, inequivocamente pleonástica em texto constitucional. Quanto ao princípio da não-confiscatoriedade, há variação terminológica na expressão "caráter" confiscatório e se encontra vinculado aos princípios de igualdade, legalidade e aos direitos fundamentais de modo geral.

Já a "Constitución de la República Bolivariana de Venezuela", promulgada em 24 de março de 2000, dispõe no *caput* de seu art. 317:

> No podrá cobrarse impuestos, tasas, ni contribuciones que no estén establecidos en la ley, ni concederse exenciones y rebajas, ni otras formas de incentivos fiscales, sino en los casos previstos por las leyes. Ningún tributo puede tener efecto confiscatorio.

Aqui, portanto, a locução utilizada é "efeito" confiscatório (como na Constituição brasileira), e o princípio de não-confiscatoriedade aparece vinculado com o da legalidade.

Em Constituições mais antigas, não vem expressa a proibição da utilização de tributos com efeito de confisco.

A Constituição americana apenas referia a obrigatória observância da *uniformity in taxation*:

> The Congress shall have Power to lay and collect Taxes, Duties, Imposts and Excises, to pay the Debts and provide for the common Defence and general Welfare of the United States, but all Duties, Imposts and Excises shall be uniform throughout the United States.[29]

Mas foi a partir das cláusulas do *due process of law* e da *equal protection of the laws*, constantes da 5ª e 14ª Emendas, que os tribunais americanos construíram os meios para o controle de constitucionalidade das leis, inclusive no seu aspecto substancial, aplicável também às leis tributárias, molde a traçar limites ao poder do Congresso de impor tributos, que o tornasse compatível com a liberdade de trabalho, de comércio e indústria e com o direito de propriedade.[30]

Já a Constituição Argentina de 1853, em seu art. 17, contém o seguinte texto:

> La propiedad es inviolable, y ningún habitante de la Nación puede ser privado de ella sino en virtud de sentencia fundada en ley. La expropiación por causa de utilidad pública, debe ser calificada por ley y previamente indemnizada. Sólo el Congreso impone las contribuciones que se expresan en el art. 4º. Ningún servicio personal es exigible, sino en virtud de ley o de sentencia fundada en ley. Todo autor o inventor es propietario exclusivo de su obra, invento o descubrimiento, por el término que le acuerde la ley. *La confiscación de bienes queda borrada para siempre del Código Penal Argentino*. Ningún cuerpo armado puede hacer requisiciones, ni exigir auxilios de ninguna especie.[31]

---

[29] Article I, Section 8, primeira frase.

[30] BILAC PINTO. Finanças e direito. A crise da ciência das finanças. Os limites do poder fiscal do Estado. Uma nova doutrina sobre a inconstitucionalidade das leis fiscais. *Revista Forense*, São Paulo, vol.140, p. 552, jan. 1940.

[31] O grifo é nosso. O art. 4º refere a "las demás contribuciones que equitativa y proporcionalmente a la población imponga el Congreso General". O texto do art. 17 foi alterado pela reforma constitucional de 1949, que declarou o confisco de bens abolido para sempre da legislação

A literalidade do texto só proibia o confisco em matéria penal e, como se verifica da frase final, tinha em mira principalmente as requisições de corpos armados e o confisco de bens de *los enemigos de la causa*, como ocorrera pouco antes no regime de Rosas. A Corte Suprema de Justicia de la Nación Argentina (CSJN), todavia, evoluiu de um posicionamento inicial de que a disposição só se aplicava a medidas de caráter pessoal e fins penais, e não a imposições tributárias[32] para a vedação de tributos confiscatórios, construindo uma ampla jurisprudência que chegou ao estabelecimento, em certas hipóteses, de limites quantitativos ao poder tributário, acima dos quais o tributo se tornaria confiscatório e, em conseqüência, inconstitucional.[33]

Também a Lei Fundamental de Bonn não contém disposição expressa vedando tributos confiscatórios, ou mesmo sobre o princípio da capacidade contributiva. No entanto, o Tribunal Constitucional Federal foi construindo a possibilidade de limitação por via da jurisprudência constitucional, a partir dos arts. 3º e 14 da Lei Fundamental, que tratam respectivamente do princípio da igualdade e do direito de propriedade.

A Constituição italiana não refere vedação a tributos confiscatórios. Suas principais disposições em matéria tributária encontram-se no art. 23, que consagra o princípio da legalidade ("Nessuna prestazione personale o patrimoniale può essere imposta se non in base alla legge"), e no célebre art. 53, que constitucionalizou o princípio da capacidade contributiva: "Tutti sono tenuti a concorrere alle spese pubbliche in ragione della loro capacità contributiva. Il sistema tributario è informato a criteri di progressività".

Tal foi a atenção e o trato doutrinário do princípio da capacidade contributiva no direito italiano, que quase toda a construção dos requisitos de justiça substancial da tributação fez-se em torno dele,[34] praticamente desconhecendo-se as possibilidades operativas do princípio da não-confiscatoriedade. Já no direito argentino, o amplo desenvolvimento da proibição de tributos confiscatórios pela jurisprudência

---

argentina (e não tão só do Código Penal), mas o texto original foi restabelecido pela reforma de 1956 e mantido na de 1994.

[32] "Faramiñán, Manuel c. Municipalidad de la Plata", Fallos 105:50 (1906).

[33] Esta ampla "família" de pronunciamentos sobre a interdição de confiscatoriedade tributária se inicia com a decisão de 16 de dezembro de 1911, "Doña Rosa Melo de Cané, su testamentária, sobre inconstitucionalidade del impuesto a las sucessiones en la Provincia de Buenos Aires", Fallos 115:111 (1911).

[34] Refere Francesco Moschetti sobre os arts. 23 e 53 da Constituição italiana: "è importante rilevare che mentre il primo esprime un *principio di giustizia puramente formale*, il secondo esprime un *principio di giustizia sostanziale*. Il nostro costituente, come già quello di Weimar, non si è accontentato di fissare un *procedimento* che garantisse un risultato giusto, ma ha voluto anche determinare il *contenuto essenziale* di questo" (Il principio...cit., p. 12, grifos do original).

da Corte Suprema de Justicia de la Nación fez com que fossem relegadas a segundo plano as investigações e a construção doutrinária e jurisprudencial de conseqüências do princípio da capacidade contributiva.[35]

1.2. NOÇÃO DE CONFISCO

Confisco é punição, pela qual se adjudicam ao fisco bens, por ato administrativo ou sentença, com supedâneo em lei. Para Valdés Costa,

> La confiscación implica el apoderamiento por el Estado de bienes sin la justa compensación. Generalmente el derecho la acepta en calidad de pena, con tradicional aplicación en materia de infracciones aduaneras, pero también en otras ocasiones, como, por ejemplo, la fabricación clandestina de alcoholes y la circulación de mercaderías en infracción al I.V.A., con la denominación de comiso.[36] Fuera de ese campo la confiscación sería arbitraria y comprometería la responsabilidad del Estado, de lo cual es un ejemplo la requisa de bienes con fines militares, pudiéndose citar al respecto la prohibición expresa contenida en la Constitución Argentina.[37]

Segundo Regina Helena Costa, confisco "é a absorção total ou substancial da propriedade, pelo Poder Público, sem a correspondente indenização".[38]

Antônio Roberto Sampaio Dória define confisco como a absorção da propriedade particular, pelo Estado, sem justa indenização.[39]

Antonia Agulló Agüero justamente sinala que "el sentido tradicional del término confiscación es el de pena (pena consistente en la privación coactiva de los bienes de un sujeto), y es evidente que ése no puede ser el sentido del término utilizado".[40]

---

[35] "Entre nosotros, la doctrina no le ha prestado debida atención al principio de capacidad contributiva, en orden a la limitación del poder tributario del Estado. Ello es consecuencia, en parte, del desarrollo y extensión de las construcciones hechas en derredor del principio de no confiscatoriedad, que no dejaron lugar para el juego de otros principios rectores de la tributación. Al admitirse que existe confiscatoriedad cuando los tributos absorben una parte sustancial de las rentas reales o potenciales de un capital o actividad racionalmente explotados, se está presuponiendo, necesariamente, la existencia de capacidad contributiva, que así queda subsumida, amparada o protegida bajo el manto del principio de no confiscatoriedad.
En la doctrina española y en la italiana sucedió exactamente lo contrario. Al pretender erigir al principio de capacidad contributiva en criterio exclusivo de la imposición, no se visualiza la significación del principio de no confiscatoriedad. La mención que hace el art. 31 de la Constitución española, a este último, junto al principio de capacidad contributiva, impulsó una revalorización de aquél, por parte de la doctrina". SPISSO, Rodolfo R. *Derecho*... cit., p. 241.

[36] Aqui, diferentemente do direito brasileiro, que não admite apreensão ou confisco em tais hipóteses, inclusive na forma da Súmula 323 do STF.

[37] *Curso*... cit., p. 126.

[38] Contribuição previdenciária dos servidores públicos federais. Inconstitucionalidades da Lei 9.783/99. *Revista do Tribunal Regional Federal da 3ª Região*, São Paulo, v. 38, p. 86, abr-jun 1999.

[39] *Direito constitucional tributário e "due process of law"*. 2ª ed., Rio de Janeiro: Forense, 1986, p. 194.

[40] *La prohibición*... cit., p. 29.

Na conceituação de confisco, em si, entendemos relevante frisar seu caráter de penalidade. Justamente isto o diferencia do tributo. Todo e qualquer tributo implica a retirada de determinada parcela do patrimônio ou renda do particular, em proveito do Estado, sem indenização. Assim, concluir-se-á com Learned Hand, que "all taxes are *pro tanto* confiscatory".[41]

A diferença deve ser buscada em outro nível. Confisco é medida punitiva, de ordem penal ou administrativa. A lei penal prevê, como efeito da condenação, a perda em favor da União dos instrumentos e do produto do crime (Código Penal, art. 91, II) – confisco por sentença judicial, e a legislação aduaneira prevê a perda de mercadorias (art. 105 do Decreto-Lei nº 37, de 18-11-1966) – confisco por ato administrativo.

Tributo não constitui sanção de ato ilícito: logo, não pode, de per si, constituir confisco. O que pode ocorrer é que o tributo, por excessivo, produza efeitos equivalentes ao desapoderamento dos bens ou da renda do contribuinte: tratar-se-á, então, de tributo com *efeito* confiscatório, vedado pelo art. 150, IV, da Constituição Federal.[42]

1.3. EFEITO OU ALCANCE CONFISCATÓRIO

Como vimos, as diferentes constituições apresentam, no particular, variações terminológicas: a brasileira e a venezuelana referem-se a *efeito*; as do Paraguai e do Peru, a *caráter*, e a espanhola, a *alcance* confiscatório. Temos para nós que as expressões são sinônimas.[43] Resta buscar aproximar o que se deve entender por efeito, alcance ou caráter confiscatório.

Sacha Calmon Navarro Coelho assim o define:

> O princípio do não confisco significa, em última análise, que a tributação não pode ser tanta que absorva a coisa ou a renda, porque isso significa absorver a própria fonte da tributação. Se eu ganho 100 milhões e devo pagar 100 milhões, eu fico confiscado. Se eu tenho uma propriedade

---

[41] Towne v. McElligott (District Court, South District of New York) 274 F 960, 1921, apud DÓRIA, Antônio Roberto Sampaio. *Direito...* cit., p. 196, nota 39.

[42] "No sentido do confisco vedado na forma do art. 150, IV da CF de 1988, não se confunde com o sentido adotado pela lei penal, nem pode ser interpretado como sendo, num sentido mais aberto, de apreensão ou adjudicação de bens pelo particular ao erário.
O que se proíbe na vigente Constituição *é a tributação com efeito de confisco*, isto é, um tributo que não se confunde com a pena, mas com carga ou ônus elevado que importa em tomar toda ou quase a totalidade da renda ou da propriedade do particular, via tributação". ICHIBARA, Yoshiaki. *In* MARTINS, Ives Gandra da Silva (Coord.). *Direitos fundamentais...* cit., p. 491, grifo do original.

[43] Gustavo J. Naveira de Casanova usa (a nosso ver de forma correta) indistintamente as expressões: "el análisis del segundo elemento conformante del principio jurídico tributario de no confiscación es decir, lo que llamamos 'alcance' o 'efecto' confiscatorio". *El principio de no confiscatoriedad. Estudio em España y Argentina.* Madrid: McGraw-Hill, 1997, p. 39.

imobiliária que vale 10 milhões e o imposto é de 10 milhões, eu fico confiscado através do tributo. Na verdade, o confisco tributário significa essa absorção tributária do patrimônio ou renda.[44]

Será necessário que a tributação absorva todo o valor da propriedade, ou toda a renda do contribuinte, para que tenha efeito confiscatório?[45] Em uma primeira aproximação à compreensão do que seja efeito ou alcance confiscatório, podemos dizer que não. Se a tributação abarcasse toda a renda ou todo o bem, tratar-se-ia de confisco propriamente dito, e não tão-só de efeito, alcance ou caráter confiscatório. Essas locuções hão de ter algum sentido (é velho o princípio de hermenêutica que a lei não contém palavras inúteis), e só pode ser que efeito, alcance ou caráter significa que o limite da tributação é *algo a menos* que o confisco propriamente dito, que seria a tomada pura e simples de todo o bem ou renda.[46] Acresce que esta situação-limite dificilmente se configurará, pelo que a norma constitucional cairia no vazio, restaria órfã de efetividade.

A partir daí, porém, mais complexas tornam-se as questões:

> De qualquer modo, tirante a *situação limite* de uma alíquota de 100% da renda para o imposto específico, é extremamente difícil precisar com critérios matemáticos o ponto em que o tributo deixa de ser progressivo e, portanto, justo, para tornar-se confiscatório. Só a análise de cada caso concreto poderá revelar-nos quando a tributação já não atende aos reclamos da justiça fiscal, por exceder às possibilidades econômicas dos contribuintes.[47]

Américo Masset Lacombe sustenta que "é sobremaneira difícil opinar sobre o tema e, quando o fazemos, utilizamos mecanismos intuitivos".[48] E para Hugo de Brito Machado "a questão configura um daqueles pontos nos quais o quadro de moldura que a Ciência do Direito pode oferecer é exageradamente amplo".[49]

Dirceu Antônio Pastorello é ainda mais cético a respeito:

> De qualquer modo, fixar um critério apriorístico para dizer se em relação a determinado contribuinte, setores econômicos ou classes, o tributo instituído tem ou não efeito de confisco é tarefa quase impossível. Acredito que a relatividade do critério, atrelada ao mundo real e não ao universo das abstrações acadêmicas, levará a doutrina a discussões estéreis sem nunca chegar-se a um consenso doutrinário sobre o tema. O melhor critério doutrinário, segundo entendo, é *não fixar critério algum*, deixando ao Poder Judiciário a tarefa de, com prudência e

---

[44] Princípios constitucionais tributários. *Revista de Direito Tributário*, São Paulo, vol. 48, p. 65, abr-jun 1989.

[45] Neste sentido, as informações prestadas pelo Presidente da República ao Supremo Tribunal Federal, na ADIN 2.010-2/DF: "estou em que um determinado tributo é confiscatório quando ele abarca toda a renda, ou todo o bem sobre a qual ou sobre o qual deveria incidir a norma de tributação razoável"

[46] "bem agiu o constituinte em falar em 'efeito confisco', pois o 'efeito' da imposição permite um alcance mais amplo da norma". SOUZA, Fátima F. Rodrigues de. *In* MARTINS, Ives Gandra da Silva (Coord.). *Direitos fundamentais*...cit., p. 797.

[47] CARRAZZA, Roque Antonio. *Curso*...cit., p.351, nota 2, grifo do original.

[48] *In* MARTINS, Ives Gandra da Silva (Coord.). *Direitos fundamentais*...cit., p.211.

[49] *Os princípios jurídicos da tributação na Constituição de 1988*. 4ª ed., São Paulo: Dialética, 2001, p. 99.

equilíbrio, em cada situação legislativa concreta, decidir sobre a conformação da norma tributária ao princípio constitucional, seja em controle concentrado, seja em controle difuso da constitucionalidade, seja, ainda, na análise individual dos casos concretos postos em juízo.[50]

Mas com que critérios fará o Poder Judiciário, "com prudência e equilíbrio", a análise individual dos casos concretos, principalmente se a doutrina não fixar critério algum? Afinal, as dificuldades para a concreção do conceito estão bem presentes, como aponta Paulo de Barros Carvalho:

> Agora, o que acontece é o seguinte: é incomensurável. E houve um esforço no Direito Argentino em termos de medir objetivamente. Se nós perguntamos a alguém, por exemplo, ao meu amigo Ives Gandra da Silva Martins, se é confisco, ele vai ver confisco muito antes que outros, porque ele defende a posição dos contribuintes. É uma inclinação, não vai nenhum juízo de valor aqui. Mas se perguntasse ao Prof. Geraldo Ataliba, ele puxaria mais para cá, ele diria: "Não, por enquanto não há confisco, ainda". E quem é que tem razão? Não sei quem é que tem razão, depende dos valores de cada um, depende da ideologia de cada um, do filtro de valores que cada um tem em si.[51]

E também escassas são as contribuições doutrinária e jurisprudencial a respeito:

> Não há, nesse assunto, auxílio doutrinário nem tampouco apoio jurisprudencial. Tipke lembra que, na Alemanha não se conhece sequer uma decisão dos tribunais que declarasse um tributo inconstitucional, em razão de seus efeitos confiscatórios (cf. Klaus Tipke, Steuerrecht, 9, A. Köln, V. Dr. Otto Schmidt, KG, 1983, p.37). Também, entre nós, no Brasil não se tem notícia de precedente jurisprudencial na matéria.
>
> Entretanto, Hector Villegas registra, na Argentina, o trabalho da jurisprudência, que vem fixando em 33% (trinta e três por cento) o teto máximo de validade constitucional na exigência de certos tributos. A Corte Constitucional daquele país declarou inconstitucional "o imposto imobiliário que consumisse mais de 33% da renda calculada segundo o rendimento normal médio de uma correta e adequada exploração ... assim como o imposto sobre heranças e doação que excedesse a 33% do valor dos bens recebidos pelo beneficiário" (Cf. Curso de Finanzas, Derecho Financiero y Tributario, 2ªed. Buenos Aires, Depalma, 1975, p. 195).[52]

É certo que os subsídios doutrinários e jurisprudenciais na matéria são limitados. Mas não é exato que inexistam decisões jurisprudenciais a respeito, quer no Brasil (onde, a par de decisões precursoras, já havia a importantíssima decisão do STF na ADIn 2.010-2/DF, exatamente sobre o tema em questão), ou na Alemanha, onde posteriormente à obra de Tipke mencionada, mas antes da citada obra brasileira onde se fez a referência, já havia a fundamental decisão do próprio Tribunal Constitucional Federal sobre a questão do imposto sobre o patrimônio.[53]

---

[50] *In* MARTINS, Ives Gandra da Silva (Coord.). *Direitos fundamentais*...cit., p. 570, grifo nosso.
[51] Enunciados, normas e valores jurídicos tributários. *Revista de Direito Tributário*, São Paulo, vol. 69, p. 54, 1996.
[52] DERZI, Misabel Abreu Machado. Nota de atualização in BALEEIRO, Aliomar. *Limitações*...cit., p. 576.
[53] BVerfGE 93, 121. A decisão é de 22-06-1995.

Já setores da doutrina realizam pelo menos uma tentativa de identificar elementos para a concreção do conceito de efeito confiscatório, o que parece labor absolutamente justificado. As dificuldades são presentes e inegáveis, mas nenhum progresso concreto será realizado se a atitude da doutrina for de ceticismo, incompatível com o esforço de investigação científica.

Na Argentina, o clássico Rafael Bielsa, depois de apontar que à palavra *confisco* "no se le ha dado siempre, ni en la jurisprudencia, ni en la ley, un sentido preciso para el derecho fiscal", busca apontar rumos para sua identificação:

> Debe entenderse por confiscatorio, en opinión nuestra, el acto que en virtud de una obligación fiscal determina una injusta transferencia patrimonial del contribuyente al fisco, injusta por su monto o por la *falta de causa jurídica*, o porque aniquile el activo patrimonial; en suma: cuando nos es justa ni razonable".[54]

E Hector B. Villegas, por seu turno, refere:

> Ha sostenido el alto tribunal que los tributos son confiscatorios *cuando absorben una parte sustancial de la propiedad o de la renta*. La dificultad surge para determinar concretamente qué debe entenderse por "parte sustancial", y cabe decir que no existe respuesta a ello en términos absolutos. La razonabilidad de la imposición se debe establecer en *cada caso concreto*, según exigencias de tiempo y lugar y según los fines económico-sociales de cada impuesto.[55]

Gustavo J. Naveira de Casanova é mais sintético: "una medida tendrá efectos confiscatorios cuando sencillamente produzca esa merma substantiva de tipo patrimonial".[56]

Na Espanha, Pérez de Ayala sustenta que se confisca por via tributária quando para pagar o tributo é necessário liquidar parte do patrimônio, de vez que a renda não basta para satisfazer a exação.[57]

No direito brasileiro, Ives Gandra da Silva Martins assim se expressa:

> Não é fácil definir o que seja confisco, entendendo eu que sempre que a tributação agregada retire a capacidade de o contribuinte se sustentar e se desenvolver (ganhos para suas necessidades essenciais e ganhos superiores ao atendimento destas necessidades para reinvestimento ou desenvolvimento) estar-se-á perante o confisco.[58]

Já para Roque Antonio Carrazza:

> ... é confiscatório o imposto que, por assim dizer, "esgota" *a riqueza tributável* das pessoas, isto é, não leva em conta suas capacidades contributivas ...
> Destacamos que, para as empresas, o confisco está presente, quando o tributo, de tão gravoso, dificulta-lhes sobremodo a exploração de suas atividades econômicas habituais.[59]

---

[54] *Estudios de Derecho Publico*. Buenos Aires: Depalma, 1951, vol. II, p. 93, grifos do original.

[55] *Curso de finanzas, derecho financiero y tributario*. 4ª ed., Buenos Aires: Depalma, 1990, p.197, grifos do original.

[56] *El principio...* cit., p.77.

[57] PÉREZ DE AYALA, José Luis. *Los principios de justicia en el impuesto en la Constitución*. Madrid: Consejo Superior de Cámaras de Comercio, Industria y Navegación de España, 1986, p. 64.

[58] MARTINS, Ives Gandra da Silva e BASTOS, Celso Ribeiro. *Comentários à Constituição do Brasil*. São Paulo: Saraiva, 1990, vol. 6, tomo I, p. 177.

[59] *Curso...*cit., p. 89, grifo do original.

Hugo de Brito Machado aponta que "tributo com efeito de confisco é tributo que, por ser excessivamente oneroso, é sentido como penalidade".[60] E para Marilene Talarico Martins Rodrigues, "o tributo tem efeito de confisco quando é de tal forma oneroso ao contribuinte que importa violação de seu direito de propriedade".[61]

Um conceito mais analítico nos é apresentado por Rogério Vidal Gandra da Silva Martins e José Ruben Marone:

> Efeito de confisco vem a ser toda a imposição fiscal, tomada esta no contexto da carga tributária global verificada na incidência, que viole quer o direito de propriedade, visto este como exercício por parte de seu titular para desenvolver-se e sustentar-se, quer a capacidade contributiva estatuída no art. 145, § 1º, da CF, quer a livre iniciativa, entendida esta como a garantia constitucional de o contribuinte poder desenvolver sua atividade econômica. Qualquer imposição fiscal que restrinja ou impossibilite a fruição de quaisquer garantias fundamentais do contribuinte (direito de propriedade, capacidade contributiva e livre iniciativa) terá o efeito confiscatório proibido no art. 150, IV.[62]

Aqui a definição tenta alcançar maior nível de precisão, mas acaba por identificar a proibição do confisco com três outros princípios constitucionais (direito de propriedade, capacidade contributiva e livre iniciativa), pelo que retira qualquer operatividade própria do instituto: tudo que dele se possa extrair, já se extrai (independente da previsão do art. 150, IV, da CF) dos princípios do direito de propriedade, da capacidade contributiva e da livre iniciativa.

Conceito original na doutrina brasileira é trazido por Ricardo Mariz de Oliveira:

> ... o único critério científico para se afirmar a existência de tributação confiscatória, em contraposição a uma legítima incidência tributária, seria o da inexistência de liberdade para a pessoa adentrar ou deixar de adentrar nas situações definidas legalmente como hipóteses de incidência tributária. A este critério acrescentei que o tributo excedente da materialidade sujeita à sua incidência também seria confiscatório. E, ante a imensa complexidade da matéria, admiti que perante as circunstâncias de casos particulares, o prudente critério do juiz poderia declarar a existência de tributo com efeito de confisco.[63]

O critério não nos parece aceitável. A liberdade de adentrar ou não na situação prevista como hipótese de incidência não é critério razoável (menos ainda científico, à falta até de fundamentação da afirmação),[64] para balizar o que seja tributação confiscatória. A tributação mínima ou razoável sobre situação cuja ocorrência não seja decorrente de escolha do contribuinte (por exemplo, contribuição de melhoria de valor significativamente inferior à valorização do imóvel decorrente de obra pública) não terá efeito confiscatório. Já a tributação exacerbada,

---

[60] Os princípios...cit., p. 129.
[61] In MARTINS, Ives Gandra da Silva (Coord.). Direitos fundamentais...cit., p. 325.
[62] Idem, p. 835.
[63] Idem, p. 226.
[64] Veja-se a respeito HABA, Enrique P. Racionalidad y método para el derecho: ¿ Es eso posible ? Doxa-Cuadernos de Filosofia del Derecho, Alicante, n°7, p. 167-247, 1990.

mesmo que a situação decorra de eleição do contribuinte, pode ser confiscatória: o contribuinte pode decidir auferir renda ou não, mas ninguém duvida que a alíquota de 100% da renda (mesmo se adquirida por escolha do contribuinte) será confiscatória.

Os acréscimos, antes de esclarecer, tornam mais nebulosa a definição. Tributo excedente da materialidade sujeita à incidência bem pode ser confiscatório (também pode não ser se a exação for baixa, e o problema então será outro), mas antes será inválido por desnaturação da base de cálculo: estar-se-á tributando algo fora da competência constitucionalmente outorgada ao ente público para tributar, pois se estaria utilizando base de cálculo incompatível com a competência tributária e, por isto só, o tributo seria inválido, independente de a exação ser alta ou baixa (e neste último caso, de confisco não se trataria).

Finalmente, remete-se a caracterização do confisco ao "prudente critério do juiz" diante das "circunstâncias de casos particulares", sem fornecer elementos válidos para este labor (os fornecidos já vimos que são inadequados e o próprio autor os reconhece insuficientes ao socorrer-se desta genuína válvula de escape), o que é renunciar à tarefa básica da doutrina de estabelecer estes critérios.[65]

Abstraída, todavia, tal conceituação particular, da resenha empreendida, vê-se que as definições trazidas pela doutrina sobre "efeito confiscatório" utilizam-se de expressões com uma vagueza quase tão ampla quanto o instituto que se tenta definir. Em parte, isto vem das limitações próprias dos conceitos, tentativas de representação por palavras de realidades, que, como inevitável conseqüência, padecerão das imprecisões inerentes à linguagem humana, mas há também um grau adicional de imprecisão, decorrente da ainda precária compreensão do instituto.

Nossa pesquisa deve prosseguir com a busca, para além da insuficiência das definições, de critérios utilizados pela doutrina e pela jurisprudência para identificar a tributação com efeito confiscatório.

Para Naveira de Casanova,

> la CSJN (argentina, nota nossa) ha expresado una delimitación de carácter cualitativo de la confiscatoriedad, al decir que la confiscación se produce cuando el tributo absorbe una parte sustancial de la renta o del capital gravado, que como se ve es otra fórmula que sigue manteniendo el misterio sobre la determinación cuantitativa más o menos exacta del límite.[66]

---

[65] "Não me parece correta essa posição. Não que não caiba ao Judiciário resolver os casos concretos que envolvem a questão do confisco. É claro que essa é a função precípua do Judiciário. O que pretendo dizer é que não pode a doutrina esconder-se, passar ao largo do problema do confisco, como se a matéria não existisse, e deixar o Judiciário, sem sua colaboração. É missão impostergável da doutrina fornecer critérios a serem utilizados na apreciação do confisco. Cabe-lhe oferecer caminhos, identificar as especificidades, e os critérios para que se possa discernir entre hipóteses confiscatórias e hipóteses em que o confisco não se configura. Cabe-lhe estudar e acenar ao Judiciário quais os critérios gerais para solução dos casos concretos". BARRETO, Aires. Vedação ao efeito de confisco. *Revista de Direito Tributário*. São Paulo, vol. 64, p. 101, 1994.

[66] *El principio*...cit., p. 416-417.

E Dino Jarach aponta que a CSJN "ha identificado la equidad con la prohibición de los impuestos confiscatorios. De modo que el principio de impuestos equitativos para la Corte quiere decir imposición no confiscatoria".[67]

Na Argentina, situação que examinaremos com maior cuidado a seguir,[68] ocorreu desenvolvimento jurisprudencial do tema, que precedeu sua construção doutrinária e acabou chegando inclusive a quantificações, mas restritas a algumas situações, como é típico de construções da jurisprudência, que sempre se desenvolvem de forma tópica, através de soluções encontradas a partir do exame de problemas concretos.

Já o Tribunal Constitucional espanhol aponta que a capacidade contributiva é exigência ditada pela própria lógica de que a riqueza deve ser buscada onde existe. A não-confiscatoriedade significaria uma outra exigência lógica, qual seja, sob o pretexto do dever de contribuir, não esgotar a riqueza objeto da tributação.[69]

No Brasil, Paulo de Barros Carvalho aponta diferenciação entre limites objetivos e valores, sustentando que o não-confisco seria um valor, pois "não dá para se objetivar em termos definitivos, quer dizer, não dá para se medir a incomensurabilidade".[70]

No capítulo seguinte deste trabalho, examinaremos com mais vagar o tipo de norma jurídica que é a vedação à utilização de tributo com efeito de confisco, quando teremos oportunidade de expor as classificações de normas propostas e respectivos critérios.

Fabio Brun Goldschmidt, por seu turno, sustenta que o art. 150, inciso IV, da Constituição Federal

> alcança ... também todas as demais regras e princípios da tributação, cuja inobservância chama a incidência do princípio do não-confisco, na medida em que sempre que houver "apreensão em favor do Fisco" que: a) não possa ser caracterizada como tributo; que b) não possa ser caracterizada como expropriação, ou que c) não possa ser caracterizada como pena por ato ilícito, haverá confisco inconstitucional de bens.
> Note-se que, ao contrário do que dá a entender a doutrina de um modo geral, não há nada em nossa Constituição que limite a aplicação do art. 150, IV, ao aspecto quantitativo das exigências fiscais. A dicção de nossa Carta não contém nenhum elemento que restrinja sua aplicação a essa circunstância (tributo irrazoável por excessivo em seu montante). A letra da Lei de 88 não é idêntica, vg., a da Constituição Espanhola, que dá claramente a noção de um limite quantitativo.[71]

A nosso ver, há várias impropriedades. Se pretendemos identificar um âmbito próprio de operatividade do princípio do não-confisco,

---

[67] *Curso superior de derecho tributario*. Buenos Aires: Cima, 1957, p. 124.

[68] N° 1.5.1, nesta 1ª Parte.

[69] Sentencia Tribunal Constitucional n° 150/1990, de 4 de outubro de 1990. Disponível em http.www.tribunalconstitucional.es. Acesso em 15.03.2005.

[70] *Enunciados...*cit., p. 54.

[71] *O princípio...*cit., p. 103-104.

temos de começar por estremá-lo daquele dos demais princípios e regras tributárias. Do contrário, paradoxalmente, o objeto do nosso estudo servirá para tudo (sempre que houver inobservância dos demais princípios e regras da tributação, haverá a incidência do princípio do não-confisco), mas, ao mesmo tempo, não servirá para nada (todos os casos já consubstanciarão lesão a outros princípios e regras, precindindo-se de qualquer operatividade do princípio da não-confiscatoriedade).[72]

Utilização de *tributo* com efeito de confisco existe quando (*e só quando*) a apreensão em favor do fisco possa ser caracterizada como tributo. Não estamos tratando de confisco em si, mas da proibição de utilizar tributo com efeito de confisco, o que, como se viu, é coisa diversa quantitativa e qualitativamente e tem um pressuposto: justamente que de tributo se trate, mas utilizado com o efeito vedado constitucionalmente. Tampouco, embora seja secundário, quer nos parecer que apreensão em favor do fisco possa ser caracterizada como expropriação, eis que esta se dá por necessidade ou utilidade pública ou por interesse social, o que não parece se compatibilizar com a fórmula "apreensão *em favor do fisco*".

E cremos que a expressão "tributo com efeito de confisco" refere-se ao aspecto quantitativo da exigência. O imposto de renda à alíquota de 10% certamente não é confiscatório, e a de 80% é; o STF decidiu[73] que a contribuição previdenciária de 11% não é confiscatória, e a de 25% é. Os limites qualitativos das exigências fiscais são fixados pelas normas constitucionais que outorgam competências (e delimitam, pois, a matéria tributável pelo legislador ordinário dos diferentes entes federativos), e não pelo princípio de não-confiscatoriedade. Por fim, a doutrina tem utilizado os termos *efeito* ou *alcance* confiscatório como sinônimos,[74] a nosso ver com correção, pois não identificamos, inclusive no sentido vernacular destas palavras, a distinção pretendida (que efeito se referisse ao aspecto qualitativo e alcance ao quantitativo).

Por outro lado, a quantidade do gasto público exerce influência na quantificação do limite além do qual a tributação passa a ter efeito confiscatório. O Estado Social e Democrático de Direito é um Estado caro; multiplicam-se as demandas sociais a que é instado a responder, tornando-se cada vez mais dispendioso seu financiamento; tenciona-se

---

[72] Quanto à operatividade específica do princípio, com razão Gustavo J. Naveira de Casanova: "Desde una perspectiva de realce se sostiene el valor proprio del principio estudiado por exclusión: mientras no se dé la confiscación como efecto, estaremos en la órbita de actuación de los restantes principios. Cuando se llega a configurar ese efecto, será el principio específico el que tenga intervención". *El principio*...cit., p. 165-166.

[73] Medida Cautelar na ADIN 2010-2/DF, Rel. Min. Celso de Mello, Pleno, julgado em 30-09-1999, DJU de 12-04-2002.

[74] NAVEIRA DE CASANOVA, Gustavo J. *El principio*...cit., p. 39.

o conflito entre o princípio do Estado social e outros como direito de propriedade, trabalho, indústria, profissão e livre iniciativa. Assim, o limite admissível de tributação aquém da linha de confiscatoriedade será um no Estado Social e Democrático de Direito, em função do gasto público exigido pelas múltiplas demandas que é chamado a atender,[75] e outro (mais restrito) em um Estado liberal clássico. Mas o gasto público, embora justificado e decorrente de princípios igualmente acolhidos no texto constitucional, não servirá para, além de determinado limite, infirmar a tributação como confiscatória.[76] Em síntese: sempre haverá um limite:[77] mais aquém, em Estado de *laissez-faire*; mais além, em Estado Social. Mas a demanda de gasto do Estado social só deslocará no espaço o limite, não o eliminará, nem justificará exacerbação extrema da tributação pela necessidade, utilidade e adequação do gasto público, inclusive decorrente da atuação de outros princípios constitucionais.

Autorizada doutrina sustenta que a diferenciação da tributação legítima daquela com efeito confiscatório é simplesmente de grau:

> O poder tributário, legítimo, se desnatura em confisco, vedado, quando o imposto absorva *substancial* parcela da propriedade ou a *totalidade* da renda do indivíduo ou da empresa.
>
> Vê-se, por conseqüência, que o que distingue o imposto constitucional de um gravame confiscatório, ofensivo ao art. 153, § 22, da Constituição, é uma diferença de *grau*.[78]

---

[75] "O cumprimento dos postulados do Estado de direito social apresenta poucos problemas quando um equilíbrio econômico cuida disto, que todos os cidadãos mesmos ou por sua família estejam dotados suficientemente. Quanto menos isso é o caso, tanto mais os direitos fundamentais pedem redistribuição. Disto existem duas formas básicas. A primeira ocorre quando o Estado, por impostos ou outras contribuições, consegue o dinheiro que é necessário para atender ao mínimo existencial dos pobres. O dever de pagar impostos, porém, intervém em direitos fundamentais. Duvidoso é somente quais são eles: o direito de propriedade ou a liberdade de ação geral. Como o Estado nunca cobra impostos somente para a finalidade do cumprimento de postulados estatal-sociais, não é conveniente aduzir diretamente os direitos fundamentais sociais para a justificação dessa intervenção. Antes, a cobrança de impostos serve diretamente só à produção da capacidade de ação financeira do Estado. A capacidade de ação financeira do Estado é, em termos genéricos, um pressuposto de sua capacidade de ação. O Estado Social pede que ela seja consideravelmente ampliada.
A segunda forma de redistribuição social-estatal não sucede pelo erário público ... senão diretamente de um para outro cidadão ... O problema de tais direitos fundamentais sociais à custa de terceiros, ou seja, do empregador, é que, no fundo, o mercado decide sobre isto, se eles são efetivos. Para aquele que não encontra emprego esses direitos correm no vazio". ALEXY, Robert. Colisão de direitos fundamentais e realização de direitos fundamentais no Estado de Direito Democrático. *Revista de Direito Administrativo*, Rio de Janeiro, vol. 217, p. 72, jul-set. 1999.

[76] "... no consideramos el gasto público en una compensación estricta con la detracción tributaria, pero sí como elemento previo, coadyuvante aunque en medida incierta e indeterminable de lo que se considerará en cada Estado como 'efecto confiscatorio'". NAVEIRA DE CASANOVA ,Gustavo J. *El principio*...cit., p. 355.

[77] Este limite, contudo, é de difícil determinação, como já se intui a esta altura. Elizabeth Nazar Carrazza afirma que "o confisco não é admitido em matéria tributária, seja de modo direto, seja de modo indireto, por mais difícil que venha a ser sua conceituação e a fixação de seus limites". *Progressividade e IPTU*. Curitiba: Juruá, 2002, p. 72.

[78] DÓRIA, Antônio Roberto Sampaio. *Direito*...cit., p. 195-196, grifos do original. O autor cita decisão de Learned Hand (Towne v. McElligott 274 F 960, 1921 – District Ct, SD. N. Y.): "The

A formulação parece correta: o limite é de grau (quantitativo, vale dizer). Mas ainda pouco auxilia na identificação de sua localização, mesmo aproximada. Na verdade, Sampaio Dória pretendeu distinguir entre tributos *excessivos*, *proibitivos* e *confiscatórios*,[79] legitimando os primeiros (os simplesmente excessivos porque embora injustos ainda se situavam dentro do campo de discricionariedade do legislador; os proibitivos seriam legítimos quando incidentes sobre atividades que o Poder Público pudesse vedar ou regulamentar restritivamente por motivações de ordem econômica ou social, como preservação da saúde, de segurança e tranqüilidade públicas, bons costumes, etc.) e apenas considerando inconstitucionais os últimos. Embora sua imensa contribuição para a matéria, então absolutamente árida (seu estudo veio a lume originalmente em 1964), já não se pode aceitar sem reparos a distinção,[80] sobretudo pela ampliação do âmbito de controle da própria atividade legislativa. Tal se denota quando o autor só identifica como confiscatória, quanto à renda, a tributação que absorva sua *totalidade* (imposto que absorva *substancial* parcela da propriedade ou a *totalidade* da renda), o que parece demasiado; diferente (e melhor) foi, por exemplo, o parâmetro adotado pelo Supremo Tribunal Federal no julgamento da medida cautelar na ADIn 2.010-2/DF.

A noção, porém, não é infensa à doutrina estrangeira:

> De los casos referidos se desprende que el tribunal (a CSJN argentina – nota nossa) sólo considera inconstitucional, por violatoria de la propiedad o de la libertad de ejercer profesión o industria, la contribución que además de ser inequitativa o injusta es también *confiscatoria*. Es decir, dentro del género de lo inequitativo o injusto connota una especie: *lo confiscatorio*, caracterizado por su irrazonabilidad superlativa.[81]

Sampaio Dória cita William R. Green, para quem "a absoluta justiça fiscal continua a ser buscada, embora de certo utopicamente. O que se deve procurar eliminar são as injustiças acentuadas".[82]

Há, por certo, um campo de discricionariedade do legislador tributário. As maiores ou menores demandas sociais, a capacidade de financiamento do erário, a situação econômica interna ou externa, tudo isso haverá de determinar exações mais ou menos intensas. Mas há um limite, em algum lugar. É difícil determiná-lo, mas alguns elementos

---

term confiscatory, when so used, is *clearly one of degree*, because all taxes are *pro tanto* confiscatory. Except as it imports some inequality of burden it can mean nothing but that there is a measure to the amount which the government may seize in taxes for its own purpose". *Direito*...cit., p. 196, nota 39, grifos do original.

[79] *Direito*...cit. p. 175-204 (Capítulo VI, intitulado "Tributação, Poder de Polícia e Confisco").

[80] OLIVEIRA, José Marcos Domingues de. *Direito tributário. Capacidade contributiva. Conteúdo e eficácia do princípio*. 2ª.ed., Rio de Janeiro: Renovar, 1998, p. 127.

[81] LINARES, Juan Francisco. *Razonabilidad de las leyes. El "debido proceso" como garantía innominada en la Constitución Argentina*. 2ª.ed., Buenos Aires: Astrea, 1970, p. 188, grifos do original.

[82] The theory and practice of modern taxation. 2ª.ed., Commerce Clearing House, 1938, p. 22, apud DÓRIA, Antônio Roberto Sampaio. *Direito*...cit., p. 128, nota 1.

podem começar a ser aclarados. A *um*, a nosso ver não se exige irrazoabilidade superlativa, mas simplesmente irrazoabilidade, cujo conceito já é de per si fluído. A *dois*, este limite deverá ser desvendado a partir da Constituição e ser finalmente fixado autoritativamente (com o auxílio dos critérios que possam ser ministrados pelo exame da espécie de norma jurídica que constitui o instituto estudado e da sua forma de aplicação) pelo órgão que seja o intérprete autorizado da Constituição: os Tribunais Constitucionais, ou, no caso brasileiro, o Supremo Tribunal Federal. A *três*, não há como admitir os tributos proibitivos, na classificação de Sampaio Dória: ou a atividade é ilícita e cabe ao Estado proibi-la (não permiti-la e recorrer a tributação inviabilizadora) ou é lícita e se o Estado não a pode proibir pela via direta, não o pode fazer pela via indireta da tributação.[83] Tributação extrafiscal é permitida, quanto a atividades que o Estado não deva vedar, porém também não convenha estimular em comparação a outras, mas dentro de limites que não inviabilizem seu exercício.[84] A *quatro*, na aplicação destes parâmetros, atua também o princípio da *boa-fé objetiva*, a exigir que tanto o fisco como os contribuintes ajam com consideração aos legítimos interesses do outro: assim, com relação ao Fisco, seu legítimo interesse em obter a arrecadação necessária para prover às crescentes prestações decorrentes do princípio do Estado Social e Democrático de Direito e, com relação ao contribuinte, seu interesse, também constitucionalmente protegido, de poder sustentar-se e desenvolver suas atividades lícitas.[85]

Começa-se, pois, a encontrar aproximações do que significa tributo com efeito de confisco. Não são resultados ainda definitivos e aclare-se que mesmo resultados definitivos que se possam alcançar não

---

[83] OLIVEIRA, José Marcos Domingues de. *Direito*...cit., p. 128.

[84] "produz embaraços tais, a ponto de retirar, do contribuinte, o estímulo normal, ou o impulso animador do respectivo empreendimento" RAO, Vicente. Jóquei Clube de São Paulo. Parecer. *Revista dos Tribunais*, São Paulo, vol. 276, p.74, outubro de 1958. O parecer versa sobre lei da Municipalidade de São Paulo (Lei nº 5.092 de 1956) que impunha ao "Jockey Club" o pagamento de impostos de diversões públicas e licença.

[85] "A modo de remate del papel de este alto organismo jurisdiccional podemos traer aquí a colación las palabras de Schick, para quien 'es muy importante que un Tribunal Constitucional controle al legislador y a las autoridades fiscales, pero también demuestra que tal control no es un remedio global y suficiente. En el derecho fiscal – como en todas las partes del derecho – la cultura jurídica y la lealtad de todos los participantes son de una importancia decisiva.' " YEBRA MARTUL-ORTEGA, Perfecto. Principios del derecho financiero y tributario en la Ley Fundamental de Bonn. *Revista de Direito Tributário*, São Paulo, vol. 56, p.34, abr-jun. 1991, citando W. Schick, Aspectos de la jurisprudencia del Tribunal Constitucional Alemán en materia fiscal. *Cuadernos Iberamericanos de Estudios Fiscales*, n.1, p. 176, 1986. Na doutrina brasileira, Roque Antônio Carrazza aponta: "Não podemos deixar de mencionar, ainda, o *princípio da boa-fé*, que impera também no Direito Tributário. De fato, ele irradia efeitos tanto sobre o Fisco quanto sobre o contribuinte, exigindo que ambos respeitem as conveniências e interesses do outro e não incorram em contradição com sua própria conduta, na qual confia a outra parte (proibição de *venire contra factum próprio*)". *Curso*...cit., p. 396, grifo do original.

serão imutáveis (pela própria possibilidade de alteração dos pesos dos princípios que podem entrar em conflito entre si, ao sabor de variáveis circunstâncias políticas, econômicas e sociais), mas simples critérios de determinação do efeito confiscatório em casos concretos e circunstâncias político-sociais determinadas.

De qualquer forma,
> si este límite de confiscatoriedad bajo estudio se conociera en su medida, de forma indubitada, aceptada, sea que su reconocimiento surgiera de manera natural o que surgiera convencionalmente, la mayor parte de la discusión acerca de la prohibición de confiscación por vía tributaria estaría de más, sobraría.[86]

Mas assim não é. Resta, pois, continuar a perquirir sobre os rumos que ditaram a evolução da proibição naqueles sistemas jurídicos em que o tema alcançou maior desenvolvimento, para desvendar os parâmetros que permitirão "determinar qual a parcela do esforço comum deva ser suportada por cada indivíduo, segundo os conceitos políticos, éticos, jurídicos, econômicos, dominantes no Estado e no tempo de que se trata".[87]

1.4. A VEDAÇÃO A TRIBUTOS COM EFEITO CONFISCATÓRIO CONSTITUI IMUNIDADE?

Antes, resta uma questão a considerar. A norma do art. 150, inciso IV, da Constituição Federal constitui uma imunidade?

Jorge de Oliveira Vargas, em monografia sobre o tema, conclui que "o princípio do não-confisco é uma imunidade porque o texto constitucional exclui expressamente a competência dos entes públicos para instituírem tributos que tenham efeito confiscatório".[88]

Também para Ricardo Lobo Torres,
> a proibição de imposto com efeito confiscatório é vera *imunidade fiscal*, e não simples princípio jurídico vinculado à justiça ou à segurança jurídica. Imuniza contra a cobrança de tributos a propriedade privada considerada em sua totalidade, pois o Estado não pode utilizar o seu poder fiscal para aniquilar a liberdade individual, que não sobrevive sem aquele direito. A propriedade privada, sendo direito fundamental, exibe como predicado ou qualidade, a impossibilidade de ser atingida em seus limites máximos pelo exercício do poder tributário.[89]

Indubitavelmente, a vedação está posta em norma constitucional e situa-se entre as limitações constitucionais ao poder de tributar (arts. 150 a 152).

---
[86] NAVEIRA DE CASANOVA, Gustavo J. *El principio...*cit., p. 412.

[87] VANONI, Ezio. *Natureza e interpretação das leis tributárias*. Trad. Rubens Gomes de Sousa. Rio de Janeiro: Edições Financeiras, s/d., p. 79.

[88] *Princípio do não-confisco como garantia constitucional da tributação justa*. Curitiba: Juruá, 2004, p. 178.

[89] *Tratado de direito constitucional financeiro e tributário*. Rio de Janeiro: Renovar, 1999, vol. III – Os Direitos Humanos e a tributação - imunidades e isonomia, p. 128.

Mas, a nosso ver, isto não é o bastante para que se possa caracterizá-la como norma de imunidade. Também entre as limitações constitucionais ao poder de tributar situam-se a legalidade, a anterioridade (inclusive nonagesimal), a irretroatividade, a isonomia etc. Não se pretende que a regra do art. 150, I, constitua imunidade, porque o texto constitucional exclui a competência dos entes federados para instituir tributos por atos infralegais.

A conceituação de imunidade é controvertida na doutrina (e seu exame detalhado desborda deste trabalho, por desviar o foco de seu tema específico), preponderando todavia o entendimento de que se trata de regra negativa de competência ou supressão constitucional de competência impositiva.

> As regras que vedam às entidades políticas edictarem leis de imposição que apanham *determinadas pessoas*, ou *determinados bens*, são regras jurídicas negativas de competência; criam a respeito *dessas pessoas*, ou *desses bens*, respectivamente, *imunidade subjetiva, ou objetiva*.[90]

Amílcar Araújo Falcão apontava com clareza:

> A imunidade, como se está a ver, é uma forma qualificada ou especial de não-incidência, por supressão, na Constituição, da competência impositiva, ou do poder de tributar, quando se configuram certos pressupostos, situações ou circunstâncias previstas pelo estatuto supremo. Esquematicamente, poder-se-ia exprimir a mesma idéia do modo seguinte: *a Constituição faz, originariamente, a distribuição da competência impositiva ou do poder de tributar*; ao fazer a outorga dessa competência, condiciona-a, ou melhor, clausula-a, declarando os casos em que ela não poderá ser exercida. A imunidade é, assim, uma forma de não-incidência pela *supressão da competência impositiva para tributar certos fatos, situações ou pessoas*, por disposição constitucional.[91]

Na imunidade, pois, a Constituição outorga competência impositiva às diversas pessoas jurídicas de direito público, e edita regra proibindo a instituição de tributos sobre determinadas *pessoas e objetos*, limitando a competência impositiva que outorgou.

Na vedação à utilização de tributo com efeito confiscatório, não há uma outorga de competência e sua exclusão com relação a *determinadas pessoas ou objetos*. Pelo contrário, como a vedação basicamente diz respeito ao aspecto quantitativo da exigência tributária, a competência já é outorgada com esta exigência (não-utilização com efeito confiscatório, da mesma forma como é outorgada com a exigência de ser exercida por meio de lei – legalidade), não se tratando de excepcionar *casos* em que ela não poderá ser exercida.

Na imunidade, a competência é outorgada e são recortados casos – objetos (imunidade objetiva), ou pessoas – sujeitos (imunidade subjetiva), em relação aos quais não poderá ser exercida. Na vedação

---

[90] PONTES DE MIRANDA. *Comentários à Constituição de 1967 com a Emenda nº1, de 1969*. Rio de Janeiro: Forense, 1987, tomo II, p. 414, grifos nossos.

[91] *Fato gerador da obrigação tributária*. 5ª.ed., Rio de Janeiro: Forense, 1994, p. 64, grifos nossos.

de tributos com efeito confiscatório, a competência já é outorgada com tal limite quantitativo, que *a todos* se aplica indistintamente.

Em síntese, na imunidade a competência é excluída (por norma constitucional) em relação a objetos ou pessoas; na vedação de efeito confiscatório, a competência já é outorgada com tal exigência, aplicável a todos, não excepcionável em relação a objetos e sujeitos determinados. Lá se exclui a competência; aqui confirma-se-a, regrando seu exercício.

Não se trata, pois, a nosso ver, de imunidade, mas de regramento constitucional do modo de exercício da competência; se a Constituição determina o modo como se exercita a competência é *porque não a exclui*, menos ainda pela diferenciação quanto a sujeitos e objetos determinados, que é característica das normas de imunidade (assim as dos arts. 150, VI; 153, §§ 3º, 4º e 5º; 155, § 2º, X, "a" e "b"; 156, § 2º, I; 184, § 5º; 195, II, e 5º, incisos XXIV, "a" e "b", LXXVI, LXXVII, todos da Constituição Federal).

Outra questão aflora: como deve ser interpretada a norma do art. 150, IV?

José Augusto Delgado sustenta que tal texto "por assumir a categoria de direito fundamental do contribuinte não pode receber interpretação restritiva".[92]

Dificilmente se poderá discordar da assertiva. A própria doutrina tradicional sustentava que a interpretação exclusivamente literal ou restritiva só seria aplicável nas hipóteses expressamente previstas em lei (por exemplo, o art. 111 do Código Tributário Nacional que, à evidência, não se aplica ao instituto em questão). Mas também não se interpreta necessariamente de forma extensiva, como sustenta, na seqüência, o mesmo autor,[93] pois os brocardos *in dubio pro fisco* e *in dubio contra o fisco* há séculos foram superados. Na verdade, a própria classificação tradicional dos métodos de interpretação entre nós divulgada por Maximiliano[94] já não corresponde à moderna forma de compreensão sobre a operatividade das normas jurídicas, especialmen-

---

[92] In MARTINS, Ives Gandra da Silva (Coord.). *Direitos fundamentais*...cit., p. 98.

[93] "Os contornos previstos pelo Constituinte para considerar a referida vedação deverão ser vistos com largueza, considerando-se os propósitos postos na Carta Magna em proteger o cidadão e que a Nação alcance um potencial desenvolvimento econômico, social, ambiental, de pleno emprego, de saúde, de educação, de respeito às liberdades públicas, de proteção à infância, à juventude e à velhice, garantidor dos anseios e das necessidades das atuais e das futuras gerações". Obra e local citados. Ocorre que justamente para realizar alguns destes princípios (por exemplo, desenvolvimento social, pleno emprego, saúde, educação, proteção à infância e velhice) tem o Estado necessidade de maiores recursos financeiros, a ser obtidos por via de tributação, o que impede que a proibição de efeito confiscatório seja vista sempre com largueza, ou ao menos com largueza incompatível com a promoção também destes princípios pelo Estado contemporâneo.

[94] MAXIMILIANO, Carlos. *Hermenêutica e aplicação do direito*. 9ª.ed., Rio de Janeiro: Forense, 1979.

te dos princípios. No caso da vedação de tributos com efeito confiscatório, seu âmbito de incidência será determinado por ponderação entre diversos princípios que correspondem a direitos fundamentais, tais como liberdade de trabalho, de desenvolvimento, de ação, direito de propriedade e Estado Social e Democrático de Direito.

1.5. EVOLUÇÃO EM ALGUNS SISTEMAS JURÍDICOS

Neste ponto, examinaremos a evolução da não-confiscatoriedade tributária em alguns sistemas jurídicos, em que logrou maior desenvolvimento, nomeadamente nos direitos argentino, norte-americano, espanhol, alemão e brasileiro, procurando descrever e interpretar, em cada um deles, as particularidades do desenvolvimento do instituto, para a partir daí buscar, nas partes seguintes deste trabalho, melhor precisar seus contornos.

1.5.1. Argentina

Na Argentina, o princípio da não-confiscatoriedade tributária teve excepcional desenvolvimento jurisprudencial, especialmente em repetidas decisões da Corte Suprema de Justicia de la Nación (CSJN). A atenção da doutrina veio posteriormente, a partir da relevância assumida pelo instituto, por seu trato jurisprudencial.

A antiga Constituição argentina, até hoje em vigor com as reformas de 1949, 1956 e 1994, não se refere expressamente à proibição de utilização de tributo com efeito confiscatório, nem a outros princípios tributários, geralmente expressos nas Constituições contemporâneas, como capacidade contributiva ou progressividade.

Como já vimos, o art. 17 contém a única menção a confisco no texto constitucional ("la confiscación de bienes queda borrada para siempre del Código Penal Argentino"), além do direito de propriedade ("la propiedad es inviolable y ningún habitante de la Nación puede ser privado de ella, sino en virtud de sentencia fundada en ley"). Em matéria tributária, o art. 4º se refere a "las demás contribuciones que *equitativa y proporcionalmente a la población* imponga el Congreso General" (grifamos).

Nas primeiras decisões, a CSJN considerou que o confisco proibido pela Constituição era de fins penais, não abrangendo os tributos impostos pelo Congresso:

las confiscaciones prohibidas por la Constitución son medidas de carácter personal y de fines penales por las que se desapodera a un ciudadano de sus bienes, es la confiscación del Código Penal, y en el sentido amplio del art. 17, el apoderamiento de los bienes de otro, sin sentencia fundada en ley o por medio de requisiciones militares; pero de ninguna manera lo que en forma de contribuciones para fines públicos pueda imponer el Congreso o los gobiernos locales.[95]

---
[95] "Manuel Faramiñán c. Municipalidad de la Plata", Fallos 105:50 (1906). Antes a CSJN, en "Hileret y Rodríguez c. Provincia de Tucumán" (Fallos 98:20, 1903), sem mencionar a questão da

Portanto, nestes primeiros tempos, a CSJN adotou um conceito restrito de confisco,[96] tanto que não recorreu a esta noção quando declarou a inconstitucionalidade de um tributo, por excessivo, adjetivando-o antes como "prohibitivo", "arbitrario", "antiequitativo", "exorbitante" que como confiscatório ("Mileret y Rodriguez c. Província de Tucumán").

Neste caso, pois, o fundamento da decisão não foi o efeito *confiscatório*.

Em "Doña Rosa Melo de Cané, su testamentaria", a respeito de um imposto provincial sobre sucessões que atingia 50% do monte-mor, o Tribunal lançará as bases de sua jurisprudência sobre proibição da confiscatoriedade de tributos:

> El impuesto del 50 por ciento, establecido en la ley provincial impugnada es una verdadera exacción o confiscación que restringe en condiciones excesivas los derechos de propiedad y de testar, consagrados en los artículos 17 y 20 de la Constitución. El poder de crear impuestos está sujeto a ciertos principios que se encuentran en su base misma, y entre otros, al de que ellos se distribuyan con justicia.[97]

José Osvaldo Casás aponta que com esta sentença "se inicia la familia de pronunciamientos sobre la interdicción de la confiscatoriedad tributaria".[98]

Esta doutrina se consolidaria em "Don Andrés Gallino, su sucesión", quando a Corte assentou:

> Que establecido en términos explícitos que la confiscación de bienes ha sido borrada para siempre del Código Penal Argentino (Constitución, art. 17), no es aceptable que aquello que no puede aplicarse como pena pueda serlo por vía de impuesto y menos que haya bienes en nuestro territorio excluidos por cualquier motivo de esta terminante declaración constitucional que comporta una garantía extensiva igualmente al propietario que reside dentro como al que reside fuera del país.[99]

A seguir, como tipicamente ocorre nos sistemas de construção jurisprudencial, a Corte foi estabelecendo, embora por vezes de forma vacilante, parâmetros para identificar a tributação confiscatória, pelo menos com relação a alguns tributos.

Primeiramente, estes critérios eram qualitativos:

> la facultad de establecer impuestos es esencial e indispensable para la existencia del gobierno; pero este poder cuando es ilimitado en cuanto a la elección de la materia imponible e a la

---

confiscatoriedade, considerou inconstitucional um imposto instituído pela Provincia de Tucumán de 40 centavos por quilograma de açúcar, cuja produção excedesse determinada cota por estabelecimento produtor (até o limite da cota, o imposto era de meio centavo por quilograma; o imposto de 40 centavos por quilograma era superior ao preço do açúcar), sob o fundamento (considerando 10) que "es impuesto prohibitivo de la producción y comercio del artículo fuera de dicho límite dentro del país... y atentatorio por consiguiente contra la garantía del art. 14 de la Constitución".

[96] NAVEIRA DE CASANOVA, Gustavo J. *El principio...* cit., p. 242.
[97] Fallos 115:111 (1911).
[98] *Los principios...* cit.
[99] Fallos 160:247 (1930).

cuantía, envuelve necesariamente la posibilidad de destruir que lleva en su entraña, desde que existe un límite más allá del cual ninguna cosa, persona o institución tolerará el peso de un determinado tributo.[100]

Com o tempo, a Corte foi precisando algo mais destas noções. Em "José E. Uriburu c. Provincia de Córdoba", surge o conceito, que se tornou fundamental na jurisprudência da Corte, de rendimento médio de uma correta exploração do imóvel e a caracterização como confiscatório do tributo que absorve uma parte substancial das utilidades produzidas pelo imóvel corretamente explorado:

> Para declarar inconstitucional un impuesto territorial por confiscatorio es indispensable que quien lo impugna pruebe la absorción por el tributo de una *parte substancial de las utilidades producidas por el inmueble gravado*, a cuyo efecto debe tenerse en consideración *el normal rendimiento medio de una correcta explotación del fundo afectado*, prescindiendo de la supresión o disminución de utilidad proveniente de circunstancias eventuales e de la inapropiada administración del contribuyente, debiendo fijarse el porciento absorbido por la contribución sobre la base del monto de las utilidades sin descontar el gravamen discutido y el valor de este sin la rebaja hecha por pago anticipado.[101]

Fixou-se também que o critério para estabelecer o traço de confiscatoriedade é o rendimento médio da propriedade, observada sua correta exploração.[102]

Em outras ocasiões, a Corte argentina fala em lugar de "correta exploração", de "exploração razoável", ou de "exploração razoavelmente efetuada", como em "Rosa Curioni de Demarchi c. Provincia de Córdoba", na qual inclusive busca esclarecer o que deve ser entendido por "explotación ... razonablemente efectuada".

E a Corte chegou a estabelecer, com relação ao imposto sobre sucessões e territorial, o conhecido percentual de 33% como o limite além do qual o imposto torna-se confiscatório e, conseqüentemente, inconstitucional:

> A diferencia de lo que ocurre con el impuesto a la renta o con los impuestos indirectos, un gravamen a la transmisión de un legado que representa más de la tercera parte del valor de los bienes, como el cobrado al recurrente por aplicación del art. 30 de la ley 11.287, es confiscatorio y violatorio de los derechos de propiedad y de testar asegurados por los arts. 14, 17 y 20 de la Constitución Nacional.[103]

---

[100] "Banco de la Provincia de Buenos Aires c. Nación Argentina". Fallos 186:170 (1940).

[101] Fallos 201:165 (1945), grifos nossos. Por isto, neste julgamento não foi considerado confiscatório o imposto territorial, que segundo a escrita do contribuinte absorvia, em quatro exercícios consecutivos, respectivamente 32,72%, 37,48%, 37,20% e 30,95% da renda da propriedade, eis que a prova, consistente no caso em perícia por agrônomo, "no encuentra explicación satisfactoria para el bajo rendimiento de la explotación ganadera resultante de dichos libros".

[102] "Amalia Arrotea de Muñoz v. Provincia de Córdoba". Fallos 196:122 (1943). Por igual, "Jenaro Garcia c. Provincia de Córdoba": "Las causas sobre inconstitucionalidad de la contribución territorial impugnada como confiscatoria deben decidirse teniendo en cuenta el *rendimiento medio de una correcta explotación* del fundo concretamente afectado. No deben computarse aisladamente los años en que se han producido pérdidas ni los de rendimiento anormalmente reducido". Fallos 209:114 (1947), grifo nosso.

[103] "Gobierno de Italia c. Consejo Nacional de Educación". Fallos 190:159 (1941). Nele também sinala a Corte que "el art. 30 de la ley 11.287 vulnera el art. 67, inc. 16 de la Constitución

Em "Eduardo A Shepherd",[104] o tribunal sustentou a validade da distinção entre contribuintes domiciliados no país e no estrangeiro, admitindo para os últimos um limite de 50%, aplicando ao imposto sobre sucessão o que decidira a respeito do imposto territorial em "Banco Hipotecario Franco Argentino c. Provincia de Córdoba".[105]

No entanto, posteriormente em "Carlos Vicente Ocampo",[106] o Tribunal, embora mantendo a validade da distinção para fins de estabelecimento do montante a ser pago, entre contribuintes domiciliados no país ou no exterior, retornou ao limite único de 33% do valor dos bens herdados, como ponto a partir do qual o imposto sucessório torna-se confiscatório e inconstitucional. Para a CSJN, então, pode-se tributar mais severamente a herança havida por pessoa domiciliada no exterior, desde que não se alcance o limite máximo de 33% dos bens recebidos. Abandona-se, assim, a distinção estabelecida quanto ao limite (33% e 50%) em Eduardo A. Shepherd.[107]

Quanto aos impostos imobiliários, a jurisprudência da CSJN firmou-se no sentido de que são confiscatórios os impostos que absorvem mais de 33% da renda potencial, resultante de uma correta exploração razoável da propriedade, com o aproveitamento de todas as possibilidades que possam estar ao alcance das pessoas que realizam aquele tipo de exploração. Entre numerosas outras decisões,[108] pode-se citar, apenas a título exemplificativo:

Nacional, cuando grava en forma confiscatoria a los bienes transmitidos que han venido del exterior a colocarse en el país". O art. 30 em questão previa um "recargo por ausentismo", ou um adicional ao imposto de transmissão, quando os herdeiros são domiciliados no exterior. O art. 67, inc. 16 da Constituição Argentina corresponde, com a reforma de 1994, ao atual art. 75, inc. 18 (no particular, não houve alteração de redação). Note-se que a Corte não disse que o art. 30 era inconstitucional por ser inválida a distinção entre residentes no país e no exterior, mas por gravar de forma confiscatória os bens transmitidos.

[104] Fallos 212:493 (1948).

[105] Fallos 210:1208 (1948): "El impuesto territorial establecido por ley 3.787 de la provincia de Córdoba que, en el caso de inmuebles explotados por vía de arrendamiento, absorbe incluído el recargo por ausentismo una proporción inferior al 50% del índice de productividad, no es confiscatorio ni violatorio del art. 17 de la Constitución Nacional. Lo es cuando excede dicha proporción". Quanto à validade da distinção entre contribuintes domiciliados no país e no estrangeiro, disse a Corte nesta mesma decisão: "El hecho de estar domiciliado en el extranjero el sujeto del impuesto y no tener, por ende, participación en la vida del país sino a través de los capitales radicados en él, justifica que los impuestos cuya materia es la riqueza constituida por dichos capitales sean más gravosos para esta categoría de contribuyentes que para quienes tienen aquí su domicilio; ya que estos últimos no son ajenos a ninguna contingencia de la vida nacional y contribuyen de muchos otros modos que por la radicación de capitales y el pago de impuestos a atender las necesidades del país y a promover su progreso, que no radica solo ni primordialmente en el crecimiento de la riqueza material".

[106] Fallos 234:129 (1956).

[107] "La sobretasa al absentismo es constitucional mientras por su monto total el impuesto no fuere confiscatorio". "Rosa Jardón Perissé c. Provincia de Córdoba". Fallos 209:200 (1947).

[108] A doutrina brasileira, de forma geral, identifica o referido limite de 33%, nos termos expostos, adotado pela Corte Suprema argentina, embora freqüentemente lhe oponha objeções. Baleeiro refere que "a Corte Suprema, na sua jurisprudência torrencial, com fundamento na

En tanto la relación entre el valor de la propiedad y la tasa a la contribución sea razonable, la tacha de confiscatoriedad sólo es admisible si se demuestra que el impuesto absorbe más de 33% del producto normal de la eficiente explotación del inmueble gravado. Para la decisión del punto referente a la inconstitucionalidad de la contribución territorial, impugnada por razón de su monto, es decisiva la proporción que el gravamen guarda con el índice de productividad del fundo afectado, para cuya determinación ha de considerarse el rendimiento corriente de los capitales empleados en las actividades de que en cada caso se trata, sobre la base del debido empleo de todas las posibilidades al alcance del comun de las gentes dedicadas a esa especie de trabajo, lo que supone la incorporación de los capitales necesarios a aquel fin.[109]

Cuando la contribución territorial absorbe más del 33% de la utilidad real de un establecimiento rural, y sobrepasa también igual porciento de la renta de la explotación ideal del mismo, calculada por el perito agrónomo único, debe ser declarada confiscatoria. No importan las observaciones que puedan hacerse a la administración del campo.[110]

A falta de una prueba convincente de la absorción de más de 33% del índice de productividad del campo por la contribución territorial debe desestimarse la impugnación de confiscatoriedad respecto de un periodo de tiempo que constituye un caso límite. La impugnación debe admitirse respecto del lapso en que la absorción de una proporción ampliamente superior al 33% del índice de productividad es indudable.[111]

Também, relativamente ao imposto territorial, a Suprema Corte chegou a admitir episodicamente o limite de 50%, no caso de contribuintes domiciliados no exterior, incluído o adicional correspondente ("Banco Hipotecario Argentino c. Provincia de Córdoba", já citado[112]), mas após retornou à sua jurisprudência tradicional e ao reiterado limite de 33%.

A Corte também aplicou o limite de 33% a um imposto provincial denominado de patente, sobre as atividades de empresa de capitalização, que emitia bônus de sorteio e cujo montante alcançara sucessivamente, em vários anos, os percentuais de 47,85%, 30,75%, 107,36% e 115,26% da renda obtida com a emissão de novos títulos e recebimento de cotas de títulos anteriormente vendidos. Na hipótese, a decisão foi pela confiscatoriedade e inconstitucionalidade do referido tributo, exceto no ano em que só absorveu 30,75% da renda. Também nesta

---

garantia ao direito de propriedade, invalidasse tributos esmagadores, como lhe parece aquele que alcança parte substancial da propriedade, ou renda de vários anos, e até o que absorve mais de 33% do produto anual de imóvel eficientemente explorado. A Corte adotou um *standard* jurídico semelhante à reasonableness dos tribunais norte-americanos ..." *Limitações*...,cit., p. 569. Antônio Roberto Sampaio Dória aponta: "A jurisprudência da Suprema Corte da Argentina, que várias vezes tem examinado esta complexa questão, considerou confiscatório o imposto que importe no 'desapoderamiento de más del 33% de la utilidad resultante de una correcta explotación de immuebles rurales' ou de uma 'explotación razonable'. A fórmula é transparentemente empírica, gratuita e até cabalística, divorciada da realidade e das lições da economia". *Direito*...cit., p. 196. E Paulo de Barros Carvalho refere "aquele critério que o Direito Positivo Argentino tomou, de se estabelecer 33% do objeto tributado, em termos de tributação imobiliária, que foi um critério que resolveu nada". *Enunciados*...cit., p. 54.
A adequação ou não desse parâmetro será examinada na 2ª Parte deste Trabalho.
[109] "Compañía Santafecina de Inmuebles y Construcciones c. Provincia de Córdoba". Fallos 211:1781 (1948).
[110] "Leonardo Pereyra Iraola (sucesión) c. Provincia de Córdoba". Fallos 206:214 (1946).
[111] "Rosa Jardón Perissé c. Provincia de Córdoba". Fallos 209:200 (1947).
[112] Fallos 210:1208 (1948).

decisão, o Tribunal expressa que, para estabelecer-se seu caráter confiscatório ou não, o valor do tributo deve ser comparado com a renda obtida em uma exploração normal e razoável, desconsiderando-se os casos de exploração deficiente ou inadequada ou de épocas anormais.[113]

Em "María Juana Devoto y Gonzáles c. Provincia de Córdoba", em que se cuida de imposto territorial, ocorre uma importante alteração jurisprudencial, pois a CSJN passa a admitir que a declaração de inconstitucionalidade do tributo não impede sua exigência dentro dos limites estabelecidos pelo tribunal.[114] A jurisprudência anterior era de que só cabia à Corte proclamar a invalidade do tributo por confiscatório, e não promover a sua adequação aos limites constitucionais, o que acabava levando a que o contribuinte nada pagasse (em posição vantajosa, pois, em relação àqueles dos quais fora exigido tributo respeitoso ao limite de confiscatoriedade, fixado pelo Tribunal) e que, em caso de repetição de indébito, fosse devolvido todo o tributo pago.[115]

A referida alteração de jurisprudência confirmou-se logo após, em tema de imposto sobre sucessões, em "María Laura Pérez Guzmán de Viaña y Emilia Olmos Arredondo de Pérez Guzmán c. Provincia de Tucumán", em ação de repetição de indébito, na qual foi decidido que "los efectos de este pronunciamiento al declarar inválido el impuesto en cuestión a causa de su monto, y solo a causa de él, no debe tener más alcance que el de invalidar lo cobrado en exceso".[116]

A CSJN considera que o limite de 33% não se aplica no caso de tributos aduaneiros[117] ou no caso de impostos sobre o consumo, nos quais normalmente há translação do ônus tributário, exigindo-se, então, que o imposto absorva uma parte substancial da renda obtida pelo produtor ao vendê-lo ao consumidor.[118]

Em matéria de contribuição de melhoria, a jurisprudência da CSJN não se pauta pelo parâmetro de 33%, mas por considerar confiscatórias as contribuições que excedam substancialmente o benefício recebido pelo proprietário (que consiste na valorização de seu imóvel).[119] A Corte também estabeleceu que o limite de 33% da renda produzida

---

[113] "La Esmeralda Capitalización S.A. c. Provincia de Córdoba". Fallos 205:131 (1946).

[114] "Las sentencias que declaran inconstitucional un impuesto no impiden necesariamente la nueva percepción del gravamen por las provincias, previo reajuste realizado por los organismos pertinentes, con arreglo a las conclusiones del tribunal". Fallos 210:310 (1948).

[115] NAVEIRA DE CASANOVA, Gustavo J. *El principio...*cit., p.229.

[116] Fallos 211:1033 (1948). "La declaración judicial de que un impuesto es confiscatorio y, por ello, inconstitucional, sólo alcanza a la porción del monto en que consiste el exceso. Corresponde al tribunal determinarla cuando puede hacerlo con precisión y objetividad. Fuera de ese caso, incumbe al Fisco practicar la reliquidación con arreglo al criterio enunciado en la sentencia".

[117] "Marcelo A. Montarcé c. Dirección Nacional de Aduanas". Fallos 289:443 (1974).

[118] "Argentina de Construcciones Acevedo y Shaw S.A. c. Municipalidad de Santa Fé". Fallos 205:562 (1946).

[119] "Don Enrique Santamarina c. Provincia de Buenos Aires". Fallos 172:272 (1935).

pela exploração correta e racional só se aplica a um tributo isoladamente, não ao conjunto da carga tributária.[120]

Em síntese, na Argentina a proibição de tributos com efeito confiscatório foi resultante de longa construção jurisprudencial, que deu interpretação ampla ao art. 17 da Constituição, cuja exegese literal só vedaria o confisco de natureza penal e as requisições militares. Embora com as alterações características das construções jurisprudenciais, fundadas na análise dos casos concretos e no pensamento a partir do problema, chegou ao estabelecimento de parâmetros objetivos de identificação de efeito confiscatório, ao menos em alguns tributos (especialmente sobre sucessões, imobiliário e contribuições de melhoria), construídos sobre *standard* de razoabilidade. Quanto aos dois primeiros, fixou-se no conhecido percentual de 33% sobre o valor dos bens herdados (imposto sobre sucessões) e na célebre fórmula sobre o resultado normal de uma exploração correta e razoável (impostos imobiliários).

A doutrina ocupou-se do tema ao depois, visivelmente influenciada pelo seu significativo desenvolvimento jurisprudencial e de certa forma reflete as incertezas e imprecisões da jurisprudência a *partir da qual* desenvolveu seus estudos. A relevância alcançada, no direito argentino, pelo princípio da não-confiscatoriedade, na verdade erigido pela Corte Suprema em padrão de aferição da razoabilidade dos tributos, levou inclusive a que ficasse, em segundo plano doutrinal, a capacidade contributiva.[121]

1.5.2. Estados Unidos

Nos Estados Unidos, poucas são as disposições constitucionais expressas sobre matéria tributária, limitando-se à já citada (nº 1.1, desta 1ª Parte) primeira frase da Seção 8 do artigo 1º. A outra disposição (artigo 1º, Seção 2, 3ª frase) foi, no que toca aos tributos, revogada pela 16ª Emenda.[122]

À parcimônia das disposições constitucionais tributárias, poder-se-ia somar o célebre axioma de Marshall ("the power to tax involves

---

[120] "El límite máximo del 33% para la absorción por el impuesto discutido del índice de productividad de un inmueble, se ha establecido con referencia a un solo gravamen". "Ganadera e Industrial Ciriaco Morea S.A. c. Provincia de Córdoba". Fallos 210:172 (1948).

[121] SPISSO, Rodolfo R. *Derecho...* cit., p. 241.

[122] A redação original do art. 1º, Seção 2, 3ª frase, era a seguinte: "Representatives and direct Taxes shall be apportioned among the several States which may be included within this Union, according to their respective Numbers, which shall be determined by adding to the whole Number of free Persons, including those bound to Service for a Term of Years, and excluding Indians not taxed, three fifths of all other Persons". A 16ª Emenda dispõe: "The Congress shall have power to lay and collect taxes on incomes, from whatever source derived, without apportionment among the several States, and without regard to any census or enumeration".

the power to destroy") para inibir o controle constitucional, pelos órgãos judiciários, da tributação com efeito confiscatório.

Não foi, todavia, o que ocorreu.

Por primeiro, deve ser corretamente entendida e contextualizada a famosa frase de Marshall:

> That the power to tax involves the power to destroy; that the power to destroy may defeat and render useless the power to create; that there is a plain repugnance in conferring on one Government a power to control the constitutional measures of another, which other, with respect to those very measures, is declared to be supreme over that which exerts the control, are propositions not to be denied. But all inconsistencies are to be reconciled by the magic of the word CONFIDENCE. Taxation, it is said, does not necessarily and unavoidably destroy. To carry it to the excess of destruction would be an abuse, to presume which would banish that confidence which is essential to all Government.[123]

McCulloch v. Maryland não é uma causa sobre excesso de tributação. O Congresso dos Estados Unidos criara um banco nacional. O Estado de Maryland, pela respectiva Assembléia, instituiu um imposto sobre as cédulas emitidas por bancos ou agências de bancos atuando naquele Estado, sem autorização da respectiva assembléia estadual. Contra este imposto, insurgiu-se o representante do Banco dos Estados Unidos, James William McCulloch. O acórdão (*opinion of the Court*) foi redigido por John Marshall e, sinteticamente, conclui: 1. O Congresso tem o poder de incorporar um banco nacional. Ainda que o governo da União seja um governo de poderes enumerados (*enumerated powers*), e entre estes não se inclua o poder de criar bancos, tem o governo da União poderes implícitos para adotar as medidas apropriadas para tornar efetivos os poderes expressamente concedidos pela Constituição.[124] 2. O Estado de Maryland não pode tributar um banco federal, pois o poder de tributar envolve o de destruir, e os Estados não podem impedir, pela tributação ou outras formas, o uso dos meios constitucionais empregados pelo governo da União para o exercício de seus poderes legítimos.

Em McCulloch v. Maryland, não se controverte ou decide sobre os limites e extensão da tributação, mas a respeito da supremacia do governo federal sobre os estaduais.

É certo que em algumas passagens de seu famoso voto, Marshall reflete o ponto de vista da época de que a fixação do *quantum* da tributação é questão submetida à discricionariedade legislativa, e não a controle judicial: "We are not driven to the perplexing inquiry, so unfit for the judicial department, what degree of taxation is the legitimate use and what degree may amount to the abuse of the power".[125] Ou:

---

[123] McCulloch v. Maryland. 17 U.S. 316, 431 (1819).

[124] "If a certain means to carry into effect of any of the powers expressly given by the Constitution to the Government of the Union be an appropriate measure, not prohibited by the Constitution, the degree of its necessity is a question of legislative discretion, not of judicial cognizance". Idem, p. 317.

[125] Idem, p. 430.

Proibição de tributos com efeito de confisco

> It is admitted that the power of taxing the people and their property is essential to the very existence of Government, and may be legitimately exercised on the objects to which it is applicable, to the utmost extent to which the Government may choose to carry it. The only security against the abuse of this power is found in the structure of the Government itself. In imposing a tax, the legislature acts upon its constituents. This is, in general, a sufficient security against erroneous and oppressive taxation.[126]

Mas também no voto de Marshall encontra-se excerto onde se pode visualizar a senda do que afinal se tornou o futuro desenvolvimento:

> But the very terms of this argument admit that the sovereignty of the State, in the article of taxation itself, is subordinate to, and may be controlled by, the Constitution of the United States. How far it has been controlled by that instrument must be a question of construction.[127]

Como observou, em artigo clássico na doutrina brasileira, Bilac Pinto:

> Foi através dos seus julgados que a Corte Suprema dos EE. UU., no exercício de sua função de intérprete final e conclusivo da Constituição, elaborou lentamente a doutrina de que o Poder de Taxar é um poder que somente pode ser exercido dentro dos limites que o tornem compatível com a liberdade de trabalho, de comércio e de indústria e com o direito de propriedade.
> Até que chegasse a essas conclusões, porém, muito teve que construir a jurisprudência americana.[128]

Esta construção se fez pelo desenvolvimento da cláusula do *due process of law*.

O instituto surgiu na Inglaterra e aponta-se sua origem na Magna Carta, cujo art. 39 tinha a seguinte redação:

> No free man shall be seized or imprisoned, or stripped of his rights or possessions, or outlawed or exiled, or deprived of his standing in any other way, nor will we proceed with force against him, or send others to do so, except by the lawful judgment of his equals or by the law of the land.

A expressão *per legem terrae* (de vez que a Magna Carta fora originalmente redigida em latim) ou *law of the land*, foi subtituída em 1354, no Statute of Westminster of the Liberties of London, por *due process of law*. Neste primeiro período, as expressões *law of the land, due course of law* e *due process of law* eram utilizadas indistintamente.[129]

Foi ainda sob a expressão *law of the land* que o instituto surgiu na legislação das colônias norte-americanas, na Virginia Bill of Rights de 16 de agosto de 1776, em sua Seção 8ª: "that no man be deprived of his liberty, except by the law of the land or the judgment of his peers".

Na Constituição americana, não constando do texto original, a garantia foi inserida pela 5ª e pela 14ª Emendas, já com o uso da expressão afinal consagrada: *due process of law*.

> No person shall be held to answer for a capital, or otherwise infamous crime unless on a presentment or indictment of a Grand Jury, except in cases arising in the land or naval forces, or in the Militia, when in actual service in time of war or public danger; nor shall any person be

---

[126] Idem, p. 428.

[127] Idem, p. 427.

[128] *Finanças e direito...*cit., p. 552.

[129] CASTRO, Carlos Roberto de Siqueira. *O devido processo legal e a razoabilidade das leis na nova Constituição do Brasil*. Rio de Janeiro: Forense, 1989, p.10.

subject for the same offence to be twice put in jeopardy of life or limb, nor shall be compelled in any criminal case to be a witness against himself, nor be deprived of life, liberty, or property, without due process of law; nor shall private property be taken for public use without just compensation. (5ª Emenda)

All persons born or naturalized in the United States and subject to the jurisdiction thereof, are citizens of the United States and of the State wherein they reside. No State shall make or enforce any law which shall abridge the privileges or immunities of citizens of the United States; nor shall any State deprive any person of life, liberty or property without due process of law; nor deny to any person within its jurisdiction the equal protection of laws. (14ª Emenda, Seção 1)

Neste primeiro momento, vigora a concepção mais restrita do devido processo legal[130] adjetivo (*procedural due process of law*), entendido como mera garantia processual, de regularidade do processo judicial, primordialmente voltada para o processo penal, a partir do qual se estendeu para o processo civil e administrativo. Na Inglaterra, manteve-se nos limites desta concepção adjetiva, mas nos Estados Unidos desenvolveu-se, a partir do final do século XIX, a concepção substantiva (*substantive due process of law*),[131] pelo qual a Corte Suprema norte-americana passou a controlar não só o cumprimento de formalidades processuais, mas também o conteúdo material da legislação, com base no *standard* de razoabilidade, negando validade constitucional à legislação divorciada deste padrão.[132]

Tal construção foi paulatina e sujeita a avanços e recuos.

---

[130] A tradução de *due process of law* como *devido processo legal* é freqüentemente criticada na doutrina, por não corresponder ao verdadeiro alcance do instituto. Manteremos sua utilização com esta observação, porque se trata de expressão consagrada pelo uso. A correta compreensão de *due process of law* é a exposta no texto, que aliás é o resultado de sua evolução, mantida a expressão original, cujo significado, mesmo na língua original, já extrapola o sentido vernacular das palavras para corresponder ao que lhe foi dado por sua longa construção jurisprudencial.
"A tradução do inglês *due process of law* para o português devido processo legal (como o fez inclusive a Constituição de 1988, no Art. 5°, LIV, não é correta). *Law* em inglês, no singular (substantivo incountable) e em primeiro lugar significa *direito* em seu sentido mais aberto ... Ademais, embora hoje já existam atos legislativos (statutes) regulando-o, o processo anglo-saxônico continua ainda eminentemente não-legal, ou seja, produto da história, das tradições e das práticas judiciais (o poder do juiz na condução do processo é muito grande), reforçadas pelos precedentes. Por sua vez, o adjetivo *due* só faz sentido referido ao substantivo law enquanto direito. Não há *lei devida*. Há, isto sim, *direito devido*, ou seja direito que, além de qualificativos formais, está sempre aberto a exigências substantivas de justiça natural". SOUZA JÚNIOR, Cezar Saldanha. *A supremacia do direito no Estado Democrático e seus modelos básicos*. Porto Alegre, 2002, p. 94, nota 177.

[131] "It necessarily happened, therefore, that as these broad and general maxims of liberty and justice held in our system a different place and performed a different function from their position and office in English constitutional history and law, they would receive and justify a corresponding and more comprehensive interpretation. Applied in England only as guards against executive usurpation and tyranny, here they have become bulwarks also against arbitrary legislation; but in that application, as it would be incongruous to measure and restrict them by the ancient customary English law, they must be held to guaranty, not particular forms of procedure, but the very substance of individual rights to life, liberty, and property". Justice Matthews in Hurtado v. People of State of California. 110 U.S. 516, 532 (1884).

[132] "Hay pues, un debido proceso *adjetivo* que implica una garantía de ciertas formas procesales y un debido proceso *sustantivo* que implica una garantía de ciertos contenidos o materia de fondo justos". LINARES, Juan Francisco. *La razonabilidad*... cit., p. 12.

A mudança iniciou-se nos chamados Slaughter-House Cases;[133] uma lei do Estado de Louisiana concedera regime de monopólio por um período de vinte e cinco anos da atividade de abate de animais para consumo humano. Grupos de proprietários de açougues daquele Estado argüiram sua inconstitucionalidade. A Suprema Corte confirmou a decisão do tribunal de Louisiana pela constitucionalidade da lei, entendendo que a cláusula *due process of law* da 14ª Emenda visava ao combate à discriminação racial, não viabilizando o controle do mérito da lei estadual que instituía o monopólio.

Justice Muller expressou a opinião da maioria:

> In the light of the history of these amendments and the pervading purpose of them, which we have already discussed, it is not difficult to give a meaning to this clause. The existence of laws in the States where the newly emancipated negroes resided, which discriminated with gross injustice and hardship then as a class was the evil to be remedied by this clause, and by it such laws are forbidden.
>
> If, however, the States did not conform their laws to its requirements, then by the fifth section of the article of amendment Congress was authorized to enforce it by suitable legislation. We doubt very much whether any action of a State not directed by way of discrimination against the negroes as a class, or on account of their race, will ever be held to come within the purview of this provision. It is so clearly a provision for that race and that emergency, that a strong case would be necessary for its application to any other.[134]

E sobre a cláusula do *due process of law* do primeiro parágrafo da 14ª Emenda assentou:

> it is sufficient to say that under no construction of that provision that we have ever seen, or any that we deem admissible can the restraint imposed by the State of Lousiana upon the exercise of their trade by butchers of New Orleans be held to be a deprivation of property within the meaning of that proposition.[135]

Mas o julgamento se deu por escassa maioria de cinco votos a quatro, e os votos vencidos (de Field, Swayne, Bradley e Chase) indicavam a interpretação que afinal viria a prevalecer:

> What the clause in question did for the protection of the citizens of one State against hostile and discriminating legislation of other States, the fourteenth amendment does for ther protection of every citizen of the United States against hostile and discriminating legislation against him in favor of others, whether they reside in the same or in different States. If under the fourth article of the Constitution equality of privileges and immunities is secured between citizens of different States, under the fourteenth amendment the same equality is secured between citizens of the United States.[136]

---

[133] 83 U.S. 36 (1872).

[134] Idem, p.81.

[135] Idem.

[136] Idem, p. 100-101. E Justice Swayne, em termos enfáticos, proclamou a extensão do instituto, antecipando os termos de sua futura compreensão jurisprudencial: "They are a bulwark of defence, and can never be made an engine of opression. The language employed is unqualified in its scope. There is no exception in its terms, and there can be properly none in their application. By the language 'citizens of the United States' was meant all such citizens; and by 'any person' was meant all persons within the jurisdiction of the State. No distinction is intimated in account of race or color. This court has no authority to interpolate a limitation that is neither expressed nor implied". Idem, p. 128-129.

Depois de alguns ensaios, por exemplo, em Mugler v. Kansas[137] e Chicago Milwaukee & Saint Paul v. Minnesota,[138] a Corte Suprema afirmaria definitivamente a doutrina do *substantive due process of law*, em decisão unânime, em Allgeyer v. Louisiana, ao declarar inconstitucional, por violar a cláusula *due process of law* da 14ª Emenda, uma lei estadual da Louisiana que proibia, sob pena de multa, qualquer pessoa de contratar seguros marítimos com companhias que não mantivessem sucursal e agente autorizado naquele Estado. No caso, E. Allgeyer & Co., exportadores de algodão no porto de New Orleans, postaram em New Orleans uma proposta de seguro marítimo para a Atlantic Mutual Insurance Company of New York e, por isto, foram condenados à multa prevista na lei estadual. O julgamento local foi reformado pela Corte Suprema, que considerou que tal lei não constituía *due process of law*, por implicar violação da liberdade assegurada aos cidadãos, que compreende, entre outras, a possibilidade de efetuar os contratos que escolher. O voto, exprimindo a posição do tribunal, de Justice Peckham esclarece:

> we think the statute is a violation of the fourteenth amendment of the federal constitution, in that it deprives the defendants of their liberty without due process of law. The statute which forbids such act does not become due process of law, because it is inconsistent with the provisions of the constitution of the Union. The "liberty" mentioned in that amendment means, not only the right of the citizen to be free from the mere physical restraint of his person, as by incarceration, but the term is deemed to embrace the right of the citizen to be free in the enjoyment of all his faculties; to be free to use them in all lawful ways; to live and work where he will; to earn his livelihood by any lawful calling; to pursue any livelihood or avocation; and for that purpose to enter into all contracts which may be proper, necessary and essential to his carrying out to a successful conclusion the purposes above mentioned.[139]

Estava estabelecido o controle de constitucionalidade substantiva das leis, ampliando-se significativamente o campo do *judicial review*, pela análise da conformidade ou não das mesmas com a cláusula ampla do *due process of law*. Muito longe se está, todavia, até os dias de hoje, de estabelecer um significado preciso e aplicável a todas as situações de *substantive due process of law*.

O conceito mais conhecido de *due process of law* é o de Daniel Webster, representando os recorrentes em Trustees of Dartmouth College v. Woodward:

> By the law of the land, is most clearly intended, the general law; a law, which hears before it condemns; which proceeds upon inquiry, and renders judgment only after trial. The meaning is, that every citizen shall hold his life, liberty, property and immunities, under the protection of the general rules which govern society. Everything which may pass under the form of an enactment, is not, therefore to be considered the law of the land.[140]

---

[137] 123 U.S. 623 (1887).

[138] 134 U.S. 418 (1890).

[139] 165 U.S. 578, 589 (1897).

[140] 17 U.S. 518, 581 (1819). E acresce: "If this were so, acts of attainder, bills of pains and penalties, acts of confiscation, acts reversing judgments, and acts directly transferring one man's estate to another, legislative judgments, decrees and forfeitures, in all possible forms, would be

A definição tem o brilho particular de Webster, tornou-se clássica (entre nós foi parcialmente reproduzida por San Tiago Dantas[141]), mas reflete tanto o grau de desenvolvimento do tema à época (quando ainda não firmada sua concepção substantiva), quanto as imprecisões que lhe são imanentes. O aspecto processual (*procedural due process of law*) está bem determinado ("a law which hears before it condemns; which proceeds upon inquiry, and renders judgment only after trial"). Já o *substantive due process* está delimitado antes por exclusão (nem todo ato em forma de lei é considerado *law of the land*) e pela exigência de generalidade ("general rules which govern society"), que, no caso, era suficiente para o deslinde da causa sob seu patrocínio (uma lei estadual de New Hampshire transferira o direito de apontar os dirigentes de Dartmouth College – uma instituição privada – de seus "trustees" para o Governador do Estado).

A cláusula do *due process* se identifica com a de *reasonableness*, tradicional já no direito inglês,[142] e caracteriza-se também pela vagueza inerente a esta.[143] Trata-se, na verdade, de um *standard*,[144] que deverá ser preenchido com valorações judiciais e, em um sistema de direito jurisprudencial como o norte-americano, terá seu conteúdo paulatinamente determinado pela técnica de inclusão-exclusão, em raciocínio elaborado a partir de casos concretos, e, em decorrência, através do pensamento problemático.[145]

A própria Suprema Corte absteve-se de fornecer uma definição mais precisa, certamente pelo entrave que tal significaria à sua evolução posterior. Mais de sessenta anos após a assunção definitiva de sua concepção substantiva em Allgeyer v. Luisiana, na mesma Suprema Corte, Justice Harlan diria:

> Due process has not been reduced to any formula: its content cannot be determined by reference to any code. The best that can be said is that through the course of this Court's decisions it has

---

the law of the land. Such a strange construction would render constitutional provisions, of the highest importance, completely inoperative and void".

[141] Igualdade perante a lei e "due process of law" (Contribuição ao estudo da limitação constitucional do Poder Legislativo). *Revista Forense*, vol. 116, p. 359, abr. 1948.

[142] "Al requisito de razonabilidad se lo denomina 'el debido proceso legal': los actos constitucionales son razonables si son producidos respetando el debido proceso legal". QUIROGA LAVIÉ, Humberto. *Derecho constitucional*. Buenos Aires: Depalma, 1987, p. 447.

[143] "Em conseqüência de não ser o requisito da 'razoabilidade' das leis um princípio automático ou suscetível de precisão teórica ou jurisprudencial, é forçoso que a cláusula melhor vocacionada à sua implementação (a do devido processo legal) padeça, por igual, de inexatidão e de variações de conteúdo ao sabor da evolução nem sempre retilínea do sentimento jurídico vigorante em cada tempo e lugar". CASTRO, Carlos Roberto de Siqueira. *O devido processo...* cit., p. 176-177.

[144] "debido proceso legal en su aspecto sustantivo, es decir, como patrón o *standard* axiológico de razonabilidad ... racionalidad o *balanza de conveniencia* (balance of *convenience rule*), arbitrada por las cortes de los Estados Unidos en su particular concepción del debido proceso sustantivo". LINARES, Juan Francisco. *Razonabilidad...* cit., p. 13, grifos do original.

[145] ESSER, Josef. *Principio y norma en la elaboración jurisprudencial del derecho privado*. Trad. Eduardo Valenti Fiol. Barcelona: Bosch, 1961, p. 234 e ss.

represented the balance which our Nation, built upon postulates of respect for the liberty of individual, has struck between that liberty and the demands of organized society.[146]

A noção de *due process* necessita ser preenchida por valorações cambiáveis inclusive segundo as circunstâncias de tempo, lugar e opinião pública. Dworkin aponta que, assim como outras cláusulas difíceis do *Bill of Rights*, como a da *equal protection*, deve ser entendida como um apelo a conceitos morais, pois compreende o respectivo sistema jurídico, como baseado em uma teoria moral de que os cidadãos têm direitos morais contra o Estado.[147] O máximo que se pode precisar é que *due process* "demands only that the law shall not be unreasonable, arbitrary, or capricious, and that the means selected shall have a real and substantial relation to the object sought to be attained".[148]

O *substantive due process of law* foi aplicado ao controle de constitucionalidade das leis; já não era apenas uma garantia ao processo, dirigida aos órgãos judiciários ou à administração; mas uma garantia de limitação da intervenção em direitos fundamentais, dirigida ao legislador.[149] Este controle alcançou as leis tributárias, tendo a Corte examinado-as à luz da cláusula.[150]

Já em 1928, Justice Holmes exprimiria a superação do aforisma de Marshall:

> It seems to me that the State Court was right. I should say plainly right, but for the effect of certain dicta of Chief Justice Marshall which culminated in or rather were founded upon his often quoted proposition that the power to tax is the power to destroy. In those days it was not recognized as it is today that most of distinctions of the law are distinctions of degree. If the States had any power it was assumed that they had all power, and that the necessary alternative was to deny it altogether. But this Court which so often has defeated the attempt to tax in certain ways can defeat an attempt to discriminate or otherwise go too far without wholly abolishing the power to tax. The power to tax is not the power to destroy while this Court sits.[151]

Em Graves et al. v. People of State of New York ex. rel. O'Keefe, Frankfurter atribuiria a expressão *the power to tax involves the power to destroy* ao brilho de retórica e aos costumes intelectuais da época que favoreciam o uso de termos absolutos,[152] referindo-se à mesma como *seductive cliche*.

---

[146] Poe v. Ullman. 367 U.S. 497, 542 (1961).

[147] DWORKIN, Ronald. *Levando os direitos a sério*. Trad. Nelson Boeira. São Paulo: Martins Fontes, 2002, p. 231.

[148] Justice Roberts em Nebbia v. People of State of New York. 291 U.S. 502, 525 (1934).

[149] "... debido proceso sustantivo: es decir, del debido proceso como patrón o standard o cartabón axiológico, utilizado en el Estado liberal como garantía genérica de la libertad jurídica incluso contra el legislador". LINARES, Juan Francisco. *Razonabilidad...* cit., p. 27.

[150] "O direito americano, superando as equívocas ilações que se poderiam extrair do princípio indissociável da poderosa personalidade de Marshall é infenso ao confisco através do imposto. A cláusula *due process of law* amorteceria e neutralizaria o exercício do poder tributário destrutivo da propriedade particular". DÓRIA, Antônio Roberto Sampaio. *Direito...* cit., p. 197.

[151] Panhandle Oil. Co. v. State of Mississippi ex. Rel. Knox, Atty. Gen. 277 U.S. 218 (1928), voto vencido.

[152] "Partly as flourish of rhetoric and partly because the intellectual fashion of the times indulged a free use of absolutes, Chief Justice Marshall gave currency to the phrase that 'the power to tax involves the power to destroy'". 306 U.S. 466 (1939).

Embora os tribunais americanos manifestassem resistência ao controle do *quantum* das exigências tributárias em si e admitissem exacerbada tributação extrafiscal (fundada no *police power)*, quando se tratasse de atividade cujo exercício pudesse ser vedado pelo Estado, sempre fizeram o exame da legitimidade da imposição tributária à luz das cláusulas do *due process of law* e da *equal protection of laws,* da 5ª e da 14ª Emendas.

Assim, em McCray v. United States,[153] a Suprema Corte considerou válida uma lei federal que fazia incidir um imposto de 10 *cents* por libra de margarina colorida artificialmente (o imposto incidente sobre a margarina sem coloração artificial era 0,25 *cents* por libra), pois seria admissível a própria legislação proibindo a fabricação de margarina colorida artificialmente.[154] Mas sobre a alegação de confiscatoriedade, aduz-se como *obiter dictum*:

> Let us concede that, if a case was presented when the abuse of the taxing power was so extreme as to be beyond the principles which we have previously stated, and where it was plain to the judicial mind that the power had been called into play not for revenue, but solely for the purpose of destroying rights which could not be rightfully destroyed consistently with the principles of freedom and justice upon which the Constitution rests, that it would be the duty of the courts to say that such an arbitrary act was not merely an abuse of delegated power, but was the exercise of an authority not conferred.[155]

Já em Ohio Tax Cases,[156] a Suprema Corte não acolheu a alegação de que um imposto estadual de 4% sobre a receita bruta de estradas de ferro que operassem em Ohio "violates the state Constitution, and amounts to confiscation and a taking of property without due process of law",[157] pois os tribunais não podem invalidar uma lei que cria um imposto "merely because in isolated cases such law might impose a hardship, but only that those excise laws whose general operation is confiscatory and oppressive are unconstitutional".[158]

A Court of Appeals of Kentucky considerou inconstitucional o imposto de sete *cents* por quarto de galão de sorvete vendido, por ser excessivo e tender a arruinar e suprimir uma atividade lícita, que se situa fora do âmbito do *police power* dos órgãos legislativos, devendo, portanto, o imposto ser em montante razoável, e não proibitivo.[159]

---

[153] 195 U.S. 27 (1904).

[154] "the aptitude of oleomargarine when artificially colored to deceive the public into believing it to be butter was decided to be so great, that it was held no violation of due process clause of the Fourteenth Amendment was occasioned by state legislation absolutely forbidding the manufacture within the State, of oleomargarine artificially colored'. Idem, p. 62.

[155] Idem, p. 64.

[156] 232 U.S. 576 (1914).

[157] Idem, p. 587.

[158] Idem, p. 589.

[159] "Ice cream is a wholesome food product, and its manufacture and sale is a legitimate occupation outside the sphere of regulatory control by legislative in its exercise of the police power. It is an occupation which the legislature cannot constitutionally prohibit, and therefore when it undertakes to tax it the tax must be reasonable in amount and not prohibitive". Martin v. Nocero Ice-Cream Co., 269 Ky 151.

Em Stewart Dry Goods Co. v. Lewis *et al*,[160] a Suprema Corte considerou inconstitucional uma lei do Kentucky que impunha alíquotas progressivas incidentes sobre o volume bruto das vendas do comércio. Para o Tribunal, a lei era "unjustifiably unequal, whimsical, and arbitrary",[161] pois não se tratava de tributar a renda ou os lucros, nem se fundava no *police power* e

> Although no difference is suggested, so far as concerns the transaction which is the occasion to tax, between the taxpayer's first sale of the year and his thousandth, different rates may apply to them. The statute operates to take as the tax a percentage of each dollar due or paid upon every sale, but increases the percentage if the sale which is the occasion of the tax succeeds the consummation of other sales of a specified aggregate amount.[162]

Esta orientação foi reafirmada em Valentine v. Great Atlantic & Pacific Tea Co.[163]

Em Louis K. Liggett Co. v. Lee,[164] ainda a Suprema Corte considerou contrária à 14ª Emenda, Lei da Flórida que estabeleceu um imposto adicional sobre cada unidade de uma rede de lojas, no caso de haver lojas estabelecidas em diferentes condados. O julgado sustenta que "those provisions which increase the tax if the owner's stores are located in more than one county are unreasonable and arbitrary, and violate the guarantees of the Fourteenth Amendment".[165] E acresce: "an increase in the levy, not only on a new store, but on all the old stores, consequent upon the mere physical fact that the new one lies a few feet over a county line, finds no foundation in reason or any fact of business experience".[166]

Recentemente, a Suprema Corte de Arkansas, ao julgar uma *class action*, em que se questionava a constitucionalidade de uma lei estadual, que impunha alíquotas progressivas de imposto de renda de pessoas jurídicas de 1 a 6,5% e cuja interpretação administrativa era de que os contribuintes situados na faixa superior deveriam pagar 6,5% sobre toda a renda e, por isto, acoimada de confiscatória, decidiu dar-lhe interpretação conforme à Constituição, assegurando a todos os contribuintes a incidência das alíquotas menores nas faixas inferiores de renda.[167] Em conseqüência, considerou que "the supreme court's

---

[160] 294 U.S. 550.
[161] Idem, p. 557.
[162] Idem, p. 556.
[163] 299 U.S. 32 (1936).
[164] 288 U.S. 517 (1933).
[165] Idem, p. 536.
[166] Idem, p. 534.
[167] "Based upon the supreme court's review of legislative intent and consistent with decisions relating to the interpretation of tax measures, the supreme court found that Ark. Code Ann. 26-51-205 imposed a graduated tax applying income, and a flat tax of 6,5% on the entire net income above $100,000". Phillips Development Corporation; and United Wholesale Florists, Inc., On Behalf of Themselves and All Others Similarly Situated v. Richard Weiss, Director of Department of Finance & Administration and John Theis. 96 S.W. 2d. 894 (1997).

determination that Ark. Code Ann. 26-51-205 intended a uniform application of tax rates on all corporations resolved the issues of confiscatory taxation and alleged violations of equal protection guarantees raised by appellants".

Em síntese, os tribunais americanos, embora resistam à *judicial review* do montante dos tributos e admitam elevadas exações quando fundadas no *police power*, submetem também as leis tributárias, inclusive quanto à alegação de confiscatoriedade, ao escrutínio das cláusulas do *substantive due process of law* e *equal protection*.

1.5.3. Espanha

Na doutrina e, em decorrência de sua influência, na jurisprudência espanhola sempre preponderou (a exemplo do que sucede na Itália) o estudo do princípio da capacidade contributiva como critério exclusivo de justiça substantiva das imposições tributárias. Em conseqüência, o exame da não-confiscatoriedade ficou relegado a segundo plano. Sua menção expressa, no art. 31.1 da Constituição, fez com que as atenções da doutrina se voltassem também para este,[168] bem como ensejou sua consideração, ainda tímida, pela jurisprudência.

A doutrina espanhola tem ora considerado a proibição de tributos com efeito confiscatório como uma reiteração do princípio de garantia da propriedade privada,[169] ou, por outro lado, como realização do valor de justiça do sistema tributário;[170] o que será objeto de consideração mais detida no próximo capítulo.

Recente ensaio da Asociación Española de Estúdios Fiscales sobre o imposto sobre o patrimônio assinala que as poucas decisões do Tribunal Constitucional Espanhol a respeito tem se pautado por afirmações tão genéricas, como que o sistema tributário teria alcance confiscatório se o conjunto das incidências privasse o sujeito passivo de suas rendas e propriedades ou se a progressividade do imposto de renda alcançasse a alíquota de 100%.[171] Inobstante tal, entende possa

---

[168] SPISSO, Rodolfo R. *Derecho...* cit., p. 241.

[169] PALAO TABOADA, Carlos. La protección constitucional de la propiedad privada como límite al poder tributario. In: *Hacienda y Constitución*. Madrid: Instituto de Estudios Fiscales, 1979, p. 319.

[170] "el deseo de establecer un límite a la imposición progresiva que sirva para realizar la idea de justicia cuando el sistema tributario entre en colisión con otras instituciones asimismo amparadas por el texto constitucional". AGULLÓ AGÜERO, Antonia. *La prohibición...* cit., p. 33.

[171] "El principio de no confiscatoriedad también ha sido tratado por la jurisprudencia del Tribunal Constitucional a la hora de perfilar los principios esenciales inspiradores del régimen constitucional del tributo. Sin embargo, las pocas sentencias que se han ocupado de dibujar los confines de este principio y de llenarlo de contenido han efectuado afirmaciones tan genéricas como que el sistema fiscal tendría alcance confiscatorio si mediante la aplicación de las diversas figuras tributarias vigentes se llegara a privar al sujeto pasivo de sus rentas y propiedades, como asimismo habría un resultado confiscatorio en el IRPF, cuya progresividad alcanzara un tipo medio de gravamen del 100 por 100 de la renta". ASOCIACIÓN ESPAÑOLA DE ASESORES

ser definido o instituto como "la prohibición de que la aplicación de las diversas figuras tributarias vigentes agote la riqueza imponible so pretexto del deber de contribuir",[172] conceito que parece padecer das mesmas imprecisões criticadas ao examinar a jurisprudência.

Com efeito, a matéria foi examinada mais detidamente pelo Tribunal Constitucional na Sentencia 150/1990, de 4 de outubro de 1990, na qual concluiu não violar a proibição de confiscatoriedade o adicional de 3% sobre o imposto de renda estabelecido pela Comunidade Autônoma de Madrid. Depois de assinalar que é fora de dúvida que as comunidades autônomas podem estabelecer adicionais sobre os impostos estatais, pelo que os limites constitucionais que condicionam o exercício do poder tributário não podem ser interpretados de maneira tal que inviabilizem o exercício desta competência tributária (item 5 da ementa), o Tribunal trata expressamente da expressão constitucional "alcance confiscatório" nos itens 12 e 13 da ementa:

> 12. El sistema fiscal tendría efecto confiscatorio si mediante la aplicación de las diversas figuras tributarias vigentes, se llegara a privar al sujeto pasivo de sus rentas y propiedades, con lo que además se estaría desconociendo, por la vía fiscal indirecta, la garantía prevista en el art. 33.1 de la Constitución; como sería asimismo, y con mayor razón, evidente el resultado confiscatorio de un Impuesto sobre la Renta de Personas Físicas cuya progresividad alcanzara un tipo medio de gravamen del 100 por 100 de la renta. Pero, excluidos aquel límite absoluto y esta evidencia aritmética, y asumiendo la dificultad de situar con criterios técnicamente operativos la frontera en la que lo progresivo o, quizá mejor, lo justo, degenera en confiscatorio, sí resulta posible rechazar que la aplicación del recargo autonómico de que tratamos conculque el art. 31.1 de la Constitución por su eventual superación de los límites cuantitativos o percentuales establecidos por el legislador estatal para el impuesto sobre la Renta; pues en tal caso no podría establecerse recargo alguno, o bien habría ello de hacerse en detrimento de los principios de igualdad y progresividad de los tributos, que, asimismo proclama el art. 31.1 de la Constitución.
> 13. El recargo del 3 por 100 en la cuota líquida del Impuesto sobre la Renta respeta los principios de igualdad, progresividad y capacidad contributiva, y tanto por su cuantía como por la materia imponible que grava y, en ultimo término, por la finalidad que persigue, no infringe el principio de justicia tributaria, ni por lo mismo cabe reprocharle alcance confiscatorio, imputación ésta que, en razón de cuanto antecede, debe ser rechazada.[173]

FISCALES. Informe sobre el impuesto sobre el patrimonio. Disponível em http://www.aedaf.es/doc/temporal/informe-Impu-Patri-doc. Acesso em 06-12-2004.

[172] Idem.

[173] Disponível em http://www.tribunalconstitucional.es. Acesso em 15-03-2005. A alegação do Defensor do Povo, que argüira a inconstitucionalidade do adicional, no particular, é que o legislador nacional fixara o limite quantitativo de não-confiscatoriedade do IRPF, que findava por ser ultrapassado pelo adicional imposto pela comunidade autônoma. No corpo do acórdão, a questão é examinada no Fundamento Jurídico 9 (FJ 9) no qual o tribunal sinala cuidar-se de "cuestión que dista de hallarse doctrinalmente clarificada, al contrario de lo que ocurre, por ejemplo, en el ámbito penal o en el de la institución expropriatoria latu sensu". E aduz: "hay quien identifica dicho principio con el de capacidad contributiva, de suerte que seria confiscatorio todo tributo que no se fundara en este; hay quien considera que es una reiteración del principio de justicia tributaria; y hay finalmente quien opina que constituye un límite - por más que indeterminado y de difícil determinación - al principio de progresividad del sistema tributario... este límite constitucional se establece con referencia al resultado de la imposición, puesto que lo que se prohibe no es la confiscación, sino justamente que la imposición tenga 'alcance confiscatorio'". José Luís Pérez de Ayala considerou tal decisão "insuficiente y paradig-

Voltou a matéria ao exame do Tribunal Constitucional na Sentencia nº 14/1998, de 22 de janeiro, em que eram impugnados dispositivos de uma lei sobre caça da Comunidade Autônoma de Extremadura que, entre outras determinações, criava um imposto sobre o aproveitamento cinegético de propriedades administrativamente autorizado (áreas de caça). O imposto foi acoimado de confiscatório por incidir sobre uma base de cálculo correspondente a rendimento potencial, e não real (considerava para estabelecer a base de cálculo a extensão e condições da área, e não o rendimento real obtido com sua exploração cinegética). O Tribunal, citando expressamente as conclusões da Sentença 150/1990, de que a proibição constitucional de confiscatoriedade tributária obriga a não esgotar a riqueza tributável sob pretexto do dever de contribuir, e que o efeito confiscatório se produz se pela aplicação das diversas imposições chegar-se a privar o contribuinte de suas rendas e propriedades, observa que

> No puede desconocerse la dificultad técnica que supone determinar en abstracto, si del régimen legal de un tributo pueden derivarse per se efectos confiscatorios, sobre todo cuando la interpretación que haya de darse a este principio de no confiscación en materia fiscal dista de ser una cuestión doctrinalmente pacifica.

E, examinando o caso concreto, rechaça a alegação de violação a proibição de alcance confiscatório posta no art. 31.1 da Constituição porque

> es imposible determinar a priori y a partir de la sola argumentación de los recurrentes, si la cuantía resultante a ingresar por razón del Impuesto presenta o no un alcance confiscatorio en los términos expuestos, pues será precisamente la relación entre el Impuesto y el rendimiento obtenido la que ilumine sobre el carácter confiscatorio de aquél.[174]

O Tribunal volveria à questão na Sentencia nº 233/1999, de 16 de dezembro, quando impugnados vários dispositivos da Ley de Haciendas Locales (Ley 39/1988, de 28 de dezembro), entre os quais, seus artigos 60.1 a) e 61 a 78, que criavam um imposto municipal – Imposto sobre bens imóveis – cuja inconstitucionalidade foi argüida por submeter à tributação a propriedade e não só a renda e ocorrer bitributação em relação ao imposto nacional sobre o patrimônio. O Tribunal sinalou que "es palmario que no existe precepto constitucional alguno que impida el gravamen de otra fuente o manifestación de riqueza que no sea la renta". E reportando-se às suas decisões anteriores, aduziu:

> Por lo que respecta a la prohibición constitucional de confiscatoriedad tributaria, como hemos dicho en varias ocasiones, ésta "obliga a no agotar la riqueza imponible – sustrato, base o exigencia de toda imposición – so pretexto del deber de contribuir", lo que tendría lugar "si mediante la aplicación de las diversas figuras tributarias vigentes se llegara a privar al sujeto pasivo de sus rentas y propiedades, con lo que además se estaría desconociendo, por la vía

---

mática". *In* GARCIA DORADO, Francisco. Prohibición constitucional de confiscatoriedad y deber de tributación. Madrid: Dykinson, 2002, p.9, nota 16 (Prólogo).

[174] Fundamento jurídico 11, B. Disponível em http://www.tribunalconstitucional.es. Acesso em 15-03-2005.

fiscal indirecta, la garantía prevista en el art. 33.1 de la Constitución (SSTC 150/1990, fundamento jurídico 9, y 14/1998, fundamento jurídico 11 B). Y este ultimo es un resultado que ni los recurrentes – a quienes, como venimos diciendo, incumbe la carga de fundamentar las dudas de constitucionalidad - han probado que se produzca, ni, de todos modos, claramente, ha provocado la incorporación del I.B.I. al sistema tributario español en sustitución de las antiguas Contribuciones Territoriales Rústica y Urbana.[175]

1.5.4. Alemanha

Na Alemanha, o Tribunal Constitucional Federal, em sua jurisprudência tradicional, costumava distinguir entre tributos e atos de expropriação, sustentando que a garantia do art. 14 da Lei Fundamental (direito de propriedade) proíbe a expropriação da propriedade particular sem indenização, mas não tutela intervenções no patrimônio através de medidas tributárias [BVerfGE 19, 119 (128); 19, 253 (268)]. Somente se admitia que a tributação pudesse violar a proteção ao direito de propriedade, de que trata o art. 14 LF, em casos particularmente graves, quando se tratasse de tributos com efeito estrangulador (*Erdrosselungsteuer*): BVerfGE 14, 211 (241); 19, 119 (129); 19, 253 (268); 70, 219 (230); 78, 232 (243) e 82, 159 (190).

Na doutrina, sustenta-se a possibilidade de que limitações ao poder tributário, especialmente de tributos com efeito confiscatório, possam fundar-se não só na proteção ao direito de propriedade (LF, art. 14), mas também no princípio do Estado Social e Democrático de Direito e suas especificações, objeto do artigo 19 da Lei Fundamental:

> en la formulación de Hettlage sobre el poder financiero el autor entiende que debe establecer límites y previsiones, especialmente en las pretensiones impositivas estatales, puesto que el ordenamiento fundamental jurídico público quiere proteger la personalidad humana frente a los poderes estatales y sociales. Esta premisa ya plantea de por sí la dificultad de establecer el poder financiero bajo pretensiones confiscatorias, lo que para Hettlage no se confía exclusivamente a la protección del derecho fundamental de la propiedad del art. 14 de la LFB (Ley Fundamental de Bonn), sino que se puede alcanzar también en el reconocimiento del Estado de Derecho del art. 19 del mismo texto.[176]

---

[175] Fundamento jurídico 23. Disponível em http://www.tribunalconstitucional.es. Acesso em 15-03-2005. A ementa está assim posta a respeito da questão: "Ni el sometimiento de la propiedad a tributación, ni la coexistencia del Impuesto sobre el patrimonio y el Impuesto sobre bienes inmuebles, trasgriden la prohibición de duplicidad de tributación, ni tampoco los principios de capacidad económica y de no confiscatoriedad (art. 31.1 C.E.) (FJ 23)" (item 27 da ementa).

[176] YEBRA MARTUL-ORTEGA, Perfecto. *Principios...* cit., p. 26, citando HETTLAGE, K. M. Die Finanzverfassung im Rahmen de Staatsverfassung. Veröffentlichungen der Vereinigung der deutshen Staatsrechtsleher, vol. 14, 1956, p. 4 e 6. O art. 19 da Lei Fundamental, por sua vez, tem o seguinte texto: "Artigo 19 (Restrições dos direitos fundamentais) (1) Na medida que um direito fundamental possa, na forma desta Constituição ser limitado por lei, esta lei deve ter aplicação geral e não somente a um caso individual. Ademais, esta lei deve mencionar o direito fundamental, indicando o artigo correspondente. (2) O conteúdo essencial de um direito fundamental não pode ser infringido em nenhum caso. (3) Os direitos fundamentais também se aplicam às empresas nacionais, tanto quanto a natureza destes direitos permite. (4) Se os direitos de qualquer pessoa foram violados pela autoridade pública, abre-se a possibilidade de recorrer aos tribunais. Não sendo estabelecida outra jurisdição, tal recurso será da competência dos tribunais

No entanto, importantíssima decisão do Tribunal Constitucional Federal fixou limites materiais inclusive quantitativos à tributação, definindo mesmo um patamar de confiscatoriedade, acima do qual haveria lesão ao art. 14, § 2º da LF, sem mais exigir que tenha o tributo "efeito estrangulador". Trata-se da decisão de 22 de junho de 1995, acerca do imposto sobre o patrimônio.[177] A questão era se o § 10.1 da Lei sobre o Imposto do Patrimônio que gravava, à alíquota de 0,5%, os bens do patrimônio dos contribuintes, afrontava a Lei Fundamental, ao fazer incidir a alíquota, no caso de bens imóveis, sobre 140% do respectivo valor unitário fixado no ano de 1964 e nos demais bens sobre o valor atual. Como a valorização dos imóveis desde 1964 fora muito superior a 40%, tal resultava em tributar de forma bem mais gravosa os bens móveis que os imóveis, e o Tribunal, por sua 2ª Turma, considerou que tal violava o princípio da igualdade (Lei Fundamental, art. 3º, § 1º):

> O § 10, número 1 da Lei de Tributação Patrimonial de 17 de abril de 1974 (Diário Oficial I, página 949), com a redação da disposição de 14 de novembro de 1990 (Diário Oficial I, página 2467) por último modificada pela lei de 14 de novembro de 1990 (Diário Oficial I, página 2325), é em todas suas versões até agora e, em qualquer caso, incompatível com o artigo 3º, parágrafo 1º da Lei Fundamental, pois tributa com a mesma alíquota (0,5% - nota nossa) a propriedade sujeita ao valor unitário, cuja avaliação não foi mais corrigida desde 1964/74 e o patrimônio avaliado em bases atuais.[178]

A decisão foi mais adiante: assentou que os contribuintes só podem ser sujeitos à tributação segundo sua capacidade econômico-financeira ou segundo suas rendas, patrimônio e capacidade de consumo[179] (o que não vem a ser outra coisa que nosso conhecido princípio da capacidade contributiva) e proibiu o legislador de submeter novamente ao imposto sobre o patrimônio os fundamentos econômicos da vida privada, já tributados por outros impostos (de renda e indiretos).

Até aqui, a decisão foi unânime:

> Podrían suscitar asimismo un amplio acuerdo dos límites más que el Tribunal impone al legislador en materia tributaria. El primero se plasma en la regla de que quienes hayan de soportar gravámenes solo puedan quedar sujetos según su capacidad económica financiera [BVerfGE 93,121 (135)] y por lo tanto 'según sus ingresos, su patrimonio y su capacidad de demanda' [ibid (134)]... La segunda regla impone al legislador un limite absoluto. Le prohíbe someter de nuevo al Impuesto sobre el Patrimonio "los fundamentos económicos de la vida

---

ordinários. As disposições deste artigo não prejudicam a previsão do art. 10, II, 2 deste Capítulo".

[177] BVerfGE 93, 121.

[178] BVerfGE 93, 121 (135).

[179] "A igualdade de todos perante a lei (LF, art. 3º, parágrafo 1º) não exige a mesma contribuição de cada contribuinte para o financiamento das despesas públicas, senão que requer, na sua específica aplicação ao direito tributário atual, a participação, de maneira igual, de cada contribuinte, de acordo com a sua capacidade financeira para custear as tarefas gerais do Estado". Idem.

privada" ya gravados a través de impuestos sobre los ingresos y los rendimientos así como a través de impuestos indirectos.[180]

O que nos interessa, porém, e é controvertido (justamente porque envolve soluções de conflitos de princípios que podem levar a diferentes resultados quanto a qual princípio, no caso concreto, tem precedência) vem a seguir.

A maioria sustenta ser o ponto principal da questão:

a) o imposto sobre o patrimônio só pode incidir sobre ingressos potenciais, não podendo atingir o patrimônio consolidado (já adquirido): "os limites constitucionais da tributação sobre bens através do imposto de renda e do imposto sobre patrimônio limitam a ação tributária sobre os rendimentos gerados por estes bens". E acresce: "gozo das posições de direito sobre valores patrimoniais pelo proprietário e a essência da propriedade devem ser preservados". Para que tal se realize "o imposto patrimonial deve ser quantificado de tal forma que não interfira na essência do patrimônio, ou seja, o patrimônio original, e, na sua incidência conjunta com outras tributações, possa ser pago com os rendimentos potenciais (rendimentos brutos) deste patrimônio";[181]

b) o art. 14 da Lei Fundamental protege não só a substância da propriedade como os seus rendimentos. Do disposto no art. 14, § 2º, da LF (o uso da propriedade deve *também* servir ao interesse público) decorre que seus rendimentos devem estar disponíveis em medida equivalente para uso público e privado, pelo que a carga tributária conjunta sobre os rendimentos não pode ultrapassar a metade destes:

> Independentemente da proteção permanente ao patrimônio original, o rendimento do patrimônio também é objeto da proteção das posições de direito sobre valores patrimoniais, com base na liberdade individual. Segundo o art. 14, § 2º da Lei Fundamental a utilização da propriedade serve, ao mesmo tempo, para o benefício do particular e para o bem-estar de toda sociedade. Por isto, os rendimentos do patrimônio são por um lado, sujeitos à tributação geral e, por outro lado, deve restar de tais rendimentos um benefício para o titular do patrimônio. Assim, o imposto sobre o patrimônio só pode ser acrescido aos demais impostos sobre os rendimentos dele decorrentes, enquanto a carga tributária total sobre os rendimentos brutos permanecer próxima de uma divisão meio a meio entre o poder público e o particular, titular do patrimônio, observando-se de forma padronizada, receitas, deduções e outros abatimentos e, com isso, evitando resultados tributários em geral que contrariem uma distribuição da carga tributária segundo a norma de igualdade, tendo a capacidade econômica como parâmetro.[182]

---

[180] ALEXY Robert. *Los derechos fundamentales en el Estado Constitucional Democrático*. In: CARBONEL, Miguel (org.). Neoconstitucionalismo (s). Madrid: Trotta, 2003, p. 43-44.

[181] BVerfGE 93, 121 (137).

[182] BVerfGE 93, 121 (138). "Sin embargo, lo verdaderamente problemático comienza propiamente con la cuestión de si el Impuesto sobre el Patrimonio puede o no intervenir sobre la sustancia del patrimonio, más allá o por encima de lo que sea necesario para la vida privada... La Sala lo niega. Según su concepción, que califica como 'la principal' [BVerfGE 93, 121 (136)], solo debe autorizarse el Impuesto sobre el Patrimonio como impuesto sobre ingresos potenciales... La restricción a los ingresos potenciales significa que en lo fundamental la base patrimonial, el llamado patrimonio consolidado queda exento del impuesto sobre el Patrimonio como impuesto

Aqui, a decisão foi por maioria, vencido o juiz Böckenförde. Este, em voto dissonante, salienta que o exame destas questões (sobre o que pode incidir e em que limites o imposto sobre o patrimônio) não é necessário para a decisão do caso, para a qual basta o fundamento de violação do princípio da igualdade (LF, art. 3°, § 1°):

> Concordo com o cerne da decisão que constata a incongruência do § 10, número 1 da lei do imposto patrimonial com o art. 3º, § 1º da Lei Fundamental e a respectiva justificativa da decisão da Câmara (C. II, 1.a., c até d, 2 e C. III), com todos os fundamentos que a Câmara aduziu a respeito na decisão sobre a argüição de inconstitucionalidade. Não concordo com a Câmara quando ela toma esta argüição como razão de fixar parâmetros segundo os quais o imposto patrimonial só possa ser compreendido, nas atuais condições do direito tributário segundo a Lei Fundamental, como imposto sobre rendimentos brutos (C. II 3 até 5).[183]

Sustenta, pois, Böckenförde que o imposto sobre o patrimônio pode incidir sobre patrimônio já adquirido, e a Lei Fundamental tampouco exige que não ultrapasse a metade dos rendimentos potenciais: "A Lei Fundamental não oferece a possibilidade de uma limitação do imposto patrimonial a uma tributação dos rendimentos brutos".[184]

> O que não se pode aceitar como conseqüência é a limitação quantitativa do imposto patrimonial ao rendimento bruto, especialmente em relação à tese da Câmara que – considerando a tributação total – a metade dos rendimentos deveriam permanecer com o proprietário do patrimônio.[185]

A jurisprudência do Tribunal Constitucional Federal, diz Böckenförde, interpreta o art. 14 da Lei Fundamental como só protegendo posições patrimoniais concretas (propriedade sobre determinado bem), não o patrimônio em sua totalidade. O direito fundamental de propriedade só é atingido por impostos quando estes têm "efeito estrangula-

---

sustancial y se le prohíbe al legislador. La justificación se hallará en la protección de la propiedad del artículo 14 LF, que preserva la sustancia de la propiedad frente a una paulatina confiscación [ibid (137)]".
Pero la Sala no se detiene aquí. No sólo limita al legislador a los ingresos potenciales que habitualmente cabe esperar, sino que además le prohíbe intervenir sobre éstos en su totalidad. El articulo 14 LF protege no sólo la sustancia o la base patrimonial, como también sus rendimientos. Que el uso de la propiedad de acuerdo con el articulo 14.2 LF debe 'asimismo' (*zugleich*) servir al bienestar general significa que el éxito económico del uso de la propiedad debe estar a disposición 'equivalente' (*gleichwertig*) para usos privados y el bienestar publico. De ello resulta que el rendimiento del capital no puede ser recaudado en su totalidad por el Estado, sino que la carga conjunta tributaria de los rendimientos se podría a lo sumo orientar hacia un reparto parejo entre manos publicas y privadas. [BVerfGE 93, 121 (138)]. ALEXY, Robert. *Derechos fundamentales...*cit., p. 44-45.

[183] BVerfGE 93, 121 (150).

[184] BVerfGE 93, 121 (154). E acresce: "Conforme a técnica de regulamentação e, desta forma, também conforme as suas normas internas, o imposto patrimonial está orientado para intervir no patrimônio – e não no rendimento do patrimônio – mesmo que a alíquota do imposto seja fixada de tal forma que via de regra a tributação possa ser satisfeita com os rendimentos gerados. A base de cálculo não são os rendimentos brutos gerados pelo patrimônio, mas o patrimônio em si (§ 10 da lei de imposto patrimonial). O patrimônio não é somente considerado como um indicador de capacidade econômica advindo dos respectivos rendimentos, mas é compreendido como um todo, inclusive as parcelas do patrimônio que em situações normais não geram rendimentos (§ 114 da Lei de avaliação)". BVerfGE 93, 121 (156).

[185] BVerfGE 93, 121 (157).

dor". A livre concorrência, sob condições de igualdade e liberdade jurídicas, faz surgir desigualdades materiais, e, no Estado Democrático e Social de Direito, o legislador deve contar com meios para corrigi-las, inclusive através de medidas tributárias. O princípio do Estado Social e Democrático de Direito impõe ao legislador o dever de adotar medidas que visem a atingir o fim de uma ordem social justa.[186]

Como se vê, a proibição de tributo com efeito de confisco é utilizada para alcançar, no caso concreto, solução do conflito entre os princípios do direito de propriedade e do Estado Social e Democrático de Direito. Note-se que na Lei Fundamental não há norma expressa proibindo a utilização de tributo com efeito de confisco. Desimporta. A caracterização da utilização de tributo com efeito de confisco – que o Tribunal Constitucional Federal precisou proceder – se faz necessária para a solução de conflitos entre dois princípios objeto de previsão (e proteção) constitucional: no caso, direito à propriedade e Estado Social e Democrático de Direito. Por certo, os conflitos a serem solucionados pela aplicação da norma de proibição de tributos com efeitos confiscatório poderiam ser outros: livre iniciativa e proteção à saúde pública, por exemplo, no caso da tributação extrafiscal de cigarros ou bebidas.

Nas soluções destes conflitos, pode-se chegar a resultados diversos, por certo, conforme o formato concreto que se dê à norma de colisão. No caso do imposto sobre o patrimônio, inobstante o voto vencido de Böckenförde, preso à antiga jurisprudência do Tribunal Constitucional Federal de que a tributação só seria confiscatória quando tivesse efeito estrangulador, a maioria assentou ter efeito de confisco a tributação global que ultrapasse 50% dos rendimentos do contribuinte ou da renda potencial que pode ser gerada por seus bens. Até o limite de 50%, a precedência no conflito é dos fins visados pelo princípio do Estado Social e Democrático de Direito (LF, arts. 20, § 1º, e 28, § 1º); acima de 50%, resolve-se o conflito entre princípios pela precedência, no caso concreto, da proteção ao direito de propriedade (LF, art. 14).

A decisão, ao fixar limites tributários para a carga global, provocou a atenção da doutrina e influenciou legislação posterior (por exemplo, na legislação espanhola, alteração do art. 31.1 da Ley 19/1991, de 6 de junho, sobre imposto sobre o patrimônio, pela Disposição Final Quarta da Ley 46/2002, de 18 de dezembro, já referida).[187]

---

[186] "A abolição de impostos patrimoniais verdadeiros através da sua caracterização como impostos sobre os rendimentos brutos atinge o Estado de Direito social num ponto central. Ela tolhe sensivelmente o potencial estatal para possibilidades de correção social em comparação com a dinâmica das mudanças no desenvolvimento da sociedade". BVerfGE 93, 121 (162).

[187] Ver nesta 1ª Parte, nº 1.5.3.

O julgado aqui examinado do Tribunal Constitucional Federal fixou prazo até 31.12.1996 (a inconstitucionalidade foi declarada com efeitos *ex nunc* e postergados à data fixada, portanto) para o legislador adaptar a legislação do imposto sobre o patrimônio aos termos da decisão do Tribunal. Como o Poder Legislativo não o fez, o imposto do patrimônio na Alemanha foi extinto a partir de 01.01.1997.[188]

1.5.5. Brasil

No Brasil, a Constituição vigente mencionou expressamente a proibição, às três esferas de governo, de utilizar tributo com efeito de confisco. Nas Cartas anteriores, inexistia texto expresso a respeito.

O princípio da capacidade contributiva encontrava-se no art. 202 da Constituição de 1946 (aliás, com melhor redação que o atual art. 145, § 1º): "Os tributos terão caráter pessoal sempre que isso for possível, e serão graduados conforme a capacidade econômica do contribuinte".[189]

A Constituição de 1824 estabelecia no art. 179, § 15: "ninguém será isento de contribuir para as despesas do Estado em proporção dos seus haveres", fórmula bastante semelhante ao art. 25 do Estatuto Albertino: "Essi contribuiscono indistintamente nella proporzione del loro averi ai carichi dello Stato". Moschetti aponta (agora corretamente, a nosso ver) a diferença entre esta fórmula e o princípio da capacidade contributiva tal qual modernamente formulado: ainda que os "haveres" sejam uma manifestação de capacidade contributiva, esta tem um significado mais amplo (engloba, por exemplo, renda e atos de circulação de riquezas, que não correspondem à noção de "haveres").[190]

Nas demais Constituições brasileiras, não havia menção expressa à capacidade contributiva. A norma do art. 202 da Carta de 1946 foi

---

[188] "O legislador deverá expedir uma nova regulamentação, o mais tardar até 31 de dezembro de 1996. Até esta data, no máximo, a legislação atual continuará sendo aplicável. Caso a nova regulamentação pressuponha uma nova avaliação geral dos bens sujeitos à tributação, o legislador poderá fixar regras de transição, para o período em que se proceder a tal reavaliação, para vigerem no máximo por cinco anos a partir da promulgação da lei. Estas regras deverão adequar a tributação sobre o patrimônio às normas constitucionais objeto desta decisão. Neste caso, o legislador poderá determinar a parcial continuidade da vigência das regras até agora existentes". BVerfGE 93, 121 (95).

[189] Francesco Moschetti, todavia, diferencia capacidade econômica de capacidade contributiva. "... la capacità contributiva, *pur presupponendo* la capacità economica, *non coincide* totalmente con essa. Se è vero che non ci può essere capacità contributiva in assenza di capacità economica, è anche vero che possono esistere capacità economiche che non dimostrano attitudine alla contribuizione... Capacità contribuitiva non è... qualsiasi manifestazione di richezza, ma *solo quella forza economica che debba giudicarsi idonea a concorrere alle spese pubbliche, alla luce delle fondamentali esigenze economiche e sociali accolte nella nostra costituzione*". Il principio... cit., p. 236-238, grifos do original. A distinção parece-nos algo artificial: as exigências econômicas e sociais constitucionais não parecem determinar qual riqueza possa ser tributável, mas antes a forma de aplicação da renda obtida com a tributação.

[190] Idem, p. 13.

revogada pela Emenda Constitucional n° 18/65 e não constou da Constituição de 1967, ou da Emenda n° 1, de 1969. A doutrina, porém, entendia-a implícita, como derivação do princípio da igualdade.

Vimo-nos manifestando, há muito tempo, no sentido de que, apesar de não constar mais de nossa Carta Magna aquele imperativo, o princípio de capacidade contributiva persiste no direito brasileiro, não como formulação expressa, porém implícito nas dobras do primado da igualdade.[191]

A proibição da utilização de tributo com efeito de confisco, como dito, só veio expressa na Constituição de 1988. Mas na vigência da Carta de 67/69, Pontes de Miranda extraía do art. 153, § 11,[192] a extensão da proibição aos tributos: "o imposto e a taxa não podem disfarçar confiscação (art. 153, § 11, 1ª parte)";[193] e Baleeiro dos §§ 1° (igualdade), 11 e 22 (direito de propriedade) do art. 153: "Dentre os efeitos jurídicos dos arts. 153, §§ 1°, 11 e 22, se inclui o da proibição de tributos confiscatórios".[194]

Na jurisprudência, em decisões muito antigas, colhia-se a inviabilidade do controle judicial sobre o montante dos tributos.

Assim, no Recurso Extraordinário n° 3.673, julgado em 19 de maio de 1924, relator Evandro Lins, decidiu-se:

I. A Constituição não fixa limite algum ao "quantum" dos impostos que a União e os Estados podem cobrar.
II. O único limite possível, segundo a doutrina, é o que resulta do regime constitucional, que não permite imposto algum sem lei anterior, votada pelos representantes dos próprios contribuintes.[195]

E, no corpo do acórdão, o raciocínio era desenvolvido:

A Constituição, na verdade, não fixa limite algum ao *quantum* dos impostos que a União ou os Estados podem cobrar, desde que assim procedendo, não lhe infrinjam algum princípio.
E não o fixa, porque a própria doutrina até hoje não conseguiu fazê-lo, como bem o mostram Leroy Beaulieu, *Sciences des Finances*, v. 1º, pags. 120 e 137 e o *Digesto Italiano*, tomo 13, verbete Imposta, nº 185, letra e, e n. 188, paginas 176 e 178.

---

[191] CARVALHO, Paulo de Barros. *Curso de direito tributário*. 15ª ed., São Paulo: Saraiva, 2003, p. 335. E o autor explicita: "... o princípio da *capacidade contributiva relativa* ou *subjetiva* quer expressar a repartição do impacto tributário, de tal modo que os participantes do acontecimento contribuam de acordo com o tamanho econômico do evento. A segunda proposição, transportada para a linguagem técnico-jurídica, significa a realização do princípio da igualdade, previsto no art. 5º, *caput*, do Texto Supremo". Idem, p. 336, grifos do original. Ou, no dizer de Geraldo Ataliba: "só é possível o legislador tributário tratar igualmente as pessoas, se levar em conta a capacidade contributiva de cada uma: logo, o princípio da capacidade contributiva está implicitamente contido no princípio da igualdade. Em outras palavras ainda: é a aplicação do princípio da igualdade à matéria tributária". Mesa de Debates do VII Curso de Especialização em Direito Tributário da Faculdade de Direito da Universidade Católica de São Paulo e do IDEPE – Instituto Internacional de Direito Público e Empresarial, realizado em 07.10.1978. *Revista de Direito Tributário*, São Paulo, vol. 4, p. 141, abr-jun. 1978.

[192] "Não haverá pena de morte, de prisão perpétua, de banimento ou confisco, salvo nos casos de guerra externa, psicológica adversa, ou revolucionária ou subversiva, nos termos que a lei determinar". O texto, afora o que releva para este trabalho, mostra quão longe andávamos de um Estado Constitucional Democrático de Direito ...

[193] *Comentários à Constituição de 1967 com a Emenda nº1, de 1969*... cit., p. 197.

[194] *Limitações*...cit., p. 564.

[195] Ementa. *Revista Forense*, Rio de Janeiro, vol. 41, p. 487, jul-dez. 1923.

O unico limite possível é o que resulta do regimen constitucional que não permite imposto algum sem lei anterior, votada pelos representantes dos proprios contribuintes (*Pandectes Belges*, tomo 51, ns. 25 e 26, pags. 942).

Si ainda assim houver abusos, como incontestavelmente os ha e em todos os paizes, queixem-se os contribuintes de si mesmos, dos máos ou pessimos representantes que escolheram, *unusquisque sibi imputet culpam in elegendo*.[196]

Mas, já na década de 50, o Supremo Tribunal Federal superou esta orientação. Embora no caso concreto (do forte aumento do imposto de licença sobre a atividade de cabines nas praias de Santos) não invalidasse o imposto, por entender que embora imodesto não aniquilava a atividade, deixou consagrado, em acórdão de lavra do Min. Orozimbo Nonato:

O poder de taxar não pode chegar à desmedida do poder de destruir, uma vez que aquêle sòmente pode ser exercido dentro dos limites que o tornem compatível com a liberdade de trabalho, de comércio e de indústria e com o direito de propriedade. É um poder, cujo exercício não deve ir até o abuso, o excesso, o desvio, sendo aplicável, ainda aqui, a doutrina fecunda do "détournement de pouvoir". Não há que estranhar a invocação dessa doutrina ao propósito da inconstitucionalidade, quando os julgados têm proclamado que o conflito entre a norma comum e o preceito da Lei Maior pode se acender não sòmente considerando a letra, o texto, como também, e principalmente, o espírito e o dispositivo invocado.[197]

A menção expressa da proibição na Constituição de 1988 e sua própria indeterminação fizeram com que para ela se voltasse maior atenção da doutrina. O instituto vir agora expresso no texto constitucional tem, entre outras vantagens, a de facilitar o acesso às vias do recurso extraordinário, e das ações diretas de constitucionalidade ou inconstitucionalidade, viabilizando sua análise pelo Supremo Tribunal Federal. Este enfrentou precisamente o tema, em importantíssima decisão na Ação Direta de Inconstitucionalidade 2.010-2-DF (Medida Cautelar), julgada em 30-09-1999, em que a Corte suspendeu a vigência, entre outros dispositivos, do art. 2º da Lei Federal nº 9.783, de 28-01-1999, que aumentava a contribuição previdenciária devida pelos servidores públicos federais, sob o fundamento de incompatibilidade deste dispositivo com o art. 150, IV, da Constituição Federal, a proibir utilização de tributo com efeito de confisco. A decisão seria repetida, com idêntica fundamentação, pouco mais tarde, na Medida Cautelar na Ação Direta de Constitucionalidade nº 8-8 - DF, em que o Presidente da República buscava a declaração de constitucionalidade dos arts. 1º e 2º da referida lei.[198] Posteriormente à decisão na medida cautelar, o art. 7º da Lei nº 9.988/2000 revogou expressamente o art. 2º de Lei nº 9.783/99, pelo que a Corte julgou prejudicada, por perda superveniente de objeto, a ADIn, no particular.[199] Posteriormente, em 11-03-2004,

---

[196] Idem, p. 487-488.

[197] Recurso Extraordinário nº 18.331, 2ª Turma, julgado em 21-09-1951. *Revista Forense*, Rio de Janeiro, vol. 145, p. 164, jan-fev 1953.

[198] Pleno, Rel. Min. Celso de Mello, julgado em 13.10.1999, DJU de 04-04-2003.

[199] Questão de ordem na ADIn 2.010-2/DF, Pleno, Rel. Min. Celso de Mello, julgada em 13-06-2002, DJU de 28-03-2003.

em decisão monocrática, trânsita em julgado sem interposição de recurso, o Relator julgou extinta a própria ADIn, em virtude da perda superveniente de seu objeto, face à superveniência da Emenda Constitucional n° 41, de 19.12.2003, que suprimiu e alterou substancialmente as normas constitucionais em relação às quais se alegava a inconstitucionalidade da Lei 9.783/99, na matéria ainda pendente (vedação à exigência de contribuição previdenciária de servidores públicos inativos).[200] Todavia, no julgamento da medida cautelar, o tema do confisco fora amplamente apreciado pelo STF. No que pertine, assim está ementado o julgado:

> A proibição constitucional do confisco em matéria tributária nada mais representa senão a interdição, pela Carta Política, de qualquer pretensão governamental que possa conduzir, no campo da fiscalidade à injusta apropriação estatal, no todo ou em parte, do patrimônio ou dos rendimentos dos contribuintes, comprometendo-lhes, pela insuportabilidade da carga tributária, o exercício do direito a uma existência digna, ou a prática de atividade profissional lícita ou, ainda, a regular satisfação de suas necessidades vitais (educação, saúde e habitação, por exemplo).
> A identificação do efeito confiscatório deve ser feita em função da totalidade da carga tributária – mediante verificação da capacidade de que dispõe o contribuinte – considerado o montante de sua riqueza (renda e capital) – para suportar e sofrer a incidência de todos os tributos que ele deverá pagar, dentro de determinado período, à mesma pessoa política que os houver instituído (a União Federal, no caso), condicionando-se, ainda, a aferição do grau de insuportabilidade econômico-financeira à observância pelo legislador, de padrões de razoabilidade destinados a neutralizar excessos de ordem fiscal eventualmente praticados pelo Poder Público.
> Resulta configurado o caráter confiscatório de determinado tributo, sempre que o efeito cumulativo – resultante das múltiplas incidências tributárias estabelecidas pela mesma entidade estatal – afetar, substancialmente, de maneira irrazoável, o patrimônio e/ou os rendimentos do contribuinte.
> O Poder Público, especialmente em sede de tributação (as contribuições de seguridade social revestem-se de caráter tributário), não pode agir imoderadamente, pois a atividade estatal acha-se essencialmente condicionada pelo princípio da razoabilidade.[201]

Os votos nesta histórica decisão sinalaram as dificuldades na aferição do que venha a ser "efeito de confisco", especialmente sua delimitação quantitativa, mas concluíram, no caso concreto, majoritariamente,[202] que a incidência da contribuição previdenciária majorada mais o imposto de renda na fonte sobre os vencimentos dos funcionários públicos federais consumia quase a metade de seus salários, caracterizando-se o efeito confiscatório na sua utilização. O Ministro Carlos Velloso então apontava: "Qual seria o conceito de 'tributo com efeito de confisco'? O conceito é indeterminado, caso em que o juiz laborará em área que chamaríamos área cinzenta". E assim responderia

---

[200] DJU de 22-03-2004.

[201] Pleno, Rel. Min. Celso de Mello, DJU de 12-04-2002.

[202] Foram vencidos, no particular, os Ministros Moreira Alves e Nelson Jobim, que sustentavam devesse ser examinada a proibição de efeito confiscatório apenas com relação a cada tributo isoladamente (e não ao conjunto destes) e, posta a questão nestes termos, não o vislumbravam no caso concreto.

à pergunta que propôs: "o efeito de confisco se caracterizaria, sobretudo, no fato, por exemplo, de o servidor, em razão da exigência fiscal, ter que se privar de bens ou utilidades de que vinha se utilizando".

O Ministro Marco Aurélio assim o identificou:

> ... somemos o Imposto de Renda, da ordem de 27,5% (vinte e sete ponto cinco por cento) com a percentagem concernente à contribuição – não vamos partir para o argumento teratológico, e não sei se seria teratológico, dizendo-se do percentual relativo à contribuição na ordem de 25 % (vinte e cinco por cento), porque a gradação resulta alfim em 22% (vinte e dois por cento). Chegam-se, praticamente, a 50% (cinqüenta por cento). Vamos exigir mais para concluir pela configuração do confisco; vamos exigir 100% (cem por cento)? Só se for para deixar totalmente à míngua os servidores.

E o voto do Ministro Maurício Corrêa, após sinalar que "tornar impossível o exercício de uma atividade indispensável que permita ao indivíduo obter os meios de subsistência, é tirar-lhe um pouco da vida, porque esta não prescinde dos meios materiais para a sua proteção", concluiu:

> Estou em que se se somar o imposto de renda com a contribuição de que ora se cuida, o servidor terá de pagar aproximadamente 47% (quarenta e sete por cento) do que recebe. É por isso que o caráter confiscatório transparece no conjunto formulado por essas duas taxações.

1.5.5.1. A norma do art. 150, IV, da Constituição constitui "cláusula pétrea"?

Questão a exsurgir é se, em nosso direito constitucional positivo, a vedação sob estudo constitui "cláusula pétrea", ou seja, dispositivo cuja supressão é vedada por meio de emenda constitucional.

Por primeiro, uma precisão. Usaremos aqui a expressão "cláusulas pétreas" pela consagração de seu uso no direito brasileiro, embora haja procedentes críticas a esta terminologia.[203]

Acreditamos que se trata de matéria vedada ao poder constituinte derivado, por enquadrar-se na previsão do inciso IV do art. 60 da Constituição: "direitos e garantias individuais".

Trata-se de um direito individual do contribuinte, oponível ao poder tributário do Estado. Estes não são apenas os que se encontram topograficamente nos incisos do art. 5° (com que se inicia o Capítulo "Dos Direitos e Garantias Individuais e Coletivos"), até porque o § 2° do mesmo art. 5° esclarece que "os direitos e garantias expressos nesta

---

[203] "Os alemães denominam esses limites de cláusulas de *eternidade* (*Ewigkeitsklausen*) e, os franceses, de núcleo duro (*noyan dur*) da Constituição. O Autor preferiria, pela literalidade do Art. 60, § 4°, da nossa Constituição, a denominação de "*cláusulas de inabolibilidade*", expressão melhor do que *cláusulas pétreas* de LINARES QUINTANA (Tratado de la Ciencia del Derecho Constitucional Argentino y Comparado, vol. II, B. Aires, 1953, p. 107-157)". SOUZA JÚNIOR, Cezar Saldanha. *A Supremacia do Direito*...cit., p. 172, nota 379.

Constituição não excluem outros decorrentes do regime e dos princípios por ela adotados...".

O Supremo Tribunal Federal decidiu, na ADIn 939-7/DF, a respeito da instituição pela Emenda Constitucional n° 3, do então Imposto Provisório sobre movimentação ou transmissão de valores e de créditos e direitos de natureza financeira – IPMF, dispondo que a ele não se aplicava o art. 150, III, *b*, da Constituição (anterioridade), haver violação ao art. 60, IV, eis que se tratava de matéria vedada ao poder constituinte derivado:

> A Emenda Constitucional nº 3, de 17.03.1993, que, no art. 2º, autorizou a União a instituir o IPMF, incidiu em vício de inconstitucionalidade, ao dispor, no parágrafo 2º desse dispositivo, que, quanto a tal tributo, não se aplica o art. 150, III, b e VI da Constituição, porque, desse modo, violou os seguintes princípios e normas imutáveis (somente eles, não outros):
> 1º - o princípio da anterioridade, que é garantia individual do contribuinte (art. 5º, § 2º, art. 60, § 4º, inciso IV, e art. 150, III, *b* da Constituição).

E do voto do relator se colhe:

> Trata-se, pois, de garantia outorgada ao contribuinte, em face do disposto nesse art. 150, III, *b*, em conjugação com o § 2º do art. 5º da Constituição Federal. Ora, ao cuidar do processo legislativo e, mais especificamente, de emenda à Constituição, esta, no § 4º do art. 60, deixa claro:
> "Não será objeto de deliberação a proposta de emenda tendente a abolir:
> IV – *os direitos e garantias individuais*".
> Entre esses direitos e garantias individuais, estão pela extensão contida no § 2º do art. 5º e pela especificação feita no art. 150, III, *b*, a garantia ao contribuinte de que a União não criará nem cobrará tributos, "no mesmo exercício financeiro em que haja sido publicada a lei que os instituiu ou aumentou".[204]

Quanto à proibição de utilização de tributo com efeito confiscatório, a situação é, no tocante à possibilidade ou não de supressão (ou criação de exceção) por reforma constitucional, em tudo semelhante. Trata-se de direito individual do contribuinte, previsto (assim como a anterioridade) como limitação constitucional ao poder de tributar, no mesmo artigo do texto constitucional que esta, e, por força do art. 5°, § 2°, da CF, se inclui entre os direitos e garantias individuais que o art. 60, § 4°, IV, impede sejam objeto de emenda. Ademais, suprimi-lo ou excepcioná-lo implicaria, como veremos a seguir, também suprimir ou excepcionar outros princípios constitucionais para cuja aplicação concorre (sobretudo nos casos de colisão entre estes e outros princípios constitucionais), como o livre exercício de qualquer trabalho, ofício ou profissão (art. 5°, XIII), direito de propriedade (art. 5°, XXII) e o respeito aos valores sociais do trabalho e da livre iniciativa (art. 1°, III), claramente vedados à reforma constitucional.

---

[204] Pleno, Rel. Min. Sidney Sanches, julgado em 15.12.1993, D.J.U. de 18-03-1994, grifos do original.

1.5.5.2. Desenvolvimento do tema

A relevância da decisão na ADIn 2.010-2/DF é patente, por vários motivos. Trata-se de decisão do Supremo Tribunal Federal; foi tomada em sede de controle concentrado de constitucionalidade; declarou inválida regra que elevava a alíquota de tributo por implicar a sua utilização com efeito de confisco; chegou a esta conclusão pelo exame da incidência conjunta de mais de um tributo devido à União; embora a falta de maiores definições, inclusive na doutrina, sobre a caracterização de tributos com efeito confiscatório, examinou a hipótese e concluiu pela sua caracterização no caso concreto, através do exame da exigência tributária à luz de parâmetros de *razoabilidade*. Inegável, pois, a importância, da decisão na ADIn 2.010-2/DF. Mas igualmente presentes estão suas limitações na formulação da questão. Para superá-las, devemos identificar qual tipo de norma jurídica é a vedação em questão, a forma como se aplica, e com o auxílio de que parâmetros (avançar algo, por exemplo, na compreensão da "razoabilidade" que foi o norte utilizado para definir "efeito de confisco", na ADIn 2.010-2), qual sua finalidade e como se relaciona com outros princípios constitucionais, para construir um instrumental teórico a permitir algumas precisões a mais sobre elementos do instituto que, na decisão em questão, aparecem, como reflexo do estágio de desenvolvimento da doutrina, apenas de forma intuitiva.

2. Classificação da Norma de Proibição de Tributos com Efeito Confiscatório

2.1. PRINCÍPIOS E REGRAS

As normas jurídicas se dividem em *princípios* e *regras*. O tema dos princípios jurídicos tem ocupado papel de destaque nos estudos de Teoria Geral do Direito, podendo-se dizer hoje totalmente superada a concepção do Direito como limitado a um conjunto de regras.

Princípio vem de *primum capere* ou *primum caput*, dando a idéia de precedência, de origem de alguma coisa. Vinícius T. Campanile aponta que "o vocábulo 'princípio' deriva do latim *principium, principii*, significando 'início', 'origem', 'fundamento', 'vetor', 'condutor'".[205] Na mesma senda, Roque Carrazza sinala que "etimologicamente, o termo 'princípio' (do latim *principium, principii*) encerra a idéia de começo, origem, base. Em linguagem leiga é, de fato, o ponto de partida e o fundamento (causa) de um processo".[206]

Na doutrina brasileira mais tradicional, prepondera a identificação dos princípios por sua maior generalidade e fundamentalidade no sistema jurídico.[207] Para o mesmo Carrazza,

> Princípio jurídico é um enunciado lógico, implícito ou explícito, que, por sua grande generalidade, ocupa posição de preeminência nos vastos quadrantes do Direito e, por isso mesmo, vincula de modo inexorável, o entendimento e a aplicação das normas jurídicas que com ele se conectam.[208]

Também muito conhecida entre nós a conceituação de Celso Antônio Bandeira de Mello:

> Princípio é por definição, mandamento nuclear de um sistema, verdadeiro alicerce dele, disposição fundamental que se irradia sobre diferentes normas compondo-lhes a exata compreensão e inteligência, exatamente por definir a lógica e a racionalidade do sistema

---

[205] In MARTINS, Ives Gandra da Silva (Coord.). *Direitos fundamentais*...cit., p. 601.

[206] *Curso*...cit., p. 30.

[207] "Dessa forma, o que difere uma simples norma de um princípio é o teor de abstração e a amplitude de sua abrangência". CASTILHO, Paulo Cesar Baria de. *Confisco tributário*. São Paulo: Revista dos Tribunais, 2002, p. 69.

[208] Idem, p. 31.

normativo, no que lhe confere tônica e lhe dá sentido harmônico. É o conhecimento dos princípios que preside a intelecção das diferentes partes componentes do todo unitário que há por nome sistema jurídico positivo.[209]

Para Tércio Sampaio Ferraz, "teoricamente podemos dizer que princípios são pautas de segundo grau que presidem a elaboração de regras de primeiro grau. Isto é, princípios são prescrições genéricas, que se especificam em regras".[210]

Paulo de Barros Carvalho busca elaborar uma síntese das acepções em que o termo *princípio* vem sendo utilizado na doutrina brasileira:

> Destaco, entretanto, a acepção de "princípio" como norma jurídica, uma norma, digamos assim, constitucional que traz um valor muito importante para o sistema. Diremos, então: eis uma norma-princípio, ou eis um princípio.
> Depois encontra-se também o uso de "princípio" como o valor que está encaixado nessa norma, sem a estrutura normativa. É outra acepção de "princípio" como norma, norma-princípio, princípio como valor que está nessa norma, um valor importante, grandioso, posto no altiplano da Constituição. Depois, princípio como uma norma jurídica de elevada hierarquia, de elevado nível, mas que não estabelece propriamente um valor, estabelece um limite objetivo. Exemplo: anterioridade...
> Quarta: o limite objetivo independente da norma. Então, temos a norma com um valor, depois só o valor, depois a norma como limite objetivo e depois só o limite objetivo. São essas quatro acepções, são essas quatro dimensões semânticas, que eu tenho encontrado como sentido do vocábulo "princípio", usando significação e sentido como equivalentes nominais.[211]

Efetivamente, são estes os sentidos em que o termo tem sido ordinariamente utilizado na doutrina brasileira, inclusive abrangendo significados entre si distintos. Cremos, todavia, necessário melhor identificar tais normas jurídicas e precisar a forma de sua aplicação.

Na doutrina estrangeira, a primeira referência a outro padrão de normas jurídicas que não regras foi de Roscoe Pound, que apontou a existência de *standards*, caracterizados como normas que, em nível de abstração mais alto do que as regras, incorporam critérios de dimensões morais como justiça, cuidado, adequação, consciência e de argumentação fundada na prática; têm, na abertura semântica, um dado fundamental, tornando flexível sua aplicação, nos casos concretos.[212]

Na Alemanha, a matéria surgiu primeiro em estudos civilistas, especialmente em Larenz, Esser ou Canaris.

Assim, para Larenz, os princípios teriam um caráter de fundamentalidade, vinculados à idéia de direito, constituindo pensamentos diretivos de uma determinada regulação jurídica, papel desempenhado principalmente por alguns princípios fundamentais, que têm uma

---

[209] *Curso de direito administrativo.* 14ª ed., São Paulo: Malheiros, 2002, p. 807.

[210] Princípios condicionantes do poder constituinte estadual em face da Constituição Federal. *Revista de Direito Público,* São Paulo, vol. 92, p. 36, out-dez. 1989.

[211] *Enunciados...* cit., p. 51-52.

[212] Hierarchy of sources and forms in different systems of law. *Tulane Law Review,* New Orleans, vol. 7, p. 475-482, 1933.

função aglutinadora da ordem jurídica, tais como (na Lei Fundamental de Bonn) os princípios de proteção à vida, à liberdade e à dignidade humana.[213]

Canaris indica que os princípios, a par de sua função sistematizadora, possuem um valor axiológico próprio, embora nestes ocorra, em relação aos valores, uma maior determinação, que já aponta para conseqüências jurídicas de sua aplicação:

> a passagem do valor para o princípio é extraordinariamente fluida: poder-se-ia dizer, quando se quisesse introduzir uma diferenciação de algum modo praticável, que o princípio já está num grau de concretização maior que o valor: *ao contrário deste, ele já compreende a bipartição, característica da proposição de Direito em previsão e conseqüência jurídica.*[214]

Outrossim, os princípios demandam, para sua concretização, regras e subprincípios e uma relação de complementação e/ou oposição:

> Salientem-se, aqui, quatro características: os princípios não valem sem excepção e podem entrar entre si em oposição ou contradição; eles não têm pretensão de exclusividade; eles ostentam o seu sentido próprio apenas numa combinação de complementação e restrição recíprocas; e eles precisam, para a sua realização, de uma concretização através de sub-princípios e valores singulares, com conteúdo material próprio.[215]

Esser aponta que os princípios têm uma função constituinte do sistema e estabelecem os fundamentos para que as regras de solução das questões possam ser apontadas por via legislativa ou judicial:

> un principio jurídico no es un precepto jurídico, ni una norma jurídica en sentido técnico, en tanto no contenga ninguna instrucción vinculante de tipo inmediato para un determinado campo de cuestiones, sino que requiere el presupone la acuñación judicial o legislativa de dichas instrucciones.[216]

O cenário da questão foi significativamente alterado a partir dos estudos de Dworkin. Sustentou ele que, nos casos difíceis (ou seja, naqueles em que não se vislumbra solução pela aplicação de uma regra jurídica clara quanto à sua interpretação e nitidamente aplicável à hipótese), os juristas, para solucioná-los, recorrem a outros padrões (*standards*): princípios e políticas. *Policy* (política) é um *standard* "que estabelece um objetivo a ser alcançado, em geral uma melhoria em algum aspecto econômico, político ou social da comunidade".[217] Já os

---

[213] LARENZ, Karl. *Metodologia de la ciencia del derecho*. Trad. de Enrique Gimbernat Ordeig. Barcelona: Ariel, 1966, p. 304 e ss.

[214] CANARIS, Claus-Wilhelm. *Pensamento sistemático e conceito de sistema na ciência do direito*. Trad. A. Menezes Cordeiro. Lisboa: Fundação Calouste Gulbenkian, 1989, p. 86, grifos do original. "O princípio ocupa, pois, justamente o ponto intermédio entre o valor, por um lado, e o conceito, por outro..." Idem, p. 87.

[215] Idem, p. 88.

[216] ESSER, Josef. *Principio*...cit., p.65. "el principio no es en sí mismo una 'instrucción', sino causa, criterio y justificación de ésta". Idem, p. 67.

[217] "Denomino 'política' aquele tipo de padrão que estabelece um objetivo a ser alcançado... Denomino 'princípio' um padrão que deve ser observado, não porque vá promover ou assegurar uma situação econômica, política ou social considerada desejável, mas porque é uma exigência de justiça ou eqüidade ou alguma outra dimensão da moralidade". DWORKIN, Ronald. *Levando*...cit., p. 36.

princípios são *standards* cuja observância se impõe não em nome de algum objetivo político ou social, mas por corresponderem a exigências de moralidade, justiça ou eqüidade. Em sua teoria, que denomina "tese dos direitos", Dworkin defende que os princípios jurídicos são obrigatórios e fazem parte do sistema jurídico, devendo necessariamente ser considerados pelos juízes quando tomarem suas decisões, o que ocorrerá principalmente nos chamados "casos difíceis". Já as *policies* não são objeto de decisões judiciais: por implicarem a tomada de decisões políticas, visando a fomentar ou a proteger algum objetivo social, estes *standards* devem ser objeto de deliberação dos órgãos políticos, com imediata legitimação democrática. Os princípios, porém, não visam a fomentar um objetivo, mas a fazer garantir ou a respeitar o direito de um indivíduo ou grupo. Os princípios serão encontrados na história institucional do respectivo direito, nos seus precedentes, e no fato de fornecerem a melhor justificativa moral para aquele sistema jurídico. No caso do direito americano, o sistema constitucional baseia-se em uma teoria moral específica, de que os homens têm direitos morais contra o Estado. Dentre estes, avulta o direito a *equal respect and concern*, ou seja, a ser tratado como igual, receber tratamento não-discriminatório com relação a outras pessoas em igual situação:

> a justiça enquanto eqüidade tem por base o pressuposto de um direito natural de todos os homens e as mulheres à igualdade de consideração e respeito, um direito que possuem não em virtude de seu nascimento, seus méritos, suas características ou excelências, mas simplesmente enquanto seres humanos capazes de elaborar projetos e fazer justiça.[218]

A diferença entre regras e princípios é de natureza lógica. As regras são aplicáveis à maneira do tudo ou nada (*all-or-nothing*). Ocorrendo os fatos previstos na regra, ou a regra é válida e determina a solução para a situação, ou não é válida, e então não se aplica. Os princípios não se aplicam automaticamente, mas apenas, se relevantes, devem ser levados em conta (conjuntamente com outros princípios, que freqüentemente levam à solução oposta) pelo aplicador do direito na decisão, como uma razão que aponta em determinada direção.

Daí surge outra diferença: os princípios, ao contrário das regras, possuem uma dimensão de peso ou importância. No conflito, entre dois princípios, o juiz deverá perquirir o peso de cada um; prevalecerá a solução apontada pelo princípio que, na situação concreta, tiver mais peso.[219]

Embora sejam padrões que apontam para (e não determinam) uma decisão, os princípios são obrigatórios em um sistema jurídico e devem ser levados em conta pelo juiz que, ao assim fazer, está aplicando um padrão do sistema jurídico, e não criando normas ou exercendo poder

---
[218] Idem, p. 281.

[219] Idem, p. 39-46.

discricionário, na falta de norma jurídica para o caso, como sustentam os positivistas.

A contribuição de Dworkin à identificação e construção teórica sobre este outro tipo de normas foi relevantíssima. Já antes se falava em princípios, identificando-os como normas com maior vagueza, imprecisão ou caráter fundamental no ordenamento. Dworkin identificou uma distinção de natureza *lógica*, e não de grau entre regras e princípios. H. L. A. Hart, a cuja teoria jurídica Dworkin dedicou ampla crítica, sobre a qual estruturou sua própria teoria do Direito, deu este significativo testemunho de reconhecimento:

> Penso, de forma segura, que os argumentos retirados de tais princípios não conclusivos constituem um aspecto importante do julgamento e do raciocínio jurídico, e que isto devia ser assinalado através de uma terminologia apropriada. Dworkin é credor de grande reconhecimento por ter mostrado e ilustrado a importância destes princípios e o respectivo papel no raciocínio jurídico.[220]

Dworkin laborou dentro dos parâmetros da *common law*, especialmente norte-americana. Nela, os princípios, de forma geral, não se encontram positivados. Já por se tratar de um direito jurisprudencial, já pelo papel restrito da *statutory law*, como por ser a Constituição antiga e concisa (Estados Unidos) ou não-escrita (Inglaterra), os princípios, comumente, não se encontram consagrados na Constituição ou inseridos em leis escritas, mas vêm da tradição ou história institucional do direito, de precedentes e encontram fundamento, a seu ver, na melhor justificativa moral que podem fornecer ao sistema jurídico.

O desenvolvimento posterior mais significativo da "teoria dos princípios" foi trazido por Robert Alexy que, por sua vez, conduziu sua pesquisa dentro de um sistema jurídico de direito continental, em que a maioria dos princípios jurídicos (especialmente aqueles que diziam respeito aos direitos fundamentais, aos quais dedicou mais acurada atenção) encontrava-se positivadas na Lei Fundamental de Bonn.

Alexy destaca que as normas podem ser divididas em regras e princípios e que entre regras e princípios existe não apenas uma diferença gradual, mas qualitativa.[221]

O cerne da teoria consiste em que os princípios são mandamentos de otimização ou *prima facie*:[222] não determinam que algo se faça de modo definitivo, mas *prima facie*, na medida das possibilidades materiais e jurídicas.[223]

---

[220] HART, H. L. A. *O conceito...*cit., p.325 (pós-escrito).

[221] *Teoria...* cit., p. 86.

[222] "En el centro de este libro se encuentra la tesis de que más allá de su formulación más o menos precisa, los derechos fundamentales tienen el carácter de principios y de que los principios son mandatos de optimización". ALEXY, Robert. Epílogo a la teoría de los derechos fundamentales. *Revista Española de Derecho Constitucional*, Madrid, vol. 66, p. 13, set-dez 2002.

[223] "... los principios son mandatos de optimización, que están caracterizados por el hecho de que pueden ser cumplidos en diferente grado y que la medida de su cumplimiento no sólo

A colisão entre princípios não se dará no plano da validade (como ocorre com as regras): só princípios válidos podem entrar em colisão. A colisão entre os princípios (válidos) se dá na dimensão de *peso*, no caso concreto, de cada um dos princípios em conflito, resultando a predominância, no caso específico, de um dos princípios, e o afastamento, naquele caso, do outro, que, todavia, permanecerá válido. A isto, Alexy chama "lei de colisão":

> Más bien lo que sucede es que, bajo ciertas circunstancias uno de los principios precede al otro. Bajo otras circunstancias, la cuestión de la precedencia puede ser solucionada de manera inversa. Esto es lo que se quiere decir cuando se afirma que en los casos concretos los principios tienen diferente peso y que prima el principio con mayor peso. Los conflictos de reglas se llevan a cabo en la dimensión de la validez; la colisión de principios – como sólo pueden entrar en colisión principios válidos – tiene lugar más allá de la dimensión de la validez, en la dimensión del peso... Las condiciones bajo las cuales un principio precede a otro constituyen el supuesto de hecho de una regla que expresa la consecuencia jurídica del principio precedente.[224]

Questão relevante, a nosso ver, é que Alexy aponta existirem normas com caráter dúplice, ou seja, que reúnem, em uma só norma, regra e princípio:

> Este tipo de normas iusfundamentales con carácter doble surge siempre cuando aquello que es estatuido directamente por disposiciones iusfundamentales es completado con normas susceptibles de subsunción, con la ayuda de cláusulas que hacen referencia a ponderaciones.[225]

E exemplifica com os direitos especiais de liberdade que resultam em determinações adicionais, sob a forma de regras, em relação ao direito geral de liberdade,[226] com os conceitos de reunião pacífica (Lei Fundamental, art. 8, § 1º),[227] de escassez de moradia (LF, art. 13, § 7º),[228] e, especialmente, com a norma sobre dignidade humana:

---

depende de las posibilidades reales sino también de las jurídicas. El ámbito de las posibilidades jurídicas es determinado por los principios y reglas opuestos". ALEXY, Robert. *Teoria*... cit., p. 86.
[224] *Teoria*... cit., p. 89 e 94.
[225] Idem, p. 137. E acresce: "Un modelo adecuado al respecto se obtiene cuando a las disposiciones iusfundamentales se adscriben tanto reglas como principios. Ambas pueden reunirse en una norma de derecho fundamental con carácter doble". Idem, p. 138.
[226] "... se trata de disposiciones adicionales al derecho general de libertad por parte del legislador constitucional. Así, la inviolabilidad del domicilio está más fuertemente protegida a través de la reserva cualificada, y la libertad artística, a través del otorgamiento sin reservas que lo que estarían si sólo se hubiera estatuido el derecho general de libertad... Con ello, los derechos especiales de libertad obtienen – totalmente de acuerdo con el sentido de la tesis del doble carácter de las normas iusfundamentales como reglas y principios – determinaciones adicionales, bajo la forma de reglas, frente al derecho general de libertad". Idem, p. 364.
[227] "En esta medida, la disposición constitucional tiene carácter de regla. Sin embargo, detrás del nivel de la regla, conserva su importancia el nivel del principio. Cuando se ha constatado que una reunión no es pacífica, no goza de la protección del artículo 8 LF. Pero en todos los casos dudosos, para constatar que una reunión no es pacífica, se requiere una interpretación del concepto de 'no pacífico'. Dentro del marco de esta interpretación, es también siempre necesario sopesar el principio iusfundamental de la libertad de reunión, entre otros, con los principios contrapuestos que impulsaron al legislador constitucional a dictar la cláusula restrictiva definitiva directamente constitucional". Idem, p. 278-279.
[228] "Tiene entonces que fracasar el intento de solucionar racionalmente este caso únicamente a través de de una subsunción, libre de ponderación, bajo el concepto de escasez de vivienda. En esta subsunción no se trata de saber si la situación deficitaria debe o no ser calificada como

la norma de la dignidad de la persona es tratada en parte como regla y, en parte, como principio ... Por lo tanto, hay que partir de dos normas de la dignidad de la persona, es decir, una regla de la dignidad de la persona y un principio de la dignidad de la persona. La relación de preferencia del principio de la dignidad de la persona con respecto a principios opuestos decide sobre el contenido de la regla de la dignidad de la persona. Absoluto no es el principio sino la regla que, debido a su apertura semántica, no necesita una limitación con respecto a ninguna relación de preferencia relevante.[229]

As contribuições de Dworkin e Alexy são de inegável relevância para a obtenção de maior rigor teórico, em tema de teoria dos princípios. Identificados os princípios como mandamentos de otimização ou *prima facie*, e as regras, como mandamentos definitivos. Resta estabelecer algumas precisões a mais sobre a forma como se dá a aplicação de um e outro tipo de normas.

2.1.1. Aplicação dos princípios por ponderação

Portanto, os princípios são mandamentos *prima facie*, porque estabelecem que algo deve ser realizado na maior medida possível, consideradas as possibilidades fáticas e jurídicas. As possibilidades fáticas indicam limitações materiais. O direito à moradia, previsto no art. 6º da CF, tem seu âmbito de realização limitado por possibilidades fáticas, como o número de habitações disponíveis, as possibilidades da indústria da construção civil, os recursos disponíveis para seu financiamento, as condições econômico-financeiras dos possíveis adquirentes. O direito à livre expressão do pensamento (CF, art. 5º, IV) tem seu âmbito de realização limitado por possibilidades jurídicas, de vez que freqüentemente pode entrar em conflito com outros princípios, como a proteção da intimidade, da vida privada, da honra e imagem das pessoas (CF, art. 5º, X).[230]

A colisão entre princípios se resolve na dimensão de *peso*, mediante *ponderação* do peso de cada um dos princípios em colisão, no *caso concreto*, o que, gerará, naquele caso, uma *regra*: em dadas circunstân-

---

escasez de vivienda sino si esta escasez justifica la restricción de un derecho fundamental. En vista de esta posibilidad, el concepto de escasez de vivienda sólo puede ser utilizado, en todos los casos, como criterio definitivo se por ella se entiende una 'escasez de vivienda en el sentido del artículo 13 párrafo 3 LF' que se da exactamente cuando una escasez de vivienda justifica una intervención en el derecho fundamental a la inviolabilidad del domicilio. Pero esto significa que el concepto de escasez de vivienda se convierte en un concepto de resultado referido a una ponderación". Idem, p. 127. O art. 13 da Lei Fundamental trata da inviolabilidade do domicílio. O antigo § 3º foi renumerado para § 7º pela 45ª Emenda, de 26-03-1998, e tem a seguinte redação: "Intromissões e restrições de qualquer forma só podem ser feitas para prevenir um perigo geral ou em caso de perigo de vida dos indivíduos ou, nos termos da lei, para evitar um perigo atual à ordem e segurança pública, especialmente para mitigar situações de escassez de habitações, para combater o perigo de epidemias ou para proteger crianças ou adolescentes em situação de perigo".

[229] Idem, p. 108.

[230] Importantíssima decisão a respeito adotou o Tribunal Constitucional Federal alemão no caso Lebach (BVerfGE 35, 202) e mais recentemente no caso Titanic (BVerfGE 86, 1).

cias, prevalece o princípio x sobre o princípio y. "La vía desde el principio, es decir, del derecho prima facie, al derecho definitivo, transcurre, pues, a través de la determinación de una relación de preferencia".[231] Em outras condições, outra poderá ser a relação de precedência entre os mesmos princípios e outra a regra resultante.

Examinemos estas afirmações em maior detalhe.

A colisão entre princípios se dá na dimensão de peso. O que é o peso de um princípio?

> Podemos definir o peso de um direito, admitindo que ele não é absoluto, como sua capacidade de suportar tal concorrência. Segue-se, da definição de um direito, que ele não pode ser menos importante que todas as metas sociais. Para simplificar, podemos estipular que não chamaremos de direito qualquer objetivo político, a menos que ele tenha um certo peso contra as metas coletivas em geral.[232]

Portanto, o peso de um princípio é sua capacidade de prevalecer ante as limitações que lhe impõem as possibilidades fáticas e jurídicas; é a possibilidade de afirmar sua precedência com relação a outros princípios, também reconhecidos pelo ordenamento jurídico. Os princípios entram em *colisão* com outros princípios, igualmente válidos.[233]

A comparação, no caso concreto, do *peso* dos princípios em *colisão*, faz-se por ponderação. Esta consiste na análise das condições que levam, naquele caso, à precedência de um princípio sobre outro e na fundamentação da tese, que sob aquelas condições, o princípio x prevalece sob o princípio y, levando à não-aplicação deste, naquele caso, sob aquelas condições. Sob outras condições, o princípio y poderá ser aplicado.

O Tribunal Constitucional Federal alemão, especialmente, estabeleceu paciente construção jurisprudencial, determinando as condições pelas quais se faz a ponderação entre os princípios conflitantes, através da aplicação do princípio da proporcionalidade:

> De la máxima de proporcionalidad en sentido estricto se sigue que los principios son mandatos de optimización con relación a las posibilidades jurídicas. En cambio, las máximas de la necesidad y de la adecuación se siguen del carácter de los principios como mandatos de optimización con relación a las posibilidades *fácticas*.[234]

Com o auxílio do princípio da proporcionalidade,[235] soluciona-se, no caso concreto, a colisão de princípios válidos e estabelece-se que, naquele caso, um princípio se aplica, e outro é afastado.[236] A isto se

---

[231] ALEXY, Robert. *Teoria*... cit., p. 103.

[232] DWORKIN, Ronald. *Levando*... cit., p. 144.

[233] "el concepto de colisión de principios presupone la validez de los principios que entran en colisión". ALEXY, Robert. *Teoria*... cit., p. 105.

[234] ALEXY, Robert. *Teoria*... cit., p. 112-113, grifo do original.

[235] Ver adiante, nesta 1ª Parte, nº 2.3.1.

[236] "La vía desde el principio, es decir, del derecho *prima facie*, al derecho definitivo, transcurre, pues, a través de una relación de preferencia". ALEXY, Robert. *Teoria*...cit., p. 103.

chama lei de colisão: "Las condiciones bajo las cuales un principio precede a otro constituyen el supuesto de hecho de una regla que expresa la consecuencia jurídica del principio precedente".[237]

Assim, diante da colisão de princípios válidos, realizada a ponderação, pelo órgão constitucionalmente autorizado a tal,[238] resulta uma *regra*: dadas determinadas circunstâncias (suporte fático da regra), o princípio *a* prevalece sobre o princípio *b*.

A definição de princípios como mandamentos de otimização ou direitos *prima facie*, cuja aplicação demanda passem por teste de precedência em relação a outros princípios, a ser definido pela operação de ponderação, resultante da aplicação do princípio da proporcionalidade, tem outra importante vantagem: permite solucionar o problema sobre se são os princípios vinculativos. Sinalou, no particular, Alexy em recente conferência:

> A teoria dos princípios pode, pelo contrário, levar a sério a constituição sem exigir o impossível. Ela declara as normas que não se deixam cumprir de todo como princípios que, contra outros princípios, devem ser ponderados e, assim, são dependentes de uma "reserva do possível no sentido daquilo que o particular pode exigir razoavelmente da sociedade".[239]

Embora as contribuições de Dworkin e Alexy sejam relevantíssimas para o alcance de maior precisão teórica na questão, não se deve olvidar a noção de fundamentalidade, aptidão como razão de justificação do sistema jurídico, como traço distintivo importante dos princípios. O próprio Alexy aponta que o critério por ele apresentado não exclui os mais tradicionais, mas explica a maioria dos critérios apontados como típicos dos princípios.[240]

---

[237] Idem, p. 94.

[238] Em cada ordenamento, o intérprete autorizado da Constituição; no nosso caso, o Supremo Tribunal Federal.

[239] ALEXY, Robert. *Colisão de direitos...*cit., p. 79.

[240] "Este criterio no se encuentra en la lista presentada pero, explica la mayoría de los criterios en ella contenidos como típicos de los principios, aun cuando no sean los decisivos". *Teoria...*cit., p. 86.
Canotilho, por seu turno, buscou fazer uma síntese das diversas concepções de princípios, o que só logrou parcialmente, de vez que se limitou a justapor as diversas construções teóricas, sem concatená-las com organicidade lógica: "Saber como distinguir no âmbito do superconceito *norma*, entre *regras* e *princípios*, é uma tarefa particularmente complexa. Vários são os critérios sugeridos.
a) *Grau de abstracção*: os *princípios* são normas com um grau de abstracção relativamente elevado; de modo diverso, as *regras* possuem uma abstracção relativamente reduzida.
b) *Grau de determinabilidade* na aplicação do caso concreto: os *princípios*, por serem vagos e indeterminados, carecem de mediações concretizadoras (do legislador, do juiz), enquanto as *regras* são susceptíveis de aplicação directa.
c) *Carácter de fundamentalidade* no sistema das fontes de direito: os *princípios* são normas de natureza estruturante ou com um papel fundamental no ordenamento jurídico devido à sua posição hierárquica no sistema das fontes (ex.: princípios constitucionais) ou à sua importância estruturante dentro do sistema jurídico (ex.: princípio do Estado de Direito).
d) 'Proximidade' da ideia de direito: os *princípios* são 'standards' juridicamente vinculantes radicados nas exigências de 'justiça' (Dworkin) ou na 'ideia de direito' (Larenz); as *regras* podem ser normas vinculantes com um conteúdo meramente funcional.

Proibição de tributos com efeito de confisco

Não obstante a correta identificação dos princípios exija, a nosso ver, precisão, inclusive terminológica, por vezes neste trabalho utilizaremos o vocábulo em sentido mais amplo, para designar aquelas normas e institutos assim reiteradamente referidos pela doutrina e quando seu emprego neste sentido mais lato está arraigado, sendo de uso reiterado. Dworkin mesmo reconhece que "por vezes utilizamos 'princípio jurídico' num sentido diferente, para designar aqueles princípios que de fato foram com freqüência citados por juízes e que, por isso, figuram nos livros e nas aulas de direito".[241]

2.1.2. Princípios e valores

Princípios e valores não são expressões sinônimas. Já Canaris menciona que o princípio inclui em si o valor, mas, ao contrário deste, aponta para uma conseqüência jurídica, "embora pormenores possam ficar em aberto",[242] ou seja, com caráter *prima facie*. Assim, o princípio estaria em posição intermediária entre valor e conceito.[243]

Alexy sustenta que "los principios son mandatos de un determinado tipo, es decir, mandatos de optimización. En tanto mandatos, pertenecen al ámbito deontológico. En cambio, los valores tienen que ser incluidos en el nivel axiológico",[244] complementando que "los principios y los valores se diferencian sólo en virtud de su carácter deontológico y axiológico respectivamente".[245]

A distinção parece-nos relevante. O valor é antes pertencente ao campo da moral, da ética, do justo abstratamente considerado. Princípio é norma, subespécie de norma. Norma que contém *mandamento* (não definitivo, mas *prima facie*), determinação, ainda que sujeita a ponderação. No valor, não há mandamento, sequer *prima facie*.

Assim que o valor está contido, sim, no princípio, mas no princípio há mais: norma, mandamento, embora não definitivo.

Valor e princípio não se identificam: princípio é valor mais mandamento, embora este com a limitação de que deve ser realizado na maior medida possível.

---

e) *natureza normogenética*: os *princípios* são fundamento de regras, isto é, são normas que estão na base ou constituem a *ratio* de regras jurídicas, desempenhando, por isso, uma função normogenética fundamentante". CANOTILHO, J.J. Gomes. *Direito Constitucional e teoria da Constituição*. 7ª ed., Coimbra: Almedina, 2003, p. 1160-1161.

[241] *Levando...*cit., p. 527-528. Deste uso do termo, ora em acepção mais técnica, ora em sentido mais lato, não nos parece advir maior prejuízo, porque estabelecidos os conceitos acima expostos, será possível identificar o sentido em que se faz o uso em cada situação. Maior seria a perplexidade se adotássemos terminologia diversa para referir àquilo que reiteradamente vem sendo assim designado em nossa tradição jurídica.

[242] CANARIS, Claus-Willhelm. *Pensamento...* cit., p. 86.

[243] Idem, p. 87.

[244] *Teoria...*cit., p. 141.

[245] Idem, p. 147.

Não é exata, pois, a identificação entre valor e princípio procedida por parte da doutrina, inclusive no que se refere ao instituto objeto do nosso estudo:

> É igualmente certo, contudo, que a vedação à tributação com efeito de confisco constitui um dogma essencial, uma verdade fundante do sistema tributário (imprescindível à sua perpetuação e compatibilização com o direito de propriedade), inclusive dotado de caráter nomogenético e, nessa condição, assume cores de valor/princípio. Seu grau de imprecisão e abstração igualmente ratificam esse enquadramento.[246]

Só valor a norma do art. 150, IV, da Constituição não é, porque aponta, até com razoável precisão, uma conseqüência jurídica e contém claramente um mandamento (é vedado utilizar tributo com efeito de confisco), embora tal mandamento inclua em sua formulação um conceito de ampla abertura semântica: efeito de confisco. Este mandamento é definitivo ou *prima facie*? A norma em questão é princípio, regra ou será ainda uma das normas de caráter dúplice há pouco examinadas, um *tertium genus* ou uma subespécie de um dos dois tipos de normas referidas?

2.2. NORMA DE COLISÃO

Que tipo de norma jurídica é aquela do art. 150, inciso IV, da Constituição?

À primeira vista, poderia parecer que se trata de norma suscetível de subsunção (ou seja, vislumbrada a hipótese, aplica-se, sem maiores perquirições, a norma proibitiva) e, portanto, regra, utilizando-se as conceituações de Dworkin ou Alexy. A aplicação do dispositivo far-se-ia à maneira "tudo ou nada" (ou o tributo está sendo utilizado com efeito de confisco e é inválido; ou não está sendo assim utilizado, e é válido). A vedação, por outro lado, é absoluta e não *prima facie*, ou nos limites das possibilidades materiais e jurídicas. Vale dizer, a utilização de tributos com efeito confiscatório é vedada como mandamento definitivo, e não apenas *prima facie*.

Ainda, poder-se-ia extrair esta ilação da posição topográfica do dispositivo na nossa Constituição, entre as limitações ao poder de tributar, junto a outros incisos que constituem tipicamente regras.

Assim não é, a nosso ver.

A vedação em questão tem valor de fundamentalidade no campo do direito constitucional tributário, sendo uma das justificações éticas do sistema jurídico tributário. Seu valor normogenético (no caso, na via negativa) é evidente: impede a criação de quaisquer normas que levem à utilização de tributos com efeito confiscatório.

---
[246] GOLDSCHMIDT, Fabio Brun. *O princípio...* cit., p. 93.

A norma em questão se caracteriza pela sua intensa abertura semântica e conseqüentemente elevado grau de vagueza, o que, por si só, impede a sua aplicação por subsunção, característica das regras. Não há como em operação *estritamente lógica*, menos ainda lógico-dedutiva, simplesmente constatar a ocorrência da hipótese de incidência da norma e então aplicá-la, subsumindo o fato ocorrido. Ela exige, para sua aplicação, *concreção*, ou seja, determinação de seu significado e alcance, só possível pela consideração, pelo aplicador, de diversos elementos extra-sistemáticos, que auxiliarão a compreender seu âmbito e extensão de incidência. Só a reiteração da aplicação, pela avaliação de tais elementos extra-sistemáticos, a partir dos casos concretos, através do pensamento problemático (a partir do problema), e não lógico-dedutivo (a partir da premissa maior), levará à maior determinação de seu conteúdo e significado.

O equívoco de entender a norma como regra explica-se, em parte, pelo aspecto redacional da Constituição brasileira, que utilizou a expressão "é vedado". Menos sustentável, ainda, é diante do texto do art. 31, § 1º, da Constituição espanhola ("todos contribuirán al sostenimiento de los gastos públicos de acuerdo con su capacidad económica mediante un sistema tributario justo inspirado en los principios de igualdad y progresividad que, en ningún caso, tendrá alcance confiscatorio"). Embora a expressão "en ningún caso", aqui a vedação ao efeito confiscatório aparece em conexão aos princípios de capacidade contributiva, igualdade e progressividade, em função do objetivo de um sistema tributário justo. Aliás, a doutrina espanhola sublinha que a vedação ao alcance confiscatório do sistema tributário "aparece en el contexto como un freno a la progresividad del sistema".[247]

Na doutrina brasileira, a maioria dos autores refere-se à vedação de tributos com efeito confiscatório como princípio. Todavia, tal parece vir mais da tradição do uso do termo, pois muitas vezes se faz sem maior fundamentação.

Para Ives Gandra da Silva Martins, "o princípio, portanto, embora colocado no capítulo do Sistema Tributário – e objetivando atalhar veleidades impositivas descabidas do erário – transcende o campo específico do direito fiscal".[248]

Estevão Horvath, por seu turno, sustenta:

Neste ponto, portanto, independentemente da presença expressa do princípio que veda o confisco, o tributo criado com violação ao direito de propriedade é confiscatório pela simples ofensa a este último. Aqui ambos os princípios mencionados coincidem em efeitos.[249]

---

[247] PALAO TABOADA, Carlos. *La protección...* cit., p. 319.

[248] BASTOS, Celso Ribeiro e MARTINS, Ives Gandra da Silva. *Comentários...* cit., p. 181.

[249] *O princípio...* cit., p. 44.

Fabio Brun Goldschmidt aponta-o como princípio-valor (o que já foi objeto de exame e crítica no item anterior), para o que aduz ainda as seguintes razões:

> O fato é que, em que pesem todas essas evidências, que apontam para o enquadramento do princípio da vedação ao efeito de confisco como um limite objetivo, há um fator fundamental que demonstra que, tal como ele se apresenta hoje no texto constitucional, deve ser classificado como *valor*: o princípio do não-confisco é de dificílima identificação. O texto constitucional não oferece qualquer auxílio na penosa situação dos limites da tributação com efeito de confisco e, nem os juristas, nem o Legislativo, nem o Judiciário lograram até agora fornecer qualquer subsídio objetivo na sua identificação. O traço de imediatidade de verificação, cerne da distinção entre valores e limites objetivos, naufraga diante do raso desenvolvimento desse princípio na *praxis*.[250]

Jorge de Oliveira Vargas afirma que "o princípio da vedação do confisco como instrumento para a realização de objetivos de política econômica é um princípio que, além de ser tributário e político, é um princípio de Direito Econômico".[251]

Douglas Yamashita sustenta tratar-se de princípio, fundamentando tal asserção nitidamente nas bases teóricas propostas por Alexy:

> Em primeiro lugar, há que se entender a proibição de tributo com efeito de confisco como um princípio e não uma regra, ou seja, como mandato de otimização, que se caracteriza pelo fato de que pode ser cumprido em diferentes graus e que na medida devida de seu cumprimento não só depende das possibilidades reais, mas também das jurídicas. Distinguimos então entre tributos de finalidade fiscal e tributos de finalidade extrafiscal para constatar que o princípio do não-confisco é tanto de Direito Tributário como de Direito Econômico, que atua distintamente em cada um desses ramos jurídicos.[252]

A nosso ver, a norma do art. 150, IV, da nossa Constituição constitui princípio, mas princípio de espécie diversa daqueles geralmente mencionados (direito de propriedade, de liberdade, de livre exercício profissional, de livre expressão do pensamento, à privacidade, etc.). A norma que veda a utilização de tributos com efeito de confisco mais se assemelha aos princípios de proporcionalidade e de razoabilidade, do que aos princípios que, constituindo a expressão de direitos fundamentais, são mandamentos de otimização, que visam a alcançar fins ideais. Os princípios de que ora tratamos não almejam um fim determinado, mas são normas para solução dos fenômenos de

---

[250] *O princípio*...cit., p. 89, grifos do original.

[251] *Princípio*...cit., p. 128.

[252] *In* MARTINS, Ives Gandra da Silva (Coord.). *Direitos fundamentais*... cit., p. 691. Agrega que no caso de tributo de finalidade fiscal o contorno inicial do princípio do não-confisco será dado pelo princípio da capacidade contributiva, que proíbe a tributação do mínimo existencial e, no mais, será definido pelo Poder Judiciário, por um exame de proporcionalidade entre a finalidade fiscal de arrecadação de tributos pelo Estado e os direitos de propriedade, herança e livre exercício de trabalho, ofício ou profissão (idem, p. 682); no caso de tributos com finalidade extrafiscal, será definido o conteúdo do princípio do não-confisco pela observância do "implícito princípio constitucional da proporcionalidade", pois o tributo extrafiscal deve perseguir fim legítimo, ser meio efetivo e imprescindível para alcançá-lo e "representar um sacrifício razoável ou proporcional ao fim aspirado". Idem, p. 692.

colisão dos princípios que representam estados ideais a ser buscados. Tais princípios são normas que regem a aplicação de outros princípios,[253] nos casos de colisão: denominaremos *normas de colisão*.

Consideramos as normas de colisão como princípios, mas com características especiais de aplicação, que devem ser ressaltadas. Elas também se aplicam em operações de ponderação, mas não são *objeto* da ponderação (como os princípios cujo peso, no caso concreto, é objeto de comparação na ponderação), e sim instrumento da ponderação (fornecem os critérios, servem de medida para aferir o peso, sempre no caso concreto, de cada um dos princípios conflitantes).

Para sua consideração como princípios (embora como subespécie peculiar deles), podem-se aduzir alguns argumentos. O primeiro, embora insuficiente, é o da consagração pelo uso. Com efeito, assim se refere a eles iterativamente a doutrina; o uso é tão freqüente e repetido que parece desnecessária sua demonstração por remissão a textos.

O fundamental é que tais normas não logram se aplicar por subsunção. Não se cogitaria de mera subsunção e determinação do sentido por método lógico-dedutivo, de razoabilidade, proibição de excesso, ou vedação de efeito confiscatório.

Mesmo com o princípio da proporcionalidade, cuja divisão em diversas operações (a doutrina aponta majoritariamente para três: adequação, necessidade e proporcionalidade em sentido estrito) poderia levar a dúvidas sobre que tipo de normas são estas subdivisões, deve a nosso ver prevalecer sua inclusão entre os princípios, especialmente aqueles que regem a colisão entre outros princípios, que denominaremos aqui *normas de colisão*.

Luis Virgílio Afonso da Silva refere-se à *regra* da proporcionalidade ("a regra da proporcionalidade é uma regra de interpretação e aplicação do direito"[254]), buscando apoio[255] na doutrina de Alexy que, em nota de rodapé, assim teria sustentado:

> La máxima de proporcionalidad suele ser llamada "principio de proporcionalidad". Sin embargo, no se trata de un principio en el sentido aquí expuesto. *La adecuación, necesidad y proporcionalidad en sentido estricto no son ponderadas frente a algo diferente.* No es que unas veces tengan precedencia y otras no. Lo que se pregunta más bien es si las máximas parciales son satisfechas o no, y su no satisfacción tiene como consecuencia la ilegalidad. Por lo tanto, las tres máximas parciales tienen que ser catalogadas como reglas.[256]

---

[253] Humberto Ávila refere-os como "normas estruturantes da aplicação de princípios e regras". *Teoria dos princípios*. 4ª ed., São Paulo: Malheiros, 2004, p. 90.

[254] SILVA, Luis Virgílio Afonso da. O proporcional e o razoável. *Revista dos Tribunais*, São Paulo, vol. 798, p. 24, abr. 2002.

[255] Idem, p. 26.

[256] *Teoria...* cit., p. 112, nota 84, grifo nosso.

Mas no recente "Epílogo a la teoría de los derechos fundamentales",[257] em que se dedica a rebater algumas críticas à sua teoria, Alexy refere-se reiteradamente a estas normas parciais como "subprincípios". Assim, apenas exemplificativamente: "los *subprincipios* de idoneidad y necesidad expresan la pretensión, contenida en el concepto de principio, de alcanzar la mayor realización posible de acuerdo con las posibilidades fácticas";[258] e:

> El subprincipio de proporcionalidad en sentido estricto, como tercer subprincipio del principio de proporcionalidad, expresa lo que significa la optimización en relación con los principios que juegan en sentido contrario. Este principio es idéntico a la ley de ponderación...[259]

Luis Virgílio Afonso da Silva sinala que o mais importante é deixar claro que a expressão "'princípio da proporcionalidade' não tem o mesmo significado de 'principio' na distinção entre regras e princípios, na acepção da teoria de Robert Alexy".[260]

A observação é correta: há diferença de significado (já apontada), mas, a nosso ver, devem ser mantidas a classificação e a nomenclatura de tais normas como princípios, não só por se tratar de "palavras de forte carga semântica",[261] mas porque se tratam de normas insuscetíveis de subsunção e, por isto, não são regras. São normas cuja aplicação se dá por ponderação; por isto, são princípios. No entanto, no realizar da ponderação não são seu objeto (que são os princípios em conflito), mas seu instrumento (que permite avaliar qual dos princípios em conflito tem precedência no caso concreto), pelo que são uma categoria especial de princípios: normas de colisão, que regem as hipóteses de colisão entre princípios.

Entre estas normas se encontra o objeto de nosso estudo: a norma constitucional que proíbe a utilização de tributo com efeito de confisco. *Trata-se de norma de colisão*: irá reger as colisões entre outros princípios e servirá à definição, em cada caso concreto, do princípio prevalente.

Não se trata de regra, enquanto norma suscetível de aplicação por subsunção; nem de princípio no sentido mais estrito, enquanto norma que define um estado de coisas a ser buscado, na maior medida possível, mas sim de um princípio (como os de razoabilidade e proporcionalidade) *que incide sobre a aplicação de outros princípios*, constituindo instrumento para se encontrar a solução, no caso concreto, diante da ocorrência de *colisão entre aqueles princípios* que constituem mandamentos de otimização ou *prima facie*: em sintética e, a nosso ver,

---

[257] Trata-se de posfácio à edição inglesa de sua "Teoria dos direitos fundamentais", que veio a lume em 2002 e foi publicado, em tradução espanhola, na Revista Española de Derecho Constitucional, vol. 66, p. 13-64, set-dez. 2002, já citada.

[258] *Epílogo*...cit., p. 27, grifo nosso.

[259] Idem, p. 31.

[260] *O proporcional*...cit., p. 26.

[261] Idem.

mais adequada denominação (pela sua referência à *função* da norma), diremos *norma de colisão*.

A doutrina tem percebido tal peculiaridade da norma que proíbe a utilização de tributos com efeito confiscatório: às vezes como mera intuição; outras, de forma mais nítida. No geral, porém, não tem dela retirado o conjunto das possíveis conseqüências teóricas. Assim, Jorge de Oliveira Vargas expressa que "o princípio da vedação dos efeitos confiscatórios na tributação é este *fiel da balança* entre os princípios e conceitos constitucionais, no respeitante à legitimidade constitucional da tributação"[262] e "dentro do que se denominou zona de incerteza, mostra-se patente o atrito ou a 'oposição de valores' quando se confronta o interesse público de arrecadar e o interesse privado de manutenção de seu patrimônio e renda".[263] Misabel Derzi refere que "o art. 150, IV, estabelece as relações entre os direitos e garantias fundamentais e os tributos".[264]

Algumas precisões mais já se encontram na monografia de Gustavo J. Naveira de Casanova:

> El principio de no confiscación es un límite, entonces, entre dos intereses constitucionalmente protegidos: el interés público que implica el deber de todo ciudadano de contribuir y, por otro lado, el interés particular del reconocimiento del derecho de propiedad privada.[265]

ou

> Derechos y deberes que apuntan al núcleo duro tanto del derecho-deber de propiedad como al derecho-deber de contribuir al gasto público, en forma respetuosa con los principios constitucionales que lo regulan.[266]

E mais concretamente indica o autor:

> ... el principio de no confiscación consiste en establecer un límite a la imposición progresiva para la realización de la justicia cuando el sistema está enfrentado con otras instituciones protegidas por la Constitución, como, por ejemplo, la propiedad privada. Es decir, *su función es superar posibles colisiones de principios*.[267]

A idéia se encontra claramente expressa na doutrina espanhola por Antonia Agulló Agüero, que assim a expõe:

> El principio de no confiscatoriedad constituye un límite, no a la justicia, sino a la progresividad del sistema, siendo la idea de justicia la que debe marcar la frontera entre lo progresivo y lo confiscatorio. Lo justo (la conciencia de lo justo en el momento histórico concreto) pasa en nuestro sistema constitucional por la realidad de la capacidad económica, la igualdad, y la progresividad y no confiscatoriedad.
> La no confiscatoriedad por consiguiente, no es un límite a la justicia, sino su aplicación; concretamente su aplicación en un momento de colisión del sistema tributario con otras instituciones, tales como la propiedad privada, asimismo objeto de protección constitucional.[268]

---

[262] *Princípio*...cit., p. 132.
[263] Idem, p. 57.
[264] Nota de atualização a BALEEIRO, Aliomar. *Limitações*...cit., p. 573.
[265] *El principio*... cit., p. 171.
[266] Idem, p. 429.
[267] Idem, p. 161-162, grifo nosso.
[268] *La prohibición*...cit., p. 32.

E, à guisa de conclusão, remata:

> Ni la protección de la propiedad, ni la conservación de la economía de mercado, ni, desde luego, la adopción de unos determinados criterios técnico-impositivos explican esta declaración expresa, sino el deseo de establecer un límite a la imposición progresiva que sirva para realizar la idea de justicia cuando el sistema tributario entre en colisión con otras instituciones asimismo amparadas por el texto constitucional. Esta función de superación de una posible colisión de principios es lo que justifica, creemos que puede justificar, su mención separada de la idea de justicia. La prohibición de confiscatoriedad no es una limitación que se impone a un sistema tributario justo, sino su especificación en un momento de colisión de normas, colisión que normalmente no se da.[269]

Portanto, a norma que estabelece a proibição de utilizar tributo com efeito de confisco não é regra (não se aplica por subsunção), nem princípio no sentido mais estrito (mandamento *prima facie* a ser aplicado na medida das possibilidades fáticas e jurídicas). Tampouco se trata das normas de caráter dúplice, que contêm uma regra e um princípio, pela conjunção das razões antes apontadas: nem se aplica por subsunção, nem se trata de um mandamento *prima facie* a ser submetido a ponderação. Trata-se de um dos princípios que regem a aplicação dos demais e é *medida* da ponderação destes: tal é uma *norma de colisão*. Por exemplo, em uma situação que haja colisão entre o princípio do Estado Social (ou o mandamento – *prima facie* – posto no art. 3º, III, da Constituição brasileira – "erradicar a pobreza e a marginalização e reduzir as desigualdades sociais e regionais") e o princípio da propriedade privada, a norma em questão, como norma de colisão que é, irá regrar a colisão entre os dois princípios e determinar qual irá prevalecer, naquele caso concreto. Determinará, por exemplo, se, no caso em questão, uma concreta tributação, com a qual o Estado viria a obter recursos para implementar políticas tendentes a atingir os objetivos postos no art. 3º, III, da Constituição, deve prevalecer sobre a garantia da propriedade privada (porque o benefício obtido com aquelas políticas justifica a restrição imposta a este direito) ou se, ao contrário, é tão grande a restrição ao direito de propriedade que o benefício advindo da aplicação dos recursos obtidos com o tributo em tais políticas não a pode legitimar, sendo, pois, naquele caso, a tributação utilizada com efeito confiscatório.

> Com efeito, se a sociedade elege como valor básico, a liberdade individual e a propriedade privada (valores inerentes ao Estado Democrático – Princípios legalidade, tipicidade, propriedade), não devemos olvidar que, por outro lado, prestigia em igual medida, o bem estar social da própria sociedade, globalmente considerada (valores inerentes ao Estado Social – Princípios da Justiça substancial, boa-fé, solidariedade, isonomia e capacidade contributiva). Esta é a estipulação jurídica decorrente do texto constitucional que consagra, em si, um Estado Democrático de Direito, onde tais direitos e interesses, *em permanente tensão*, têm de ser equilibrados, aplicando-se conjunta e integralmente em cada caso concreto, delimitando com clareza, destarte, a fronteira de atuação do poder público. O intérprete não pode se afastar desta diretriz, sob pena de estar fazendo interpretação contra o espírito da Constituição.[270]

---

[269] Idem, p. 33.

[270] HENARES NETO, Halley. Interpretação econômica. Inédito, apud CAMPANILE, Vinícius T. *In* MARTINS, Ives Gandra da Silva (Coord.) *Direitos fundamentais*...cit., p. 598-599, nota 4.

Este equilíbrio de direitos e interesses em permanente tensão (ou ponderação de mandamentos *prima facie* em colisão, como todos os citados), faz-se com o emprego das normas de colisão, como a do art. 150, IV, da CF.

Estabelecido que tratamos de uma norma de colisão, cabe perquirir como se estabelece seu papel concreto, ou seja, como se define a medida das ponderações a ser realizadas com sua utilização: quando deverá prevalecer um ou outro dos princípios em conflito e como se fará a concreção da norma do art. 150, IV, da CF. Esta concreção determinará a medida a ser utilizada na ponderação,[271] o ponto a partir do qual, no caso concreto, ocorrerá a prevalência de um ou outro dos princípios em conflito.

2.3. CONCREÇÃO DA NORMA QUE VEDA A UTILIZAÇÃO DE TRIBUTO COM EFEITO DE CONFISCO

Vimos que algumas normas jurídicas, entre as quais a que veda a utilização de tributo com efeito de confisco (para as quais preferimos utilizar a terminologia *normas de colisão*), têm uma função diversa no sistema jurídico, qual seja, de servir de parâmetro para aplicação de outros princípios, constituindo, nas hipóteses de colisão, instrumentos para a ponderação entre os princípios em conflito. Entre tais normas, avulta a importância dos princípios de proporcionalidade e razoabilidade. Ademais, freqüentemente o limite de confiscatoriedade é com eles relacionado, na doutrina e na jurisprudência. Assim, para Maria Tereza de Cárcomo Lobo:

> o confisco pela via da tributação se expressa em termos de desproporcionalidade e de irrazoabilidade: entre o quantum e o "qual", como elementos constitutivos do fato gerador e a capacidade contributiva do contribuinte e a finalidade da pretensa exação.
>
> Na conceituação da tributação exacerbada têm prevalecido os critérios da razoabilidade e da proporcionalidade.[272]

Herbert Cornélio Pieter de Bruyn Júnior aponta que, para caracterizar a tributação com efeito confiscatório, "um norte, adiante da mera apreciação da capacidade contributiva, poderia ser a razoabilidade da imposição. Que significa, porém o princípio da proporcionalidade?"[273]

---

[271] Esta medida ou "fronteira de atuação" dos princípios em colisão é, todavia, mutável segundo circunstâncias históricas, políticas ou econômicas: "aunque se alcanzara una conceptualización acabada del mismo, no debemos olvidar el carácter mentado de historicidad de los principios jurídicos. Por ende, dicha conceptualización será siempre temporal, condicionada a la realidad histórico-jurídica, siendo entonces pasible de cambios". NAVEIRA DE CASANOVA, Gustavo J. *El principio...* cit., p. 27.

[272] *In* MARTINS, Ives Gandra da Silva (Coord.). *Direitos fundamentais...* cit., p. 190-191.

[273] *O princípio do não-confisco*. São Paulo: Novas Conquistas, 2001, p. 57. E conclui: "Tomada como proibição do excesso, a norma do art. 150, IV, da Carta refere-se, assim, ao princípio da proporcionalidade, nos termos considerados". Idem, p. 63.

E Jorge de Oliveira Vargas aduz que o "princípio do não-confisco é o princípio da razoabilidade explícito relativamente ao nosso sistema tributário".[274]

De outro lado, no julgamento da ADIn 2010-2/DF, pelo STF, assentou o Relator, Min. Celso de Mello, condicionar-se "a aferição do grau de insuportabilidade econômico-financeiro, à observância pelo legislador, de padrões de razoabilidade, destinados a neutralizar excessos de ordem fiscal eventualmente praticados pelo Poder Público".

E no corpo de seu voto encontra-se a seguinte explicitação:

> É certo que a norma inscrita no art. 150, IV da Constituição encerra uma *cláusula aberta*, vinculadora de um conceito jurídico indeterminado, reclamando, em conseqüência, que os Tribunais, na ausência de "uma diretriz objetiva e genérica, aplicável a todas as circunstâncias" (ANTÔNIO ROBERTO SAMPAIO DÓRIA, "Direito Constitucional Tributário e *Due Process of Law*", p. 196, item nº 62, 2ª ed., 1986, Forense), procedam à avaliação dos excessos eventualmente praticados pelo Estado, tendo em consideração as limitações que derivam do princípio da proporcionalidade.

A seguir, citando Ricardo Lobo Torres,[275] o relator assinala que a caracterização do confisco cabe "ao critério prudente do juiz, que deverá se pautar pela razoabilidade" e, citando Sacha Calmon,[276] que "o princípio do não-confisco se nos parece mais com um princípio da razoabilidade da tributação".

A íntima relação dos princípios da proporcionalidade e razoabilidade com o da proibição de utilização de tributos com efeito confiscatório que a doutrina e a jurisprudência têm estabelecido já justifica que sobre eles se lance um olhar mais detido. Mais do que isso, é preciso melhor estudar a aplicação destes princípios para compreender sua operatividade e a forma em que podem colaborar para a determinação do alcance da vedação que é objeto de nosso estudo.

2.3.1. Proporcionalidade

O princípio da proporcionalidade[277] teve maior desenvolvimento na Alemanha, especialmente na jurisprudência do Tribunal Constitu-

---

[274] *Princípio*...cit., p. 67.

[275] "A vedação de tributo confiscatório, que erige o status negativus libertatis, se expressa em cláusula aberta ou conceito indeterminado. Inexiste possibilidade prévia de fixar os limites quantitativos para a cobrança, além dos quais se caracterizaria o confisco, cabendo ao critério prudente do juiz tal aferição, que deverá se pautar pela razoabilidade". *Curso de direito financeiro e tributário*. 2ª ed., Rio de Janeiro: Renovar, 1995, p. 56, citado pelo Relator, Min. Celso de Mello na ADIn 2010-2/DF (medida cautelar).

[276] *Curso de direito tributário brasileiro*. Rio de Janeiro: Forense, 1999, p. 253, idem.

[277] Proporcionalidade, assim como proibição de tributos com efeito confiscatório, se incluem entre as normas para as quais adotamos a nomenclatura normas de colisão. Incluímos as mesmas na categoria dos princípios jurídicos em sentido lato (diferenciando-as dos princípios jurídicos em sentido estrito, os mandamentos de otimização a ser cumpridos na maior medida possível dentro das possibilidades fáticas e jurídicas), pois são normas utilizadas nas ponderações: apenas não são ponderadas (o que ocorre com os princípios em sentido estrito), mas são instrumento de ponderação entre os princípios em sentido estrito. Luis Virgílio Afonso da Silva, que considera a

cional Federal. Atualmente, encontra-se inclusive positivado em Constituições européias, como a portuguesa, na qual é mencionado explicitamente no art. 266, n° 2, e decorre do texto do art. 18, n° 2.[278] Todavia, prescinde de previsão expressa porque é decorrência da necessidade de proceder à ponderação entre princípios opostos, indispensável à própria aplicação dos princípios e à solução de eventual colisão entre eles.[279]

Como já visto, a colisão de princípios – que não se dá na dimensão de validez, pois só podem colidir princípios válidos – resolve-se pela ponderação (atribuição de peso) aos princípios em conflito. Esta ponderação, o Tribunal Constitucional Federal alemão, em gradual construção jurisprudencial, passou a fazer pela utilização da proporcionalidade, em processo lógico que levará à precedência, naquele caso concreto, de um dos princípios em conflito. Princípios (em sentido lato) como proporcionalidade, razoabilidade, igualdade, proibição de tributos com efeito confiscatório (para designar os quais adotamos a nomenclatura "normas de colisão") etc. têm um específico traço diferencial em relação a outros: controlam a aplicação de outras normas, pelo método da ponderação, que se faz com sua utilização (das normas de colisão).

Segundo a doutrina mais difundida, o princípio da proporcionalidade abrange o tríplice aspecto de adequação, necessidade e proporcionalidade em sentido estrito (ou justa medida), ou seja, e sinteticamente, para que se a considere proporcional, uma medida de restrição a direitos deverá atender aos três requisitos: deve ser *adequada* para atingir ou, ao menos, fomentar o fim legítimo colimado; deve ser

---

proporcionalidade regra, o que não cremos correto (não se aplica por subsunção) ressalva: "Não há como querer, por exemplo, que expressões como princípio da anterioridade ou princípio da legalidade sejam abandonadas, pois, quando se trata de palavras de forte carga semântica, como é o caso do termo princípio, qualquer tentativa de uniformidade terminológica está fadada ao insucesso. Mais importante do que a ingênua ambição de querer uniformizar a utilização do termo 'princípio' é deixar claro que ele, na expressão 'princípio de proporcionalidade' não tem o mesmo significado de 'princípio' na distinção entre regras e princípios, na acepção da teoria de Robert Alexy". *O proporcional...*cit., p. 26. Nós que consideramos a proporcionalidade um princípio, da espécie norma de colisão, utilizamos coerentemente com tal posição, e sem qualquer restrição, a expressão "princípio da proporcionalidade".

[278] Art. 18, n° 2: "A lei só pode restringir os direitos, liberdades e garantias nos casos expressamente previstos na Constituição, devendo as restrições limitar-se ao necessário para salvaguardar outros direitos ou interesses constitucionalmente protegidos".
Art. 266, n° 2: "Os órgãos e agentes administrativos estão subordinados à Constituição e à lei e devem actuar, no exercício de suas funções, com respeito pelos princípios da igualdade, da proporcionalidade, da justiça, da imparcialidade e da boa-fé".

[279] "el principio de proporcionalidad, con sus tres principios parciales ya mencionados, se sigue lógicamente del carácter principial de las normas, y éste de aquél. Esto no es sólo interesante para un examen teórico-estructural. Significa que una teoría de los principios conduce a estructuras de argumentación racional, lo que no vale para un simple catálogo de topoi". ALEXY, Robert. Sistema jurídico, principios jurídicos y razón práctica. *Doxa, Cuadernos de Filosofía del Derecho*, Alicante, vol. 5, p. 147-148, 1988.

necessária para atingir o referido fim (não deve haver outro meio, que restrinja menos o princípio em conflito e leve à obtenção do fim visado com a mesma eficiência) e deve ser proporcional em sentido estrito, isto é, a intensidade da restrição a direitos fundamentais não deve ser desproporcional à importância da realização do fim. Este último é juízo de comparação ou ponderação: o fim visado justifica a restrição ao direito atingido?

> O mandamento da ponderação corresponde ao terceiro princípio parcial do princípio da proporcionalidade do direito constitucional alemão. O primeiro é o princípio da idoneidade do meio empenhado para o alcance do resultado com ele pretendido, o segundo, o da necessidade desse meio. Um meio não é necessário se existe um meio mais ameno, menos interventor.[280]

> ... uma medida estatal é adequada quando o seu emprego faz com que "o objetivo legítimo pretendido seja alcançado ou pelo menos fomentado" ...

> Um ato estatal que limita um direito fundamental é somente necessário caso a realização do objetivo perseguido não possa ser promovida, com a mesma intensidade, por meio de outro ato que limite, em menor medida, o direito fundamental atingido.

> ... proporcionalidade em sentido estrito, que consiste em um sopesamento entre a intensidade da restrição ao direito fundamental atingido e a importância da realização do direito fundamental que com ele colide e que fundamenta a adoção da medida restritiva.[281]

A concepção mais difundida, portanto, é que o princípio da proporcionalidade se decompõe em três subprincípios parciais, mas não está a salvo de controvérsias. Há quem o desdobre em quatro subprincípios ou "aspectos", isolando a legitimidade dos fins da adequação (falamos antes em medida "*adequada* para atingir ou, ao menos fomentar, o fim *legítimo* colimado", englobando as duas questões). Assim faz, exemplificativamente, Douglas Yamashita:

> Também conhecido como proibição de excesso (*Übermabverbot*), o princípio da proporcionalidade aplica-se para controle de toda atividade legal ou administrativa e desdobra-se nos seguintes aspectos:
> a) legitimidade do(s) fim(ns) perseguidos ou legitimidade teleológica (*legitimer Zweck*);
> b) efetividade do meio escolhido (*Geeignetheit*);
> c) imprescindibilidade do meio escolhido (*Erforderlichkeit*).
> d) razoabilidade ou proporcionalidade em sentido estrito (*Zumutbarkeit oder Verhältnismäßigkeit im engeren Sinne*) do meio escolhido em relação à finalidade perseguida.[282]

Mas o último dos subprincípios (proporcionalidade em sentido estrito) também é objeto de significativa controvérsia. Entre outros, Böckenförde exclui a ponderação através do exame da proporcionalidade em sentido estrito e limita o princípio da proporcionalidade aos

---

[280] ALEXY, Robert. *Colisão de direitos*...cit., p. 77. E acrescenta o autor: "É um dos argumentos mais fortes tanto para a força teórica como também para a prática da teoria dos princípios que todos os três princípios parciais do princípio da proporcionalidade resultam logicamente da estrutura de princípios das normas dos direitos fundamentais e essas, novamente, do princípio da proporcionalidade".

[281] SILVA, Luís Virgílio Afonso da. *O proporcional*...cit., p. 36, 38 e 40.

[282] *In* MARTINS, Ives Gandra da Silva (Coord.). *Direitos fundamentais*...cit., p. 688.

subprincípios de adequação e necessidade.[283] Habermas sustenta que a operação de ponderação carece de medidas racionais que possam conduzir a um resultado também dotado de racionalidade.[284]

De qualquer forma, o princípio da proporcionalidade tem um conteúdo determinado: incontroversamente, o exame de adequação e necessidade nos termos expostos e consoante a doutrina mais difundida, com apoio nos trabalhos de Alexy e na própria jurisprudência dominante no Tribunal Constitucional Federal alemão,[285] de proporcionalidade em sentido estrito.

> A regra da proporcionalidade no controle das leis restritivas de direitos fundamentais surgiu por desenvolvimento jurisprudencial do Tribunal Constitucional alemão e não é uma simples pauta que, vagamente, sugere que os atos estatais devem ser razoáveis, nem uma simples análise da relação meio-fim. Na forma desenvolvida pela jurisprudência constitucional alemã, tem ela uma *estrutura* racionalmente definida, com subelementos independentes – a análise da *adequação*, da *necessidade* e da *proporcionalidade em sentido estrito* –, que são aplicados em uma ordem pré-definida ...[286]

Contudo, na doutrina e na jurisprudência brasileira, freqüentemente as referências ao princípio da proporcionalidade não observam tal rigor, sendo comum sua utilização como sinônimo de razoabilidade, ou simples padrão de sensatez ou de afastamento de normas manifestamente incongruentes, ou mesmo como recurso retórico.

Assim, Celso Ribeiro Bastos mistura as noções de proporcionalidade e razoabilidade, sem distingui-las:

> Portanto "são fatores invariavelmente presentes em toda ação relevante para a criação do direito: os motivos (circunstâncias de fato), os fins e os meios. Além disso, há de se tomar em conta, também, os valores fundamentais da organização estatal, explícitos ou implícitos, como a ordem, a segurança, a paz, a solidariedade: em última análise, a justiça. A razoabilidade é, precisamente, a adequação de sentido que deve haver entre esses elementos".
> Na Alemanha, berço doutrinário da referida técnica de verificação da razoabilidade, o Tribunal Constitucional Federal, em decisão proferida em 1971, assim sintetizou o tema:
> "O meio empregado pelo legislador deve ser adequado e exigível, para que seja atingido o fim almejado. O meio é adequado, quando com o seu auxílio se pode promover o resultado desejado; ele é exigível, quando o legislador não poderia ter escolhido outro igualmente eficaz,

---

[283] Böckenförde exprimiu tal inclusive em seus votos como Juiz do Tribunal Constitucional Federal alemão. Ver, por exemplo, BVerfGE 69, 1 (63-65).

[284] "Pues si en caso de colisión *todas* las razones pueden cobrar el carácter de argumentos concernientes a fines, desaparecen esos cortafuegos que con la comprensión deontológica de las normas y principios jurídicos quedan introducidos en el discurso jurídico"... "Y porque para ello faltan criterios racionales, la ponderación o sopesamiento de valores se efectúa, o bien de forma discrecional o arbitraria, o bien de forma no reflexiva, es decir, conforme a estándares o a jerarquías a los que se está acostumbrado". HABERMAS, Jürgen. *Facticidad y validez. Sobre el derecho y el estado democrático de derecho en términos de teoría del discurso*. Trad. de Manuel Jiménez Redondo. 3ª ed., Madrid: Trotta, 2001, p. 332, grifo do original. No epílogo à Teoria dos Direitos Fundamentais, Alexy responde a esta crítica, dizendo que "con ayuda de la ponderación, ciertamente no en todos, pero sí en algunos casos, puede establecerse un resultado de manera racional y que la clase de estos casos es suficientemente interesante como para que la existencia de la ponderación como método esté justificada". *Epílogo*...cit., p. 32.

[285] Por exemplo, BVerfGE 96, 56 (66), onde o tribunal se refere a "margem para a ponderação".

[286] SILVA, Luis Virgílio Afonso da. *O proporcional*...cit., p. 30, grifos do original.

mas que seria um meio não-prejudicial ou portador de uma limitação menos perceptível a direito fundamental".[287]

Tratando do tema objeto de nosso estudo, Jorge de Oliveira Vargas incide na mesma confusão:

> Desta ótica, o princípio do não-confisco tributário, como princípio de justiça, em relação aos tributos com finalidade predominantemente fiscal, identifica-se com o dever de proibição material de excesso ou da proporcionalidade em sentido material, o qual se confunde com o princípio da razoabilidade, que aqui é visto como a aplicação do princípio da proporcionalidade em sentido material no caso concreto.[288]

José Afonso da Silva menciona o "princípio da proporcionalidade razoável, regra que veda utilizar tributo com efeito de confisco".[289]

O Supremo Tribunal Federal igualmente tem utilizado os princípios de proporcionalidade e razoabilidade como sinônimos.

Assim, no *Habeas Corpus* nº 76.060-4-SC, cuidava-se de situação de pai presumido de menor nascido na constância de seu casamento, respondendo a ação de reconhecimento de filiação movida por terceiro, que se pretendia pai biológico. O pai presumido, réu na ação, negava-se a realizar exame de DNA, e o STF concedeu-lhe *habeas corpus*, pois a paternidade podia ser determinada sem sua participação, com a realização do exame de DNA do autor, do menor e de sua mãe. À guisa de fundamentação, refere o relator, Min. Sepúlveda Pertence:

> O que, entretanto, não parece resistir, que mais não seja ao confronto do princípio da razoabilidade ou da proporcionalidade – de fundamental importância para o deslinde constitucional da colisão de direitos fundamentais – é que se pretende constranger fisicamente o pai presumido ao fornecimento de uma prova de reforço contra a presunção de que é titular.[290]

No Recurso Extraordinário nº 175.161-SP, Rel. Min. Marco Aurélio, em que se discutia sobre a correção monetária na devolução das parcelas pagas a consorciado desistente, a causa se processara perante juizado especial. O voto do relator sustenta que "diante dos princípios da proporcionalidade e da razoabilidade, tão caros quando se questiona o alcance de texto constitucional, não há como concluir pela transgressão ao inciso LVIII do art. 5º da Constituição Federal", por a causa ter sido processada perante Juizado Especial. E ao examinar o mérito reclama que "mais uma vez, atente-se para os princípios constitucionais da proporcionalidade e razoabilidade. Mais uma vez

---

[287] *Hermenêutica e interpretação constitucional*. São Paulo: edição do autor, 1997, p. 176.

[288] *Princípio...cit.*, p. 94. Na p. 86, o autor refere: "discorrendo sobre o princípio da razoabilidade ou da proporcionalidade", simplesmente tomando por equivalentes os dois princípios.

[289] *Curso de direito constitucional positivo*. 18ª ed., São Paulo: Malheiros, 2000, p. 695. Note-se que também os conceitos de princípio e regra parecem restar indiferenciados.

[290] 1ª Turma, unânime, julgado em 31-03-1998. *Lex STF*, São Paulo, vol. 237, p. 304-310. A ementa refere: "hipótese na qual, à luz do princípio da proporcionalidade ou da razoabilidade, se impõe evitar a afronta à dignidade pessoal que, nas circunstâncias, a sua participação na perícia substantivaria".

considere-se que não se pode interpretar um preceito constitucional de maneira isolada", concluindo:

> Mostra-se consentâneo com o arcabouço normativo constitucional, ante os princípios da proporcionalidade e razoabilidade, decisão no sentido de, ao término do grupo, do fechamento respectivo, o consorciado desistente substituído vir a receber as cotas satisfeitas devidamente corrigidas.[291]

Na ADIn 1.813-DF (medida liminar), o STF negou a suspensão liminar de dispositivo de lei eleitoral que vinculava o número de candidatos por partido ao número de vagas por Estado na Câmara dos Deputados. Considerou existir "harmonia do preceito do § 2º do art. 10 da Lei nº 9.504, de 30 de setembro de 1997, regedora das eleições de 1998, com os princípios da razoabilidade e da proporcionalidade ínsitos na Carta da República".[292]

Já na ADIn nº 855-PR (medida cautelar), o STF determinou a suspensão cautelar da lei estadual impugnada, que determinava a pesagem de botijões de gás, entregues ou recebidos para substituição, à vista do consumidor, com pagamento imediato de eventual diferença a menor, por considerar plausível a "argüição de inconstitucionalidade fundada nos arts. 22, IV e VI (energia elétrica e metrologia), 24 e §§, 25, § 2º, e 238, além de violação ao princípio de proporcionalidade e razoabilidade das leis restritivas de direitos".[293]

No *Habeas Corpus* 73.044-4-PE, nossa Corte Suprema concedeu a ordem, em favor de ex-Prefeita Municipal, que procedera à contratação temporária de um gari, sem concurso, sob o fundamento de que "uma vez verificada a insignificância jurídica do ato apontado como delituoso, impõe-se o trancamento de ação penal por falta de justa causa. A isto direcionam os princípios da razoabilidade e da proporcionalidade".[294]

Já no Recurso Extraordinário nº 211.043-4/SP, aquele Tribunal entendeu haver isenção de ICM à luz do art. 1º, inciso VI, da Lei Complementar nº 4/69, que estabelecia a desoneração automática do ICM, sempre que a operação estivesse isenta do Imposto de Importação, de competência federal, e do art. 19, § 2º, da Carta Constitucional de 1969,[295] na mesma proporção, da isenção do imposto de importação, ainda que a isenção deste fosse parcial, pois "conflita com o Texto Maior, com os princípios da proporcionalidade e da razoabilidade nele

---

[291] 2ª Turma, unânime, julgado em 15-12-1998, RTJ 169/630.

[292] Tribunal Pleno, Rel. Min. Marco Aurélio, unânime, julgado em 23-04-1998. RTJ 167/92.

[293] Tribunal Pleno, Rel. Min. Sepúlveda Pertence, julgado em 01-07-1993, RTJ 152/455.

[294] 2ª Turma, Rel. Min. Marco Aurélio, unânime, julgado em 19-06-1998, DJU 11.09.1998.

[295] Art. 19, § 2º da Emenda Constitucional nº 1/69: "A União, mediante lei complementar e atendendo a relevante interesse social ou econômico nacional, poderá conceder isenções de impostos estaduais e municipais".

consagrados entender-se pelo afastamento da extensão do benefício ao tributo estadual pelo fato de a isenção não ser total".[296]

E na ADIn nº 1407-DF (medida liminar), ao negar a suspensão liminar do art. 6º da Lei 9.100/95, que vedava a realização de coligações partidárias apenas para as eleições proporcionais, nossa Corte Suprema referiu:

> A norma estatal, *que não vincula qualquer conteúdo de irrazoabilidade*, presta obséquio ao postulado da proporcionalidade, *ajustando-se* à cláusula que consagra, *em sua dimensão material*, o princípio do *substantive due process of law* (CF, art. 5º, LIV).[297]

O voto do relator destaca:

> Cumpre enfatizar, neste ponto, que a cláusula do devido processo legal – objeto de expressa proclamação pelo art. 5º, LIV, da Constituição, e que traduz um dos fundamentos dogmáticos do princípio da proporcionalidade – deve ser entendida, *na abrangência de sua noção conceitual*, não só sob o aspecto meramente formal, que impõe restrições de caráter ritual à atuação do Poder Público, mas, *sobretudo*, em sua *dimensão material*, que atua como *decisivo obstáculo* à edição de atos legislativos, revestidos de conteúdo *arbitrário* ou *irrazoável*.[298]

Da análise das decisões, verifica-se que: a) o Supremo Tribunal Federal utiliza os princípios de proporcionalidade e razoabilidade indistintamente, como sendo equivalentes ou sinônimos; b) emprega-os como significando um apelo genérico à vedação de arbitrariedade ou de disposições incongruentes com o ordenamento jurídico como um todo; c) no mais das vezes, trata-os como um recurso retórico; d) não há, em nenhum dos casos, o exame diferenciado da tríplice dimensão (adequação, necessidade e proporcionalidade em sentido estrito) do princípio da proporcionalidade. Em conseqüência, o STF recorre ao princípio da proporcionalidade (ou da razoabilidade, que tem por equivalente) em situações que nem mesmo envolvem solução de colisões entre princípios concorrentes (veja-se a questão do número das vagas de candidatos a Deputados em que a referência à proporcionalidade diz respeito à relação existente entre o número de cadeiras e a população do Estado).[299]

Mesmo no freqüentemente citado caso dos botijões de gás (no qual, aliás, a decisão em si é muito sucinta) não se consegue vislumbrar o exame destacado ou mesmo implícito dos três referidos subprincípios, embora as sustentações em contrário encontradas na doutrina:

---

[296] 2ª Turma, Rel. Min. Marco Aurélio, julgado em 19-05-1998, DJU 07-08-1998.

[297] Tribunal Pleno. Rel. Min. Celso de Mello, julgado em 07.03.1996, RTJ 176/578, grifos do original.

[298] Idem, grifos do original.

[299] "O fator de discriminação não se mostra merecedor de glosa, pois surge no campo próprio aos princípios da razoabilidade e da proporcionalidade. Tem como base, porque esta norteia, constitucionalmente o número de cadeiras por Estado, a densidade populacional, em si, de cada qual... Ao contrário do afirmado, definir-se o número de candidatos em face das cadeiras destinadas a cada Estado atende à proporcionalidade prevista na própria Constituição". ADIn nº 1.813-DF (medida cautelar, cit., voto do Relator).

É o que se depreende da leitura do voto condutor proferido pelo eminente Ministro Sepúlveda Pertence:

"De sua vez, os esclarecimentos de fato – particularmente a manifestação do Instituto Nacional de Metrologia, Normatização e Qualidade Industrial – INMETRO, do Ministério da Justiça, são de múltipla relevância para este julgamento liminar.

Eles servem, de um lado, como proficientemente explorado na petição – não só para lastrear o questionamento da proporcionalidade ou razoabilidade da disciplina legal impugnada, mas também para indicar a conveniência de sustar, ao menos, provisoriamente – as inovações por ela impostas, as quais, onerosas e de duvidosos efeitos úteis – acarretariam danos de incerta reparação para a economia do setor, na hipótese – que não é de afastar – de que se venha ao final a declarar a inconstitucionalidade da lei (fls. 88)".

Essa simples colocação serve para demonstrar que um juízo seguro sobre a inadequação e desnecessidade da medida ("*de duvidosos efeitos úteis*") e sobre a desproporção entre os ônus impostos aos particulares e os fins perseguidos afiguraram-se suficientes para legitimar a suspensão da norma de conteúdo restritivo.[300]

Da simples menção a "duvidosos efeitos úteis" não se pode extrair "um juízo seguro" sobre adequação e necessidade. Aliás, a questão se refere à adequação ou à necessidade? Tampouco há exame da proporcionalidade em sentido estrito: embora a menção genérica a "danos de incerta reparação para a economia do setor" (que mais se relaciona à fórmula do art. 798 do CPC, como requisito para a concessão de medida cautelar – lesão de difícil reparação), não há comparação da possível restrição à economia do setor com a de outro direito e respectivo sopesamento. De resto, há expressa identificação com a razoabilidade ("questionamento da proporcionalidade ou razoabilidade"), que sabidamente não comporta juízo sobre os três subprincípios parciais em questão.

Logo, o Supremo Tribunal Federal não tem feito "juízo seguro" sobre os três subprincípios em que se decompõe o princípio da proporcionalidade, nos casos em que a ele faz referência. Nas hipóteses em que sustenta sua realização pelo STF, na verdade, a doutrina o tem feito, *no lugar do Tribunal*, buscando adequar à estrutura do princípio, como desenvolvido pela jurisprudência e doutrina alemãs, casos em que o STF se referiu a ele de forma genérica, normalmente como recurso retórico, vagamente identificado com a proibição de legislação opressiva, discriminatória ou arbitrária.

Aliás, no caso da lei estadual paranaense acerca da pesagem, à vista do consumidor, dos botijões de gás, amiúde trazido à baila como exemplo da aplicação do princípio da proporcionalidade pelo STF, o exame mais cuidadoso dos subelementos deste provavelmente levaria à conclusão contrária àquela a que chegou majoritariamente o Tribu-

---

[300] MENDES, Gilmar Ferreira. A proporcionalidade na jurisprudência do Supremo Tribunal Federal. *Repertório IOB de jurisprudência*, São Paulo, nº 23, p. 470-475, 1ª quinzena dez. 1994. MENDES, Gilmar Ferreira. O princípio da proporcionalidade na jurisprudência do Supremo Tribunal Federal: novas leituras. *Repertório IOB de jurisprudência*, São Paulo, nº 14, p. 361-372, 2ª quinzena de jul. 2000.

nal. A pesagem, à vista do consumidor, dos botijões é adequada para atingir o fim colimado; é necessária, pois a medida alternativa sugerida pelos autores da ADIn (controle do peso dos botijões por amostragem, procedida pela administração pública, como ocorre atualmente), embora restrinja menos o princípio concorrente (da livre iniciativa) é *menos* eficiente para atingir o fim visado: a proteção do consumidor. E no exame da proporcionalidade em sentido estrito, pode-se concluir que a restrição à livre iniciativa é pequena, não se revelando desproporcional à importância da realização do fim (proteção ao consumidor, direito fundamental de expressa previsão constitucional – CF, art. 5ª, XXXII).[301]

Em síntese, parcela da doutrina brasileira e induvidosamente o STF, até aqui, quando recorreu ao princípio da proporcionalidade, limitou-se a concebê-lo como padrão genérico, a vedar legislação ou atos administrativos opressivos e arbitrários, sem considerar sua estruturação baseada nos três subprincípios de adequação, necessidade e proporcionalidade em sentido estrito.

A pergunta a formular é se a correta aplicação do princípio da proporcionalidade, tal como construído pela jurisprudência e pela doutrina alemãs, através de seus três elementos estruturantes, pode auxiliar na concreção e determinação do alcance do princípio da proibição de utilização de tributo com efeito de confisco?

Para Herbert Cornélio Pieter de Bruyn Júnior, "somente poderá haver o aludido efeito onde houver desproporcional infração à capacidade contributiva".[302] E conclui: "A violação à capacidade contributiva, pois, tal como a violação ao princípio da proporcionalidade, é pressuposto necessário, juntamente com a severidade da infração, para a existência do efeito confiscatório".[303]

Adotado este ponto de vista, o princípio da proibição de efeito confiscatório não teria âmbito de operatividade próprio: estaria integralmente abrangido pelo campo de aplicação dos princípios da capacidade contributiva e da proporcionalidade e só abarcaria, ainda, as infrações mais graves a estes dois princípios (as lesões mais leves situar-se-iam no âmbito de aplicação dos princípios de capacidade contributiva e proporcionalidade, mas fora do campo próprio do princípio do não-confisco).

Douglas Yamashita constrói de forma mais técnica a aplicação, que sustenta cabível, do princípio da proporcionalidade para identificação do efeito confiscatório:

---

[301] Neste sentido, SILVA, Luis Virgílio Afonso da. *O proporcional*...cit., p. 37-41.

[302] *O princípio*...cit., p. 86.

[303] Idem, p. 87.

Em se tratando de tributo com finalidade fiscal, a configuração do efeito confiscatório limita-se a um exame de *proporcionalidade* entre a finalidade fiscal da arrecadação de recursos para o Estado e o direito de propriedade (direito de *uso, gozo e disposição* da propriedade), o direito a herança (direito de *auferir* propriedade) e direito ao livre exercício de qualquer trabalho, ofício ou profissão (direito de *auferir* propriedade). Muito embora seja descabida uma análise de efetividade (*Geeignetheit*) do tributo para arrecadar recursos ou o exame de sua imprescindibilidade (*Erforderlichkeit*) para tanto, segundo Jachmann isso em nada prejudica o exame da razoabilidade ou proporcionalidade *stricto sensu*, sendo possível termos uma norma estrangulante de finalidade fiscal ("*erdrosselnde Fiskalzwecknorm*").[304]

A formulação é passível de várias objeções.

A um, não se pode dizer que a finalidade fiscal de arrecadação de recursos seja um dos princípios a ser ponderados. A arrecadação é ato estatal, de cunho administrativo. Não é sequer norma jurídica, menos ainda norma que constitua mandamento *prima facie*.

A dois, como reconhece o próprio autor citado, não há como aplicar os subprincípios de adequação e necessidade à finalidade fiscal de arrecadar recursos, já porque não se trata de norma, nem de princípio. Uma exigência tributária, por definição, será sempre adequada (irá promover a arrecadação de tributos) e necessária (não haverá, também por definição, outra medida que possa promover com igual eficácia, a "finalidade fiscal de arrecadação de recursos").

A três, não se vislumbra qual o papel que desempenharia em tal construção o princípio da não-confiscatoriedade que é, na verdade, *substituído* (em sua função de norma de colisão) pelo princípio da proporcionalidade.

Na verdade, o princípio de proporcionalidade aplicar-se-ia *se* fosse o princípio da não-confiscatoriedade princípio jurídico em sentido estrito, mandamento *prima facie*, a ser cumprido na maior medida possível diante das possibilidades fácticas e jurídicas decorrentes da sua ponderação, no caso de colisão com outros princípios. Para solver estas colisões, aplicar-se-ia o princípio da proporcionalidade, com seus três subelementos: adequação e necessidade, a determinar o âmbito das possibilidades fácticas, e proporcionalidade em sentido estrito, a determinar o âmbito das possibilidades jurídicas, no conflito com princípios concorrentes.

Ocorre que, como já visto, o princípio (em sentido lato) do não-confisco é *norma de colisão*. Assim não se dão colisões entre ele e outros princípios, a serem solvidas por ponderação com o emprego de outras normas de colisão, especialmente o princípio da proporcionalidade. Ele é norma que vai permitir a solução da colisão entre princípios em sentido estrito. Não será objeto de ponderação com o *emprego* do princípio da proporcionalidade, mas, em determinados casos, em que

---

[304] *In* MARTINS, Ives Gandra da Silva (Coord.). *Direitos fundamentais*...cit., p. 682.

sua operatividade seja mais presente que a daquele, será instrumento de ponderação, *em lugar do princípio da proporcionalidade*.

O princípio da proibição de confiscatoriedade é tal qual o da proporcionalidade uma norma de colisão, ou de interpretação e aplicação do direito, no caso de colisão de princípios, de âmbito mais restrito que o princípio da proporcionalidade – é certo – mas que, nos casos em que sua especialidade o torna mais operativo, serve para "medir" a ponderação de princípios em conflito, cumprindo função equivalente (e substitutiva) da desempenhada pelo princípio da proporcionalidade nos casos genéricos.

> Nesse sentido, a proporcionalidade, como postulado estruturador da aplicação de princípios que concretamente se imbricam em torno de uma relação de causalidade entre um meio e fim, não possui aplicabilidade irrestrita. Sua aplicação depende de elementos sem os quais não pode ser aplicada. Sem um meio, um fim concreto e uma relação de causalidade entre eles não há aplicabilidade do postulado da proporcionalidade em seu caráter trifásico.[305]

O princípio da proibição de tributos com efeito confiscatório não se encontra em colisão com outros princípios, em uma relação de causalidade, nem sua aplicação constitui meio para atingir um fim. Como norma de colisão, dirá quando um meio de tributação é justificado (sem efeito confiscatório) ou injustificado (com efeito confiscatório) para atingir um fim determinado. Não se lhe aplica, mas substitui (em determinados casos de colisão de princípios, mais afetos à sua operatividade) a aplicação do princípio da proporcionalidade, como norma de solução de colisões de princípios (em sentido estrito).[306]

2.3.2. Razoabilidade

Enquanto o princípio da proporcionalidade foi criação jurisprudencial do Tribunal Constitucional Federal alemão, que a partir daí alcançou a doutrina e o direito continental europeu, as origens do princípio da razoabilidade encontram-se na jurisprudência da *common law*, com o seu padrão de *reasonable man*, surgido na jurisprudência inglesa, e do *test of reasonableness* que buscava identificar, no caso

---

[305] ÁVILA, Humberto. *Teoria*...cit., p. 113.

[306] E mesmo que assim não fosse, o exame da proporcionalidade em sentido estrito não parece se adequar à idéia de efeito confiscatório. Esta se liga principalmente ao aspecto quantitativo da tributação e à noção de exacerbação. Assim, uma tributação que, em tese, implicasse uma restrição média a outro direito não teria efeito confiscatório (para tal se exige uma restrição exacerbada, forte, digamos ao direito de propriedade), mas poderia não satisfazer à proporcionalidade em sentido estrito se a promoção do direito eventualmente concorrente fosse mínima. Mas tal só é dito para reforçar a não-aplicação do princípio da proporcionalidade à determinação de conteúdo do princípio que veda tributos com efeito confiscatório. O fundamental é que proporcionalidade, com sua estrutura trifásica, é norma para solução de colisões entre princípios em sentido estrito. O princípio (em sentido lato) do não-efeito confiscatório não entra em conflito com outros, mas é instrumento da solução de conflitos entre princípios em sentido estrito (norma de colisão), atuando em substituição ao (e não através da aplicação do) princípio da proporcionalidade (que também é norma de colisão).

concreto, a ocorrência ou não de comportamento razoável. Daí alcançou o direito norte-americano, onde conjugado com o *substantive due process of law*, entendido como exame material de razoabilidade das leis, teve ampla aplicação e transformou-se no instrumento por excelência da *judicial review*, ou cláusula a partir da qual a Corte Suprema norte-americana efetuou o controle de constitucionalidade material da legislação. Por influência da jurisprudência americana, foi amplamente utilizado na Argentina, inclusive por sua Corte Suprema de Justicia de la Nación.

No Brasil, cogitou-se inclusive de positivar constitucionalmente o princípio, que chegou a constar, no que se refere a atos administrativos, do Projeto Final da Comissão de Sistematização da Assembléia Nacional Constituinte, nestes termos: "qualquer dos Poderes obedecerá aos princípios da legalidade, impessoalidade, moralidade e publicidade, exigindo-se como condição de validade dos atos administrativos, a motivação suficiente e, como requisito de sua legitimidade, a razoabilidade".

A parte final, todavia, foi suprimida pelo Plenário do texto que afinal veio a constituir o art. 37, *caput*, da Carta. Várias Constituições Estaduais, porém, mencionaram-no expressamente,[307] entre as quais a do Rio Grande do Sul (art. 19, *caput*, com a redação da Emenda Constitucional nº 7, de 28.06.1995):

> A administração pública direta e indireta de qualquer dos Poderes do Estado e dos Municípios, visando à promoção do bem público e à prestação de serviços à comunidade e aos indivíduos que a compõem, observará os princípios da legalidade, da moralidade, da impessoalidade, da publicidade, da legitimidade, da participação, da razoabilidade, da economicidade, da motivação
> ...

O princípio, porém, independe de positivação, até por sua função de norma de colisão, ou norma sobre interpretação e aplicação do Direito.

Sua invocação vem sendo freqüente na jurisprudência brasileira, inclusive do Supremo Tribunal Federal. Mas, como já visto no item anterior, pelo STF é empregado indistintamente com a menção à proporcionalidade (esta, também, utilizada sem maior rigorismo quanto à sua estrutura teórica), no sentido de uma proibição genérica de atos administrativos ou legislação discriminatória, opressiva, arbitrária ou manifestamente injusta.[308]

Tais perplexidades ou imprecisões se refletem na doutrina. Assim, Kiyoshi Harada diz que "o conceito de razoável está mais para o sentir do que para o definir", agregando que "a experiência da vida exerce

---

[307] Constituição do Estado de São Paulo, art. 11; de Minas Gerais, art. 13; de Sergipe, art. 25.

[308] Entre vários outros os já examinados HC 26.060-4/SC, REs 175.161-SP, 211.043-SP, ADIns 855-PR, 1.407-DF, 1.813-DF e 2.010-2/DF.

influência no nível de conscientização do que é razoável".[309] Juan Francisco Linares afirma que "en sentido estricto, pues, razonabilidad equivale a justicia",[310] vocábulo também de extraordinária vagueza semântica. E Hart se refere a razoabilidade como noção tão fluída que dá suporte à sua tese "de que, ao aceitar ou rejeitar um costume, os tribunais estão a exercer um poder discricionário virtualmente descontrolado".[311]

Tais concepções são insuficientes: aceitá-las seria dar à razoabilidade o tratamento de recurso meramente retórico, "cujos contornos não são dignos de delimitação pela Ciência do Direito".[312] Fixar seu conteúdo com a clareza possível, bem como distingui-lo do princípio da proporcionalidade, é necessário para precisão da linguagem jurídica, coerência do discurso e para sua correta aplicação na sua função de norma de interpretação e aplicação do direito.

> Mas, quando se fala, em um discurso jurídico, em *princípio* da razoabilidade ou em *princípio* ou *regra de proporcionalidade*, é evidente que os termos estão revestidos de uma conotação técnico-jurídica e não são mais sinônimos, pois expressam construções jurídicas diversas. Pode-se admitir que tenham objetivos semelhantes, mas isso não autoriza o tratamento de ambos como sinônimos. Ainda que se queira, por intermédio de ambos, controlar as atividades legislativa ou executiva, limitando-as para que não restrinjam mais do que o necessário os direitos dos cidadãos, esse controle é levado a cabo de forma diversa, caso seja aplicado um ou outro critério.[313]

Tentemos buscar, pois, na doutrina e na jurisprudência, os elementos caracterizadores da razoabilidade, para verificar se deles é possível alcançar uma maior precisão em seus contornos.

Aí também aparecem dificuldades: da fórmula equivalente do *substantive due process of law* nos Estados Unidos se disse ser "the simplest and most far-reaching of constitutional phrases",[314] mas também é conhecidíssima a fórmula de Harlan: "due process has not been reduced to any formula; its content cannot be determined by reference to any code".[315] Mas isto não justifica renunciar aos esforços para compreender o instituto e reduzir sua vagueza semântica, embora esta sempre vá subsistir em alguma medida.

---

[309] *In* MARTINS, Ives Gandra da Silva (Coord.). *Direitos fundamentais*...cit., p. 543.

[310] Razonabilidad...cit., p. 109. "Pero por razonabilidad en sentido estricto sólo se entiende el fundamento de verdad o justicia. Así un acto puede tener fundamento de existencia, en cuanto se dictó y por el hecho de estar vigente, fundamento de esencia en cuanto se apoya en normas jurídicas y fundamento de razonabilidad en cuanto es justo. O puede tener fundamentos de existencia y esencia pero carecer del fundamento de razonabilidad – *estricto sensu* – o justicia". Idem, p. 108, grifo do original.

[311] HART, H. L. A. *O conceito*...cit., p. 54.

[312] ÁVILA, Humberto. *Sistema constitucional tributário*. São Paulo: Saraiva, 2004, p. 422.

[313] SILVA, Luis Virgílio Afonso da. *O proporcional*...cit., p. 28.

[314] MOTT, Rodney L. Due process of law, Bobbs-Merril, 1926, p. 25, *apud* CASTRO, Carlos Roberto de Siqueira. *O devido*... cit., p. 154.

[315] Poe v. Ullman, 367 U.S. 497, 542 (1961).

A Suprema Corte americana fez assimilações entre razoabilidade e igualdade:

> It is unnecessary to say that the "equal protection if laws" required by Fourteenth Amendment does not prevent the states from resorting to classification for the purposes of legislation. Numerous and familiar decisions of this court establish they have a wide range of discretion in that regard. But the classification must be reasonable, not arbitrary, and must rest upon some ground of difference having a fair and substantial relation to the object of the legislation, so that all persons similarly circumstanced shall be treated alike.[316]

Na mesma senda, Schwartz sustenta que uma classificação não é inválida por estabelecer diferenciações entre os cidadãos, pois estas podem ser válidas, mas sim que a classificação é "unreasonable" or "arbitrary" (e, então, inválida), por falta de congruência entre o fim visado e o meio (a própria norma classificatória), que não é adequado para atingir o fim.[317]

Carlos Roberto de Siqueira Castro, a respeito, observa:

> a moderna teoria constitucional tende a exigir que as diferenciações normativas sejam *razoáveis* e *racionais*. Isto quer dizer que a norma classificatória não deve ser arbitrária, implausível ou caprichosa, devendo, ao revés, operar como meio idôneo, hábil e necessário ao atingimento de finalidades constitucionalmente válidas. Para tanto, há de existir uma indispensável relação de congruência entre a classificação em si e o fim a que ela se destina. Se tal relação de identidade entre *meio e fim* – *means-end relationship*, segundo a nomenclatura norte-americana – da norma classificatória não se fizer presente, de modo que a distinção jurídica resulte leviana e injustificada, padecerá ela do vício de arbitrariedade, consistente na falta de "razoabilidade" e de "racionalidade".[318]

Disto já se pode aferir que razoabilidade implica uma relação de congruência entre meios e fins.[319] Mas remanesce a dificuldade da distinção entre o "razoável" e o "arbitrário", nos casos concretos e diante da função específica do Poder Judiciário.

Justice Brandeis, em voto vencido em Quaker City Cab. Co. v. Commonwealth of Pennsylvania,[320] tentou assim distinguir: "the equality clause requires merely that the classification shall be reasonable. We call that action reasonable which an informed, intelligent, justminded, civilized man could rationally favor".[321]

---

[316] F.S. Royster Guano Co. v. Commonwealth of Virginia, 253 U.S. 412, 415 (1920).

[317] SCHWARTZ, Bernard. Constitucional law – a text book. New York: Macmillan, 1972, p. 287-288.

[318] *O devido...*cit., p. 157.

[319] Neste sentido, na doutrina brasileira também Luis Roberto Barroso aponta que razoabilidade consiste na "compatibilidade entre o meio empregado pelo legislador e os fins visados, bem como a aferição da legitimidade dos fins". Os princípios da razoabilidade e da proporcionalidade no direito constitucional. *Cadernos de Direito Constitucional e Ciência Política*, São Paulo, vol. 23, p. 66, 1998.

[320] 277 U.S. 389 (1928). O voto de Brandeis ali foi vencido, mas o precedente Quaker City Cab. Co. v. Pennsylvania foi expressamente revogado em Lehnhausen v. Lake Shore Auto Parts Co., 401 U.S. 356 (1973).

[321] 277 U. S. 389, 406.

De notar que, no desenvolvimento posterior da questão, a Corte Suprema americana passou a adotar um exame mais rigoroso (*strict scrutiny*) da compatibilidade da legislação com as cláusulas do *due process of law* e da *equal protection*, exigindo uma mais clara congruência entre meios e fins e que os fins visados, quando implicassem restrição a direitos fundamentais, fossem de imperioso interesse público (*compelling state interests*).[322]

Na Argentina, a doutrina costuma extrair a exigência de razoabilidade ou de observância do *due process of law* dos art. 28 e 33 da Constituição.[323]

Na sua caracterização, predomina, inclusive na jurisprudência da CSJN, fortemente influenciada pelo trato da questão pela Suprema Corte americana, o exame da "razonabilidad de los medios", no sentido de serem "proporcionales a los fines".

Cossio afirma que "esta razonabilidad apreciable por el juicio y perceptible en sus efectos, no significa otra cosa que una objetividad estimativa de la valoración jurídica en función del ambiente historico del que ella misma es una parte".[324]

Já a Corte Suprema de Justicia de la Nación examinou a questão de forma mais detida em "Pedro Inchauspe Hermanos c. Junta Nacional de Carnes",[325] em que fixaria duas premissas:

> a) El análisis de la eficacia de los medios arbitrados para alcanzar los fines que el legislador se ha propuesto es ajena a la competencia de la Corte Suprema, a la que sólo incumbe pronunciarse acerca de la razonabilidad de los medios elegidos, o sea resolver si son o no

---

[322] "Legislation qualifying for new equal protection strict scrutiny required a far closer fit between classification and statutory purpose, a far closer congruence between means and ends, than the rough and ready flexibility traditionally tolerated by the old equal protection. Moreover, equal protection became a source of ends scrutiny as well; legislation in the areas of the new equal protection had to be justified by compelling state interests". GUNTHER, Gerald. Cases and materials on constitutional law. 9ª ed., The Foundation Press, 1975, p. 519-520, apud CASTRO, Carlos Roberto de Siqueira. *O devido...*cit., p. 173. Após, nos anos 70, a *Supreme Court* evoluiu para um "escrutínio médio" para avaliar as desigualações por meio de "*afirmative actions*", que visavam a promover a integração de grupos em posição desfavorável na sociedade.

[323] Assim, LINARES, Juan Francisco. *Razonabilidad...*cit., *passim*; CASÁS, José Osvaldo. Los *principios...* cit., p. 8. Constitución de la Nación Argentina, articulo 28: "Los principios, garantías y derechos reconocidos em los anteriores artículos, no podrán ser alterados por las leyes que reglamentan su ejercicio". Artículo 33: "Las declaraciones, derechos e garantías que enumera la Constitución, no serán entendidos como negación de otros derechos y garantías no enumerados; pero que nacen del principio de la soberania del pueblo y de la forma republicana de gobierno".

[324] COSSIO, Carlos. *La teoría egológica del derecho y el concepto jurídico de libertad*. Buenos Aires: Losada, 1944, p. 257. Na esteira das concepções de Cossio, de fortíssima influência na doutrina argentina, Juan Francisco Linares afirma que "la razonabilidad ponderativa es la igualdad, proporción o equilibrio axiológico-jurídico entre el hecho antecedente de la endonorma y la prestación con sus modalidades o entre el entuerto de la perinorma y la sanción de ella". *Razonabilidad...*cit., p. 151.

[325] Fallos 199:483 (1944). Neste feito se discutia sobre a constitucionalidade da Lei 11.747, que criou a Junta Nacional de Carnes e para cujo financiamento gravou as vendas de gado com uma contribuição de até 1,5% do valor da transação.

proporcionados a dichos fines y, en consecuencia, si es o no admisible la consiguiente restricción de los derechos individuales afectados.

b) Las restricciones a los derechos asegurados por la Constitución, establecidos por el Congreso en ejercicio de su poder reglamentario, que debe interpretarse con criterio amplio, no han de ser infundadas o arbitrarias sino razonables; es decir, justificadas por los hechos y las circunstancias que los han dado origen y por la necesidad de salvaguardar el interés público comprometido y proporcionados a los fines que se procura alcanzar con ellas.

As proposições, embora não primem pela clareza, podem ser assim sintetizadas: a) o Tribunal não pode examinar a "eficácia" dos meios escolhidos pelo legislador para alcançar os fins, mas apenas sua razoabilidade, isto é, se são proporcionais aos fins; b) as restrições aos direitos fundamentais não devem ser infundadas e arbitrárias, mas razoáveis: justificadas pelos fatos e pelo interesse público e proporcionais aos fins.

A Corte voltou a afirmá-las, com pequenas aclarações, no conhecido caso "Cine Callao".[326] Aqui se impugnava a constitucionalidade da Lei 14.226, que impunha aos proprietários de salas de cinema incluir em suas programações "números vivos" (apresentações teatrais ao vivo), realizando as obras e instalações necessárias e contratando atores, que deveriam ser de nacionalidade argentina. Sustentou o Tribunal:

La Corte Suprema no puede sustituir su criterio de conveniencia o eficacia económica o social al del Congreso de la Nación, para pronunciarse sobre la validez constitucional de las leyes, sea de las que regulan trabajos, comercios o industrias con fines de policía, sea de las que establecen impuestos o tasas.

El análisis del mérito o eficacia de los medios arbitrados para alcanzar los fines propuestos con la ley 14.226, la cuestión de saber si debieron elegirse los procedimientos de ésta u otros, son ajenos a la competencia de la Corte Suprema, a la que sólo incumbe pronunciarse acerca de la razonabilidad de los medios elegidos por el Congreso, es decir, que sólo debe examinar si son o no proporcionados a los fines que el legislador se propuso conseguir y en consecuencia decidir si es o no admisible la consiguiente restricción a los derechos individuales afectados.

El objeto cardinal y específico de la ley 14.226 reviste carácter inequívocamente público o general. Acreditado que no transgrede los principios rectores del ejercicio legítimo del poder de policía, a la Corte Suprema sólo le está permitido analizar la razonabilidad de los medios previstos por el legislador, o sea el grado de adecuación existente entre las obligaciones que la ley impone y los fines cuya realización procura, cualquiera sea el juicio sobre el mérito intrínseco o el valor artístico, permanente o actual de la actividad tutelada.

E agrega, à guisa de conclusão sobre o tema:

No es una novedad la imposición legal de cargas que no son impuestos ni tasas, de los que seria un ejemplo la derivada de la ley 14.226 para los empresarios de salas de cinematógrafo, cuya constitucionalidad estaría condicionada, por una parte, a la circunstancia de que los derechos afectados fueran respetados en su sustancia y, por la otra, a la adecuación de las restricciones que se les impone, a las necesidades y fines públicos que los justifican, de manera que no aparezcan infundadas o arbitrarias, sino razonables, esto es proporcionadas a las circunstancias que las originan y a los fines que se procurar alcanzar con ellas; siendo a cargo de quien invoca irrazonabilidad o confiscación, la alegación y prueba respectiva.

---

[326] Fallos 247, 121 (1960).

Esta decisão foi assim interpretada por Juan Francisco Linares:

> Veamos dos considerandos del fallo de la Corte que resuelve sobre la razonabilidad de la ley 14.226. El tribunal declara que no puede controlar la razonabilidad de los fines perseguidos por la ley. Pero sí se reconoce competente para juzgar de la razonabilidad del medio empleado para alcanzar esos fines. Es decir, la proporcionalidad o adecuación del medio-restricción de la libertad con ciertas prestaciones obligatorias – y el fin buscado.
>
> Es decir, que la relación comparativa se establece también entre las restricciones que como prestaciones se les imponen a los impugnantes y las necesidades y fines públicos que las justifican, de manera que no aparezcan infundadas y arbitrarias, sino razonables, esto es proporcionadas a las circunstancias (motivos) que los originan y a los fines que se procura alcanzar con ellas. [327]

Na Itália, refere Moschetti que "la Corte costituzionale, in materia di eguaglianza, ha ormai consolidato il principio che l'esercizio della discrecionalità può essere sindacato se manifestamente arbitrario e irragionevole".[328] Massimo La Torre, por sua vez, expressa que a noção de razoabilidade tornou-se critério fundamental de controle de constitucionalidade das leis, mas, embora mencionada expressamente em inúmeras decisões da Corte Constitucional, não há nelas indicação com o necessário rigor e certeza do que tal "razoabilidade" consiste, ora fazendo-a coincidir com o critério de igualdade, ora com o de adequação aos fins.[329]

Na doutrina espanhola, Manuel Atienza considera que uma decisão razoável deve ser adotada, nos casos difíceis, onde, por exemplo, há duas decisões contraditórias, mas igualmente plausíveis e não se pode alcançar uma decisão estritamente racional. Decisão razoável será aquela que represente o ponto de equilíbrio entre as exigências contrapostas que devem ser consideradas na decisão do caso concreto e seja aceitável para a comunidade, ou se mais de uma o for, a que suscitar um maior consenso.[330]

---

[327] *Razonabilidad*...cit., p. 132-134, grifo do original.

[328] MOSCHETTI, Francesco. *Il principio*...cit., p. 231. "Né la Corte ritiene che, così operando, abbia mutato la discrecionalità in quel manifesto arbitrio, in quella patente irragionevolezza, il cui esercizio è tra i modi in cui si può concretare la violazione del principio dell'eguaglianza dei cittadini davanti alla legge". Sentenza 16/1960, de 07-03-1960, da Corte Costituzionale della Republica Italiana, Rel. Giovanni Cassandro (giudizio di legitimitá costituzionale in via incidentali). Disponível em http://www.cortecostituzionale.it. Acesso em 05.04.2005.

[329] "In Italia in particolare un criterio fondamentale di controllo della legislazione – al di là della conformità alla lettera ed ai princìpi materiali espressi della carta costituzionale – sembrerebbe sempre più basarsi su una nuova nozione, la ragionevolezza, la cui menzione si ritrova *expressis verbis* in molteplici sentenze e pronunce della Corte costituzionale. La Corte è però assai parca – pur nell'abbondanza delle sue decisioni – nell'indicarci col necessario rigore e con coerenza in cosa questa 'ragionevolezza' consista. Talvolta questa parrebbe essere fatta coincidere col criterio dell'uguaglianza, talaltra in quello dell'adeguatezza allo scopo o fine (sia esso quello perseguito dalla legge sottoposta al controllo di costituzionalità sia essa quello di più ampia portata iscritto nella Costituzione medesima)". LA TORRE, Massimo e SPADARO, Antonio. La ragionevolezza nel diritto. Torino: Giappichelli, 2002, p. 3-4.

[330] Para una razonable definición de "razonable". *Doxa, Cuadernos de Filosofía del Derecho*, Alicante, vol. 4, p. 193 ss, 1987.

Carlos Bernal Pulido, por sua vez, identifica razoabilidade com parte do subprincípio de adequação do princípio da proporcionalidade.[331]

Alexy distingue razoabilidade em sentido amplo, que inclui a racionalidade, mas a ultrapassa, do conceito mais estrito de razoabilidade, de direito constitucional. Razoabilidade em sentido amplo incluiria os três elementos que constituem o núcleo da racionalidade (lógica – ou não-contradição, verdade empírica e racionalidade de meios e fins), aos quais se acresceriam critérios ulteriores: correta compreensão ou interpretação dos interesses de outrem; tratamento igualitário dos interesses de todos e discussão crítica dos vários interesses, convicções e costumes, inclusive os próprios.[332] Identifica a razoabilidade em sentido estrito com o princípio da proporcionalidade[333] e ressalva que o sentido amplo do termo "abbraccia tutto ciò che è ragionevole, cosa che lo fa diventare attraente come generale idea guida, ma privo di interesse come strumento di dogmatica giuridica".[334]

Da resenha empreendida acerca do entendimento de razoabilidade na doutrina e jurisprudência, é necessário colher e sistematizar elementos que permitam uma melhor compreensão e delimitação do seu significado e como utilizá-la, enquanto norma sobre aplicação e interpretação do direito. Vários são os significados vernaculares possíveis para o vocábulo "razoabilidade". Todavia, seu significado jurídico deve ser buscado na sua concreta utilização na tradição jurídica do direito anglo-americano (onde surgiu e se desenvolveu), especialmente no labor jurisprudencial da Suprema Corte dos Estados Unidos, e nas aplicações concretas daí derivadas, como no caso da jurisprudência argentina.

Fixado este limite para a pesquisa, já podemos dizer que razoabilidade não se identifica com o princípio da proporcionalidade. A Suprema Corte americana, ou a Corte Suprema de Justicia de la Nación argentina e mesmo a doutrina destes e de outros países, ao promoverem o "test of reasonableness", ou aplicarem a cláusula do *substantive*

---

[331] "La seconda accezione di raggionevolezza è una parte del sub-principio d'idoneità. L'idoneità di un atto di un pubblico potere a realizzare un obiettivo giuridicamente rilevante presuppone che tale obiettivo esista e che, in base al secondo significato di ragionevolezza, possa essere considerato come una ragione che giustifichi l'atto. L'esame dell'esistenza di questa ragione è la prima parte dell'analisi d'idoneità di una legge". Razionalità, proporcionalità e ragionevolezza nel giudizio di costituzionalità delle leggi. *In* LA TORRE, Massimo e SPADARO, Antonino (org.). *La ragionevolezza...*cit., p. 320.

[332] Ragionevolezza nel diritto costituzionale. Otto osservazioni sulla discussione. *In* LATORRE, Massimo e SPADARO, Antonino. (org.) *La ragionevolezza...*cit., p. 153.

[333] "Io sostengo la tesi che la *ragionevolezza*, nel suo significato più stretto di diritto costituzionale, si identifichi con il principio di proporzionalità". Idem, p. 155, grifo do original.

[334] Idem, p. 156.

due process of law, não efetuam o exame dos três elementos de adequação, necessidade e proporcionalidade em sentido estrito do princípio da proporcionalidade.

Em conseqüência, a noção de razoabilidade é mais ampla, com maior indeterminação e possui uma estrutura formal menos rígida que o princípio da proporcionalidade. Por outro lado, esta maior indeterminação e menor rigidez formal possibilita-lhe um campo mais amplo de aplicação. Sem que haja dois princípios em sentido estrito (mandamentos *prima facie*) em colisão, e sem que esta colisão possa ser examinada comparativamente à luz de uma relação entre os meios (a restrição de um dos princípios) utilizados e os fins visados (a promoção do outro princípio), não se pode utilizar o princípio da proporcionalidade, por impossibilidade de exame lógico dos seus três elementos. Já o princípio da razoabilidade, embora mais indeterminado e com menor rigor de estruturação formal (mas também *por* estes motivos), *admite um leque mais amplo de aplicação.*

No exame da aplicação e construção da razoabilidade, tampouco aparece o terceiro subprincípio da proporcionalidade: a proporcionalidade em sentido estrito. Não se faz o exame se a restrição a um direito é de intensidade compatível com a promoção de outro. Pelo contrário, a CSJN, por exemplo, proclama que não pode substituir seu critério de conveniência ou eficácia econômica ou social ao do legislador e que não lhe cabe a análise do mérito ou da eficácia dos meios escolhidos para alcançar os fins propostos, ou saber se deviam ser escolhidos tais meios ou outros: ora este exame é inexorável aos subprincípios da necessidade (se podia ser escolhido outro meio menos gravoso e igualmente eficaz) e da proporcionalidade em sentido estrito (se o meio escolhido não implica restrição excessiva do direito em colisão).

É certo que, em determinadas ocasiões, as Cortes Supremas americana e argentina referem-se a meios "proporcionados": mas não o fazem no sentido de necessitar atender à tríplice estrutura formal do princípio da proporcionalidade, mas no sentido genérico de meios que guardam certa congruência com os fins visados, não sejam exagerados ou arbitrários.[335]

---

[335] Assim em "Cine Callao" – Fallos 247/121 se diz que exame se os meios "son o no proporcionados a los fines que el legislador se propuso conseguir" exclui a análise de seu mérito e eficácia ou se outros meios deveriam ser escolhidos pelo legislador. O Tribunal Constitucional Federal alemão, por sua vez, refere-se à razoabilidade (*Zumutbarkeit*), mas enquanto fazendo parte do subprincípio da proporcionalidade em sentido estrito. Não faz, pois, uso dela no sentido de uma cláusula ampla de controle da constitucionalidade das leis, como fazem as Cortes Supremas americana e argentina e mesmo o Tribunal Constitucional italiano, mas inserido na estrutura formal que ele próprio moldou para o princípio da proporcionalidade, com papel limitado à comparação da intensidade da promoção do fim com a intensidade de restrição ao direito concorrente. Em síntese: cada um usa o vocábulo correspondente ao princípio que não é preferencial em sua jurisprudência, não no sentido da construção desenvolvida onde aquele princípio tem primazia, mas no sentido do princípio preferentemente utilizado pelo próprio Tribunal.

Em nossa opinião, não cabe buscar um sentido estrito (ou de direito constitucional) para o princípio da razoabilidade, para identificá-lo com a proporcionalidade, como fez Alexy.[336] Tal implica, primeiro, reconhecer que razoabilidade e proporcionalidade não se identificam, pois para identificá-los é preciso criar um sentido estrito para a razoabilidade, *que não corresponde ao seu uso nos sistemas jurídicos onde ocorreu sua construção jurisprudencial e doutrinária.* Assim, pelo mesmo termo estarão se designando coisas diferentes, com a conseqüente confusão terminológica. Depois, ao modificar-se o princípio, para identificá-lo com o que não é, retira-se toda sua operatividade, porque apenas se o identifica com outro princípio amplamente conhecido e utilizado (ainda que preferencialmente em outros sistemas jurídicos). Com isto, o princípio objeto de assimilação (a razoabilidade) passa a não ter qualquer eficácia, pois toda que poderia ter, já o tem o princípio da proporcionalidade, e perde toda a eficácia que lhe é própria, pela transformação que lhe é imposta para identificá-lo com o outro princípio. Em suma, se é criado um conceito de razoabilidade em sentido estrito e identifica-se-o com a proporcionalidade, toda a aplicabilidade da razoabilidade fica absorvida por este princípio (proporcionalidade). Deixa de ser o que é, para ser nada, pois o que passa a ser, outro princípio já é.

Tampouco o sentido amplo referido por Alexy (abarcando racionalidade mais compreensão dos interesses de outrem, seu tratamento igualitário e discussão crítica de interesses, convicções e costumes) parece adequar-se à perspectiva concreta de utilização do princípio da razoabilidade nos sistemas jurídicos que lhe deram maior desenvolvimento.

Este, a nosso ver, deve ser o norte da indagação. Razoabilidade, em tese, pode ser muita coisa, mas para o Direito é aquilo que concretamente construíram os sistemas jurídicos que lhe deram mais efetiva utilização (assim como proporcionalidade é a construção a respeito do Tribunal Constitucional alemão, com sua estrutura formal dos três elementos, embora vocabularmente pudesse ser muitas outras coisas menos rigorosas).

Até aqui, produzimos a crítica das noções que, a nosso ver, não correspondem à de razoabilidade, no sentido de sua construção nos sistemas jurídicos que a utilizaram de forma preferencial, enquanto norma de aplicação e interpretação do direito. Resta identificar seus traços dentro dos parâmetros de indagação definidos e dar-lhes a possível sistematização e rigor.

Ao contrário de algumas alusões que se encontram na doutrina, para as quais razoabilidade não implica qualquer relação entre meios e

---

[336] *Ragionevolezza*...cit., p. 155-156.

fins, esta envolve consideração sobre tal relação. Como já visto, a Suprema Corte e a doutrina americana falam de "means-end relationship" (Schwartz refere como irrazoável ou irracional classificação em que não haja congruência entre o meio utilizado e o objetivo visado[337]), e a CSJN, nas duas decisões discutidas neste item ("Pedro Inchauspe Hermanos c. Junta Nacional de Carnes" e "Cine Callao"), sustenta caber-lhe analisar "la razonabilidad de los medios elegidos, o sea resolver si son o no proporcionados a dichos fines".[338]

Ocorre (mas é coisa diversa) que este exame não tem o rigor da comparação entre meios e fins com o emprego do princípio da proporcionalidade, inclusive pelo prisma formal, pois não há exame destacado dos três subprincípios que o compõem. Também pelo prisma material, a análise é menos abrangente que a de proporcionalidade, pois não abrange a comparação da intensidade da promoção de um princípio com a restrição de outro.

Com as variações que decorrem da ausência de uma maior precisão, inclusive quanto à estrutura formal do princípio, e das modificações de *escrutiny* (estrito, médio ou tradicional), a apreciação da relação entre meios e fins pelo princípio da razoabilidade se dá pela identidade entre meios e fins, que abrange legitimidade e importância dos fins (esta última nos escrutínios mais rigorosos), e se o meio é hábil para atingir o fim (o que corresponde ao subprincípio da adequação).

Outro componente do princípio da razoabilidade é a não-arbitrariedade: "una decisione ragionevole è una decisione non arbitraria, ossia fundata su una ragione giuridicamente legittima".[339] Algumas Constituições contemporâneas inclusive positivaram o princípio da vedação de arbitrariedade, como a Constituição Espanhola, em seu art. 9º, nº 3:

> La Constitución garantiza el principio de legalidad, la jerarquía normativa, la publicidad de las normas, la irretroactividad de las disposiciones sancionadoras no favorables o restrictivas de derechos individuales, la seguridad jurídica, la responsabilidad y la interdicción de arbitrariedad de los poderes públicos.

Na Constituição brasileira, sem previsão expressa, a vedação de arbitrariedade pode ser construída a partir do princípio da moralidade administrativa, posto no art. 37, *caput*. Na Constituição rio-grandense está compreendida pela previsão no art. 19, *caput*, do princípio da razoabilidade.

A proibição de arbitrariedade reclama que os atos administrativos sejam *motivados* (requisito formal) e que esta motivação se funde sobre razões juridicamente legítimas (*requisito material*). E exige, como reite-

---

[337] *Constitucional Law*...cit., p. 287-288.
[338] Fallos 199:483 (1944).
[339] PULIDO, Carlos Bernal. *Razionalità*...cit., p. 318.

radamente proclamado pela Suprema Corte dos Estados Unidos, que as classificações adotadas pela legislação para fins de diferenciação sejam "reasonable, not arbitrary". Arbitrária é uma classificação quando fundada em diferença que "has no fair or substantial relation to the proper object sought to be accomplished by the legislation".[340]

Outrossim, a construção do conceito de razoabilidade inclui necessariamente uma *valoração moral* que integra a própria noção do princípio e será elemento de cotejo dos atos legislativos ou administrativos, cuja aplicação se pretende controlar. Dworkin aponta que o constitucionalismo se baseia em uma teoria moral e que as cláusulas difíceis (entre as quais cita as do *due process of law* – que no seu aspecto substantivo corresponde, como vimos, à razoabilidade – e da *equal protection*) "devem ser entendidas como um apelo a conceitos morais, e não como uma formulação de concepções específicas".[341] "Ne consegue che il concetto di *ragionevolezza* conduce ad um necessario collegamento di diritto e morale".[342]

A idéia de razoabilidade inclui ainda que a medida possa ser sustentável à luz da argumentação prática racional, ou do discurso prático racional, que é o discurso jurídico, pois ao mesmo tempo em que o direito se funda sobre o discurso prático geral, a tentativa de conferir-lhe organicidade e sistematização exige que se lhe agregue racionalidade.

Razoabilidade é associada igualmente a eqüidade, ou possibilidade de buscar a solução mais justa no caso concreto. Aristóteles dizia da "epieikeia" (eqüidade) ser a correção da lei.[343] Eqüidade significa a consideração dos casos individuais e sua harmonização com as normas gerais, consideradas as peculiaridades daqueles: é a justiça no caso individual.

Por derradeiro, razoabilidade pressupõe que a solução advinda seja socialmente aceitável: consensual ou, se tal não for possível, aceitável por parcela significativa da sociedade. Idealmente, a solução razoável será consensual. Freqüentemente, porém, não será possível alcançar consenso: nos casos difíceis, todas as soluções são controvertidas e cada uma apoiada por parcela da comunidade. A razoabilidade exige que a solução adotada seja ao menos aceitável por parcela *considerável* da comunidade. Esta parcela não tem de ser obrigatoriamente majoritária (caso em que melhor seria deixar a decisão da questão ao processo legislativo, ou aos mecanismos de democracia

---

[340] F. S. Royster Guano Co. v. Commonwealth of Virginia. 253 U.S. 412, 416 (1920).

[341] *Levando...* cit., p. 231.

[342] ALEXY, Robert. *Ragionevolezza...* cit., p. 157, grifo do original.

[343] GADAMER, Hans-Georg. *Verdade e método. Traços fundamentais de uma hermenêutica filosófica.* Trad. Flávio Paulo Meurer. 2ª ed., Petrópolis: Vozes, 1998, p. 473.

direta, do que à jurisdição constitucional), mas deve necessariamente lograr aceitabilidade por parcela social significativa.

Podemos, então, em tentativa de síntese, conceituar razoabilidade como o exame da identidade entre os meios escolhidos e o fim colimado por uma medida (o que abrange a legitimidade e a importância dos fins e a adequação do meio), de sua conformidade com as noções morais vigentes, ausência de arbitrariedade e a eqüidade da medida, que deve, ainda, ser passível de justificação através de argumentação prática racional e socialmente aceitável.

É importante notar que todos estes elementos não se aplicam sempre ou necessariamente de forma conjunta. A razoabilidade inclui um exame de meios e fins (como se demonstrou inclusive pelo exame de sua aplicação concreta, nos sistemas jurídicos que privilegiaram o seu emprego no controle de constitucionalidade), embora de menor rigor formal do que o resultante da aplicação do princípio da proporcionalidade. Mas, enquanto este necessariamente o pressupõe (sem o exame de meios e fins não há forma racional de proceder aos três testes do princípio da proporcionalidade), pelo que o único campo de aplicação (respeitando-se sua estrutura formal, que é de sua essência) do princípio da proporcionalidade é a solução de colisões entre princípios em sentido estrito (mandamentos *prima facie*), o princípio da razoabilidade (por não se limitar a esse exame formal de meios e fins, mas incluir noções substanciais – não-arbitrariedade, moralidade, eqüidade, aceitabilidade social) presta-se também a atuar como norma que orienta a aplicação de normas (norma sobre aplicação e interpretação do direito), em outros casos difíceis, que não envolvam a solução de conflitos entre princípios em sentido estrito (por exemplo, a concreção de normas, que a exijam para sua aplicação).

O princípio da proporcionalidade é meramente formal, porque o são as três operações de sua aplicação: verificam se o meio escolhido é adequado (hábil para promover o fim), necessário (não há outro meio, igualmente eficaz, mas menos restritivo do princípio concorrente) e proporcional em sentido estrito (a restrição ao direito concorrente, provocada pelo meio empregado, não é desproporcional à importância da promoção do fim almejado). Os elementos substanciais ingressam, externamente à estrutura formal do princípio, na ponderação ou exame da proporcionalidade em sentido estrito. Aí as diferentes concepções políticas, filosóficas, ideológicas, culturais e econômicas farão com que se valore mais ou menos um ou outro dos princípios em colisão, podendo levar a soluções diferentes quanto a se a intensidade da promoção de um princípio justifica ou não a intensidade da restrição a outro. Por isto, críticos como Böckenförde ou Habermas sustentam que não há medidas racionais para a operação de ponderação. Já na razoabilidade, os elementos materiais ou valorativos não emergem quando da aplicação do princípio, mas se situam imanentemente dentro dele: as noções de não-arbitrariedade, moralidade, eqüidade e aceitação social são indiscutivelmente elementos materiais ou valorativos, que compõem a própria estrutura do princípio da razoabilidade.

A idéia de razoabilidade é temporal, no sentido de que varia conforme o tempo e o lugar, ao sabor das mutações históricas e políticas, por incluir concepções de moral, eqüidade, não-arbitrariedade e consenso social, historicamente variáveis. Em cada situação, refletirá as idéias predominantes na sociedade sobre tais temas, só em parte consubstanciadas no direito constitucional: outra parte terá de ser "descoberta" em cada caso pelo aplicador do direito. Terá de construí-la com o auxílio de elementos extra-sistemáticos, que deverá identificar nas concepções a respeito daqueles temas (moral, eqüidade, não-arbitrariedade, consenso), predominantes, naquele momento histórico, em determinada sociedade e compatíveis com o sistema jurídico por ela adotado.

O princípio da razoabilidade é menos rigorosamente definido que a proporcionalidade, mas seu âmbito de aplicação é maior. Não se limita a elementos formais destinados a solver situações de colisão entre princípios. Inclui elementos materiais ou valorativos, que servem à concreção de outras normas: entre estas, o princípio da proibição da utilização de tributo com efeito de confisco, que, por envolver um conceito indeterminado (efeito de confisco), necessita, para sua aplicação, não de subsunção ou ponderação, mas de *concreção*.

2.3.3. Concreção da noção de efeito confiscatório

As normas que contêm conceitos jurídicos indeterminados não se aplicam por subsunção. Não se trata de uma operação silogística, em que conhecida a premissa maior (a previsão legal ou hipótese de incidência), verificada a ocorrência da premissa menor (o acontecimento do fato previsto), segue-se a incidência da norma e as conseqüências jurídicas daí decorrentes. Esta é a fenomenologia típica de aplicação das *regras*, que Becker expôs detalhadamente no que toca ao direito tributário.[344]

As normas que contêm conceitos jurídicos indeterminados não se prestam a esta operação *porque* sua premissa maior não pode ser simplesmente *identificada*. A linguagem vaga ou aberta que contém confere uma competência ao aplicador para, nos casos concretos, completar seu significado, pela consideração de elementos situados fora do sistema jurídico (extra-sistemáticos).[345]

---

[344] BECKER, Alfredo Augusto. *Teoria geral do direito tributário*. 3ª ed., São Paulo: Lejus, 1998, p. 64-65.

[345] "Considerada do ponto de vista de técnica legislativa, a cláusula geral constitui, portanto, uma disposição normativa que utiliza, no seu enunciado uma linguagem de tessitura intencio-

Aponta Eros Roberto Grau que tal não se confunde com o exercício de poder discricionário:

> Por isso que é imperioso distinguirmos duas técnicas, a dos *conceitos indeterminados* e a da *discricionariedade* da Administração. No exercício da discricionariedade, a Administração emite *juízos de oportunidade*; na aplicação de conceitos indeterminados, *juízos de legalidade*, aplicando o Direito.[346]

A concreção (complementação do significado de conceitos jurídicos indeterminados) não se faz discricionariamente (para o que seria dificilmente sustentável a legitimidade dos órgãos jurisdicionais), mas deve se fundar em método racional, que extraia desta racionalidade sua legitimidade.

No caso do "efeito de confisco", trata-se de conceito que demanda concreção. Esta se fará com o auxílio do princípio da razoabilidade (norma que regula a aplicação de outras normas), especialmente no seu conteúdo de proibição de arbitrariedade, exigência de moralidade e eqüidade, justificabilidade à luz de argumentação prática racional e aceitação pela comunidade. Estes elementos auxiliarão a concreção, na sua aplicação jurisprudencial e doutrinária, do conceito indeterminado "efeito de confisco".

Tal tem sido apontado, embora de forma intuitiva e embrionária, e, por isto, genérica e imprecisamente, pela doutrina.

Ives Gandra da Silva Martins expõe:

> ... a falta de lei definindo o confisco não impede que o contribuinte suscite provimento jurisdicional necessário para proteger-se, pleiteando o reconhecimento da inconstitucionalidade do lançamento, sempre que as exigências fiscais desnaturem o tributo por sua excessividade, indo além daquilo que se atribuir com *razoabilidade*.
>
> No caso presente, o efeito de confisco e a ofensa ao princípio da capacidade contributiva restam nitidamente configurados pelo valor, nada razoável, do imposto exigido.
>
> Observe-se que o Judiciário por diversas vezes foi suscitado a manifestar-se em hipóteses de exações que excediam o limite do razoável.[347]

Na Argentina, Bidart Campos identifica o tributo confiscatório como caso de irrazoabilidade máxima.[348] Spisso aponta claramente que

---

nalmente 'aberta', 'fluída' ou vaga, caracterizando-se pela ampla extensão do seu campo semântico, a qual é dirigida ao juiz de modo a conferir-lhe um mandato (competência) para que, à vista dos casos concretos, crie, complemente ou desenvolva normas jurídicas mediante o reenvio para elementos cuja concretização pode estar fora do sistema; estes elementos, contudo, *fundamentarão a decisão*, motivo pelo qual, reiterados no tempo os fundamentos da decisão, será viabilizada a *ressistematização* destes elementos originalmente extra-sistemáticos no interior do ordenamento jurídico". MARTINS-COSTA, Judith. *A boa-fé no direito privado*. São Paulo: Revista dos Tribunais, 1999, p. 303, grifos do original.

[346] GRAU, Eros Roberto. *Direito, conceitos e normas jurídicas*. São Paulo: Revista dos Tribunais, 1988, p. 76, grifos do original.

[347] Inconstitucionalidade da Lei nº 11.152, de 30.12.91, do Município de São Paulo. Os princípios da progressividade, da isonomia, da vedação de confisco esculpidos na Constituição Federal. Parecer. *Lex-Jurisprudência dos Tribunais de Alçada Civil de São Paulo*, São Paulo, vol. 134, p. 13, jul-ago 1992, grifo do original.

[348] BIDART CAMPOS, German J., *Derecho constitucional*. Buenos Aires: Edilar, 1968, tomo I, p. 234.

"el establecimiento de un límite cuantitativo a los impuestos, superado el cual resultan confiscatorios, debe responder a un criterio de razonabilidad".[349] E Linares Quintana indica que o ponto nodal da jurisprudência da Corte Suprema de Justicia de la Nación sobre a proibição de tributos confiscatórios

> es la regla de que un tributo es confiscatorio cuanto el monto de su tasa es irrazonable y ese *quantum* es irrazonable cuando equivale a una parte sustancial del valor del capital, o de su renta, o de la utilidad, o cuando ocasiona el aniquilamiento del derecho de propiedad en su sustancia o en cualquiera de sus atributos.[350]

Bulit Goñi aponta que a razoabilidade não é um princípio exclusivamente tributário e tem um caráter dúplice, tanto de diretiva constitucional como de garantia para o contribuinte, da mesma forma que o princípio de não-confiscatoriedade.[351]

De forma geral, a doutrina liga a noção de efeito de confisco à razoabilidade, sustentando que o tributo terá efeito confiscatório quando seu *quantum* for irrazoável. O que falta é a mais exata caracterização do que consiste tal irrazoabilidade.

Aqui, o estabelecimento da identidade entre meios e fins não é de grande auxílio para a solução da questão (o tributo sempre será meio adequado para alcançar o fim de carrear recursos para o Estado, fim que em si é legítimo e relevante). A proibição de utilização de tributo com efeito de confisco não é um mandamento *prima facie*, que possa entrar em conflito com outros, colisão a ser solucionada pela ponderação de meios e fins: por isto, o princípio da proporcionalidade, com sua estrutura formal, não se coaduna com a fixação do seu âmbito de aplicação. Mas o conceito indeterminado "efeito de confisco" reclama concreção, que será feita com o emprego dos demais elementos do princípio da razoabilidade. Assim, um tributo será razoável e não terá efeito de confisco quando o *quantum* de sua exigência não for arbitrário, não atingir a moralidade na gestão pública, não representar grave lesão à eqüidade, for passível de justificação pela argumentação prática racional e de aceitação, ao menos, por ponderável parcela da comunidade. Tais requisitos, certamente, não são passíveis de precisa delimitação ou quantificação, mas, enquanto elementos qualitativos, oferecem parâmetros para concreção do conceito "efeito de confisco", à luz do princípio da razoabilidade, tal como foi construído nos sistemas jurídicos que o adotaram como instrumento principal de controle substancial da legislação e dos atos administrativos.

---

[349] SPISSO, Rodolfo R. *Derecho*...cit., p. 272.

[350] LINARES QUINTANA, Segundo V. *Tratado de la ciencia del derecho constitucional argentino y comparado*. Buenos Aires: Plus Ultra, 1985, tomo IV, p. 223.

[351] BULIT GOÑI, Guilhermo E. Los principios tributarios constitucionalizados: el de razonabilidad. In *Principios constitucionales tributarios*. Culiacán: Universidad Autónoma de Sinaloa, 1993, p. 193.

Também não necessitam ser aplicados sempre todos eles, ou em determinada ordem. Não se trata de um princípio com a estrutura formal rigorosa do princípio da proporcionalidade (mas, mesmo quanto a este, há divergência doutrinária sobre quais e quantos são os subprincípios, embora a estrutura trifásica corresponda à construção pela jurisprudência mais consolidada do Tribunal Constitucional Federal alemão, e mais difundida na doutrina). Os itens listados não constituem elementos do princípio, ou subprincípios da razoabilidade, mas antes critérios, nortes, para sua aplicação. Em cada caso concreto, deverá, consoante suas peculiaridades, haver aplicação preferencial de um ou alguns destes critérios em relação a outros.

Como o princípio da proibição de tributos com efeito confiscatório relaciona-se primordialmente com o aspecto quantitativo da exigência tributária, avultam os critérios de eqüidade e vedação de arbitrariedade. Tendo em conta que, desde as origens remotas do princípio da legalidade, exige-se que a tributação seja de alguma forma consentida pela sociedade ("no taxation without representation"), releva o critério de ser a tributação aceitável pela comunidade. Por certo, tributação nunca é simpática e dificilmente a respeito pode se alcançar consenso; sequer se exige uma maioria da sociedade a favor da medida (exceto quanto à exigência de legalidade e conseqüente formalidade de aprovação parlamentar, que, todavia, pode não corresponder a uma maioria real entre os representados), mas que seja aceitável por uma parcela da comunidade com alguma representatividade (o que tiver apoio de alguma significatividade poderá ser considerado razoável, ainda que tal suporte não seja majoritário). Os critérios, porém, imbricam-se: a medida que for sustentável pela argumentação prática racional terá melhores condições de ser aceitável por parcela significativa da comunidade. Para aferição deste parâmetro, é aplicável a fórmula utilizada por Brandeis na Suprema Corte americana: "We call that action reasonable which an informed, intelligent, justminded, civilized man could rationally favor".[352]

Já enunciamos antes que o princípio do não-confisco tributário é norma de colisão, destinada a solver casos de colisão entre princípios em sentido estrito. Tal não é contraditório com o fato de sua determinação de conteúdo e aplicação fazer-se com a utilização do princípio da razoabilidade. Este também é norma de colisão, mas não é *só*, nem *sempre* isto (ao contrário do princípio da proporcionalidade, que é *só* e *sempre* norma de colisão). Sua estrutura mais aberta, sua menos rígida configuração formal, sua maior indeterminação permitem-lhe desempenhar outras funções, além de incidir para solução das colisões entre princípios: por exemplo, servir à concreção de conceitos indetermina-

---

[352] Quaker City Cab. Co. v. Conmonwealth of Pennsylvania. 277 U.S. 389, 406 (1928).

dos. É o caso do princípio do não-confisco: é norma de colisão. Mas para que desempenhe sua função de norma de colisão, disciplinando as hipóteses de conflito entre princípios, é necessário delimitar o conteúdo do conceito indeterminado "efeito de confisco": isto se faz por *concreção*, com o emprego do princípio da razoabilidade, cujo conteúdo são os critérios apontados.

2.4. FINALIDADE DO PRINCÍPIO

A doutrina diverge quanto à caracterização da finalidade do princípio que veda a utilização de tributo com efeito de confisco. Há os que o consideram como uma conseqüência ou reiteração do princípio de garantia da propriedade privada; outros, como uma emanação ou forma particular de aplicação da justiça tributária. Naveira de Casanova refere poder-se conceber "el principio de no confiscatoriedad como una reiteración del reconocimiento del derecho de propiedad, o como un desprendimiento de la justicia tributaria, o como comprendido ya dentro del concepto de capacidad económica".[353] Logo a seguir, ressalva, porém, que "no implica esta división una tajante separación, sino que, mejor dicho, da la idea de una inclinación, de dónde, en qué punto se deposita mayormente la carga de la explicación".[354]

A nosso ver, a diferença não é unicamente quantitativa, vinculada à intensidade da carga de explicação, mas se refere à espécie de norma jurídica de que se trata e à maneira de sua aplicação.

2.4.1. Norma de defesa do direito de propriedade

Parte significativa da doutrina sustenta que a finalidade do princípio de não-confiscatoriedade é a defesa do direito de propriedade privada; considera-o uma reiteração, explicitação, reforço ou especificação deste. Carlos Palao Taboada reputa a proibição de alcance confiscatório do sistema tributário não mais que uma reiteração do princípio de garantia da propriedade privada, já suficientemente defendida pelo art. 33 da Constituição espanhola.[355]

---

[353] *El principio*...cit., p. 98. As relações entre os princípios de não-confiscatoriedade e de capacidade contributiva serão objeto de exame no nº 2.5.1, desta 1ª Parte.

[354] Idem, p. 101-102.

[355] PALAO TABOADA, Carlos. La protección constitucional de la propiedad privada como límite al poder tributario. In *Hacienda y Constitución*. Madrid: IEF, 1979, p. 319. O Artigo 33 da Constituição española tem a seguinte redação: "1. Se reconoce el derecho a la propiedad privada y a la herencia. 2. La función social de estos derechos delimitará su contenido, de acuerdo con las leyes. 3. Nadie podrá ser privado de sus bienes y derechos sino por causa justificada de utilidad pública o interés social, mediante la correspondiente indemnización y de conformidad con lo dispuesto por las leyes".

Na doutrina brasileira que versou o tema, diz Estevão Horvath:

> O mesmo ocorre com o princípio que veda o uso de tributo com efeito de confisco. Por maiores que sejam suas implicações outras, não se pode perder de vista que ele foi introduzido no ordenamento jurídico – expressa ou mesmo implicitamente – com fundamento na noção de proteção à propriedade privada.[356]

A posição doutrinária ora sob estudo vem mais explicitada por Diva Malerbi:

> Em primeiro lugar, é de todo conveniente salientar que "efeito de confisco" é expressão encontrada pelo constituinte para balizar a propriedade como marco divisório entre o que constitui o domínio privado e o domínio público, em matéria tributária.
>
> ...
>
> Se assim é, parece indisputável que a expressão "efeito de confisco", na cláusula constante do art. 150, IV, da CF, nada tem a ver com justiça tributária e sim com a defesa da propriedade, com o poder de dispor livremente de um patrimônio próprio e de empreendê-lo na ordem econômica, base do bem-estar comum e com vista à realização da existência digna.
>
> ...
>
> Na estrutura constitucional do Estado brasileiro, depois do texto de 1988, não pode mais a propriedade restar identificada apenas com os bens suscetíveis de apropriação e de tráfico econômico, já que ela também tem por objeto a renda.[357]

Também é o pensamento de Ives Gandra da Silva Martins: "Desta forma, por confisco, deve-se entender toda a violação ao direito de propriedade dos bens materiais e imateriais, retirado do indivíduo sem justa e prévia indenização, não podendo a imposição tributária servir de disfarce para não o configurar".[358]

Roque Carrazza afirma que "a tributação não pode agredir a propriedade privada, a ponto de fazê-la desaparecer. Em termos mais técnicos, não pode assumir feições confiscatórias".[359] E completa:

> Estamos notando que a norma que impede que os tributos sejam utilizados com efeito de confisco, além de criar um limite explícito à progressividade – que, de um modo geral, os impostos devem observar (v. supra, no cap. II, "O princípio republicano e a capacidade contributiva") – reforça o *direito de propriedade*. Assim, por exemplo, as alíquotas do *imposto sobre a renda*, não podem ser elevadas a ponto de fazerem desaparecer a propriedade do contribuinte.[360]

Ricardo Lobo Torres assim identifica a finalidade do princípio: "o fundamento da proibição de utilizar tributos com efeito confiscatório –

---

[356] *O princípio*...cit., p. 30. No entanto, logo, a seguir, o autor refere que o princípio em questão "normalmente é visto como: a) projeção do princípio da capacidade econômica; b) um componente a mais do princípio de justiça tributária; c) limite ao princípio de progressividade". Idem, p. 31-32. E mais adiante, aduz de forma não-conclusiva: "Outra forma de considerar-se o referido princípio é dizer que ele consiste em algo diferente daquele que tutela a propriedade. A nosso ver, tal aproximação revela uma extensão maior que a proteção pura e simples da propriedade privada (envolvendo, por exemplo, uma das funções do Direito Tributário: aquela redistribuidora de riquezas). Em sendo algo distinto – mas, em todo caso, não se apartando completamente da idéia de que ele decorre do direito de propriedade...". Idem, p. 59.

[357] *In* MARTINS, Ives Gandra da Silva (Coord.) *Direitos fundamentais*...cit., p. 156-157.

[358] Idem, p. 50.

[359] *Curso*... cit., p. 351, nota 2.

[360] Idem, p. 351, nota 2, grifos do original.

como o de qualquer outra imunidade – está na liberdade preexistente ao pacto constitucional: consubstancia-se no direito de propriedade, sendo uma sua qualidade".[361]

Alguns autores fundamentam tal posição na circunstância de que a propriedade, por representar riqueza não renovável, seria mais facilmente absorvida (efeito de confisco) por tributação a alíquotas significativamente elevadas que a renda, pois esta riqueza renova-se periodicamente:

> Nestes casos, para se chegar a aferição do efeito confiscatório, deve-se considerar que a renda é produto do capital e do trabalho e, portanto, renovável; já na propriedade, não existe a produção de riqueza (exceção: quando é repassado o tributo, no caso do aluguel).[362]

Seria a proibição de tributo com efeito confiscatório mera decorrência da previsão constitucional do direito de propriedade? Neste caso, a eficácia ou aplicação do princípio em questão seria nenhuma (seu âmbito de aplicação estaria inteiramente abrangido pelo princípio de garantia da propriedade privada) ou, no máximo, teria um efeito de maior explicitação daquela garantia. A indagação é posta por Hugo de Brito Machado:

> Há quem sustente ser a vedação aos tributos confiscatórios uma decorrência da garantia constitucional da propriedade. Em assim sendo, mesmo sem um dispositivo constitucional vedando, especificamente, o tributo com efeito de confisco, essa vedação seria decorrência lógica, em todas as Constituições que garantem o direito de propriedade. Qual seria, então a significação da norma contida no art. 150, item IV da vigente Constituição? Seria ela meramente explicitante?[363]

De outro lado, nossa Constituição expressa no inciso XXII do art. 5º que "é garantido o direito de propriedade", mas no inciso imediatamente seguinte determina que "a propriedade atenderá a sua função social". Parece que fundar a não-confiscatoriedade apenas na defesa do direito de propriedade privilegia um dos pratos da balança, a defesa do direito de propriedade, em detrimento de sua função social, quando ambos foram contemplados com igual intensidade pela norma constitucional e devem ser objeto de ponderação sem uma relação apriorística de preferência. Não constitui um direito – recorde-se – um princípio que em nenhum caso pode suportar a concorrência de outro.

O risco foi vislumbrado, em relação ao princípio da capacidade contributiva, por Moschetti:

> Altrettanto esatta è la tesi che l'imposizione non possa pregiudicare la persistenza della propietà privata, ma va rilevato che l'opinione in esame, escludendo ogni collegamento fra l'art. 53 primo comma e l'art. 2 cost., finisce per porre l'accento piú sulla tutela del diritto di propietà che sulla funzione sociale di questa. In tal modo, crea, una *netta antitesi fra capacità contributiva e fine redistributivo dell'imposta*.[364]

---

[361] *Tratado...*cit., vol. III, p. 129.

[362] FACIN, Andréia Minussi. Vedação ao "confisco" tributário. *Revista Dialética de Direito Tributário*, São Paulo, vol. 80, p. 9, maio 2002.

[363] *Os princípios...*cit., p. 66.

[364] *Il principio...*cit., p. 27, grifo do original. Artigo 2º da Constituição italiana: "La Repubblica riconosce e garantisce i diritti inviolabili dell'uomo, sia come singolo, sia nelle formazioni sociali ove si svolge la sua personalità, e richiede l'adempimento dei doveri inderogabili di solidarietà politica, economica e sociale".

Por isto, outros autores simplesmente negam a vinculação do princípio da não-confiscatoriedade ao direito de propriedade. Eseveri e Martinez afirmam que a vinculação do princípio de não-confiscatoriedade aos demais princípios de justiça material infirma a tese de estarmos diante de um princípio garantista do direito de propriedade privada.[365]

A Corte Suprema argentina de alguma forma pressente as dificuldades que advêm de limitação da não-confiscatoriedade a um princípio de tutela do direito de propriedade e busca superá-las pelo desenvolvimento de um conceito peculiar e particularmente amplo de "propriedade":

> el término "propiedad", cuando se emplea en los arts. 14 e 17 de la Constitución o en otras disposiciones de este estatuto, comprende, como lo ha dicho esta Corte, "todos los intereses apreciables que el hombre possa poseer fuera de sí mismo, fuera de su vida y de su libertad". Todo derecho que tenga un valor reconocido como tal por la ley, sea que se origine en las relaciones de derecho privado, sea que nazca de actos administrativos (derechos subjetivos privados o públicos) a condición de que su titular disponga de una acción contra cualquiera que intente interrumpirlo en su goce, así sea el Estado mismo, integra el concepto constitucional de propiedad. Que el principio de la inviolabilidad de la propiedad, asegurado en términos amplios por el art. 17, protege con igual fuerza y eficacia tanto los derechos emergentes de los contratos como los constituidos por el dominio y sus desmembraciones.[366]

Tal conceituação expande consideravelmente o conceito tradicional de propriedade, vinculado à idéia de domínio. Ao adotá-lo já se estará falando de outra coisa (embora se a chame pelo mesmo nome) que não a tradicional noção de propriedade, haurida no direito civil. A CSJN percebe isto, tanto que limita seu "conceito" de propriedade a quando o termo "se emprega nos arts. 14 e 17 da Constituição". A extensão procedida é compreensível: a velha Constituição de Alberdi não continha disposições mais específicas (sobre direitos sociais, ou, no caso de nosso estudo, sobre proibição de tributos com efeitos confiscatórios), pelo que as regras a respeito de direitos não expressamente contemplados tinham de ser objeto de construção jurisprudencial, a partir dos dispositivos constitucionais sobre o direito de propriedade. Quanto mais extenso for o conceito de "propriedade", mais facilitada a construção, para proteção a outros direitos, a partir das normas constitucionais assecuratórias da propriedade.

Doutrinariamente, porém (e diante de Constituições tão específicas na previsão de diversos direitos, como a brasileira), não há nenhuma necessidade de, primeiro, ampliar muito além de sua significação própria o conceito de propriedade, para depois nele fundar muitos ou

---

[365] ESEVERI, Ernesto e MARTINEZ, Juan Lópes. *Temas prácticos de derecho financiero – parte general*. 3ª ed., Granada: Calmares, 1997, p. 143.

[366] "Pedro Emilio Bourdien c. Municipalidad de la Capital". Fallos 145:307 (1925).

quase todos os direitos e princípios, inclusive aqueles certamente dele distintos, tomado o vocábulo em sua real significação.

Reconduzido o vocábulo "propriedade" à sua significação, que há de ser aquela objeto de imemorial construção no direito privado (direito de domínio sobre determinada coisa, oponível *erga omnes*), chegaremos à conclusão que a proibição de utilização de tributo com efeito confiscatório tem finalidade mais ampla do que a proteção daquele direito, aliás do qual tratam dispositivos constitucionais expressos e distintos (art. 5º, XXII, da Constituição brasileira; art. 33.1 da Constituição espanhola). Mais: a restrição do princípio à proteção do direito de propriedade, além de descaracterizá-lo como norma de colisão, reduz-no, no máximo, à condição de subprincípio do direito de propriedade. Neste caso, das duas uma: ou a aplicação e operatividade do princípio da não-confiscatoriedade é inócua (ou, na melhor das hipóteses, muito restrita), pois seu âmbito de aplicação já estará abrangido pelo princípio de garantia do direito de propriedade; ou, se for dado ao princípio de não-confiscatoriedade um âmbito de aplicação *mais amplo* que o atribuído ao de garantia da propriedade, este último estará sendo, por via de conseqüência, alargado e desiquilibrar-se-á a balança da ponderação em favor do direito de propriedade, nas colisões deste princípio com outros, como o de sua função social (CF, art. 5º, XXIII), do Estado Social e Democrático de Direito ou da erradicação da pobreza e marginalização e redução das desigualdades sociais (CF, art. 3º, III). A questão, pois, está longe da neutralidade. A caracterização da não-confiscatoriedade apenas como a garantia da propriedade privada é expressão jurídica de uma concepção da atividade estatal (inclusive tributária) de perfil neoliberal que privilegia (a nosso ver, desmensuradamente) o direito de propriedade face a outros princípios que mereceram igual acolhimento constitucional.

Com razão, adverte Antonia Agulló Agüero:

> A nuestro entender la prohibición de confiscatoriedad debe ser contemplada en función de la justicia del sistema tributario y no únicamente en función de la defensa de la propiedad, es decir, no como una garantía directa de la propiedad, sino como una garantía del propio sistema tributario frente a posibles desviaciones (utilización sancionadora del sistema tributario desvirtuando su naturaleza de instrumento recaudatorio y redistributivo), y como norma de colisión.[367]

E ainda:

> De otra parte, esa limitación de la imposición que parece más en función de la propiedad que de las necesidades públicas, empaña una visión unitaria del fenómeno financiero como fenómeno ingreso-gasto, y conecta, siquiera lejanamente, con una concepción restrictiva de la Hacienda Pública, de corte liberal, a la que no es ajena el resurgir creciente del neoliberalismo, y las críticas cada vez mayores que recibe el hipertrofiado sector público.[368]

---

[367] *La prohibición*...cit., p. 32.

[368] Idem, p. 29-30.

2.4.2. Realização do valor de justiça do sistema tributário

A realização do valor de justiça é, sem dúvida, uma aspiração do sistema tributário: "El Derecho impositivo deve ser la representación de la justicia. La ciencia del Derecho impositivo es una Ciencia de justicia".[369] Moschetti informava que

> Con riferimento specifico all'ordinamento tedesco, il GEMPER ... ha affermato che le proposte per la riforma dell'attuale sistema tributario nella Repubblica Federale Tedesca dovrebbero essere indirizzate, proprio nell'interesse del mantenimento di un ordine costituzionale libero e democratico, al fine politico-sociale di una distribuzione del reddito e del patrimonio piú eguale, perché piú giusta. La tassazione del reddito, del patrimonio e delle successioni dovrebbe tendere a una correzione delle posizioni economiche di partenza per eliminare ingiustificate differenze (causa di tensioni sociali), senza utilizzare mezzi confiscatori o indebolire gli incentivi all'aumento della ricchezza.[370]

Na Constituição espanhola, vem expresso que a justiça é um valor exigido do sistema tributário, na menção do art. 31.1, de que a contribuição para os gastos públicos se fará "mediante un sistema tributario justo".

O princípio da proibição de efeito confiscatório de tributo tem por finalidade a realização deste valor de justiça do sistema tributário?

Antonia Agulló Agüero responde afirmativamente:

> La no confiscatoriedad por conseguiente, no es un límite a la justicia, sino su aplicación; concretamente su aplicación en un momento de colisión del sistema tributario con otras instituciones, tales como la propiedad privada, asimismo objeto de protección constitucional.[371]

Ricardo Lobo Torres vê a questão por outra ótica:

> Pouco ou nada tem que ver com a problemática da proibição de tributos confiscatórios a idéia de justiça. Alguns juristas indicam a *capacidade contributiva*, ao lado da garantia da propriedade, como o princípio que fundamenta a vedação de confisco. Parece-nos, todavia, que a questão se situa fora da capacidade contributiva, transcendendo-lhe os limites possíveis e radicando na injustiça ou não-capacidade econômica, ou seja, no desrespeito aos direitos fundamentais. A imunidade contra os *tributos confiscatórios* está em simetria com a do *mínimo existencial*, fundada também na liberdade: enquanto aquela impede a tributação além da capacidade contributiva, a imunidade do mínimo vital protege contra a incidência fiscal *aquém* da aptidão para contribuir. A proibição de tributo confiscatório, em suma, não decorre do princípio ético da capacidade contributiva, senão que constitui princípio da proteção da liberdade, que pode ser violentada nos casos de tributação excessiva.[372]

Misabel Derzi considera que "o princípio que veda utilizar tributo com efeito de confisco ... não é um princípio de justiça material ou isonomia"[373] porque "não compara para verificar se certo grau de

---

[369] VOSS, R. Uber Steuergerechtigkeit und Steuergerichtsbarkeit, in Stuw 1981, nº 4, p. 302 *apud* YEBRA MARTUL-ORTEGA, Perfecto. *Princípios...*cit., p. 33. E refere-se Martul-Ortega "a la finalidad de que el ordenamiento financiero no sea simplemente un mecanismo de recaudación-administración del ingreso-gasto público, a que sea el ordenamiento financiero un *ordenamiento de justicia*, al modo que se plantea en la doctrina alemana". *Principios...* cit., p. 20-21, grifo do original.
[370] *Il principio...* cit., p. 27-28, nota 9.
[371] *La prohibición...* cit., p. 32.
[372] *Tratado...* cit., vol. III, p. 129-130.
[373] Nota de atualização a BALEEIRO, Aliomar. *Limitações...* cit., p. 574.

justiça material foi razoavelmente incorporado pelo legislador".[374] O argumento funda-se, porém, em que a idéia de justiça só pode ser obtida por comparação, premissa que teria de ser provada, e não simplesmente pressuposta.

Tratando do princípio da capacidade contributiva, Moschetti refere-se ao mesmo "come principio di giustizia sostanciale"[375] ou "fondamentali criteri di giustizia e razionalità fiscale"[376] e assim o justifica, comparando com o princípio de legalidade, de que trata o art. 23 da Constituição italiana:[377]

> ... è importante rilevare che mentre il primo esprime un *principio di giustizia puramente formale*, il secondo esprime un *principio di giustizia sostanziale*. Il nostro costituente, come già quello di Weimar, non si è accontentato di fissare un *procedimento* che garantisse un risultato giusto, ma ha voluto anche determinare il *contenuto essenziale* di questo.[378]

Jorge de Oliveira Vargas conecta o texto do art. 150, IV, de nossa Constituição

> principalmente com o princípio da justiça tributária, que está sustentado constitucionalmente nos objetivos fundamentais da nossa República, dentre os quais merecem destaque o da transformação da sociedade, o da solidariedade e o da diminuição das desigualdades.[379]

Paulo Cesar Baria de Castilho, reportando-se à posição de Agulló Agüero, refere:

> ... a proibição da utilização de tributo com efeito de confisco deve ser contemplada *em função da justiça do sistema tributário* e não unicamente em função de defesa da propriedade, ou seja, não como garantia direta da propriedade, mas sim como uma garantia do próprio sistema tributário, perante possíveis desvios (utilização sancionadora do sistema tributário desvirtuando sua natureza de instrumento arrecadador e redistributivo), e como norma de colisão. Os *limites* da tributação confiscatória, segundo entende, são um problema que *a consciência histórico-social do justo se encarregará de assinalar em cada momento*.[380]

Fabio Brun Goldschmidt sustenta que a finalidade do princípio sob estudo é a proteção do direito de propriedade, mas ressalva:

> Para aqueles que vêem na progressividade a aplicação da igualdade material, o princípio do não-confisco consistiria num instrumento de realização da Justiça, ao superar possíveis colisões entre princípios (igualdade e propriedade privada). A Justiça, portanto, estaria a marcar o limite entre o progressivo e o confiscatório.[381]

Naveira de Casanova, por seu turno, aponta que a não-confiscatoriedade

> es aplicación de la justicia cuando choca la tributación con la propiedad. La tributación, en un sentido, siempre "afecta" a la propiedad (en tanto es detracción), pero la garantía de la

---
[374] Idem, p. 575.
[375] *Il principio*...cit., p. 3.
[376] Idem, p. 12.
[377] "Articolo 23: Nessuna prestazione personale o patrimoniale può essere imposta se non in base alla legge".
[378] *Il principio*...cit., p. 12, grifos do original.
[379] *Princípio*...cit., p. 22.
[380] *Confisco*...cit., p. 85, grifos do original.
[381] *O princípio*...cit., p. 178, nota 43.

propiedad no afecta a la tributación, pues sus ámbitos de actuación son distintos y, si pese a ello, se da un choque entre ambas instituciones, allí actuaría el principio de no confiscación.[382]

A posição é exposta com algumas precisões a mais, por Antonia Agulló Agüero:

> Ni la protección de la propiedad, ni la conservación de la economía de mercado, ni, desde luego, la adopción de unos determinados criterios técnico-impositivos explican esta declaración expresa, sino el deseo de establecer un límite a la imposición progresiva que sirva para realizar la idea de justicia cuando el sistema tributario entre en colisión con otras instituciones asimismo amparadas por el texto constitucional. Esta función de superación de una posible colisión de principios es lo que justifica, creemos que puede justificar, su mención separada de la idea de justicia. La prohibición de confiscatoriedad no es una limitación que se impone a un sistema tributario justo, sino su especificación en un momento de colisión de normas, colisión que normalmente no se da.[383]

Nossa posição sobre o tema já se definiu quando sustentamos que o princípio da não-confiscatoriedade tributária pertence, dentre as normas jurídicas, à espécie das normas de colisão. Se de norma de colisão se trata, cuja aplicação consiste em solucionar hipóteses de colisão entre princípios (entre direito de propriedade e Estado Social, por exemplo), não pode ser apenas um aspecto, elemento ou subprincípio de um dos princípios em colisão (direito de propriedade). Ao solucionar tais colisões entre princípios, fará atuar, como parâmetros, valores de justiça do sistema tributário. Trata-se, portanto, de norma de realização do valor de justiça do sistema tributário, nos casos de sua aplicação, que são colisões de princípios em sentido estrito (mandamentos *prima facie*), dentro do respectivo sistema jurídico.

Por certo, o conceito de justiça é também de grande vagueza e indeterminação. Tudo o que se pode dizer é que o princípio de não-confiscatoriedade, através de sua concreção à luz da razoabilidade, não realizará um valor de justiça abstrato, mas o valor de justiça do sistema tributário, que é aquele resultante do regime tributário, econômico e social da Constituição. No caso espanhol, dessumem-se os traços deste sistema do seu art. 31.1: é inspirado nos princípios de capacidade contributiva, isonomia e progressividade. Na Constituição brasileira, não há reunião destes elementos fundantes em um só dispositivo constitucional, mas certamente se os extraem da Carta: sistema tributário informado pelos princípios de capacidade contributiva, isonomia, universalidade e generalidade, compatível com o regime socioeconômico adotado pelo constituinte, fundado na livre iniciativa e nos valores sociais do trabalho, na dignidade humana e na busca de uma sociedade livre, justa e solidária, com a erradicação da pobreza e redução das desigualdades. De todo pertinente, a advertência de Moschetti:

> Ricordiamo l'autorevole opinione di Hensel ... secondo cui può corrispondere a un ideale di giustizia eliminare in modo assoluto le differenze economiche con la tassazione, ma si tratta di

---

[382] *El princípio...* cit., p. 104, nota 40.

[383] *La prohibición...* cit., p. 33.

un ideale de giustizia diverso da quello accolto nell'art. 134 cost. Weimar. L'imposta non può avere una funzione di appiattimento economico ... Anche Antonini ... rileva che la progressività dell'imposizione postula la deseguaglianza dei beni.[384]

Por sua concreção mediante o emprego dos critérios informadores do princípio da razoabilidade, o princípio da proibição de tributos com efeito confiscatório conduzirá à realização do valor de justiça acolhido pelo sistema constitucional tributário. A reiteração de soluções concretas encontradas pela utilização do princípio em estudo, em situações específicas de conflito entre princípios em sentido estrito, levará à enunciação de regras (na situação x, o princípio y terá relação de preferência sobre o princípio z),[385] com seu caráter de normas jurídicas de maior precisão e delimitação, aplicáveis por subsunção. Os resultados da aplicação da não-confiscatoriedade às mais comuns hipóteses de colisão de princípios e as regras daí resultantes, examinaremos na 2ª Parte deste livro. Antes, devemos examinar as relações entre outros princípios acolhidos por nosso ordenamento constitucional e o princípio de não-confiscatoriedade, que irá solver as colisões entre os princípios em sentido estrito, determinando a noção concreta de justiça do nosso sistema constitucional.

2.5. VEDAÇÃO DE EFEITO CONFISCATÓRIO E OUTROS PRINCÍPIOS CONSTITUCIONAIS

Os princípios constitucionais tributários inter-relacionam-se. O da não-confiscatoriedade, já vimos, é norma de colisão, que, uma vez efetuada a sua concreção com os elementos fornecidos pelo princípio da razoabilidade, irá atuar solvendo conflitos entre princípios. Com alguns princípios constitucionais-tributários, contudo, o objeto de nosso estudo tem mais intensa relação:

> todo o conjunto de princípios constitucionais, tributários, expressos e implícitos, entra em cena quando se cuida daquele aqui examinado (e reciprocamente). Contudo, seria impossível a análise do princípio da não-confiscatoriedade sem passar por aqueles da igualdade, da capacidade contributiva e da progressividade.[386]

2.5.1. Capacidade contributiva

O princípio da capacidade contributiva encontra-se hoje expresso em várias Constituições (por exemplo, Constituição italiana, art. 53; espanhola, art. 31.1; brasileira, art. 145, § 1º). A partir de sua previsão

---
[384] *Il principio...* cit., p. 259, nota 148.

[385] "Las condiciones bajo las cuales un principio precede a otro constituyen el supuesto de hecho de una regla que expresa la consecuencia jurídica del principio precedente". ALEXY, Robert. *Teoria...* cit., p. 94, que a isto denomina lei de colisão.

[386] HORVATH, Estevão. *O princípio...* cit., p. 77.

na Constituição republicana, foi objeto de extraordinário desenvolvimento pela doutrina italiana e, na sua esteira, pela de outros países, inclusive a nossa. Não é nosso intuito a perquirição mais detalhada a respeito da capacidade contributiva em si, mas apenas o exame de suas relações (bastante estreitas, aliás) com a não-confiscatoriedade.

Na doutrina brasileira, Becker forneceu a noção mais tradicional de capacidade contributiva: ela obriga o legislador a "escolher para a composição da hipótese de incidência da regra jurídica criadora do tributo, exclusivamente *fatos que sejam signos presuntivos de renda ou capital*".[387] E a Corte Costituzionale italiana sinalou que o art. 53 da Constituição "sul piano garantistico costituzionale ... deve essere inteso come espressione della esigenza che ogni prelievo tributario abbia causa giustificatrice in indici concretamente rivelatori di ricchezza".[388]

Moschetti aponta "che il concetto di 'capacitá contributiva' ... ha un proprio contenuto concreto: *il riferimento ad una forza economica*",[389] concluindo que se trata de um "*limite della discrezionalità del legislatore tributario*: unici *presupposti* legittimi per la nascita dell'obbligazione venivano considerati 'quei fatti della vita sociale che fossero indizio di capacità economica'".[390] Potito sustenta que este vínculo do legislador ordinário na criação de tributos se dá na seleção dos fatos geradores, mas não vincula a medida com base na qual a carga tributária possa ser distribuída entre os contribuintes.[391] Na verdade, tal corresponde à distinção entre capacidade contributiva *absoluta* e *relativa*, que faz Giardina, referindo-se a

le categorie formali della capacità contributiva *assoluta* e della capacità contributiva *relativa*, fissando la distinzione dei due momenti dell'imposizione, relativi, rispettivamente, alla delimita-

---

[387] BECKER, Alfredo Augusto. *Teoria geral*...cit., p. 498, grifo do original. "In definitiva, il principio costituzionale, secondo il quale la forza economica deve costituire il contenuto fondamentale della capacità contributiva, comporta che solo quei fatti della vita sociale che siano indizio di capacità economica possano essere assunti dalle singole leggi a presupposto della nascita dell'obbligazione tributaria". GIARDINA, Emilio. *Le basi teoriche*...cit., p. 439. "En suma, el principio de capacidad contributiva implica que sólo aquellos hechos de la vida social que son índices de capacidad económica pueden ser adoptados por las leyes como presupuesto generador de la obligación tributaria". SPISSO, Roberto R. *Derecho*...cit., p. 235.

[388] Sentenza 22/1972. Giudizio di legitimità costituzionale in via incidentale. Rel. N. Reale, julgado em 22-06-1972. Disponível em http://www.cortecostituzionale.it Acesso em 08-04-2005.

[389] *Il principio*...cit., p. 21, grifo do original.

[390] Idem, p. 23, grifos do original.

[391] "Il precetto, invece, così come è formulato, sembra acquistare una rilevanza giuridica qualora si colga in esso un vincolo imposto al legislatore ordinario nella sua attività di configurazione delle fattispecie impositive, in relazione alla scelta del pressuposto d'imposta, e non invece ravvisando in esso la statuizione d'un concreto strumento di misura in base al quale distribuire i carichi pubblici tra i singoli contribuenti". POTITO, Enrico. Alcune precisazioni concettuali, in relazione all'imposta sulle aree fabbricabili, sui princìpi costituzionali in tema di potestà di imposizione. *Rivista di Diritto Finanziario e Scienza delle Finanze*, Milano, vol. XXV, n°2, p. 303-304, 1966.

zione della base imponibile ed alla formulazione dei criteri di valutazione che conducono alla determinazione del concreto carico d'imposta ...[392]

Capacidade contributiva absoluta se refere à aptidão abstrata para concorrer aos gastos públicos, portanto, à definição legal dos sujeitos ou dos fatos que demonstram ou indicam a existência de tal capacidade; já a capacidade contributiva relativa pressupõe a ocorrência da absoluta e refere-se à delimitação do grau de capacidade, do *quantum*, à determinação da quota com que cada um contribuirá com os gastos públicos.[393]

Ainda na doutrina italiana, em importante monografia, Francesco Moschetti define capacidade contributiva como a força econômica idônea a concorrer às despesas públicas, à luz das exigências econômico-sociais fundamentais da Constituição, especialmente o dever de solidariedade de que trata o art. 2º da Constituição italiana,[394] que acolhe implicitamente a noção de "cooperazione altruistica per fini di interesse collettivo".[395] Carlos Palao Taboada, crítico da utilidade do princípio da capacidade contributiva, considerou que na monografia de Moschetti "la reducción del concepto de capacidad contributiva a una noción meramente formal es clarísima" e que nela "el método constructivista de la doctrina italiana se lleva hasta sus ultimas consecuencias".[396]

Mais do que o desenvolvimento e as discussões teóricas acerca da capacidade contributiva, interessam-nos suas relações com o princípio da não-confiscatoriedade.

---

[392] *Le basi teoriche*...cit., p. 432.

[393] OLIVEIRA. José Marcos Domingues de. *Direito*...cit., p. 139.

[394] "Capacità contributiva non è pertanto qualsiasi manifestazione di richezza, ma *sollo quella forza economica che debba giudicarsi idonea a concorrere alle spese pubbliche, alla luce delle fondamentali esigenze economiche e sociali accolte nella nostra costituzione*". Il principio...cit., p. 238, grifo do original. E logo após acresce que capacidade contributiva "non è semplicemente la capacità economica, ma è capacità economica qualificata da un dovere di solidarietà". Idem, p. 239.

[395] Idem, p. 70.

[396] Apogeo y crisis del principio de capacidad contributiva. In *Estudios jurídicos en homenaje al profesor Federico de Castro*. Madrid: Tecnos, 1976, tomo II, p. 395, nota 52. Todavia não nos parece que a classificação de Moschetti das prestações tributárias que correspondem a um dever de solidariedade e comutativas (que não se ajustam a um tal dever, mas a uma noção de retributividade) seja exclusivamente formal: equivale à tradicional distinção entre tributos exigidos de quem recebe o benefício da atividade estatal (retributivos) ou do conjunto de sociedade, independente de benefícios diretos (contributivos), base da distinção entre impostos e taxas, que pode delimitar o campo de incidência do princípio da capacidade contributiva. Por isto mesmo, certas correntes do pensamento jurídico e econômico, cujo conservadorismo leva à crítica aberta ao princípio da capacidade contributiva, sugerem que as despesas públicas devam ser suportadas por aqueles que delas auferem benefício. Assim, Ridgway K. Foley Jr. sustenta que "cardinal rule in taxation should require those persons who benefit from government activities to pay therefore", sustentando a prevalência da divisão dos custos consoante princípio de retributividade sobre o de capacidade contributiva, chegando mesmo a afirmar que "the ability to pay justification dwells, in final analysis, upon the principle that might makes right". The elements of a fair system of taxation. In *Taxation*...cit., p. 13.

Para alguns, os dois princípios praticamente se confundem.

Segundo Valdés Costa, quando as normas constitucionais que dão suporte à não-confiscatoriedade estabelecem "una prohibición dirigida al legislador, destinada a evitar una imposición excesiva, superior a las posibilidades del contribuyente de contribuir a las cargas con la doctrina más admitida en derecho tributario contemporáneo, el principio violado es el de la capacidad contributiva".[397]

Elizabeth Nazar Carrazza considera poder-se "afirmar que no princípio de capacidade contributiva já está implícita a proibição do confisco, que a Carta Magna expressamente prevê no art. 150, IV".[398]

Segundo Ives Gandra da Silva Martins,

> ... o confisco pode ocorrer em qualquer tributo, embora haja uma vinculação evidente entre o princípio da capacidade contributiva e o do confisco, assim como entre este e o princípio da igualdade, que implica tratar abrangentemente os desiguais para compor a igualdade. Sempre que a capacidade contributiva seja afetada e a tributação ultrapasse o limite de tolerância desta, o confisco se dá ...[399]

Naveira de Casanova entende que "el principio de capacidad contributiva es el que muestra más puntos en común con el principio de no confiscación, hasta el límite de poder considerarse que éste es la expresión de la violación por exceso de aquél".[400]

A doutrina, de modo geral, considera que do princípio da capacidade contributiva resultam limites máximos para a tributação. Assim, Moschetti expressa "che la capacità contributiva rappresenta un limite massimo del tributo",[401] acrescentando:

> Naturalmente si dovrà giudicare di caso in caso se il prelievo fiscale sia stato spinto fino al punto di violare il diritto di proprietà. Non è possibile stabilire una misura assoluta di questa violazione. Esisteranno zone intermedie in cui potrà essere dubbio se essa sia stata o meno compiuta e in cui si dovrà lasciare libera scelta al legislatore; ma si dovrà anche ammettere che esiste un limite massimo, al di là del quale non si può negare il carattere soppressivo e la violazione dell'istituto tutelato dall'art. 42".[402]

E, especificamente sobre as conseqüências da previsão constitucional do princípio do capacidade contributiva, aduz:

> Il limite ad una indiscriminata imposizione, a tutela della proprietà, si trova anche nell'art. 53, che vincola la potestà tributaria non solo in relazione al presupposto, ma anche all'ammontare massimo del tributo. L'inciso "in ragione" comporta che il tributo può prelevare solo una parte della capacità, senza giungere all'esaurimento di essa.[403]

---

[397] VALDÉS COSTA, Ramón. Curso...cit., p. 128.

[398] Progressividade...cit., p. 50.

[399] In MARTINS, Ives Gandra da Silva (Coord.). Direitos fundamentais...cit., p. 52.

[400] El principio...cit., p. 449. Mas a seguir o autor faz distinção entre os dois princípios, como veremos adiante: idem, p. 451.

[401] Il principio...cit., p. 258, nota 145.

[402] Idem, p. 259. O art. 42 da Constituição italiana tem a seguinte redação: "La proprietà è pubblica o privata. I beni economici appartengono allo Stato, ad enti o a privati. La proprietà privata è riconosciuta e garantita dalla legge, che ne determina i modi di acquisto, di godimento e i limiti allo scopo di assicurarne la funzione sociale e di renderla accessibile a tutti".

[403] Idem, p. 258.

Para Tipke, "a capacidade contributiva *termina*, de todo modo, onde começa o confisco que leva à destruição da capacidade contributiva".[404] Tal noção é bastante referida na doutrina, precisando Casado Ollero que "la capacidad susceptible de tributación debe situar-se entre el mínimo de existencia y el máximo no confiscatorio, exigencias ambas que constituyen presupuestos y límites de imponibilidad",[405] ou seja, a proibição do confisco representaria o limite superior do âmbito de extensão da capacidade contributiva: esta começaria no limite de preservação do mínimo vital e findaria no limite de confiscatoriedade.

O âmbito de aplicação do princípio da não-confiscatoriedade estaria integralmente "preenchido" pelo de capacidade contributiva? Seria o não-confisco apenas o limite superior da capacidade contributiva (relativa), pelo que tributo que fosse confiscatório já seria inconstitucional por extrapolar o limite (superior) da capacidade contributiva?

A doutrina, a par de indicar pontos de contato, também identifica diferenças entre os dois princípios. Para Vittorio Cassone,

> o "efeito de confisco" caracteriza-se toda vez que o bem, economicamente apreciável, transfere-se, efetiva ou potencialmente, para o patrimônio do ente tributante, não se confundindo com a capacidade contributiva, de menor intensidade, a qual é afetada nos casos em que a tributação enfraquece demasiadamente a sua fonte produtora, embora o bem permaneça no patrimônio do contribuinte.[406]

O raciocínio leva a considerar que o princípio de não-confiscatoriedade é abrangido pelo (tem relação de continência com) de capacidade contributiva. Uma lesão de menor intensidade só fere a capacidade contributiva; apenas uma lesão mais grave caracterizaria o efeito de confisco (mas todavia já haveria, antes, malferido a capacidade contributiva, e, já por isso, seria inválida). O âmbito de atuação da não-confiscatoriedade seria menor, mas inteiramente abrangido pelo do princípio de capacidade contributiva.

Naveira de Casanova parece-nos avançar mais na caracterização da distinção:

> Concretamente, el principio de no confiscatoriedad se puede diferenciar en ciertos aspectos del principio de capacidad contributiva. Primero, éste se presupone por la doctrina mayoritaria aplicable según el criterio de la generalidad de los casos, mientras que el principio de no confiscación veda los resultados injustos en todos los casos concretos en que éstos se presenten. Prohibición que se impone siempre, aunque la manifestación de efectos confiscatorios no se dé en la mayoría de los casos, o aun cuando se presente sólo en casos aislados. Segundo, desde el punto de vista de la capacidad contributiva no suele haber objeción cuando con la renta que supone determinado objeto imponible no alcanza para el pago del tributo,

---

[404] TIPKE, Klaus. Sobre a unidade da ordem jurídica tributária. Trad. Luís Eduardo Schoueri. In SHOUERI, Luís Eduardo e ZILVETI, Fernando Aurelio (Coord.). *Direito Tributário. Estudos em homenagem a Brandão Machado*. São Paulo: Dialética, 1998, p. 65, grifos do original.

[405] CASADO OLLERO, Gabriel. El principio de capacidad y el control constitucional de la imposición indirecta. *Civitas - Revista Española de Derecho Financiero*, Madrid, n° 32, p. 196, 1982, apud TORRES, Ricardo Lobo. *Tratado*...cit., vol III, p. 130, nota 125.

[406] In MARTINS, Ives Gandra da Silva (Coord.). *Direitos fundamentais*...cit., p. 400.

debiendo el contribuyente solventarlo con rentas provenientes de otras fuentes o vendiendo dicho objeto patrimonial. Nada se objeta, pues se sostiene que sólo se ha contemplado un aspecto parcial y no la capacidad contributiva total del contribuyente, mientras que desde el punto de mira del principio de no confiscación estamos ante un ejemplo de lo que constituye su campo de actuación.[407]

O Tribunal Constitucional espanhol traçou uma diferenciação entre os dois princípios, nestes termos:

> Tiene declarado este Tribunal, ya en su STC 27/1981, que capacidad económica, a efectos de contribuir a los gastos públicos, tanto significa como la incorporación de una exigencia lógica que obliga a buscar la riqueza allí donde la riqueza se encuentra. A ella cabe añadir ahora que la prohibición de confiscatoriedad supone incorporar otra exigencia lógica que obliga a no agotar la riqueza imponible – sustrato, base o exigencia de toda imposición – so pretexto del deber de contribuir; de ahi que el límite máximo de la imposición venga cifrado constitucionalmente en la prohibición de su alcance confiscatorio.[408]

Rodolfo R. Spisso assim identifica as semelhanças e a distinção entre os dois princípios:

> Al admitirse que existe confiscatoriedad cuando los tributos absorben una parte sustancial de las rentas reales o potenciales de un capital o actividad racionalmente explotados, se está presuponiendo, necesariamente, la existencia de capacidad contributiva, que así quedó subsumida, amparada o protegida bajo el principio de no confiscatoriedad.[409]

Diferencia-os da seguinte forma:

> El principio de capacidad contributiva exige una exteriorización de riqueza, o renta real o potencial que legitime la imposición. El principio de no confiscatoriedad, al fijar la medida en que el tributo puede absorber esa riqueza, subraya la existencia de capacidad económica como presupuesto de la imposición.[410]

E conclui:

> ... el principio de capacidad contributiva no se subsume sino que complementa al de no confiscatoriedad, ya que el tributo podrá no absorber una parte sustancial de las rentas, no obstante lo cual, si incide sobre los ingresos mínimos que aseguren al individuo su subsistencia, corresponderá descalificarlo por inexistencia de capacidad económica.[411]

Na verdade, os dois princípios têm pontos de contato, mas não se identificam, nem se superpõem, de modo que a aplicação de um absorva por inteiro a possível efetividade do outro. A relação entre eles não é de identidade, mas de complementaridade (por razões mais amplas, porém, que as apontadas por Spisso).

Com a capacidade contributiva absoluta, é simples a diferenciação. Capacidade contributiva absoluta só exige que o legislador escolha como fatos imponíveis aqueles que sejam indícios de capacidade contributiva (fatos-signos presuntivos de renda ou capital, na expressão de Becker), nada tendo a ver com a graduação do *quantum* da exigência fiscal, conforme a maior ou menor força econômica revelada pelo contribuinte. Já a capacidade contributiva relativa refere-se à

---

[407] *El principio*...cit., p. 451.
[408] Sentencia 150/1990, de 04.10.1990. Disponível em http://www.tribunalconstitucional.es. Acesso em 15.03.2005.
[409] *Derecho*...cit., p. 241.
[410] Idem, p. 242.
[411] Idem, p. 242.

determinação do *quantum* do tributo, em relação à capacidade econômica do contribuinte. Com esta, a relação do princípio da não-confiscatoriedade é muito mais estreita, e a diferenciação, mais sutil,[412] mas, todavia, presente.

Por primeiro, no direito brasileiro, inclusive, face à letra do art. 145, § 1º, da Constituição, a maioria da doutrina considera o princípio da capacidade contributiva só aplicável aos *impostos*,[413] o que se coaduna com a distinção que faz Moschetti, aplicando-o aos tributos que constituam concurso à despesa pública que corresponda a um dever de solidariedade, e não àqueles comutativos, que representam retribuição por um serviço estatal prestado ao contribuinte.[414] Já a proibição de tributos com efeito de confisco, também pela letra do dispositivo constitucional (art. 150, IV), aplica-se a todos os *tributos*.[415]

---

[412] "Asimismo puede verse una fuerte relación con el principio de capacidad contributiva, principio cuyos límites distan aún de estar pacíficamente trazados en la doctrina, situación que repercute en su relación con el principio de no confiscación. Parecería que el espacio que ocupará el principio de no confiscación dependerá, a su vez, del espacio que le deje el principio de capacidad contributiva. En una posición extrema, si se concibe que las concretas situaciones en que puede encontrarse un contribuyente cualquiera respecto de un tributo o del sistema tributario son o bien de respeto a su capacidad contributiva absoluta, pero especialmente la relativa en cuanto a que ésta es medida concreta de la obligación de contribuir, o bien de violación a ese principio de capacidad contributiva, haría inútil o superflua toda otra aplicación del principio de no confiscación, ya que éste quedaría como un nombre especial o específico para las situaciones extremas de violación del principio de capacidad contributiva. Pero como no todas las posiciones son tan extremas ni el principio de capacidad contributiva tan absolutamente bien configurado, el principio de no confiscación puede concebirse como aplicable en situaciones donde, habiendo tal vez capacidad contributiva absoluta, se produzcan situaciones tildables de confiscatorias, como la que se daría si un contribuyente, pudiendo solventar la obligación tributaria con rentas provenientes de otras fuentes, no cubre con las rentas del bien gravado el monto de la cuota exigida". NAVEIRA DE CASANOVA, Gustavo J. *El principio...*cit., p. 176-177.

[413] "A Constituição brasileira, não obstante, adotando a melhor técnica, como alerta F. Moschetti, restringe a obrigatoriedade do princípio aos impostos, conforme dispõe o art. 145, § 1º. É que, enquanto a base de cálculo dos impostos deve mensurar um fato-signo, indício de capacidade contributiva do próprio contribuinte, nos chamados tributos vinculados – relativos às taxas e contribuições – ela dimensiona o custo da atuação estatal ou a vantagem imobiliária auferida pelo contribuinte, advinda da obra pública". DERZI, Misabel Abreu Machado. Nota de atualização a BALEEIRO, Aliomar. *Limitações...*cit., p. 695. No mesmo sentido: ATALIBA, Geraldo. *Hipótese de incidência tributária*. 5ª ed., São Paulo: Malheiros, 1998, p. 134; CARRAZZA, Roque Antônio. *Curso...*cit., p. 76-77; CASSONE, Vitório. *Direito tributário*. 6ª ed., São Paulo: Atlas, 1993, p. 94; SOUZA, Carlos Renato Silva e. Capacidade contributiva, IPTU e progressividade. *Revista de Direito Tributário*, São Paulo, vol. 76, p. 255, 1996, e MACHADO, Hugo de Brito. *Temas de direito tributário*. São Paulo: Revista dos Tribunais, 1993, p. 16, que assim sintetiza a questão: "É importante, porém, destacar que o princípio da capacidade contributiva só está juridicizado, no Brasil, em relação aos impostos, posto que o § 1º do art. 145, da Constituição Federal, referiu-se apenas à espécie impostos, e não ao gênero tributos. Assim, no Direito brasileiro, o princípio da capacidade contributiva existe como princípio jurídico constitucional apenas para os impostos, e apenas em relação a estes, portanto, se impõe ao legislador, que o não observando produzirá lei inconstitucional. Em relação às taxas, como em relação a qualquer outro tributo que não se caracterize como imposto, o legislador tem a liberdade de observar, ou não, o princípio em tela".

[414] *Il principio...*cit., p. 238-239.

[415] Neste sentido, a conclusão sobre o tema do XXV Simpósio Nacional de Direito Tributário do Centro de Extensão Universitária: "O efeito confisco pode ocorrer com qualquer tributo e em

A doutrina, igualmente, continua a apontar que o princípio da capacidade contributiva exige que a tributação incida sobre fatos indiciários de capacidade, ou seja, que na generalidade dos casos correspondam a uma demonstração de capacidade de suportar o ônus tributário, descabendo investigação da situação individual. Assim já o dizia Becker:

> O juiz está juridicamente obrigado a declarar a inconstitucionalidade da lei tributária se o legislador tiver escolhido para composição de sua hipótese de incidência fatos que *não* são signos presuntivos de renda ou capital acima do indispensável. Entretanto, se a hipótese de incidência atender à regra constitucional, por ser uma *presunção* de renda ou capital acima do indispensável, então, o juiz não poderá nunca "deixar de aplicar" a lei tributária (não poderá deixar de reconhecer a incidência da regra jurídica tributária), mesmo que aquela presunção não se realize num determinado caso concreto singular.[416]

É certo que o âmbito do controle de constitucionalidade e de intervenção judicial em geral vem progressivamente se alargando, mas este ainda é o entendimento predominante acerca do controle de constitucionalidade de leis tributárias, com base no princípio da capacidade contributiva: deve-se realizar pelo critério da generalidade dos casos (e não pelo exame individuado de casos concretos), como aponta Naveira de Casanova no excerto já citado.[417]

Já o princípio de não-confiscatoriedade caracteristicamente admite o exame de casos individuais. Por isto, a CSJN argentina reiteradamente afirmou que cabe ao contribuinte o ônus da prova da confiscatoriedade. Assim, em "Felicitas Guerrero de Mihanovich c. Provincia de Córdoba", assentou:

> Cuando la invalidez constitucional de una ley depende de circunstancias de hecho, como el caso de un gravamen al que se atribuye carácter confiscatorio su solución requiere el análisis detenido de las circunstancias de hecho que condicionan en cada caso su aplicación, y que la invalidez del tributo no pueda resultar sino de la prueba, que incumbe, según se ha dicho, al contribuyente que lo impugna, de la absorción por el Estado de una parte sustancial de la renta o del capital gravado.[418]

No Brasil, o Supremo Tribunal Federal admite a possibilidade de examinar, em sede de controle abstrato de constitucionalidade, se determinado tributo ofende ou não o princípio de não-confiscatoriedade.[419] Na ADIn 1.075-DF porém, no particular, restou vencido o

---

todas as situações". MARTINS, Ives Gandra da Silva (Coord.) *Tributação na Internet*. Pesquisas tributárias, Nova série-n° 7. São Paulo: Centro de Extensão Universitária – Revista dos Tribunais, 2001, p. 421.

[416] *Teoria geral*...cit., p. 489-490, grifos do original.

[417] *El principio*...cit., p. 451.

[418] Fallos 200:128 (1944). Igualmente em "Rosa Jardón Perissé c. Provincia de Córdoba", a Corte sinala exigir-se "una prueba tan clara y precisa como sea posible", pois "para la elucidación del carácter confiscatorio de la contribución territorial es decisiva la proporción que el impuesto guarda con el índice de productividad del inmueble gravado". Fallos 209:200 (1947). Ou: "Para declarar inconstitucional un impuesto territorial por confiscatorio es indispensable que quien lo impugna pruebe la absorción por el tributo de una parte sustancial de las utilidades producidas por el inmueble gravado". "José E. Uriburu c. Provincia de Córdoba". Fallos 201:165 (1945).

[419] ADIns 2.010-2/DF cit. e 1.075/DF, Pleno, Rel. Min. Celso de Mello, julgada em 17.06.1998.

Relator, Min. Celso de Mello, que entendia que o exame do efeito confiscatório do tributo depende da apreciação individual de cada caso concreto. É certo que prevaleceu a orientação de que o efeito confiscatório pode *também* ser examinado no controle abstrato (ou concentrado) de constitucionalidade, mas isto não exclui o exame, *também*, em ações individuais, de casos concretos, ao contrário de infração ao princípio da capacidade contributiva, que consoante a doutrina mais assentada, não admite a análise de situações individuais e concretas, mas apenas se o legislador adotou uma norma de imposição que, na generalidade dos casos, corresponde a uma demonstração de capacidade contributiva.

Por outro lado, a necessidade de preservar da tributação o mínimo existencial, individual e familiar, responde antes ao campo de atuação do princípio da capacidade contributiva que da não-confiscatoriedade. Tributar o mínimo vital significa adotar como fatos imponíveis, fatos que não são indiciários de capacidade contributiva. Como a idéia de efeito confiscatório relaciona-se à exacerbação quantitativa da exigência tributária, a tributação a alíquotas baixas de bens que integram o mínimo existencial, em princípio, não caracterizaria tributação com efeito confiscatório, mas infringente do princípio da capacidade contributiva.

Ainda uma tributação moderada, mas que não diferenciasse as diferentes capacidades econômicas dos contribuintes (por exemplo, um imposto único fixo, ou por capitação, com gravames baixos), certamente infringiria a capacidade contributiva (espacialmente a relativa), mas, se resultasse em níveis de tributação quantitativamente baixos, não se poderia dizer tivesse efeito confiscatório.

Finalmente, pelo reverso da medalha, podem ocorrer casos nos quais, em tese, há capacidade contributiva, mas o tributo, pela sua exacerbação, adquire feição confiscatória. Se adotamos o parâmetro posto pelo Tribunal Constitucional Federal alemão de que a carga tributária total sobre os rendimentos brutos deva permanecer próxima de uma divisão meio a meio entre o poder público e o particular sob pena de tornar-se confiscatória, teremos, na hipótese de rendas muito altas ou grandes patrimônios, talvez uma justificativa diante do princípio da capacidade contributiva, para uma tributação a alíquotas superiores a 50%, mas tal já não seria admissível pelo prisma da aplicação do princípio da não-confiscatoriedade. Aqui, estaríamos diante de colisões entre o próprio princípio da capacidade contributiva, ou da progressividade, ou da redução das desigualdades sociais, ou do Estado Social de Direito com o princípio da garantia da propriedade privada. Tais colisões se solucionam pela atuação da norma de colisão, que é o princípio da não-confiscatoriedade, cuja incidência determinará a precedência, em certas hipóteses, do princípio da capacidade contributiva (no caso da ponderação realizada pelo Tribunal Constitucional Federal alemão, quando a carga fiscal global se mantiver em patamar inferior a 50% dos rendimentos brutos) e, em outras, do princípio de garantia da propriedade privada (no exemplo citado, quando a carga fiscal ultrapassar o referido limite).

Em síntese, os princípios de capacidade contributiva e não-confiscatoriedade inter-relacionam-se estreitamente e possuem numerosos pontos de contato, mas não se identificam; antes, se complementam: há várias hipóteses em que se dá a incidência de um, mas não de outro, face a particularidades que lhes são próprias, como âmbito de aplicação (só impostos ou todos os tributos), constituir exigência a ser examinada em relação à generalidade dos casos ou a situações individuais, exclusão de tributação do mínimo vital, hipóteses de tributação modesta mas indiferenciada quanto a diferentes capacidades e de tributação fortemente exacerbada de capacidades contributivas, por sua vez, elevadas.

2.5.2. Igualdade

O princípio da igualdade decorre do princípio democrático e do próprio princípio da dignidade da pessoa humana (CF, art. 1°, *caput* e inciso III).

Souto Maior Borges, ressaltando a importância do princípio, chegou a afirmar "que a isonomia *não está no texto constitucional* apenas; a isonomia, em certo sentido, *é a Constituição Federal de 1988*".[420]

Igualdade ou isonomia, contudo, não significam tratar a todos da mesma forma, pois na sociedade os homens são, de fato, e encontram-se em posições desiguais. Por isto, Fonrouge já escrevia:

> o princípio da igualdade não se refere à igualdade numérica – que daria lugar às maiores injustiças – mas à necessidade de assegurar o mesmo tratamento aos que se encontram em análogas situações, de modo que não constitui regra férrea, porque permite a formação de distinções ou categorias sempre que sejam razoáveis, com exclusão de toda discriminação arbitrária, injusta ou hostil contra determinadas pessoas ou categorias de pessoas.[421]

A afirmação remonta à célebre máxima, com origem em Aristóteles, e que perpassa as compilações romanas, como o Digesto: a igualdade consistiria em tratar igualmente os iguais e desigualmente os desiguais, na medida de suas desigualdades. Entre nós, é conhecida a expressão que lhe deu Rui Barbosa, na Oração aos Moços:

> A regra da igualdade não consiste senão em quinhoar desigualmente aos desiguais, na medida em que se desigualam. Nesta desigualdade social, proporcionada à desigualdade natural, é que

---

[420] A isonomia tributária na Constituição Federal de 1988. *Revista de Direito Tributário*, São Paulo, n°64, p. 14, 1994.

[421] FONROUGE, Giuliani. *Conceitos de direito tributário*. Trad. Geraldo Ataliba e Marco Aurélio Greco. São Paulo: Lael, 1973, p. 56.

se acha a verdadeira lei da igualdade. O mais são devaneios da inveja, do orgulho ou da loucura. Tratar com desigualdade a iguais, ou a desiguais com igualdade, seria desigualdade flagrante, e não igualdade real. Os apetites humanos conceberam inverter a norma universal da criação, pretendendo, não dar a cada um, na razão do que vale, mas atribuir o mesmo a todos, como se todos se equivalessem.[422]

A idéia, em suma, é aquela sintetizada por San Tiago Dantas: "a *igualdade civil*, como a concebem talvez unanimemente os escritores, não é uniformidade de tratamento jurídico, mas o tratamento proporcionado e compensado de seres vários e desiguais".[423] Portanto, "a lei não precisa necessariamente (e nem pode) tratar a todos abstratamente de modo igual, mas apenas, aos que são iguais sob os aspectos prestigiados pela norma".[424]

A fórmula é célebre, remotíssima, sonora e, em várias das versões apresentadas, de admirável construção retórica. Mas não estabelece quais os critérios de desigualação: quais desigualdades justificarão um tratamento desigual e quais não. "A frase 'o igual deve ser tratado igualmente e o desigual desigualmente' não contém o critério material de um juízo de valor sobre a relação de igualdade (ou desigualdade)".[425] Assim, o princípio da igualdade seria uma norma em branco, na medida em que não fornece um critério de comparação.[426]

O princípio da igualdade seria, pois, de impossível concreção ou determinação? Não existiriam, no sistema jurídico, critérios que permitissem distinguir quais desigualdades (de fato) legitimariam desigualação jurídica e quais não?

---

[422] *Oração aos Moços*. Rio de Janeiro: Casa de Rui Barbosa, 1949, p. 33-34.

[423] SAN TIAGO DANTAS, F. C. de. Igualdade...cit. *Revista Forense*, Rio de Janeiro, vol. 116, p. 366, abr. 1948.

[424] CARRAZZA, Elizabeth Nazar. *Progressividade*...cit., p. 35. Há concepções teóricas que procuram identificar alguns dos elementos de desigualação. Assim Dworkin diferencia o "direito a ser tratado como igual", que seria direito fundamental e o "direito a igual tratamento", que somente tem validade em circunstâncias específicas de igualação: "Proponho que o direito a ser tratado como igual deve ser visto como fundamental na concepção liberal de igualdade, e que o direito mais restritivo a igual tratamento somente tenha validade naquelas circunstâncias específicas nas quais, por alguma razão especial, ele decorra do direito mais fundamental, como talvez seja o caso na circunstância especial dos casos de realinhamento dos distritos eleitorais. Proponho igualmente que os direitos individuais a diferentes liberdades devam ser reconhecidos somente quando se puder mostrar que o direito fundamental a ser tratado como igual exige tais direitos". Levando...cit., p. 421, A distinção entre "right to be treated as equal" e "right to equal treatment", assim como a concepção de "right to equal respect and concern" desempenham um papel fundamental na teoria jurídica de Dworkin. Todavia, as dificuldades práticas que podem advir de sua aplicação são semelhantes àquelas com que nos defrontamos nesta seção: quais são as "circunstâncias específicas" "nas quais por alguma razão especial" "decorre do direito mais fundamental" o direito não só de ser tratado como igual, mas de igual tratamento ("equal treatment")?

[425] CANOTILHO, J.J. Gomes. *Direito*...cit., p. 428. No mesmo sentido: "É altamente controvertido separar o que seja igual do desigual, pois, como vimos os conceitos estão sujeitos a variações axiológicas históricas". DERZI, Misabel Abreu Machado. Nota de atualização a BALEEIRO, Aliomar, *Limitações*...cit., p. 534.

[426] TIPKE, Klaus e LANG, Joachin. *Stuerrecht*. 16ª ed., Colônia: Otto Schmidt, 1998, p. 83.

O próprio Tipke nos fornece uma resposta: a aplicação do princípio da igualdade consiste em complementar os comandos de regras jurídicas. Assim, é fundamental que ao se proceder ao exame de ofensas ao princípio da igualdade, conheçam-se as normas fundamentais do sistema. Estas permitirão constatar concretamente, nos casos individuais (e não abstrata ou universalmente), o que, para o sistema jurídico, é igual ou desigual, permitindo ou não diferenciações de tratamento.[427]

Evidentemente o critério, como os utilizados pelo direito em geral, não tem precisão matemática e haverá situações menos claras. Mas há também situações de fácil identificação: são vedadas desigualações com base em origem, raça, sexo, cor, idade (CF, art. 3º, IV) ou estado civil (art. 7º, XXX) – salvo as exceções contempladas na própria Constituição – ou por motivo de crença religiosa ou convicção filosófica ou política (CF, art. 5º, VIII), por exemplo.

A presunção é no sentido de o tratamento dever ser igual. Alexy sinala que "la máxima general de igualdad establece así la carga de la argumentación para los tratamientos desiguales".[428] Por isto que "si no hay ninguna razón suficiente para la permisión de un tratamiento desigual, entonces está ordenado un tratamiento igual".[429]

Por certo, remanesce a questão do que é "razão suficiente" para tratamento desigual.

A Suprema Corte americana, como já referido, exige que as classificações sejam "reasonable and not arbitrary".[430] O Tribunal Constitucional português também sustenta que "a violação do princípio da igualdade pressupõe, para além da desigualdade das posições das pessoas, ou apesar dela, a fundamentação de discriminações em motivos que não oferecem um caráter objetivo e razoável".[431] E, mais explicitamente, identificando o controle judicial da legislação com base no princípio da igualdade com a proibição de arbítrio:

> o princípio da igualdade não proíbe, pois que a lei estabeleça distinções. *Proíbe*, isso sim, o arbítrio; ou seja, proíbe as diferenciações de tratamento sem fundamento material bastante, que o mesmo é dizer sem qualquer justificação razoável, *segundo critérios de valor objetivo constitucionalmente relevantes*. Proíbe também que se tratem por igual situações essencialmente desiguais. E proíbe ainda a discriminação, ou seja, as diferenciações de tratamento fundadas em categorias meramente subjectivas como são as indicadas exemplificativamente no nº 2 do artigo 13º.[432]

---
[427] TIPKE, Klaus. *Steuergerechtigkeit in Theorie und Praxis*. Colonia: Otto Schmidt, 1981, p. 60.
[428] *Teoria...*cit., p. 396.
[429] Idem, p. 395.
[430] Por exemplo, F.S. Royster Guano Co. v. Commonwealth of Virginia, 253 U.S. 412 (1920) e voto vencido de Holmes em Quaker City Cab Co. v. Commonwealth of Pennsylvania, 227 U.S. 389 (1928).
[431] Acórdão nº 786/1996. Disponível em http://www.tribunalconstitucional.pt. Acesso em 15.04.2005.
[432] Acórdão nº 39/1988, grifo nosso. Idem. Art. 13º, nº 2 da Constituição Portuguesa: "Ninguém pode ser privilegiado, beneficiado, prejudicado, privado de qualquer direito ou isento de

Portanto, a par de haver critérios de desigualação expressamente proibidos no sistema jurídico, como o princípio geral é a igualdade, quem sustenta a validade da diferenciação arca com a carga de argumentação destinada a comprovar que a diferenciação é razoável, "segundo critérios de valor objetivo constitucionalmente relevantes", ou seja, segundo princípios acolhidos pelo sistema jurídico-constitucional.

Tal carga de argumentação será facilitada quando a Constituição expressamente acolher algum princípio de desigualação, como é o caso, em matéria tributária, da capacidade contributiva. Portanto, é válida a imposição de diferentes cargas tributárias a contribuintes, com base em critério de desigualação expressamente previsto no texto constitucional: sua diferente capacidade contributiva. Assim, na Argentina

> el Supremo Tribunal estableció que el impuesto se funda en el criterio de la capacidad contributiva y, por tanto, el criterio de igualdad significa que en iguales condiciones de capacidad contributiva con respecto a una misma clase de riqueza, deben aplicarse iguales impuestos.[433]

Na verdade, não havendo, na Constituição argentina, previsão constitucional do princípio da capacidade contributiva, a CSJN *extraiu-o* do princípio geral de igualdade, posto no art. 16.

> Para juzgar si el impuesto territorial es o no violatorio de la igualdad que establece el art. 16 de la Constitución Nacional debe tomarse en cuenta la condición de las personas que lo suportan en orden al carácter y a la magnitud de la riqueza tenida en vista por el gravamen. La relación de éste con el inmueble queda, así subordinada a los principios que rigen su relación con el contribuyente, uno de los cuales es que *a igual capacidad tributaria con respecto a una misma especie de riqueza el impuesto debe ser, en las mismas circunstancias, igual para todos los contribuyentes.*[434]

Da mesma forma, na Alemanha, inexistindo previsão expressa do princípio da capacidade contributiva na Lei Fundamental, a doutrina e a jurisprudência entendem-na implícita no princípio de igualdade (LF, art. 3º)[435]

Em matéria tributária, há um parâmetro (entre nós, objeto de expresso acolhimento constitucional) para se aplicar a máxima de que a igualdade consiste em tratar igualmente aos iguais e desigualmente aos desiguais. O critério de desigualação acolhido pela Constituição é a *capacidade contributiva*: é o critério de valor objetivo constitucionalmente relevante. *Igualdade tributária significa igualdade em condições iguais de capacidade contributiva e desigualdade em condições desiguais de capacidade*

---

qualquer dever em razão de ascendência, sexo, raça, língua, território de origem, religião, convicções políticas ou ideológicas, instrução, situação econômica ou condição social".
[433] JARACH, Dino. *Curso*...cit., p. 116.
[434] "Ana Masotti de Busso c. Provincia de Buenos Aires". Fallos 207:270 (1947), grifo nosso.
[435] PALAO TABOADA, Carlos. *Apogeo*...cit., p. 423, nota 137.

contributiva. Este, em se tratando de tributação, o critério material do juízo de valor sobre a relação de igualdade ou desigualdade.

No direito tributário, os princípios da igualdade e da capacidade contributiva são irmãos siameses: um confere o conteúdo ao outro. Por isto, quando não previsto constitucionalmente o princípio da capacidade contributiva, os respectivos tribunais constitucionais puderam-no derivar do princípio da igualdade.

Quais as relações do princípio da igualdade com a não-confiscatoriedade?

A Corte Suprema americana valeu-se da cláusula da igualdade (*equal protection of laws*), quando considerou as diferenciações efetuadas pelo legislador não razoáveis ou arbitrárias, para afastar exigências fiscais exacerbadas.[436]

Na Argentina, o Congresso de São Luis, em 07 de janeiro de 1832, promulgou um Estatuto Provisório, que fazia as vezes de Constituição Provincial e continha a seguinte disposição, para atender aos gastos públicos:

> Se señalará una comisión compuesta de seis individuos de probidad, asociada con el juez del partido, que empadronen todos los propietarios que componen la provincia, para que en los casos de invasión de indios u otras urgencias graves, se le señale con arreglo a justicia distributiva, con lo que cada uno debe contribuir. Si antes de haberse efectuado la contribución, sucediere alguna invasión de indios, o alguna cosa de gravedad en la provincia, la honorable Sala de Representantes con la anuencia del Ejecutivo acordará lo conveniente. De los auxilios que se deban sacar será guardando la proporción de que, cada veinticinco animales vacunos, sólo se saque uno; y que de cada seis caballos, uno; y siendo enemigo de la causa el duplo. El enemigo que, no teniendo ninguna de estas especies, pero que tenga otros intereses, se les graduarán, y se sacará la proporción de ellos, y siendo enemigo el duplo.[437]

Evidentemente, havia aí violação aos princípios da igualdade e da não-confiscatoriedade. Normalmente, a violação à igualdade implicará efeito confiscatório (salvo a situação de exações desiguais, mas todas moderadas), já por se exigir de um mais do que de outro em idêntica situação (ou seja, com idêntica capacidade contributiva). Mas a tributação poderá ser confiscatória (por extremamente exacerbada), mas igual, com o que o princípio da igualdade em si não seria atingido.[438]

---

[436] E.g. F.S. Royster Guano Co. v. Commonwealth of Virginia, 253 U.S. 412 (1920).

[437] Apud SPISSO, Rodolfo R. *Derecho*...cit., p. 284-285.

[438] Esta, em princípio, a situação posta sob análise do STF na ADIn 2.010-2/DF. A contribuição previdenciária devida pelos servidores públicos federais, com os adicionais previstos no já revogado art. 2º da Lei nº 9.783/99 foi considerada confiscatória (pois somada ao imposto de renda na fonte alcançava quase 50% dos seus vencimentos). Lesão ao princípio da igualdade, todavia, o Tribunal não vislumbrou, nem parece sustentável, pois a contribuição, embora elevada, era exigida em igualdade de condições de todos os contribuintes com igual capacidade contributiva.

Proibição de tributos com efeito de confisco

Misabel Derzi aponta que ambos os princípios (de igualdade e de vedação de confisco) têm em comum a pessoalidade dos tributos, mas o princípio de não-confiscatoriedade é absoluto e amplo, não suportando comparação. Já o princípio da igualdade é relativo e funda-se na comparação da exigência feita a um contribuinte com a posta para outros em idêntica situação (entenda-se idêntica capacidade contributiva),[439] pois "ninguém é igual a não ser posto em contraste com outrem".[440]

Por outro lado, o princípio da igualdade pode entrar em colisão com outros princípios constitucionais, como os da garantia da propriedade privada e livre iniciativa, por exemplo. Em matéria tributária, o princípio da não-confiscatoriedade, como norma de colisão que é, terá aplicação para solver tais hipóteses de colisão. Naveira de Casanova assim vislumbra a possibilidade desta colisão:

> En esta conexión volvemos a ver el enfrentamiento entre la no confiscación y la consecución de la igualdad real y efectiva, pues la progresividad acentuada tiende a conseguir esa nivelación en la riqueza, mas se halla limitada por el principio de no confiscación. Situación de choque que se soluciona reconociendo para ambos mandatos constitucionales, tanto el garantista como el promocional, la misma fuerza jurídica imperativa, inmediatamente operativa y vinculante. Sin embargo, la no confiscación, desde esta perspectiva, se aplica tanto a los tributos que se instrumentan mediante la técnica de la progresividad como a los que no la adoptan, por lo que se colige que implica una limitación en general a los tipos de gravamen.[441]

É correto que a não-confiscatoriedade é normalmente apontada como um limite à progressividade, situação que, no caso espanhol, apóia-se no próprio texto do art. 31.1 da Constituição. No entanto, a nosso ver, a situação ocorrente não é bem retratada se vislumbramos um conflito entre o princípio da igualdade (ou da progressividade) e da proibição de efeito confiscatório. O conflito existente é entre princípio da igualdade (aí entendido como igualdade real ou fática[442]) e princípio da garantia de propriedade privada. O princípio da não-confiscatoriedade será a norma de colisão, a atuar neste caso, para solução da colisão de princípios, determinando até que ponto uma medida tributária pode, por exemplo, restringir o direito de propriedade para fomentar a igualdade real entre os cidadãos.

2.5.3. Progressividade

A Constituição espanhola refere-se à progressividade como um princípio geral do sistema tributário: "sistema tributario justo inspira-

---

[439] Nota de atualização a BALEEIRO, Aliomar. *Limitações*...cit., p. 575.
[440] CARRAZZA, Elizabeth Nazar. *Progressividade*...cit., p. 105.
[441] *El principio*...cit., p. 164.
[442] "El derecho *prima facie* a la igualdad de iure puede ser formulado como derecho *prima facie* a la omisión de tratamientos desiguales; en cambio, el derecho *prima facie* a la igualdad fáctica es un derecho *prima facie* a acciones positivas del Estado". ALEXY, Robert. *Teoria*...cit., p. 418.

do en los principios de igualdad y progresividad". A brasileira não a contempla como princípio geral tributário, optando por sua menção expressa quanto a alguns tributos (imposto de renda, IPTU e ITR – CF, arts. 153, § 2º, I e § 4º; art. 156, § 1º, I; art. 182, § 4º, II).

Não obstante, autorizada doutrina, entre nós, sustenta sua aplicabilidade geral a todos os impostos, o que extrai do princípio de capacidade contributiva. Assim, exemplificativamente, para Roque Carrazza, "em nosso sistema jurídico, todos os impostos, em princípio, devem ser progressivos. Por quê? Porque é graças à progressividade que eles conseguem atender ao princípio da capacidade contributiva".[443] Também Misabel Derzi assinala que "a progressividade nos tributos é a melhor técnica de personalização dos impostos, como determina expressamente o art. 145, § 1º, da Constituição de 1988".[444]

No entanto, o Supremo Tribunal Federal firmou posição "de que a progressividade dos impostos só cabe nos casos explicitamente previstos na Constituição":[445]

> Na Constituição Federal, inexiste permissão para a adoção do sistema de alíquotas progressivas para a cobrança do ITBI. Vale dizer que, caso fosse a intenção do legislador autorizá-la, certamente teria consignado expressamente no texto previsão a respeito, como fez na hipótese do IPTU (art. 156, par. 1º da Lei Maior). A norma geral estatuída no art. 145 da Carta Magna, sofre a restrição do referido art. 156, a desautorizar a cobrança na forma como pretendida pelo Fisco.[446]

E proclamou expressamente que, no caso do imposto de transmissão intervivos, "a Constituição Federal não autoriza a progressividade das alíquotas, *realizando-se o princípio da capacidade contributiva proporcionalmente ao preço da venda*".[447]

Na ADIn 2.010-2/DF, assim se expressou a Corte, sobre o presente tema:

---

[443] *Curso...cit.*, p. 75-76. E acrescenta: "Lembramos de passagem que a *progressividade* não se confunde com a *proporcionalidade*. Esta atrita com o princípio da capacidade contributiva, porque faz com que pessoas economicamente fracas e pessoas economicamente fortes paguem impostos com as mesmas alíquotas. É claro que, se a base de cálculo do imposto a ser pago pela economicamente mais forte for maior do que a base de cálculo do imposto a ser pago pelo economicamente mais fraco, o *quantum debeatur* do primeiro será maior. Mas isto desatende ao princípio da capacidade contributiva, porque ambos estão pagando, *em proporção*, o mesmo imposto". Idem, p. 76, grifos do original.

[444] In BALEEIRO, Aliomar. *Direito tributário brasileiro*. 11ª ed., atualizada por Misabel Abreu Machado Derzi. Rio de Janeiro, Forense, 1999, p. 262. No mesmo sentido: ATALIBA, Geraldo. IPTU – Progressividade. *Revista de Direito Tributário*, São Paulo, vol. 56, p. 75-83, abr-jun. 1991: CARRAZZA, Elizabeth Nazar. *IPTU...cit.*, p. 104; OLIVEIRA, Regis Fernandes de. IPTU progressivo. *Revista de Direito Tributário*, São Paulo, vol. 43, p. 165-166, jan-mar. 1988; COSTA, Regina Helena. *Princípio da capacidade contributiva*. São Paulo, Malheiros, 1993, p. 92-93.

[445] Recurso Extraordinário nº 234.105-3-SP, Rel. Min. Carlos Velloso, Pleno, julgado em 08.04.1999, DJU de 31.03.2000, voto do Relator.

[446] STF, Agravo 228.666-SP, decisão monocrática do Min. Néri da Silveira, DJU de 16.11.1998.

[447] RE 234.105-3/SP, cit., grifo nosso.

CONTRIBUIÇÃO DE SEGURIDADE SOCIAL – SERVIDORES EM *ATIVIDADE* – ESTRUTURA *PROGRESSIVA* DAS ALÍQUOTAS: A *PROGRESSIVIDADE* EM MATÉRIA TRIBUTÁRIA *SUPÕE* EXPRESSA AUTORIZAÇÃO CONSTITUCIONAL. RELEVO JURÍDICO DA TESE.

Relevo jurídico da tese segundo a qual o legislador comum, fora das hipóteses taxativamente indicadas no texto da Carta Política, não pode valer-se da progressividade na definição das alíquotas pertinentes à contribuição de seguridade social devida por servidores públicos em atividade.

Tratando-se de matéria sujeita a estrita previsão constitucional – CF, art. 153, § 2º, I; art. 153, § 4º; art. 156, § 1º; art. 182, § 4º, II; art. 195, § 9º (contribuição social devida pelo empregador) – inexiste espaço de liberdade decisória para o Congresso Nacional, em tema de progressividade tributária, instituir alíquotas progressivas em situações não autorizadas pelo texto da Constituição.[448]

Trata-se de jurisprudência que se pode dizer bem assentada do Supremo Tribunal Federal, de sorte que, no direito constitucional brasileiro, segundo seu intérprete autorizado, a progressividade tributária só pode ser adotada nas hipóteses expressamente autorizadas na Constituição. Mesmo na Espanha, onde a progressividade é prevista genericamente no texto constitucional, como princípio informador do sistema tributário, a doutrina ressalva que a progressividade se refere ao sistema tributário em seu conjunto, pelo que não é necessário (nem possível) que todos os tributos sejam progressivos: basta que um ou alguns o sejam, para que tal princípio "informe" o sistema tributário globalmente considerado.[449] José Maria Martín Delgado inclusive observa que "muy posiblemente la progresividad de todos los tributos de un ordenamiento conseguiría un grado de detracción tan elevado que entraría en colisión con los principios a que corresponde precisamente este criterio".[450]

Um sistema em que todos os tributos (ou, ao menos, os impostos) fossem progressivos muito provavelmente (a menos que brandas a carga tributária global e a escala de progressividade) violaria o princípio da não-confiscatoriedade, pois o efeito constitucionalmente vedado seria quase inevitável nas faixas mais altas da escala progressiva, pela conjunção das exigências exacerbadas de todos os tributos.

A doutrina, de forma geral, tem apontado a proibição do efeito confiscatório como *limite à progressividade tributária*. No caso espanhol, tal advém praticamente da interpretação literal da Constituição

---

[448] Neste sentido, na doutrina, entre outros, Aires Barreto: "A Constituição só admite a progressividade dos impostos nos casos expressamente previstos. Supor diferentemente importaria tornar letra morta dispositivos como o que exige seja o IR progressivo (art. 153, § 2º, III), e o que possibilita a progressão do IPTU no tempo (art. 156, § 1º, conjugado com o art. 182, § 4º)". In MARTINS, Ives Gandra da Silva (Coord.) *Curso de direito tributário*. 8ª ed., São Paulo: Saraiva, 2001, p. 756.

[449] NAVEIRA DE CASANOVA, Gustavo J. *El principio*...cit., p. 157-158.

[450] Los principios de capacidad económica e igualdad en la Constitución española de 1978. *Revista Española de Hacienda Pública*, Madrid, nº. 60, p. 73, 1979.

(art. 31.1): "sistema tributario justo inspirado en los principios de igualdad y progresividad que, en ningún caso, tendrá alcance confiscatorio", o que levou Palao Taboada a afirmar "que aparece en el contexto como un freno a la progresividad del sistema"[451] e Agulló Agüero que "constituye un límite, no a la justicia, sino a la progresividad del sistema, siendo la idea de justicia la que debe marcar la frontera entre lo progresivo y lo confiscatorio".[452]

No Brasil, decorre da própria natureza das normas e de sua concomitante previsão constitucional:

> Essa progressividade, no entanto, encontra seu limite na proibição do confisco. Desta maneira, poderá ser progressiva no tempo dentro de parâmetros de razoabilidade, para não incidir na vedação constitucional. Dito de outro modo, essa progressividade não pode levar a uma "expropriação às avessas", ou seja, a uma desapropriação sem nenhuma indenização.[453]

Martinez Lago considera que mínimo vital e confiscatoriedade são os limites mínimo e máximo de progressividade, que é forma de atuação do princípio da igualdade.[454] A proibição de confiscatoriedade, outrossim, aplica-se a todas as faixas da escala progressiva (desde que alcancem efeito consfiscatório), e não só à faixa mais alta.[455]

Em síntese, o princípio da vedação de tributos com efeito confiscatório constitui um limite à progressividade tributária. Na verdade, a progressividade pode entrar em colisão com princípios constitucionalmente protegidos (como garantia da propriedade privada, liberdade de comércio, indústria e trabalho, por exemplo). A solução destas colisões de princípios se fará pela atuação da norma de colisão que veda a utilização de tributos com efeito confiscatório. Será sua aplicação (após concreção, com o auxílio da razoabilidade, como já exposto) que determinará até que ponto de restrição dos direitos em colisão (propriedade, liberdade de comércio, indústria ou trabalho) pode-se chegar legitimamente, mediante aplicação da progressividade fiscal. Este será o ponto em que, no dizer de Agulló Agüero, o justo se transmudará em confiscatório. Até ali haverá tributação legítima; além dele, efeito confiscatório.

2.5.4. Mínimo existencial

A proteção do chamado mínimo vital, entendido como garantia de condições mínimas de existência humana digna, não é objeto de

---

[451] *La protección*...cit., p. 319.
[452] *La prohibición*...cit., p. 32.
[453] CARRAZZA, Elizabeth Nazar. *Progressividade*...cit., p. 99.
[454] MARTINEZ LAGO, Miguel Angel. Función motivadora de la norma tributaria y prohibición de confiscatoriedad. *Revista Española de Derecho Financiero - Civitas*, Madrid, vol. 60, p. 632, 1988.
[455] BOLLO AROCENA, María del Carmen. La prohibición de confiscatoriedad como límite constitucional a la tributación. *In Principios tributarios constitucionales*. México-Salamanca: Tribunal Fiscal de la Federación (México), Universidad de Salamanca (Espanha) y la Fundación Domecq (México), 1992, p. 385.

cláusula expressa na Constituição Federal de 1988, nem nas principais constituições estrangeiras. Extrai-se-o, todavia, do art. 3º, inciso III, da CF, que alinha entre os objetivos fundamentais da República "erradicar a pobreza e a marginalização e reduzir as desigualdades sociais e regionais", e do próprio princípio da dignidade da pessoa humana, constitucionalmente considerado fundamento da República brasileira (CF, art. 1º, III) e de que trata a primeira disposição da Lei Fundamental de Bonn.[456]

A Constituição de 1946, todavia, dispunha em seu art. 15, § 1º: "São isentos do imposto de consumo os artigos que a lei classificar como o mínimo indispensável à habitação, vestuário, alimentação e tratamento médico das pessoas de restrita capacidade econômica"[457] (em verdade, tratava-se de imunidade).

A Declaração Universal dos Direitos do Homem, aprovada pela Assembléia Geral das Nações Unidas, em 1948, dispõe em seu art. XXV, nº 1:

> Todo homem tem direito a um padrão de vida capaz de assegurar a si e a sua família saúde e bem-estar, inclusive alimentação, vestuário, habitação, cuidados médicos e os serviços sociais indispensáveis, e direito à segurança em caso de desemprego, doença, invalidez, viuvez, velhice ou outros casos de perda dos meios de subsistência em circunstâncias fora de seu controle.

Em matéria tributária, a proteção ao mínimo existencial significa sua não-tributação. Embora sem cláusula constitucional expressa (na Alemanha, o *Karl Brauner Institut* propôs acrescer ao art. 105 da Lei Fundamental que "o mínimo existencial é imune a impostos"[458]), extrai-se tal conseqüência do princípio da capacidade contributiva: "sul piano del *quantum*, la capacità contributiva esigeva necessariamente l'*esenzione del mínimo di esistenza* e la *progressività* del sistema tributario nel suo complesso".[459]

Giardina revela que nos debates parlamentares, quando da elaboração da Constituição italiana, foi esclarecido, por um dos proponentes

---

[456] Art. 1º, nº1 da Lei Fundamental:
"Art. 1º (Dignidade humana)
(1) A dignidade humana é inviolável. Respeitá-la e protegê-la é o dever de todas as autoridades estatais".

[457] Pontes de Miranda sustentava a auto-aplicabilidade desta norma constitucional: "A regra obriga à fixação do *mínimo vital*. Obriga a que se não cobrem impostos sobre os artigos indispensáveis a ele. Conseqüências: quanto à habitação, o habitante do Brasil, que tem casa que corresponde ao *mínimo* de habitação, tem pretensão de direito público e ação (art. 141, § 4º) para que se respeite o texto constitucional; quanto ao vestuário, dá-se o mesmo; quanto à alimentação, se o Estado não regulou a isenção, a ação toma caráter de ação para determinar a aquisição sem pagamento de impostos. A regra do texto nem é só criadora de direito objetivo, nem precisa de regulamentação; há direito subjetivo, pretensão e ação que dela derivam". *Comentários à Constituição de 1946*. 4ª ed., Rio de Janeiro: Borsoi, 1963, tomo II, p. 120-121.

[458] TORRES, Ricardo Lobo. *Tratado...*cit., vol. III, p. 142.

[459] MOSCHETTI, Francesco. *Il principio...*cit., p. 8.

do texto do art. 53 e pelo Presidente da Comissão dos 75, que no conceito de capacidade contributiva está implícita a isenção do mínimo existencial.[460] E agrega, na mesma linha:

> Tuttavia, il legislatore ordinario è vincolato all'osservanza di taluni limiti che discendono direttamente dell'art. 53 della Costituzione: anzitutto, egli non può orientare il proprio giudizio sulla capacità contributiva in senso tale che venga sopraffatto l'elemento economico (ad es., istituendo un'imposta che si proponga per fini fiscali, repressivi o redistributivi, di falcidiare l'intera ricchezza del contribuente); in secondo luogo, come vedremo meglio in seguito, è tenuto a rispettare il principio dell'esenzione dei redditi minimi e quello della progresività del sistema tributario.[461]

A intributabilidade abrange tanto o mínimo existencial individual como familiar: a família goza de especial proteção do Estado (CF, art. 226, *caput*), os pais têm o dever de assistir, criar e educar os filhos menores (art. 223) e mesmo o salário mínimo visa a atender as necessidades vitais básicas do trabalhador *e de sua família* (art. 7º, IV, grifamos). Se o Estado impõe aos pais o dever de assistir, criar e educar os filhos menores, não pode privá-los dos recursos mínimos necessários para tal, por via tributária.

Como quantificar o mínimo vital que não poderá ser objeto de tributação? Em princípio, a questão é posta ao exame do legislador ordinário, que procede à fixação, por exemplo, quando estabelece o limite de isenção para fins de imposto de renda.

> É chiaro anzitutto che alla discrezionalità di questo (do legislador ordinário – nota nossa) è attribuita la determinazione dei bisogni che costituiscono il cosiddetto minimo per vivere. Due sono i fattori principale che entrano in giuoco nel calcolo in esame: la capacità contributiva della colletività e il fabbisogno finanziario. In termini generali, possiamo dire che quanto minore è la suscettibilità di prelievo dell'economia nazionale, e quanto maggiore è all'inverso il fabbisogno finanziario, tanto più ridotti saranno i redditi ritenuti necessari all'esistenza.[462]

A discricionariedade do legislador, porém, é limitada pela eficácia que se deve reconhecer ao princípio constitucional da capacidade contributiva, como ressalva o próprio Giardina:

> La giustezza di queste osservazione (che spiegano le ragioni per le quali si giustifica la riduzione del "reddito necessario" ad una dimensione minima) non toglie però che il principio in esame non possa e non debba dispiegare una concreta efficacia. La discrezionalità del legislatore ordinario non può giungere al punto che egli possa sovvertire la regola enunciata nella Costituzione, chiamando alla contribuzione anche i titolari di un reddito dall'ammontare così modesto, che non possa definirsi neppure minimo.[463]

---

[460] *Le basi teoriche*...cit., p. 436 e 448.

[461] Idem, cit., p. 437-438. A seguir adita: "Procedendo nella precisazione della nozione costituzionale di capacità contributiva, occorre dire che non tutta la ricchezza dell'individuo esprime attitudine alla contribuizione. Alla stregua del dettato della nuova Costituzione, i mezzi economici destinati alla soddisfazione dei bisogni esistenziali devono ritenersi insuscettibili di prelievo fiscale.
Abbiano visto che il principio dell'esenzione del minimo di esistenza costituisce un necessario corollario della teoria della capcità contributiva, intesa in senso stretto". Idem, p. 447.

[462] Idem, p. 449.

[463] Idem, p. 450.

A proteção ao mínimo existencial e o princípio da não-confiscatoriedade têm pontos de contato: a tributação que incida sobre o mínimo vital pode ser confiscatória. Mas a vedação de confisco tem um âmbito de aplicação mais largo do que apenas a proteção tributária ao mínimo vital. Também o tributo que incida sobre matéria que extrapole o mínimo vital, mas, por exacerbado, restrinja além do admissível o patrimônio, a renda ou a circulação de riquezas promovida pelo contribuinte terá efeito confiscatório. Ademais, a idéia do mínimo vital só resguarda o essencial para a satisfação das necessidades do contribuinte *pessoa física* e sua família, ao passo que também a tributação incidente sobre pessoas jurídicas pode ter efeito confiscatório.

> El mínimo no imponible resguarda una cantidad mínima, esencial, *sine qua non*, para la reproducción satisfactoria de las condiciones de vida del individuo, del sujeto contribuyente, persona física. En cambio, el principio de no confiscación atiende no sólo a esa cantidad mínima, sino a una relación un tanto más amplia, que compara en medida indeterminada la renta o el patrimonio del sujeto contribuyente (que puede tanto ser persona física como jurídica, he aquí otra posible diferencia) con el monto desproporcionadamente alto de la detracción tributaria.
>
> A la comprensión de ello contribuye la idea de Casado Ollero, al decir que el mínimo no imponible y el máximo no confiscatorio son los dos carriles que delimitan la banda de flotación del tributo. De cada uno de los tributos y del sistema.[464]

Dissemos que a tributação sobre o mínimo vital normalmente tem caráter confiscatório. Poderá excepcionalmente não ter: se um tributo incidir sobre o mínimo existencial pessoal ou familiar, mas for quantitativamente baixo, cremos que não terá propriamente efeito confiscatório, pois este se liga ao aspecto quantitativo exacerbado da exigência tributária. Sua vedação constitucional vem, antes (ou mais apropriadamente, ao menos) da aplicação do princípio da capacidade contributiva, que como vimos, exige a preservação do mínimo vital, pois até este limite *ainda* não há capacidade contributiva. Como indica Spisso:

> ... el principio de capacidad contributiva no se subsume sino que complementa al de no confiscatoriedad, ya que el tributo podrá no absorber una parte sustancial de las rentas (e então não terá efeito confiscatório, ou ao menos, estará excluído do campo de aplicação preferencial do princípio da não-confiscatoriedade – nota nossa), no obstante lo cual, si incide sobre los ingresos mínimos que aseguren al individuo su subsistencia, corresponderá descalificarlo por inexistencia de capacidad económica.[465]

Em síntese, o princípio da não-confiscatoriedade é, por um lado, mais amplo que o de não-tributação do mínimo existencial: bens e rendas que superem o mínimo vital, se submetidos a tributação

---

[464] NAVEIRA DE CASANOVA, Gustavo J. *El principio*...cit., p. 350.

[465] SPISSO, Rodolfo R. *Curso*...cit., p. 242. Diferente parece ser a posição a respeito de Naveira de Casanova: "... parece que siempre que se viole el mínimo de existencia se estará produciendo una confiscación. Pero no siempre que se viole el principio de no confiscación se estará produciendo un desconocimiento igual del mínimo no imponible, pese a que frecuentemente así podría suceder". *El principio*...cit., p. 350. A nosso ver, quando se atingir o mínimo existencial, mas a tributação não for quantitativamente exacerbada, estaremos no campo da aplicação preferencial do princípio da capacidade contributiva em relação ao de não-confiscatoriedade.

quantitativamente exacerbada, caracterizarão o efeito confiscatório, constitucionalmente vedado. De outro, a tributação do mínimo vital, mas em níveis quantitativamente módicos, é questão mais apropriadamente solvida pela incidência do princípio da capacidade contributiva (e conseqüente intributabilidade do mínimo existencial) que da não-confiscatoriedade.

2.5.5. Direito de propriedade

O princípio da vedação de tributos com efeito confiscatório também se inter-relaciona com a garantia da propriedade privada. Como já vimos (nº 2.4.1, nesta 1ª Parte), autorizada doutrina, nacional e estrangeira (Ricardo Lobo Torres, Ives Gandra da Silva Martins, Palao Taboada, Diva Malerbi, Roque Carrazza, entre outros) identifica o princípio de não-confiscatoriedade com a garantia da propriedade privada, para alguns mesmo simples reiteração desta,[466] ou um seu subprincípio. Para isto é necessário, no mínimo, expandir o conceito de propriedade, para abarcar também a renda, como explicitamente faz Diva Malerbi.[467]

Para nós, nas colisões entre o princípio constitucional de garantia da propriedade privada e outros princípios objeto de igual proteção constitucional (como erradicação da pobreza e marginalização e redução das desigualdades sociais, expressos no art. 3º, III, da CF, e que constituem objeto do princípio do Estado Social, expresso em outras Cartas Constitucionais), o princípio do não-confisco atua como norma de colisão. Sua incidência permitirá a realização da respectiva ponderação e a solução do conflito de normas, determinando até que ponto é possível restringir o direito de propriedade para fomentar o objetivo de redução das desigualdades sociais, por exemplo. Além daquele ponto de restrição do direito de propriedade, a tributação terá efeito confiscatório.

É certo que tribunais como a Corte Suprema de Justicia de la Nación argentina, em inúmeras decisões da chamada "família" sobre não-confiscatoriedade, e o Tribunal Constitucional Federal alemão, na decisão de 22 de junho de 1995,[468] fundamentaram decisões que

---

[466] PALAO TABOADA, Carlos. *La protección...*cit., p. 319.

[467] *In* MARTINS, Ives Gandra da Silva (Coord.). *Direitos fundamentais...*cit., p. 157.

[468] BVerfGE 93, 121. A decisão se fundou, entre outras premissas em que "o direcionamento das posições de direito sobre valores patrimoniais para o proprietário e a essência da propriedade devem ser conservados" pelo que "o imposto patrimonial deve ser dosado de tal forma que não interfira na essência do patrimônio, o patrimônio original, na sua atuação paralela com outras tributações e possa ser pago com os possíveis rendimentos (rendimentos brutos). De outra maneira a tributação sobre o patrimônio resultaria lentamente em um confisco, que tributaria os contribuintes excessivamente e influenciaria fundamentalmente sobre as suas condições patrimoniais". [BVerfGE 93, 121 (136)].

invalidaram exigências tributárias, por confiscatórias, na proteção do direito de propriedade.[469] A explicação mais simples para tal é que assim fizeram porque as Constituições respectivas não contêm norma expressa de proibição de tributos com efeito confiscatório, mas apenas de garantia do direito de propriedade. Se olharmos mais de perto as construções jurídicas respectivas, veremos que as mesmas (implicitamente, na generalidade dos casos) procederam a ponderações entre o direito de propriedade e outros direitos igualmente garantidos pelo ordenamento constitucional. Assim, sustentou em decisões mais recentes a Corte Suprema argentina:

> Si bien la inconstitucionalidad de los impuestos por su monto procedería cuando aniquilasen la propiedad o su renta en su sustancia, el control de constitucionalidad en el punto, aunque debe preservar el derecho de propiedad en sentido lato, *encuentra fundamento en la relación que tal derecho – cuya función social se ha de tener presente – se halla con la medida de la obligación de contribuir a las necesidades comunes que puede imponerse a sus titulares por el hecho de serlo*.[470]

No caso da decisão citada do Tribunal Constitucional Federal alemão, aparece de forma mais explícita no voto vencido do juiz Böckenförde que, como já visto (nº 1.5.4, nesta 1ª Parte), chegou a diferente resultado que a maioria, ao proceder a esta ponderação:

> A abolição de impostos patrimoniais verdadeiros através de sua caracterização como impostos sobre os rendimentos brutos atinge o Estado Social de Direito num ponto central. Ela tolhe sensivelmente o potencial estatal para possibilidades de correção social, em comparação com a autonomia das mudanças no desenvolvimento da sociedade.[471]

Comentando exatamente esta decisão e procedendo à crítica da forma como procederam à ponderação tanto a maioria quanto Böckenförde, anotou Alexy:

> ¿Debe el patrimonio sujeto en su totalidad a gravamen someterse a la política tributaria hasta el límite de la estrangulación, como parece sugerir Böckenförde? Esto significaría no tomarse lo suficientemente en serio la garantía de la propiedad del artículo 14 LF. ¿Debe, por otra parte, quedar absolutamente exenta la sustancia del patrimonio una vez adquirido – prescindiendo de situaciones de emergencia nacional como las posteriores a 1918 y 1945 [BVerfGE 93, 121 (138 s.)] – quedando, pues, en rigor excluidos definitivamente cuando éstos se imponen directamente a partir de consideraciones de justicia social? Esto significaría tornarse demasiado a la ligera el principio del Estado social regulado en los artículos 20.1 y 28.1 frase 1 LF, así como el de la función social de la propiedad reconocido en el artículo 14.2 LF.[472]

Qual das formas de efetuar a ponderação atingiu o resultado correto é, para este fim, o que menos importa. O importante é que, embora fundando sua decisão, quanto a este tema, na proteção ao

---

[469] Para isto, a Corte Argentina teve de alargar bastante o significado da expressão propriedade, para abarcar todos os direitos apreciáveis, oponíveis *erga omnes*, que o homem possa ter fora de sua vida e propriedade.

[470] "Martín Bosco Gómez Alzaga c. Provincia de Buenos Aires y otro", Fallos 322:3255 (1999). No mesmo sentido: "Luis López López y otro c. Provincia de Santiago del Estero", Fallos 314:1293 (1991).

[471] BVerfGE 93, 121 (164).

[472] *Los derechos fundamentales*...cit., p. 46.

direito de propriedade e no art. 14 da Lei Fundamental, o Tribunal efetuou, implícita ou explicitamente (no voto vencido ela aparece de forma expressa), ponderação entre direito de propriedade e Estado Social, por exemplo. A norma de colisão a embasar a solução de tal conflito foi o princípio de não-confiscatoriedade. Este, embora não expresso no respectivo texto constitucional, resulta como exigência lógica da colisão entre fins que se pretende promover através dos recursos carreados pela exação tributária e garantia do direito de propriedade. A maioria e o voto vencido divergem sobre onde colocar a linha demarcatória da restrição máxima admissível ao direito de propriedade, para alcançar os fins visados pelo legislador, ao criar a imposição tributária. Esta linha (ainda que não se logre definir com precisão sua exata posição), todavia, existe: é a proibição de tributo com efeito confiscatório, que pode ser disposição constitucional expressa (em constituições como a brasileira, espanhola, peruana, venezuelana) ou implícita, como decorrência lógica de disposições constitucionais que assegurem o direito de propriedade e, com igual intensidade, princípios com ele potencialmente colidentes, como Estado social, função social da propriedade, busca de igualdade real, redução de desigualdades materiais, etc.

2.5.6. Livre exercício profissional e livre iniciativa

O princípio do livre exercício profissional, previsto na Constituição Federal, art. 5°, XIII ("é livre o exercício de qualquer trabalho, ofício ou profissão, atendidas as qualificações profissionais que a lei estabelecer"), ou da livre iniciativa (CF, art. 1°, IV e 170, *caput*), da mesma forma que o direito de propriedade, podem entrar em colisão com outros princípios que também são objeto de proteção constitucional, como os já referidos de Estado social, função social da propriedade, direitos sociais à educação, saúde, trabalho, moradia, lazer, segurança (CF, art. 6°), à melhoria da condição social dos trabalhadores (CF, art. 7°, *caput*).

A tributação que vise a fomentar tais princípios concorrentes poderá limitar o livre exercício profissional ou a livre iniciativa. Tal poderá ocorrer inclusive com a tributação indireta ou sobre consumo se esta onerar de tal forma os produtos que dificulte gravemente sua produção ou comercialização. O princípio do não-confisco aplicar-se-á, ainda aqui, como norma de colisão para solucionar tais conflitos. Determinará até que ponto os princípios do livre exercício profissional ou da livre iniciativa podem ser objeto de restrição por medidas tributárias que visem à promoção dos fins vinculados aos princípios concorrentes. Até o limite de restrição admissível, haverá tributação legítima; além dele, utilização de tributo com efeito confiscatório.

2.5.7. Estado Social e Democrático de Direito

Aqui, as expressões utilizadas variam nos diversos textos constitucionais. Assim, na Alemanha, a Lei Fundamental utiliza a expressão "Estado de Direito republicano, democrático e social",[473] referindo-se à organização dos Estados federados (Lander) e "Estado federal, democrático e social" no art. 20, § 1º.

Na Espanha, diz o art. 1º que o país se constitui em "Estado social y democrático de derecho". As Constituições do Brasil (art. 1º) e da Polônia (art. 2º) utilizam a forma "Estado Democrático de Direito". Já as de São Tomé (art. 6º), Cabo Verde (art. 2º) e República Tcheca (art. 1º) valem-se da expressão "Estado de Direito Democrático", também adotada pela Constituição portuguesa no art. 2º, na Revisão Constitucional de 1982 (no texto original, a expressão "Estado de direito democrático" só constava do preâmbulo; no corpo da Constituição, apenas havia referência a "legalidade democrática"). As Constituições da Bulgária e Romênia adotam a expressão "Estado Democrático, de Direito e social" nos Preâmbulos, e a da Colômbia refere-se a Estado social de direito, no art. 1º. A Constituição paraguaia menciona que se constitui em "Estado social de direito" (art. 2º). Já a Constituição da República da Guiné-Bissau, no art. 3º, usa a fórmula "Estado de democracia constitucionalmente instituída".[474]

As fórmulas lingüísticas variam, mas o Estado de Direito contemporâneo tem como dimensões essenciais, além da constitucionalidade (que incorpora a exigência de controle jurisdicional ou jurisdicionalizado da constitucionalidade das leis[475]) e democracia, a existência de sistema de direitos fundamentais (que incluem não só direitos a prestações negativas – os clássicos direitos individuais, mas também a prestações positivas) e a socialidade.

Ainda que no texto constitucional brasileiro, a expressão utilizada tenha sido "Estado Democrático de Direito", sem (*aqui, na expressão*) o qualificativo "social" adotado em outras cartas, a dimensão de socialidade está claramente presente na Constituição brasileira. Nos arts. 6º e 7º, há vasta normação dos direitos sociais, lá expressamente mencionados aqueles à educação, saúde, trabalho, moradia, lazer, segurança, previdência social, proteção à maternidade e à infância, assistência aos desamparados (art. 6º) e amplo rol de direitos sociais dos trabalhadores (art. 7º), que incluem inúmeras ações estatais positivas.

---

[473] No processo de elaboração da Lei Fundamental, a expressão teve por origem proposta do deputado social-democrata Carlo Schmidt.

[474] É significativo que o texto da Carta guinense anterior à reforma de 1993 mencionava "Estado de democracia nacional revolucionária".

[475] MIRANDA, Jorge. *Manual de direito constitucional*. 3ª ed., Coimbra: Coimbra ed., 2000, tomo IV, p. 198.

Indubitavelmente, a expressão Estado Democrático de Direito é amplíssima. Não pode ser mera concepção formal, no sentido que Pontes de Miranda atribui à palavra democracia, ou seja, forma de governo na qual o povo, detentor primário e originário do poder, se auto-ordena a ordem jurídica, diretamente ou por meio de representantes que escolhe periodicamente (cf. Democracia, Liberdade e Igualdade (Os Três Caminhos), 2ª ed., São Paulo, Saraiva, 1979, p. 140-146). Ao lado da forma (primado da lei), estão outros dados necessariamente integrantes do conceito constitucional, como a estrutura econômica e social, o desenvolvimento, a justiça e a igualdade, enfim, metas a alcançar e os meios materiais utilizáveis. Estado Democrático de Direito é antes noção de sistema político, o qual abrange não só instituições governamentais formalmente consideradas, como ainda valores e diretrizes adotados pela Constituição.

Ora, são exatamente tais valores e diretrizes, perseguidos pelo Estado Democrático de Direito, conforme art. 3º da Carta Magna, que o tornam um Estado tão caro, sendo de se esperar uma elevação da carga tributária. A norma constitucional que veda utilizar tributo com efeito de confisco coíbe os abusos, segundo as lições de Montesquieu, possíveis ou prováveis nas Repúblicas.[476]

Acrescente-se a concepção de justiça social, inerente ao Estado Social e Democrático de Direito, que inclui a utilização da tributação com o fim de promover a distribuição da renda e a redução das desigualdades, restando totalmente superada a velha máxima de Edimburgo – "leave them as you find them", expressão do liberalismo econômico, a significar que os tributos devam deixar a cada um na mesma situação de patrimônio e renda em que se encontrava antes da incidência da norma de tributação, pois "essa regra é inconciliável com os objetivos do Estado Social e Democrático da Alemanha, da Itália ou da Espanha e do Estado Democrático de Direito expresso no art. 3º da Constituição brasileira".[477]

Allo Stato *liberale* succede cosí in tutti i Paesi occidentale lo Stato *sociale* (État providence o État faustien in Francia, Welfare state in Inghilterra e Stati Uniti, sozial Staat in Germania). Corrispondentemente, alla c.d. finanza neutrale, che doveva astenersi da ogni intervento sul libero gioco delle forze economiche e che aveva come compito soltanto di assicurare la copertura delle spese pubbliche e di dividere gli oneri secondo criteri di eguaglianza prevalentemente formale, succede la c.d. finanza *funzionale* che si propone, quale secondo compito, di intervenire nel campo sociale ed economico per fini di tutela, redistribuzione, equilibrio, occupazione, sviluppo ed applica una divisioni degli oneri pubblici secondo criteri di eguaglianza sostanziale, legittimanti sovratassazioni per gli uni ed esenzioni per gli altri.[478]

O Estado Social e Democrático de Direito, por visar a atender inúmeros direitos sociais, consistentes em prestações positivas do Estado, é um Estado caro. A par disto, tem, entre seus objetivos, fomentar uma maior aproximação à igualdade social, inclusive (entre outras medidas), pelo uso da tributação com fins distributivos de renda e de redução das desigualdades materiais. Isto leva a uma elevação da carga fiscal e restrições aos direitos de propriedade, livre iniciativa e disponibilidade de renda auferida por contribuintes.

---

[476] DERZI, Misabel Abreu Machado. Nota de atualização a BALEEIRO, Aliomar. *Limitações*...cit., p. 571.

[477] Idem, p.540.

[478] MOSCHETTI, Francesco. *Il principio*...cit., p. 242, grifos do original.

A reação contra a elevação da carga fiscal decorrente tem sido crescentemente sentida. Na verdade, permanece a demanda por prestações positivas estatais, como forma de satisfação dos direitos fundamentais sociais, mas cresce a resistência da sociedade a arcar com os custos decorrentes.

Interpretando esta resistência, potencializada por setores políticos conservadores, Clarence B. Carson relembra que "Thomas Jefferson once said that what was wanted was 'a wise and frugal Government, which ... shall not take from the mouth of labor the bread it has earned'".[479]

Por certo, o axioma tinha em vista outra sociedade e outro Estado (com restritíssimos traços de socialidade), e, de qualquer forma, a ênfase da figura de linguagem hoje é protegida pelo reconhecimento da intributabilidade do mínimo vital.

Mas há um limite além do qual as necessidades orçamentárias para atingir os fins do Estado Social não podem restringir os direitos de propriedade, livre iniciativa ou disposição pelo particular da renda gerada. Estes princípios e o princípio do Estado Social freqüentemente entram em colisão. A solução de tais colisões se dará pela aplicação da norma de colisão que consiste no princípio do não-confisco. Não é, frisamos, simples norma de proteção adicional ao direito de propriedade, que se assim fosse teria de sempre ter preferência, o que o converteria em direito absoluto (quando nos ordenamentos modernos, especialmente com o fenômeno da releitura do direito privado, à luz dos princípios fundamentais consagrados nas Constituições, encontra-se fortemente limitado e impõe inúmeros deveres correspondentes) e aniquilaria os princípios concorrentes (especialmente o Estado Social), pois um princípio que nunca tem preferência diante de outro sequer constitui um direito.[480] A linha por onde passa o princípio do não-confisco e delimita a preferência de um ou outro dos princípios em conflito (propriedade privada e Estado Social, por exemplo) é indeterminada (ou, ao menos, de difícil determinação), pois não será consensual.[481] Mas talvez se possa (este, o objetivo do presente trabalho) esboçá-la, de forma coerente com a concepção de organização social, política e econômica predominante em determinada sociedade e tempo histórico,

---

[479] The power to tax is the power to destroy. In *Taxation*...cit., p. 184.

[480] "Podemos definir o peso de um direito, admitindo que ele não é absoluto, como sua capacidade de suportar tal concorrência ... não chamaremos de direito qualquer objetivo político, a menos que ele tenha certo peso contra as metas coletivas em geral". DWORKIN, Ronald. *Levando*...cit., p. 144.

[481] "... cualquiera que conozca la historia de la lucha por la justicia tributaria como parte de la lucha por la justicia social puede comprender que el debate nunca desembocará en un punto en que se alcance de una vez por todas la certeza y la aprobación general". ALEXY, Robert. *Los derechos fundamentales*...cit., p. 46.

tornada vinculante por sua constitucionalização, e com a história institucional do respectivo sistema jurídico.

2.5.8. Boa-fé

O princípio da boa-fé tem suas origens e desenvolvimento no direito privado. Na sua função clássica, correspondia à boa-fé subjetiva (crença subjetiva da parte ou contratante de que seus atos e declarações são conformes à verdade e ao direito). Hoje, porém, maiores são as conseqüências extraídas do princípio da boa-fé objetiva: dever de conduta cooperativa dos envolvidos, a impor, a cada um deles, agir, desde o início (mesmo nas tratativas preliminares) da relação, passando pelo seu desenvolvimento e até o adimplemento,[482] com consideração aos interesses do outro contratante, de maneira a permitir-lhe obter a utilidade visada na relação obrigacional.

O princípio logrou positivação, como cláusula geral, no art. 242 do B.G.B: "o devedor deve cumprir a prestação tal como o exige a boa-fé, com consideração pelos costumes do tráfego jurídico". No Brasil, embora sem previsão expressa no Código Civil de 1916, vinha tendo sua operatividade reconhecida pela doutrina e pela jurisprudência,[483] e veio explicitado no novo Código Civil (art. 422): "Os contratantes são obrigados a guardar, assim na conclusão do contrato, como em sua execução, os princípios de probidade e boa-fé".

É a fórmula encontrável nas expressões "treu und glauben" (expressamente utilizados no § 242 do B.G.B): lealdade e crença, que se referem a estados humanos objetivados,[484] que têm também aplicação no direito público.[485] Assim, na relação obrigacional tributária, ao Fisco e contribuinte aplicam-se as regras (derivações da boa-fé objetiva) da proibição de "venire contra factum proprium" e do "tu quoque",[486] por exemplo:

---

[482] Assim, como ensinava Clóvis do Couto e Silva, a obrigação deixa de ser algo a ser satisfeito ou cumprido em momento determinado, mas que "vista como processo, compõe-se, em sentido largo, do conjunto de atividades necessárias à satisfação do credor", na qual "a concepção finalística, que permite definir a relação jurídica como processo, polariza o vínculo endereçando-o ao adimplemento". *A obrigação como processo*. Porto Alegre: Emma, 1964, p. 10 e 174.

[483] "No Direito brasileiro, poder-se-ia afirmar que, se não existe o dispositivo legislativo que o consagre, não vigora o princípio da boa-fé no Direito das Obrigações. Observa-se contudo ser o aludido princípio considerado fundamental, ou essencial, cuja presença independe de sua recepção legislativa". COUTO E SILVA, Clóvis do. O princípio da boa-fé no direito brasileiro e português. In *Estudos de direito civil brasileiro e português. (I Jornada luso-brasileira de direito civil)*. São Paulo: Revista dos Tribunais, 1980, p. 61.

[484] CORDEIRO, Antonio Manuel Menezes. *Da boa-fé no direito civil*. Coimbra: Almedina, 1989, tomo I, p. 167.

[485] BOEHMER, Gustav. *El derecho a través de la jurisprudencia – su aplicación y creación*. Trad. de José Puig Brutau. Barcelona: Bosch, 1959, p. 245 e ss. GONZÁLES PÉREZ, Jesus. *El principio general de la buena fe en el derecho administrativo*. 4ª ed., Madrid: Civitas, 2004, p. 15 e ss.

[486] Sinteticamente tanto o "venire" quanto o "tu quoque" são aspectos da teoria dos atos próprios, segundo a qual a ninguém é lícito fazer valer um direito em contradição com sua conduta anterior. A regra do "tu quoque' significa não poder um dos participantes da relação

Não podemos deixar de mencionar, ainda, *o princípio da boa-fé*, que impera também no Direito Tributário. De fato, ele irradia efeitos tanto sobre o Fisco quanto sobre o contribuinte, exigindo que ambos respeitem as conveniências e interesses do outro e não incorram em contradição com sua própria conduta, na qual confia a outra parte (proibição de venire contra factum próprio).[487]

A relação jurídica tributária é uma relação obrigacional (embora independa do concurso de vontades, pois seu conteúdo decorre da lei); por isto, ambos os sujeitos (ativo e passivo) devem agir com lealdade e boa-fé, com consideração aos legítimos interesses do outro participante da relação. No que pertine ao tema de nosso estudo, ao utilizar tributo com efeito de confisco, o sujeito ativo da relação jurídica tributária não estaria atendendo às exigências da boa-fé objetiva: não agiria com consideração aos legítimos interesses e expectativas do contribuinte, de só ser taxado razoavelmente, dentro dos limites de restrição aceitáveis a direitos seus constitucionalmente protegidos, como o direito de propriedade, de disposição da renda auferida, de livre iniciativa ou exercício profissional.

O princípio da proibição de utilização de tributo com efeito confiscatório tem seu próprio âmbito de aplicação: relaciona-se, porém, como exposto neste item, com vários outros princípios jurídicos tributários (ou com aplicação no âmbito tributário), podendo várias situações concretas propiciarem sua aplicação concomitante com, ou complementar a, estes outros princípios.

---

jurídica desrespeitar um comando e depois exigir seu cumprimento pela contra-parte. Já a proibição do "venire contra factum proprium" significa não poder alguém exercer uma posição jurídica de forma contraditória com seu próprio comportamento anterior. A respeito, amplamente, CORDEIRO, Antonio Manuel Menezes. *A boa-fé*...cit., tomo II, p. 742-770 e 837-852.

[487] CARRAZZA, Roque Antônio. *Curso*...cit., p. 396, grifos do original.

2ª PARTE

Âmbito de Aplicação Concreta da Proibição de Tributos Confiscatórios

2ª PARTE

1. Sua Aplicação às Diversas Espécies Tributárias

Após analisar o instituto da proibição da utilização de tributos com efeito confiscatório e sua evolução, a espécie de norma de que se trata, sua finalidade e relação com outros princípios constitucionais tributários, nesta segunda parte buscamos estudar, mais concretamente, o âmbito concreto de sua aplicação (a quais espécies tributárias é aplicável, se a cada tributo ou ao conjunto do sistema) e desvendar as soluções para dar-lhe efetividade e quantificação, procurando assentar, à luz da argumentação prática racional, das idéias econômicas, políticas e sociais preponderantes em nossa sociedade e da história institucional do sistema jurídico, os resultados das soluções de colisões de princípios que se podem racionalmente estabelecer, pela aplicação da norma de colisão da vedação de utilização de tributos com efeito confiscatório, e as regras (no sentido de normas jurídicas que constituem mandamentos definitivos e com maior grau de determinação), que assim se definirão.

Para tanto, iniciaremos examinando as várias espécies tributárias e se lhes é aplicável, e em que termos, o princípio da não-confiscatoriedade.

1.1. IMPOSTOS

Segundo Aires Barreto, podem ser confiscatórios os impostos sobre o *patrimônio* e a *renda*. Os demais impostos (sobre circulação de riquezas) não podem ser confiscatórios exceto se, por determinação legal, à base de cálculo, que é o preço, não puder ser incorporado o imposto, ou se a base de cálculo for uma grandeza qualquer, só apurável após a determinação do preço, como é o caso, por exemplo, da receita bruta.

<small>Sintetizo as minhas teses:
1 – Penso que podem ser confiscatórios os impostos sobre o patrimônio – quer considerados na sua perspectiva estática (propriedade imobiliária), quer na sua perspectiva dinâmica (transmissão de propriedade imobiliária) – e o imposto sobre a renda.</small>

2 – Penso que os demais impostos, como regra, não são confiscatórios. Excetuo as seguintes hipóteses:
2.1. Quando tenham por grandeza dimensível, com perspectiva dimensível, um critério de valoração que seja obtenível (que só seja determinável após a apuração do preço). Exemplifico: um imposto cuja base de cálculo seja a receita bruta pode proporcionar o confisco, porque não há como absorver esse valor no preço dos bens. Deveras, receita bruta será sempre o resultado da soma dos meus preços. Então, não adianta elevar os preços, porque sempre se seguirá a inexorável elevação da receita bruta. Nesse caso, o imposto poderia ser confiscatório.
2.2. A outra exceção, a possibilitar que o imposto fosse confiscatório, envolve aquelas situações em que a base de cálculo é o preço (dos produtos, mercadorias ou de outros bens), mas a esse preço não possa (por determinação legal) ser incorporado o imposto. Então, se não se pode incorporar o imposto ao preço, pode esse tributo vir a ser confiscatório.
Retomando a classificação teríamos uma grande divisão:
a) poderiam ser confiscatórios os impostos sobre o patrimônio, estática e dinamicamente considerados, e os impostos sobre a renda;
b) os demais impostos não podem ser confiscatórios, salvo
b.1) se o preço não puder ser contido na base de cálculo; ou
b.2) se for uma grandeza qualquer, só apurável (determinável, encontrável) após a apuração do preço, como é o caso, por exemplo, da receita bruta.[488]

Douglas Yamashita sustenta uma aplicabilidade mais ampla do princípio em relação aos diversos tipos de impostos:

> Para ter efeito de confisco um imposto deve incidir diretamente sobre a renda, o patrimônio (renda acumulada) ou o consumo (renda dispendida). Por isso, temos que distinguir os impostos diretos dos indiretos. Em tese, todos os impostos diretos (impostos sobre a renda, a propriedade em si e sua transmissão) podem ter efeito de confisco. Já os impostos indiretos (IPI, ICMS, ISS) se excessivamente altos podem provocar duas situações distintas. O preço do produto é encarecido tanto pelo imposto que não é vendido. Assim, o fato gerador nunca ocorre, não havendo que se falar em confisco. Já se apesar dos altos impostos, o vendedor abaixa o preço, consegue vender suas mercadorias. Contudo seu lucro é inteiramente consumido por tais impostos, que então têm efeito de confisco.[489]

Para nós, quaisquer impostos, em tese, podem ter efeito confiscatório.[490] Este é mais facilmente visualizável – e mais facilmente encontráveis regras para sua identificação – no caso de impostos sobre o patrimônio e a renda. Mas também pode ocorrer nos impostos sobre circulação de riquezas. Aqui, por vezes, são mais complexos os conflitos de princípios, por exemplo, no caso da tributação extrafiscal (é o caso da seletividade no ICMS e no IPI, ou de estímulo à indústria nacional, no imposto de importação), em que se admitem maiores graus de restrição ao princípio da livre iniciativa, *verbi gratia*. Assim, aceitam-se altas alíquotas de imposto de importação, IPI e ICMS. Isto não quer dizer que, a partir de um ponto e em determinadas hipóteses, tais tributos não possam ter efeito confiscatório (mesmo que não

---

[488] BARRETO, Aires. *Vedação*...cit., p. 102.

[489] *In* MARTINS, Ives Gandra da Silva (Coord.). *Direitos fundamentais*...cit., p. 689-690.

[490] Embora a matéria, de nosso ponto de vista, careça de algumas precisões, o XXV Simpósio Nacional de Direito Tributário concluiu, nesta linha, que "o efeito confisco pode ocorrer com qualquer tributo e em todas as situações". MARTINS, Ives Gandra da Silva (Coord.). *Tributação*...cit., p. 421.

impeçam a venda do produto ou não absorvam todo o lucro – as hipóteses de efeito confiscatório nestes impostos são mais amplas que as apontadas por Yamashita). Parece fora de dúvida que uma incidência de ICMS ou IPI de 100% sobre produtos da cesta básica ou sobre medicamentos indispensáveis à vida de pacientes teria efeito confiscatório. Mesmo que possam ser incorporados aos preços e que o consumidor os compre porque deles não possa prescindir, o sacrifício a ele imposto não será razoável, e a intensidade da restrição a seu direito fundamental (à alimentação e à vida, nos exemplos dados) não se justifica mesmo face aos fins que possam ser fomentados com os recursos hauridos, já que tais objetivos poderiam ser promovidos por meios menos gravosos. Ademais, estar-se-ia lesionando outro princípio constitucionalmente consagrado, de proteção ao consumidor (CF, art. 5º, XXXII).

Vejamos, em maior detalhe, a possibilidade de caracterização do efeito confiscatório com relação aos diversos impostos existentes em nosso sistema tributário.

1.1.1. Imposto sobre a renda

Há praticamente consenso de que o imposto sobre a renda pode assumir efeito confiscatório. Nas hipóteses, mais extremas, ninguém o negaria, como naquela figurada pelo Tribunal Constitucional espanhol:

> Es evidente que el sistema fiscal tendría dicho efecto si mediante la aplicación de las diversas figuras tributarias vigentes, se llegara a privar al sujeto pasivo de sus rentas y propiedades, con lo que además se estaría desconociendo, por la vía fiscal indirecta, la garantía prevista en el art. 33.1 de la Constitución: como sería asimismo, y con mayor razón, evidente el resultado confiscatorio de un Impuesto sobre la Renta de las Personas Físicas cuya progresividad alcanzara un tipo medio de gravamen del 100 por 100 de la renta.[491]

A própria Corte refere, logo a seguir, tratar-se tal caso de um "límite absoluto" e uma "evidencia aritmética".[492] Será necessário chegar a este extremo para que o imposto de renda tenha efeito confiscatório?

Nosso Supremo Tribunal Federal, na ADIn 2.010-2/DF, considerou confiscatória a incidência conjunta do imposto de renda de pessoa física (cuja alíquota alcança, na faixa mais alta da tabela progressiva, 27,5%) e da contribuição previdenciária majorada, exigida dos funcionários públicos federais pelo art. 2º da Lei 9.783/99 (que poderia chegar a 25%), pois a soma das duas incidências (mesmo considerada a redução da alíquota global, pela incidência de alíquotas menores nas

---

[491] Sentencia 150/90. Disponível em http//:www.tribunalconstitucional.es. Acesso em 15.03.2005.
[492] Idem.

primeiras faixas das respectivas tabelas progressivas) se aproximava de 50% dos vencimentos dos contribuintes a elas sujeitos.[493] Por isto, o STF suspendeu a vigência do art. 2º da Lei 9.783/99, que acrescia, em caráter temporário, adicionais à contribuição previdenciária, majoração tributária instituída por último. E o Ministro Marco Aurélio apontou: "Chegam-se, praticamente, a 50% (cinqüenta por cento). Vamos exigir mais para concluir pela configuração do confisco; vamos exigir 100% (cem por cento)? Só se for para deixar totalmente à míngua os servidores".[494]

Já o Tribunal Constitucional Federal alemão, na decisão de 22-06-1995 sobre o imposto patrimonial, estabeleceu:

> O imposto sobre o patrimônio só pode ser acrescentado aos demais impostos sobre a renda, quando a carga tributária total sobre o rendimento bruto permanecer próxima de uma divisão meio a meio entre o Poder Público e a utilização privada da renda, observando-se de forma padronizada, receitas, despesas dedutíveis e outros abatimentos.[495]

A decisão, como já visto, fundou-se no art. 14, nº 2, da Lei Fundamental, aduzindo-se:

> O legislador pode proteger esse limite máximo de tributação com a aplicação de redutores na base de cálculo dos rendimentos (por exemplo, as despesas existenciais e normas de proteção ao lucro da lei de imposto de renda, o conceito de patrimônio para fins tributários...) e assim calcular a alíquota de forma padronizada, *de maneira que este limite máximo seja respeitado na ação conjunta dos redutores e das alíquotas*.[496]

As alíquotas podem, pois, ser superiores, desde que a tributação global se circunscreva a um limite próximo da divisão meio a meio entre os rendimentos colhidos pelo Poder Público via tributação e aqueles que remanescem para utilização particular do detentor da renda, pela utilização de outros recursos técnicos como reduções da base de cálculo, deduções etc.

Partindo-se dos parâmetros postos por cada um dos Tribunais, de que a soma do imposto de renda com a contribuição previdenciária é confiscatória se restar próxima a 50% da renda do contribuinte, e que a soma do imposto de renda com os demais tributos não poderá ultrapassar uma divisão meio a meio entre o poder público e a utilização pelo particular (não poderá exceder significativamente 50% dos rendimentos brutos dos contribuintes – a alíquota até poderá ser superior, desde que o limite máximo seja respeitado pela ação combinada de

---

[493] "Estou em que se se somar o imposto de renda com a contribuição de que ora se cuida, o servidor terá de pagar, aproximadamente, 47% (quarenta e sete por cento) do que recebe. É por isso que o caráter confiscatório transparece no conjunto formado por essas duas taxações. Se o imposto de renda fosse objeto de julgamento agora, ter-se-ia que levar em conta a contribuição, visto que os dois tipos compõem o total que alcança o confisco, que me parece ser a hipótese em exame". Voto do Min. Maurício Correa na ADIn 2.010-2/DF (DJU de 12.04.2002).

[494] Voto do Min. Marco Aurélio. ADIn 2.010-2/DF, cit..

[495] BVerfGE 93, 121.

[496] BVerfGE 93, 121 (137), grifo nosso.

alíquotas, reduções da base de cálculo e deduções), parece razoável propor que a incidência isolada do imposto de renda não poderá ultrapassar o limite de 33% dos rendimentos brutos, sob pena de restar caracterizada sua utilização com efeito de confisco, buscando-se o parâmetro na tradicional jurisprudência argentina (embora esta se refira, de forma geral, ao imposto territorial ou sucessório).

Sampaio Dória acoima a fixação de percentual em tais patamares de fórmula "transparentemente empírica, gratuita, e até cabalística".[497]

Certamente qualquer percentual determinado poderá ser considerado "cabalístico". Sempre haverá a situação de 0,1% a mais ou a menos; por mais que se procure deixar imprecisa a linha divisória (por exemplo, "próxima de uma divisão meio a meio"), em algum lugar a linha demarcatória entre o legítimo e o confiscatório terá que se situar e sempre restará a questão das pequenas diferenças, ou da gota que faz o cálice transbordar.

No entanto, a quantificação proposta harmoniza-se com as decisões aqui examinadas. A incidência conjunta do imposto de renda e da contribuição previdenciária dos servidores da União terá efeito confiscatório se próxima de 50% dos rendimentos destes, julgou o STF. Como a contribuição previdenciária correspondente é de 11% (e, por emenda constitucional, embora de discutível compatibilidade com o princípio federativo, a alíquota daquela a cargo de servidores dos Estados, do Distrito Federal e dos Municípios sequer pode ser inferior "à da contribuição dos servidores titulares de cargos efetivos da União"- art. 149, § 1º, com a redação da Emenda Constitucional nº 41), já com a incidência do imposto de renda no patamar máximo proposto, alcançar-se-ia, na incidência conjunta, 44%. Uma tributação superior certamente se avizinharia da metade dos rendimentos, patamar considerado consficatório pelo STF na decisão examinada.

Também, se o Tribunal Constitucional Federal alemão decidiu que os tributos só podem incidir sobre rendimentos (reais ou potenciais), e a carga tributária total sobre os rendimentos brutos deve permanecer próxima de uma divisão meio a meio entre o Poder Público e o

---

[497] *Direito*...cit., p. 196. Tal ocorreria por ser tal fixação "divorciada da realidade e das lições da economia. Impostos há que atingem alíquotas de 90 e até 100% sobre a renda, normal ou extraordinária, sem o aniquilamento da fonte produtora. O imposto de renda brasileiro (à época – nota nossa) já alcança 65%, e quer nos parecer que ainda não foi acoimado de confiscatório". Idem. O problema, porém, como já foi apontado, não se situa só nas alíquotas, mas no resultado final da tributação, consideradas alíquotas, reduções de base de cálculo, intensidade da progressividade e outras variáveis, relevando não a alíquota em si, mas o resultado final de tributação. Hoje, uma alíquota de 65% do imposto de renda brasileiro, com a drástica redução de abatimentos e deduções, resultante das alterações procedidas na respectiva legislação, certamente teria efeito confiscatório, como aliás, já proclamou o STF na ADIn 2.010-2/DF, quando considerou confiscatória a incidência conjunta de imposto de renda e contribuição previdenciária que se aproximava de 50% dos rendimentos (sequer atingia 50%, inferior evidentemente aos 65% mencionados).

particular detentor da renda, é compatível com a argumentação racional admitir-se que se o imposto de renda, isoladamente, alcançar mais de 33% dos 50% totais permitidos, excessivamente reduzido ficará o campo de incidência dos demais tributos, especialmente em se tratando de Estado federal.

Por certo, todas estas quantificações correspondem ao nível (máximo, no caso) de admissibilidade da tributação em uma sociedade determinada. Não há dúvida de que a tributação é admitida em patamares mais expressivos no Estado Social e Democrático de Direito que no Estado liberal clássico. O limite proposto (embora tenha se utilizado, para fins de argumentação, de decisão colhida na jurisdição constitucional alemã) teve em mira a situação da sociedade e o ordenamento constitucional brasileiros, suas carências, necessidades, objetivos constitucionalmente acolhidos e nível de prestação dos respectivos serviços públicos.

Em síntese, o princípio da vedação de tributo com efeito de confisco aplica-se ao imposto de renda. A nosso ver, nas concretas condições sociais, econômicas e constitucionais hoje vigentes, em nossa sociedade, este efeito se configura se sua incidência ultrapassar o percentual de 33% sobre os rendimentos brutos do contribuinte.

Este limite aplica-se tanto à tributação das pessoas físicas como jurídicas, entendendo-se, no caso destas, como incidindo o percentual sobre o respectivo lucro, que é o "rendimento" por elas gerado.

1.1.2. Impostos reais: ITR, IPTU, IPVA

Estamos agora no campo dos impostos patrimoniais. Foi em relação ao imposto imobiliário incidente sobre imóveis rurais que a CSJN argentina desenvolveu sua conhecida jurisprudência de que a tributação não poderia ultrapassar 33% dos rendimentos potenciais do imóvel, assim entendidos aqueles que poderiam ser obtidos com correta exploração razoável da propriedade, consistente no emprego de todas as possibilidades ao alcance das pessoas dedicadas a tal trabalho, inclusive com a incorporação dos capitais necessários.

O Tribunal Constitucional Federal alemão considerou, na decisão já citada, que o imposto sobre patrimônio deve ser quantificado de forma que possa ser pago com os possíveis rendimentos advindos do bem (preservando a essência da propriedade) e que, ainda assim, o conjunto da carga tributária (incidência do imposto sobre o patrimônio após os demais impostos que incidem sobre tais rendimentos – imposto sobre a renda e indiretos) não poderia superar aproximadamente 50% destes possíveis rendimentos.

> O imposto patrimonial deve ser dosado de tal forma que não interfira na essência do patrimônio, o patrimônio original, na sua atuação paralela com outras tributações e possa ser pago com os

possíveis rendimentos (rendimentos brutos). De outra maneira, a tributação sobre o patrimônio resultaria lentamente em um confisco que tributaria os contribuintes excessivamente e prejudicaria fundamentalmente as suas condições patrimoniais.[498]

Na tradição doutrinária alemã, Hensel já ressalvara tal situação: "L'imposta sul patrimonio del Reich è concepita come tributo sul patrimonio improprio; essa deve quindi, di regola, essere sostenuta col prodotto del patrimonio e non deve condurre a prelevamenti nella sostanza patrimoniale".[499]

A questão, todavia, é controversa. Na decisão citada do Tribunal alemão, Böckenförde dissente porque

> Conforme a técnica de regulamentação e, desta forma, também conforme as suas normas internas, o imposto patrimonial está orientado para intervir no patrimônio – e não no rendimento do patrimônio – mesmo que a alíquota do imposto seja de tal forma calculada que via de regra a tributação possa ser satisfeita com o rendimento. A base de cálculo não é um rendimento bruto derivado do patrimônio, mas o patrimônio em si (§ 10 da lei de imposto patrimonial).[500]

O Tribunal Constitucional espanhol, por seu turno, ao apreciar recurso de inconstitucionalidade, imputada a dispositivos da Ley de las Haciendas Locales, entre os quais o que instituía o Imposto sobre Bens Imóveis (I.B.I.) por, no dizer dos impugnantes, "someter a tributación la mera propiedad – y no, como exclusivamente autorizaría la Norma fundamental, el rendimiento de la misma", rechaçou a impugnação, nestes termos:

> En primer lugar, es palmario que no existe precepto constitucional alguno que impida el gravamen de otra fuente o manifestación de riqueza que no sea la renta. Al contrario, el art. 31.1 C.E. vincula la contribución a las cargas públicas a la capacidad económica de los sujetos, capacidad económica que, como hemos señalado en reiteradas ocasiones, "tanto significa como la incorporación de una exigencia lógica que obliga a buscar la riqueza allí donde la riqueza se encuentra" (SSTC 27/1981, fundamento jurídico 4º; 150/1990, fundamento jurídico 9º, y 221/1992, fundamento jurídico 4º); y no hay duda de que la propiedad de un bien inmueble constituye un índice de riqueza susceptible, como tal, de imposición.[501]

Antonia Agulló Agüero afirma semelhantemente a tributabilidade do patrimônio:

> No se puede decir sin más, por ejemplo, que la prohibición de confiscatoriedad del sistema tributario equivale a prohibir la imposición sobre el patrimonio, o incluso sobre la ganancias de capital, en tanto en cuanto se considera que la renta es la única fuente de pago del impuesto que no produce confiscación; ni se puede derivar del principio la consideración de la renta como único objeto imponible. El límite de la confiscatoriedad juega también para la imposición sobre la renta, y no implica la no consideración de otras fuentes de riqueza.[502]

A questão necessita ser melhor clareada. Não é só a renda que pode constituir base imponível. O patrimônio também pode ser (não

---

[498] BVerfGE 93, 121 (137).
[499] HENSEL, Albert. *Diritto tributario*. Trad. Dino Jarach. Milano: Guiffrè, 1956, p. 384.
[500] BVerfGE 93, 121 (160).
[501] Sentencia 233/1999, de 16 de dezembro. Disponível em http://www.tribunalconstitucional.es. Acesso em 15-03-2005.
[502] *La prohibición...*cit., p. 31.

fosse assim seriam inconstitucionais todos os impostos reais – IPTU, ITR, IPVA, por exemplo), como admitiu, inclusive, a decisão já referida do Tribunal Constitucional alemão. Mas a tributação deve ser dosada ou quantificada de tal forma (pela atuação conjunta de alíquotas e bases de cálculo) que o imposto possa ser pago com os rendimentos advindos de exploração adequada e racional da propriedade, sem desfalcar sua essência. Esta é a solução do conflito entre direito de propriedade e busca da redução das desigualdades sociais (objetivo do Estado Social), que, pela atuação da norma de colisão que é o princípio da não-confiscatoriedade tributária, garante maior eficácia possível – otimização – de ambos os princípios. Protege-se o direito de propriedade, que não será desfalcado desde que o proprietário dê ao bem correta e adequada exploração, dele auferindo os possíveis rendimentos, com os quais poderá satisfazer o tributo. Otimizam-se também os fins inerentes ao princípio do Estado Social, a ele alocando os recursos decorrentes de tal tributação dos rendimentos obtidos com a correta exploração do bem.

A tributação, porém, terá que se restringir a parte dos rendimentos obtidos com a correta exploração do bem, sob pena do esforço correspondente do proprietário (que normalmente consistirá em uso da propriedade que atende à sua função social – CF, art. 5º, XXIII) reverter exclusivamente para a finalidade pública, em detrimento do detentor de propriedade, que os obteve providenciando exploração racional e de acordo com a função social, constitucionalmente exigida, de seu patrimônio.

Mais uma vez, se as Cortes constitucionais chegaram à limitação do *conjunto* da carga tributária à metade dos rendimentos, parece razoável e decorrente de argumentação racional que a incidência *isolada* de um tributo não ultrapasse, nos termos da tradicional jurisprudência da Corte Suprema argentina, 33% dos rendimentos potenciais, sempre calculados sob o padrão de uma correta e adequada exploração, inclusive com a utilização dos recursos tecnológicos disponíveis. Não será motivo para reduzir a possibilidade de tributação o fato do proprietário subutilizar o bem: neste caso, se o imposto podia ser satisfeito com aquela proporção dos rendimentos potenciais, mas não pode ser com igual parte dos rendimentos reais, pela má ou subutilização que lhe dá o proprietário, a lesão à propriedade decorrerá não da tributação, mas da má utilização, que não atende à função social, como exige o art. 5º, XXIII, da CF.

Dissemos que o parâmetro referido, de 33% dos rendimentos (potenciais), como limite máximo para cada incidência isolada, parece razoável. Mais concretamente, se analisarmos os aspectos sugeridos no nº 2.3.2 da 1ª Parte para a razoabilidade, podemos verificar que atende ao *"test of reasonableness"*, que afirmamos ser a forma de *concreção* da norma (de colisão) que proíbe a utilização de tributo com efeito de confisco. Dispensada a análise da relação meios-fins, pois a tributação, em tese, sempre será meio hábil à obtenção de recursos a serem aplicados nas finalidades do Estado Social, que são presumivelmente legítimas, uma tributação até tal nível (1) não caracteriza arbitrariedade, pois restam recursos ao menos equivalentes (considerado o conjunto da carga tributária) para uso particular; (2) corresponde a uma valoração moral, pois é eticamente sustentável uma tributação até tais parâmetros, consentânea com a capacidade contributiva de cada sujeito passivo, para atingir fins igualmente relevantes pelo prisma moral, valorados pela sociedade e merecedores de igual proteção constitucional; (3) é sustentável à luz da argumentação prática racional, pois admitida a limitação, posta por tribunais constitucionais, de que o conjunto da carga tributária deva respeitar uma divisão próxima da metade entre uso público e particular dos rendimentos, raciocínio lógico-prático, considerada a pluralidade de tributos devidos a diferentes esferas de governo em Estado federal, permitirá concluir sobre a dificuldade de alguma incidência isolada (sem excessiva redução do âmbito de incidência dos demais tributos e de ação dos outros entes federais) superar a faixa de 33%; (4) corresponde a sentimento de eqüidade diante dos padrões sociais, políticos e econômicos predominantes atualmente e (5) em razão da conjugação destes fatores, logra nível considerável de aceitação social (sopesada a medida de consenso que se pode esperar quanto à tributação, que sempre enfrenta algum nível de resistência da sociedade).

Detalhemos o exame quanto aos tributos objeto deste tópico, primeiramente com relação à tributação *com finalidade fiscal* (dois destes tributos – ITR e IPTU – têm previsão constitucional de servirem a finalidade extrafiscal, quando o limite será mais elevado).

No que se refere ao *imposto territorial rural* (ITR), a quantificação do limite parece ser de mais fácil identificação, auxiliada pela quase secular jurisprudência da CSJN argentina: 33% dos rendimentos potenciais (obtidos por correta e adequada exploração, com uso dos recursos – inclusive tecnológicos – disponíveis) da propriedade territorial rural. A determinação destes rendimentos potenciais, como repetidamente apontou a Corte Suprema argentina, é matéria de prova. Mas, como presunção relativa, podemos supor, com o auxílio de dados da experiência, que se situem em faixa próxima de 10% do valor da propriedade territorial rural (ou valor da terra nua, que é segundo a legislação vigente – Lei 9.393, de 19.12.1966, arts. 10 e 11, a base de cálculo do imposto). Assim, seria confiscatória a exigência do ITR que excedesse a 3,3% do valor da propriedade territorial rural, *em sede de tributação com finalidade fiscal*.

Concretamente, conclui-se que, nas hipóteses de tributação para fins fiscais, não é confiscatório o ITR nos níveis de tributação hoje previstos na legislação brasileira, pois o Quadro Anexo à Lei 9.393/96 (a que se remete o seu art. 11) prevê, para os imóveis com grau de utilização superior a 65% (que cumprem, pois, a respectiva função social), alíquotas não superiores a 3%.

A alíquota não é o único elemento a ser considerado na identificação do efeito confiscatório. Como já se observou, com apoio inclusive na jurisprudência do Tribunal Constitucional Federal alemão,[503] pode haver outras técnicas, como redução da base de cálculo, de modo que o "limite máximo seja respeitado na ação conjunta dos redutores e das alíquotas",[504] mesmo que a alíquota nominal seja superior. No caso de nossos impostos reais, como o ITR, a experiência também indica não ser incomum, na prática, a subavaliação da base de cálculo, o que poderia resultar em tributação final real inferior, ainda que a alíquota fosse mais elevada.

Na realidade, e tendo em conta a legislação vigente, a questão não se coloca em relação ao ITR, pois a própria alíquota, pelo menos no caso de aproveitamento de mais de 65% da área global utilizável, que é padrão aceitável da exigência constitucional de cumprimento da função social da propriedade, limita-se a 3% (independente mesmo da extensão – considerável nas faixas superiores da Tabela constante do Anexo à Lei 9.393/96).

Pode-se adotar critério semelhante para o Imposto Predial e Territorial Urbano – IPTU. A determinação dos rendimentos potenciais (que adviriam de correta e adequada exploração do imóvel) é matéria dependente de prova. Mas o indicador mais adequado parece ser o valor que se poderia obter no mercado imobiliário com a locação do bem e, também no caso de imóveis urbanos (residenciais ou comerciais), parece apropriado aceitar presunção relativa de que tal se situe na faixa anual de 10% do valor de venda do imóvel, nas condições de mercado. E razoável considerar confiscatória tributação que ultrapasse 33% destes rendimentos potenciais, ou seja, que por aplicação conjugada das alíquotas e bases de cálculo estabelecidas na respectiva legislação, supere 3,3% do valor de mercado (de venda) do imóvel, para a incidência anual do imposto.

Assim (embora as presunções aqui referidas – especialmente aquelas referentes à determinação dos rendimentos potenciais que o imóvel pode produzir – sejam relativas e possam ser objeto de prova contrária), em linha de princípio são confiscatórias as alíquotas de imposto territorial previstas na legislação do Município de Porto

---

[503] BVerfGE 93, 121, cit.

[504] BVerfGE 93, 121 (137).

Alegre para imóveis situados na 1ª Região Fiscal (hoje delimitada no art. 20, inciso I e §§ 1º, 2º e 4º da Lei Complementar Municipal nº 312, de 29 de dezembro de 1993), de 5% a 6% (art. 5º, § 3º, inciso I, da Lei Complementar Municipal nº 7, de 7 de dezembro de 1973 – Código Tributário Municipal, com a redação da Lei Complementar nº 461, de 28 de dezembro de 2000). As demais incidências do IPTU em Porto Alegre (0,85% para prédios residenciais; 1,1% para prédios não-residenciais e 1% a 3,5% para imóveis não-edificados), com exceção talvez desta última alíquota de 3,5%, em princípio, parecem não atingir efeito confiscatório. Mas alíquotas de 5% a 6%, a menos que haja redução de base de cálculo compensatória, de modo que o resultado final real em comparação com o valor do bem resulte consideravelmente minorado, caracteriza utilização de tributo com efeito de confisco. E, no particular, a base de cálculo, ao invés de reduzida, tem sido freqüentemente supervalorizada, exacerbando-se o efeito de confisco.

Por isto, o extinto Tribunal de Alçada do Rio Grande do Sul identificou concretamente efeito confiscatório com relação ao IPTU de Porto Alegre, em julgado assim ementado:

> TRIBUTÁRIO. IPTU. VALOR VENAL E VALOR DE MERCADO. NULIDADE DO LANÇAMENTO.
>
> Constatado por perícia técnica que a base de cálculo utilizada pelo Município supervalorizou os imóveis em relação aos preços de mercado, o IPTU, como calculado, acaba por ter efeito de confisco, impondo-se a decretação da nulidade de seus lançamentos.[505]

O fundamento principal da decisão é o seguinte:

> ... a diferença entre os valores venais atribuídos pelo Município aos imóveis da autora e aquele determinado pelo mercado, está plenamente demonstrada pela prova pericial acostada e como acima já referido. As diferenças beneficiam a Administração e, sem dúvida, prejudicam a demandante, resultando em excesso na tributação. Nesta medida, não resta dúvida que, cobrando a mais, a municipalidade obriga a contribuinte a entregar, sem qualquer amparo sério, parte de seu patrimônio o que se constitui em verdadeiro confisco, vedado pelo art. 150, inciso IV, da Carta Federal.[506]

A nosso ver, a superavaliação da base de cálculo sem dúvida acarreta a invalidade do tributo, mas mais propriamente por desnaturação da base de cálculo do que por efeito confiscatório propriamente dito. Ao contrário, houvesse fixação pela legislação da base de cálculo em valores inferiores aos reais (como há, ou quem sabe havia, com relação aos impostos reais) ou mesmo redução da base de cálculo determinada por lei (como é comum em relação ao ICMS) não determinaria, por óbvio, a invalidade da tributação (apenas seu exercício, de forma mais limitada em relação à competência constitucionalmente

---

[505] Apelação Cível nº 197004476, TARGS, 1ª Câmara Cível em regime de exceção, Rel. Dr. Fernando Braf Henning Jr., julgado em 16.12.1997.

[506] Idem. No caso, a base de cálculo utilizada para determinação do IPTU para os dois imóveis objeto da ação fora de CR$ 108.760.980,55 e CR$ 116.152.503,50, quando o valor de mercado dos imóveis, à época, apurado pela perícia, fora de CR$ 84.830.000,00 e CR$ 86.462.000,00, respectivamente. A alíquota incidente do imposto territorial era de 6%.

outorgada). Nesta hipótese, a subvalorização da base de cálculo e a alíquota, na sua operatividade conjunta, deverão ser consideradas para verificação se o resultado final da tributação atinge feição confiscatória.

No caso concreto, objeto da decisão examinada, presente que não estávamos diante de uso de IPTU com fim extrafiscal, para assegurar o cumprimento da função social da propriedade urbana, nos termos do art. 182, §§ 2º e 4º, da Constituição Federal, a alíquota de 6%, ainda mais se incidente sobre base de cálculo superavaliada, é induvidosamente confiscatória, absorvendo mais de dois terços da renda potencial do imóvel, considerado resultado da aplicação conjunta da base de cálculo e alíquota.

Os limites referidos (3,3% do valor de mercado do imóvel) aplicam-se mesmo no caso da progressividade *fiscal*, agora expressamente prevista no art. 156, § 1º, incisos I e II, da CF, com a redação que lhe deu a Emenda Constitucional nº 29, de 13.09.2000 (do uso extrafiscal do tributo, em que os limites certamente serão mais largos, trataremos a seguir). É que o princípio da não-confiscatoriedade é um limite à progressividade, fixando a fronteira entre o progressivo e o confiscatório.

Já no Imposto sobre a Propriedade de Veículos Automotores – IPVA –, mais difícil é a determinação dos rendimentos potenciais que o bem pode gerar, ou identificar o que seja sua correta e adequada exploração. O critério do rendimento decorrente da locação, aqui, é de praticabilidade mais difícil, pois a locação de veículos é atividade empresarial, que compreende prestação de serviços (manutenção do veículo, estrutura comercial para o recebimento de clientes, contratação de seguros, etc.). A míngua de critério mais exato, creio ser viável a aplicação por analogia do critério utilizado quanto aos demais impostos reais – IPVA e ITR – de consideração de rendimentos potenciais em torno de 10% do valor do bem, o que, mantidos também os mesmos critérios ali empregados, e em sede de tributação com finalidade fiscal (não há previsão constitucional de uso extrafiscal do IPVA; há na legislação ordinária hipóteses que assim podem ser caracterizadas, como isenção de máquinas agrícolas, veículos pertencentes aos CONSEPROS, a deficientes físicos, táxis, ônibus e microônibus, alíquotas reduzidas para caminhões, nos termos dos arts. 4º e 9º, IV, respectivamente, da Lei Estadual nº 8.115, de 30.12.1985, ambos com a redação da Lei Estadual nº 10.869, de 05.12.1996, mas restritas e levam à redução, e não à elevação da exigência fiscal) resulta considerar confiscatórias incidências deste tributo superiores a 3,3% (33% de 10% do valor do bem, identificado, analogicamente, com os demais impostos reais, como o valor presumível dos rendimentos potenciais) do valor de mercado do veículo.

1.1.2.1. Progressividade extrafiscal do ITR e do IPTU

Tanto com relação ao IPTU, quanto ao ITR, a Constituição expressamente prevê sua utilização com finalidade extrafiscal:

> O imposto previsto no inciso VI do caput (ITR – nota nossa) será progressivo e terá suas alíquotas fixadas de forma a desestimular a manutenção de propriedades improdutivas (art. 153, § 4º, inciso I com a redação da Emenda Constitucional nº 42).
>
> § 2º A propriedade urbana cumpre sua função social quando atende às exigências fundamentais de ordenação da cidade expressas no plano diretor.
>
> ...
>
> § 4º É facultado ao Poder Público municipal, mediante lei específica para área incluída no plano diretor, exigir, nos termos da lei federal, do proprietário do solo urbano não edificado, subutilizado ou não utilizado, que promova seu adequado aproveitamento, sob pena, sucessivamente de:
> I – parcelamento ou edificação compulsórios;
> II – imposto sobre a propriedade predial e territorial urbana progressivo no tempo;
> III – desapropriação com pagamento mediante títulos da dívida pública de emissão previamente aprovada pelo Senado Federal, com prazo de resgate de até dez anos, em parcelas anuais, iguais e sucessivas, assegurados o valor real da indenização e os juros legais (art. 182, §§ 2º e 4º).

A primeira pergunta é se a proibição de efeito confiscatório se aplica também àqueles tributos de finalidade extrafiscal, especialmente no caso do ITR e do IPTU. A matéria será mais detidamente examinada no nº 1.6, infra, mas desde já pode se afirmar que a resposta é sim. A Constituição não prevê o confisco puro e simples de propriedades que não atendam à função social, mas sim a sua desapropriação mediante indenização justa, embora não prévia e em dinheiro, mas em títulos da dívida agrária, com cláusula de preservação do valor real, resgatáveis no prazo de até vinte anos, a partir do segundo ano de sua emissão (art. 184, *caput*), no caso de imóveis rurais[507] ou mediante títulos da dívida pública (municipal), de emissão previamente aprovada pelo Senado Federal, com prazo de resgate até dez anos, no caso de imóveis urbanos.

Portanto, mesmo que a propriedade não cumpra sua função social, não pode o Poder Público tomá-la sem qualquer indenização (pode desapropriá-la com indenização em títulos de resgate postergado por autorização constitucional). Não pode, vale dizer, confiscar a propriedade que não atenda à função social. Se não pode fazer pela via direta, também não pode pela via indireta da tributação, exigindo tributo (mesmo sob justificativa de finalidade extrafiscal) em montante tal que, em alguns anos, leve à absorção da propriedade sem indenização.

Se isto é verdadeiro, por outro lado, cumpre reconhecer que a tributação com objetivos extrafiscais deve ser admitida em patamares mais exacerbados que a mesma tributação de fim exclusivamente fiscal.

---

[507] Embora o art. 184, *caput* da CF refira-se a tal indenização como "prévia", entendemos que ontologicamente assim não é, se os títulos são resgatáveis em até 20 anos, a partir do segundo ano de sua emissão.

O contrário seria não levar suficientemente a sério (não propiciar a máxima operatividade, nos limites postos pelo sistema constitucional) as normas dos arts. 153, § 4º, e 182, §§ 2º e 4º, da Constituição.

A solução é reconhecer que, mesmo no uso extrafiscal do ITR e do IPTU, previsto nos citados dispositivos constitucionais, há um limite, além do qual o tributo passa a ter efeito confiscatório; mas este limite é quantitativamente maior do que aquele identificado para a hipótese de tributação exclusivamente fiscal.

Não admitir qualquer limite a partir do qual a tributação extrafiscal degenerasse em confiscatória, restringe o direito de propriedade, além do ponto admissível em nosso sistema constitucional. Balisar a exigência tributária, no campo da extrafiscalidade, pelos mesmos limites estabelecidos no caso de tributação com finalidade apenas fiscal, não contempla suficientemente, os objetivos constitucionais de estímulo à produtividade e justiça social no campo, promoção da reforma agrária (CF, arts. 150, § 4º, e 186), de desenvolvimento das funções sociais da cidade e garantia de bem-estar de seus habitantes (CF, art. 182, *caput*), derivados do princípio do Estado Social e Democrático de Direito.

Mas qual o limite aplicável, qual a forma de concreção do conceito indeterminado "efeito de confisco" em se tratando da utilização do ITR e IPTU para fins extrafiscais, determinada pelo art. 150, § 4º (ITR), e facultada pelo art. 182, § 4º (IPTU), da Constituição?

Acreditamos que o limite em tal caso deve ser o rendimento potencial que se pode obter com a adequada exploração do bem. Note-se que o proprietário *não* está extraindo tais rendimentos do bem, porque *não* está procedendo à sua correta e adequada exploração. A Constituição manda ou faculta que, por isto, a tributação seja ampliada. Mas, enquanto se mantiver dentro dos rendimentos potenciais (poderia ser paga com os rendimentos, *se* a propriedade fosse racionalmente utilizada), eventual desfalque patrimonial deverá ser imputado não à tributação (que *poderia* ser paga com os rendimentos *se* a utilização fosse racional), mas sim à ação (ou mais comumente à inação) do proprietário. No que superar estes rendimentos, parcela da propriedade estaria sendo absorvida, mesmo que a exploração fosse correta, e haveria efeito confiscatório. O agravamento, o caráter punitivo até, da tributação extrafiscal manifesta-se pela exacerbação do tributo, que pode chegar a absorver tudo que o proprietário poderia obter da propriedade (mas não obtém, por sua inércia); mas não pode ultrapassar aquilo que se poderia obter da propriedade. Em outras palavras, se a propriedade for desfalcada não será pela tributação, mas pela não obtenção dos rendimentos potenciais, devido à não ou subutilização.

Se a propriedade passar a desempenhar a função social exigida (ou recomendada) pelo texto constitucional, a tributação deverá retornar aos limites postos na hipótese de tributos de finalidade fiscal, preservando ao proprietário parcela da utilidade que agora auferir da correta exploração do imóvel.

Em síntese, sustentamos que, no caso de ITR e IPTU, a tributação de fim fiscal não pode ultrapassar 33% dos rendimentos potenciais do imóvel, sob pena de se caracterizar o efeito confiscatório; já na utilização destes impostos com finalidade extrafiscal, pode alcançar a totalidade (100%) dos rendimentos potenciais que, como sustentamos, pode ser objeto de presunção relativa de situar-se na faixa anual de 10% do valor do bem. Ainda neste caso, embora extremada e insustentável no caso de utilização do imóvel que cumpra sua função social (pois a renda, gerada por tal exploração, conseqüência do labor e iniciativa empreendedora do proprietário e objeto de proteção e estímulo constitucionais, seria integralmente absorvida pelo Estado), existe um limite que deve ser respeitado: não se pode chegar ao desfalque (confisco) puro e simples da propriedade, que ocorreria além do limite em que a exação fiscal possa ser satisfeita com os rendimentos potenciais do bem.

Tal é a solução da colisão entre princípios, como os de garantia do direito de propriedade privada e do Estado Social, por exemplo, que se alcança com a aplicação da norma de colisão, quando tais conflitos se manifestam no âmbito da tributação, da proibição de utilização de tributo com efeito de confisco. A operação exige prévia concreção do conceito indeterminado "efeito de confisco", o que se faz com o emprego da razoabilidade e dos diversos critérios que a informam. Não se trata de um teste com a rígida estrutura lógico-formal da proporcionalidade, com três subprincípios a serem sucessiva e obrigatoriamente examinados, e com necessária comparação de intensidade de restrições que caracteriza a proporcionalidade em sentido estrito (uma restrição média ao direito de propriedade pela tributação, que promova minimamente o desenvolvimento social urbano não será proporcional em sentido estrito, mas se a restrição tributária à propriedade é só média não se a pode dizer confiscatória), mas de um teste mais flexível – o de razoabilidade – que mais se conforma à vedação em estudo, por sua própria formulação destinada a afastar "injustiças acentuadas".[508]

Poderia parecer que isto é uma restrição à eficácia do princípio da não-confiscatoriedade e que a razoabilidade, por sua estrutura mais fluída, seria menos eficiente no controle de atos estatais lesivos de direitos. Mas é justamente esta maior fluidez e controle mais "fraco",

---

[508] GREEN, William R. The theory and practice of modern taxation. 2ª ed., Commerce Clearing House, 1938, p. 22, apud DÓRIA, Antônio Roberto Sampaio. Direito...cit., p. 129, nota 1.

que lhe dão operatividade no âmbito tributário, onde é praticamente impossível chegar a um ponto de consenso sobre a exata medida (quantidade) da tributação,[509] que, portanto, não pode ser constitucionalizada e tornar-se questão de jurisdição constitucional. Na quantificação da tributação, alguma margem de discricionariedade deve obrigatoriamente ser deixada ao legislador democraticamente legitimado. O que diversas Constituições (a brasileira, no art. 150, IV, objeto de nosso estudo) fixaram, como questão de controle de constitucionalidade da atividade legislativa neste tema, é que o legislador não pode, em sua discricionariedade, ultrapassar o limite do efeito confiscatório, para cuja delimitação, a nosso ver, pelos motivos apontados, melhor se presta o teste mais flexível de razoabilidade que o teste mais rígido da proporcionalidade, em sua estrutura lógico-formal moldada pela jurisprudência constitucional e doutrina alemãs.

Aplicando concretamente os critérios até aqui traçados à legislação que rege o ITR, vemos que a Tabela de alíquotas anexa à Lei 9.393/96 prevê alíquotas progressivas, conforme a extensão do imóvel e grau de utilização (crescem as alíquotas à medida que aumenta a área e decresce o grau de utilização) de 0,03% a 20%.[510]

A nosso ver, as duas alíquotas superiores (de 12% e 20%), previstas para imóveis com área total superior a 5.000 ha. e grau de utilização[511] inferior a 50% (20% para grau de utilização até 30% e 12% para de 30% a 50%), têm efeito confiscatório, mesmo em se tratando de tributação extrafiscal, de vez que (de acordo com o critério aqui sustentado para a solução dos referidos conflitos entre o direito de propriedade e objetivos de política fundiária, como estímulo à produtividade e justiça social no campo) ultrapassa a totalidade dos rendimentos potenciais do imóvel, desfalcando necessariamente a própria essência da propriedade.

É fácil perceber que (a menos que haja correspondente redução da base de cálculo) a alíquota de 20% levaria, em cinco anos, à absorção da

---

[509] "A absoluta justiça fiscal continua a ser buscada, embora de certo utopicamente". Idem.

[510] TABELA DE ALÍQUOTAS

Área total do imóvel (em hectares)	Grau de Utilização - GU (em %)				
	Maior que 80	Maior que 65 até 80	Maior que 50 até 65	Maior que 30 até 50	Até 30
Até 50	0,03	0,20	0,40	0,70	1,00
Maior que 50 até 200	0,07	0,40	0,80	1,40	2,00
Maior que 200 até 500	0,10	0,60	1,30	2,30	3,30
Maior que 500 até 1.000	0,15	0,85	1,90	3,30	4,70
Maior que 1.000 até 5.000	0,30	1,60	3,40	6,00	8,60
Acima de 5.000	0,45	3,00	6,40	12,00	20,00

[511] O grau de utilização da propriedade vem definido no art. 10, VI, da Lei 9.393/96 como "a relação percentual entre a área efetivamente utilizada e a área aproveitável".

propriedade rural pelo Estado, pela via indireta da tributação, sem indenização (e a de 12% em oito anos).

Não foi isto que a Constituição previu para o caso de propriedades rurais que descumprem sua função social. Ao contrário, vedou utilizar tributo com efeito de confisco (art. 150, IV) e previu a desapropriação por interesse social de tais imóveis, *com* indenização (não em dinheiro, mas em títulos da dívida agrária) – art. 184, *caput*.

A situação, porém, parece ser de ocorrência pouco significativa, pois não é provável a manutenção de imóveis tão extensos com tão baixo índice de utilização.

As demais alíquotas previstas na Tabela, em princípio, não têm feição confiscatória, em sede de tributação extrafiscal, eis que a maior alíquota na seqüência é 8,60%, ainda inferior aos presumíveis rendimentos potenciais do imóvel (embora tal presunção possa ser afastada por prova contrária, a cargo de quem alega o efeito confiscatório).

A propósito, Sampaio Dória já referia:

> A tentativa de revisão agrária que se ensaiou no Estado de São Paulo, alguns anos passados, evidencia que um tributo na base de 6% sobre imóveis rurais *improdutivos* não almejava ganhá-los gradativamente para o fisco, como alternativa a uma desapropriação onerosa, mas sim forçar-lhes o aproveitamento e exploração racionais.[512]

Em sede de fiscalidade, as alíquotas máximas previstas para imóveis com grau de utilização superior a 80% é de 0,45% e com grau de utilização de 65% a 80%, de 3%, o que não caracteriza efeito de confisco, eis que inferior, em ambos os casos, ao critério proposto de 33% dos rendimentos potenciais do bem.

No que concerne ao ITR, o Tribunal Regional Federal da 4ª Região considerou afrontar o princípio do não-confisco a proibição de retificação, após o lançamento, de erro de declaração, em que se atribuiu ao imóvel rural valor superior ao real.[513]

O mesmo critério é, a nosso ver, aplicável para o IPTU: em sede de progressividade extrafiscal, nos termos do art. 182, § 4º, II, da CF,[514] o

---

[512] DÓRIA, Antônio Roberto Sampaio. *Direito*...cit., p. 197, grifo do original.

[513] Apelação Cível 427587, Rel. Juiz Alcides Vettorazzi, 2ª Turma, julgado em 29.10.2002, DJU de 20.11.2002. Sobre o tema, o acórdão está assim ementado: "Não se pode afastar do Judiciário a retificação do erro de declaração quanto ao valor do imóvel e conseqüentemente, do VTN apurado a partir dele, ainda que o art. 147, 1º do CTN, admita a retificação da declaração apenas antes da notificação do lançamento, a uma, porque esta preclusão está circunscrita ao âmbito administrativo, a duas, porque a 'lei não excluirá da apreciação do Poder Judiciário lesão ou ameaça de direito' (art. 5º, XXXV, da CF/88), a três, porque as demais provas juntadas aos autos comprovam cabalmente dito excesso, a quatro por força dos princípios da moralidade, legalidade, da vedação do confisco e do locupletamento sem causa jurídica". Embora a questão pareça se referir principalmente à desnaturação da base de cálculo, a decisão coaduna-se com a posição aqui exposta de que o efeito confiscatório deve ser examinado diante do resultado final da tributação, na conjunção da ação das alíquotas e base de cálculo, em relação aos rendimentos potenciais do bem.

[514] "*No tempo*, significa que cada ano o imposto terá alíquota mais elevada, dependendo também esta determinação de lei federal, o que não quer dizer que a progressividade se eleve de tal

limite para o imposto progressivo no tempo será (a totalidade dos) rendimentos potenciais do imóvel, o que pode ser objeto de presunção relativa de se situar na faixa de 10% do valor do bem, presumível valor locativo (anual, como o lançamento do imposto) do imóvel. Também aqui, o imposto, embora elevado (como há de ser para alcançar o objetivo extrafiscal de estimular o cumprimento da função social da propriedade), de *per si* não leva à absorção da propriedade pelo fisco sem indenização (pois poderia ser pago só com os rendimentos gerados pelo bem, ainda que os absorvesse integralmente).

A legislação do Município de Porto Alegre, contudo, previu, no caso de descumpridas as exigências administrativas e prazos para parcelamento ou edificação compulsórios, a incidência de IPTU progressivo no tempo, sendo as alíquotas previstas na legislação "acrescidas em 20% (vinte por cento) ao ano, limitada a alíquota máxima de 30% (trinta por cento)" (art. 12 da Lei Complementar Municipal nº 312, de 29.12.1993).

A alíquota máxima prevista tem indisfarçável efeito de confisco (a menos que seja fortemente reduzida a base de cálculo), pois implica a absorção da propriedade pelo Poder Público em pouco mais de três anos. Notoriamente, não há bem imóvel cuja exploração gere rendimentos anuais de 30%; é evidente a lesão ao núcleo do direito de propriedade, não autorizada constitucionalmente.

Todavia, como a alíquota máxima não seria atingida nos primeiros anos (em se tratando de terreno situado na 3ª Divisão Fiscal do Município, por exemplo, se partiria de alíquotas de 0,4% a 0,8%, elevadas de 20% a cada ano),[515] o efeito confiscatório só se caracterizaria a partir do momento em que ultrapassado seu limite caracterizador – os rendimentos potenciais do bem, com presunção relativa de situarem-se na faixa de 10% do valor deste.

De qualquer forma, a lei municipal, no particular, já era inválida, na falta, à época de sua promulgação, da lei federal exigida pelo art. 182, § 4º, da Constituição ("É facultado ao Poder Público municipal, mediante lei específica para área incluída no plano diretor, exigir, *nos*

---

forma que adquira os contornos do *confisco*". CRETELLA JR., José. *Comentários à Constituição de 1988*. 2ª ed., Rio de Janeiro: Forense Universitária, 1993, vol. VIII, p. 4.207, grifos do original.

[515] A legislação do IPTU de Porto Alegre prevê, com relação ao imposto territorial, inequívoca progressividade fiscal, pois as alíquotas crescem na medida em que há elevação do valor do bem. Como a legislação que a instituiu é *anterior* à Emenda Constitucional nº 29, é inconstitucional, pois, à época, a Constituição proibia qualquer progressividade que não a extrafiscal, de que trata o art. 182, §§ 2º e 4º, da Constituição, conforme reiterada jurisprudência do STF (*leading case* Recurso Extraordinário 153.771-MG, Pleno, Redator para o acórdão Min. Moreira Alves, julgado em 20.11.1996, DJU de 05.09.1997), consolidada afinal na Súmula 668: "É inconstitucional a lei municipal que tenha estabelecido, antes da Emenda Constitucional nº 29/2000, alíquotas progressivas para o IPTU, salvo se destinada a assegurar o cumprimento da função social da propriedade urbana". A questão, todavia, não será aqui objeto de maior detalhamento, por extrapolar o âmbito deste trabalho.

termos da lei federal, do proprietário do solo urbano não edificado, subutilizado ou não utilizado, que promova seu adequado aproveitamento, sob pena, sucessivamente de ... imposto sobre a propriedade predial e territorial urbana progressivo no tempo" – grifamos).[516]

De qualquer sorte, hoje já foi editada a lei federal respectiva (Lei n° 10.257, de 10.07.2001, denominada "Estatuto da Cidade"), que cuida da matéria no art. 7°:

> Em caso de descumprimento das condições e dos prazos previstos na forma do caput do art. 5º desta Lei, ou não sendo cumpridas as etapas previstas no § 5º do art. 5º desta Lei (parcelamento, edificação ou utilização compulsórios de solo urbano não edificado, subutilizado ou não utilizado – nota nossa), o Município procederá à aplicação do imposto sobre a propriedade predial e territorial urbana (IPTU) progressivo no tempo, mediante a majoração da alíquota pelo prazo de cinco anos consecutivos.
> § 1º. O valor da alíquota a ser aplicado a cada ano será fixado na lei específica a que se refere o art. 5º desta Lei e não excederá a duas vezes o valor referente ao ano anterior, respeitada a alíquota máxima de quinze por cento.

A nosso ver (a menos que haja correspondente redução da base de cálculo, pois, como já assinalado, o efeito confiscatório se verifica pelo resultado da aplicação conjunta de alíquotas e base de cálculo), a alíquota máxima prevista tem efeito confiscatório, por ultrapassar a totalidade dos rendimentos que o bem poderia produzir em condições de correta e adequada exploração e assim acaba por consumir (no caso, em prazo inferior a sete anos) a propriedade em si.

É certo que poderá não se atingir os 15%, pois a majoração sucessiva da alíquota só poderá se dar por cinco anos e não pode superar duas vezes o valor referente ao ano anterior.[517] Mas é possível atingir aquele patamar (15%), mesmo se partindo de uma alíquota de apenas 1%, como pode ser constatado em simples cálculo aritmético.[518] Alcançando a tributação tais níveis será inconstitucional, por caracterizar a utilização de tributo com efeito confiscatório, porque ultrapassados os rendimentos potenciais do imóvel (implicando necessário – independente da ação ou inação do proprietário – desfalque da pro-

---

[516] "TRIBUTÁRIO. IPTU. PROGRESSIVIDADE. A progressividade no tempo, extrafiscal urbanística, depende de obediência específica ao art. 182 da CF, inaplicável enquanto pendente regulamentação de lei federal". TARGS, Apelação Cível 196219695, 1ª Câmara Cível, Rel. Arno Werlang, julgada em 19.08.1997.

[517] No particular, era mais branda a legislação porto-alegrense, pois o acréscimo da alíquota ficava limitado a 20% ao ano (LC 312/93, art. 12). No entanto, como por à época da adoção desta lei municipal não haver a lei federal exigida pelo art. 182, § 4º da CF, é inconstitucional e, em conseqüência, nenhum efeito pode produzir, mesmo após a edição da Lei 10.257/01, sendo necessário editar nova lei municipal sobre o tema, que então atenderá às exigências constitucionais, pois só *agora* poderá exigir as referidas providências "nos termos da lei federal" o que, por óbvio, pressupõe sua prévia existência. A edição *posterior* da lei federal, todavia, não supre, apaga ou convalida a manifesta inconstitucionalidade da lei municipal, que se verifica no momento em que esta ingressou no ordenamento jurídico.

[518] 1% no primeiro ano; 2% no segundo; 4% no terceiro; 8% no quarto e 15% (limite máximo) no quinto ano.

priedade em si e conseqüente efeito confiscatório), que sustentamos situarem-se presumidamente no patamar de 10% do valor do imóvel, que seria, pois (presumindo-se correspondente à realidade do mercado imobiliário a base de cálculo utilizada), a alíquota máxima aplicável à luz da ordem jurídico-constitucional, para o IPTU progressivo no tempo, de que trata o art. 182, § 4°, II da CF.

1.1.3. Impostos indiretos: IPI e ICMS

Não nos deteremos na adequação da tradicional classificação dos impostos em diretos e indiretos, sobre a qual já dizia Becker que "o critério da repercussão econômica como critério de classificação dos tributos em diretos e indiretos é considerado artificial e errado",[519] para, após examinar os outros critérios propostos de classificação, concluir: "A verdade é que não existe nenhum critério científico para justificar a classificação dos tributos em diretos e indiretos e, além disto, esta classificação é impraticável".[520]

O que nos interessa é se pode se configurar o efeito confiscatório (e, caso a resposta seja afirmativa, em que termos) naqueles impostos cuja estrutura mais se presta a que, na generalidade dos casos, o ônus econômico (ou, na linguagem do art. 166 do CTN, "comportem, por sua natureza, transferência do respectivo ônus financeiro") seja transferido a terceiro (o – impropriamente – chamado "contribuinte de fato"). Em nosso direito tributário, tais impostos são, caracteristicamente, o IPI e o ICMS; em outros ordenamentos, seria o caso dos impostos sobre o consumo em geral.

Na doutrina brasileira, Herbert Cornélio Pieter de Bruyn Júnior sustenta a impossibilidade de caracterização do efeito de confisco em se tratando dos chamados "impostos indiretos":

> Tampouco ocorre esse efeito nos impostos indiretos, cujos ônus repercutem nos consumidores após serem repassados pelo contribuinte de direito.
> ...
> Assim, mesmo na falta de "lucro bruto", repassado pelo menos parte do ônus, reduz-se a esfera de violação ao "mínimo imponível da empresa", podendo, inclusive, nem haver essa infringência.
> ...
> Vê-se, pois, a quase impossibilidade de apurar o confisco nos impostos indiretos.[521]

E, por isto, conclui: "Não ocorre, outrossim, efeito confiscatório com relação aos impostos indiretos, uma vez que o encargo financeiro correspondente, habitualmente, é repassado ao consumidor do bem ou serviço tributado".[522]

---

[519] *Teoria geral...*cit., p. 537.
[520] Idem, p. 538.
[521] *O princípio...*cit., p. 78-79.
[522] Idem, p. 86.

Aires Barreto limita a possibilidade de se vislumbrar efeito confiscatório, em situações normais, aos impostos sobre o patrimônio e a renda. Sustenta que os demais impostos (sobre circulação de riquezas) não podem ser confiscatórios exceto se, por determinação legal, à base de cálculo, que é o preço, não puder ser incorporado o imposto ou se a base de cálculo for uma grandeza qualquer, só apurável após a determinação do preço, como é o caso, por exemplo, da receita bruta.[523]

Na Argentina, Dino Jarach noticia similar tendência na jurisprudência da CSJN:

> En el caso del gravamen a los consumos, por el contrario, la Corte ha afirmado que los impuestos que gravan las mercaderías, aunque en cantidad desmedida y excesiva con respecto al valor de las mismas, si se trata de bienes de consumo, no son impuestos confiscatorios, porque la confiscatoriedad sólo se aplica cuando se afecta el capital o la renta de la persona, y un impuesto muy elevado sobre un artículo de consumo por un impuesto interno, por ejemplo, o un impuesto a los artículos suntuarios, o una patente sobre determinada actividad – que también se traslada a los artículos de consumo – no resulta confiscatoria.[524]

Efetivamente, a Corte argentina não aplica o famoso critério dos 33% aos impostos sobre consumo. Formulou tal conclusão, embora de forma negativa, em "Gobierno de Italia c. Consejo Nacional de Educación":

> A diferencia de lo que ocurra con el impuesto a la renta o con los impuestos indirectos, un gravamen a la transmisión de un legado que representa más de la tercera parte del valor de los bienes, como el cobrado al recurrente por aplicación del art. 30 de la ley 11.287, es confiscatorio y violatorio de los derechos de propiedad y de testar asegurados por los arts. 14, 17 y 20 de la Constitución Nacional.[525]

Mais explicitamente, em "Cía. Sudamericana de Servicios Públicos c. Provincia de Santiago del Estero", rejeitou a argüição de confiscatoriedade porque

> La única prueba del carácter confiscatorio del impuesto impugnado que existe en autos acreditaría la proporción que guarda con el valor del combustible sobre que recae – cerca del 50 por 100 –, y es sabido que en materia de gravámenes al consumo tal circunstancia no es óbice a su validez constitucional.[526]

Porém, em "Scaramella Hermanos c. Provincia de Mendoza", disse aquele Tribunal:

---

[523] *Vedação...*cit., p. 102.

[524] *Curso...*cit., p. 136. No entanto, em "La Esmeralda Capitalización S.A. c. Provincia de Córdoba", a CSJN considerou confiscatória uma patente exigível nos termos de leis provinciais de uma companhia de capitalização que emitia títulos de sorteio e que havia absorvido, em anos sucessivos, 47,85%, 30,75%, 107,36% e 115,26% dos rendimentos obtidos com a emissão de títulos novos e recebimento de cotas de títulos já emitidos, por estar "lejos de guardar razonable proporción con la productividad del negocio gravado", exceto no exercício em que a tributação só atingiu 30,75% dos respectivos rendimentos. Fallos 205:131 (1946).

[525] Fallos 190:159 (1941), grifo nosso.

[526] Fallos 186:22 (1940). Ainda expressou a Corte, neste julgado, generalizando a situação, que "en materia de impuestos al consumo, la sola circunstancia de que el monto del gravamen no guarde proporción con el valor de la mercadería sobre la cual recae, no es óbice a su validez constitucional".

Para que una ley pueda ser tachada de expoliatoria, es necesario que el impuesto que ella establece absorba el valor o una parte considerable del valor de la propiedad gravada e impida al contribuyente el resarcimiento del gravamen tributario, en cuyas condiciones no se halla una contribución de emergencia que representa menos de un vigésimo del precio medio de la materia imponible y que el industrial recupera del consumidor elevando el precio del producto.[527]

Posteriormente, a CSJN assim colocou a questão:

Para que los impuestos al consumo respecto de los cuales lo normal es que el precio real de venta agregue al costo y la ganancia el importe de la contribución, sean considerados confiscatorios se requiere que el monto del gravamen absorba una parte substancial de lo que el dueño del producto obtiene al venderlo al consumidor.[528]

Por isto, concluiu que a impugnação por confiscatoriedade, no caso de impostos sobre o consumo só prosperaria se provado "que el encarecimiento representado por el monto del gravamen, al no ser absorbido por la capacidad adquisitiva de los compradores, ha recaído sobre el costo y la ganancia con carácter de exacción".[529]

Em síntese, tanto quanto se pode dar nota de racionalidade às diversas e esparsas decisões na jurisprudência da Corte argentina, embora não se sinale o acolhimento de impugnações, por confiscatórios, a impostos sobre consumo, deduz-se da fundamentação utilizada que tal efeito pode-se caracterizar se o *quantum* do tributo for elevado de forma a absorver uma parte substancial do lucro que possa ser obtido com aquela atividade econômica e, cumulativamente, não puder ser transferido a terceiro (não se trata, pois, de "la sola circunstancia de que el monto del gravamen no guarde proporción con el valor de la mercadería",[530] mas se agrega obrigatoriamente a isto que o gravame não possa "ser absorbido por la capacidad adquisitiva de los compradores"[531]).

É certo que a caracterização do efeito confiscatório nos impostos sobre o consumo (pela circunstância de que normalmente há transferência do ônus econômico do tributo ao consumidor final) apresenta particularidade em relação aos demais tributos. Marilene Talarico Martins Rodrigues considera que "o confisco como privação do patrimônio é figura que existe tipicamente nos impostos pessoais que atingem a *propriedade* e *a renda*".[532] E acrescenta:

Nos impostos indiretos, pode ocorrer a figura do "imposto proibitivo". Nos tributos que atingem o tráfico de bens e serviços, cuja carga tributária comporta transferência para o consumidor, uma

---

[527] Fallos 155:78 (1929).

[528] "Argentina de Construcciones Acevedo y Shaw S.A. c. Municipalidad de Santa Fe". Fallos 205:562 (1946).

[529] Idem.

[530] Fallos 186:22 (1940).

[531] Fallos 205:562 (1946).

[532] *In* MARTINS, Ives Gandra da Silva (Coord.). *Direitos fundamentais*...cit., p. 330, grifos do original.

dimensão muito elevada não equivale a uma desapropriação, ou propriamente uma perda patrimonial. O que pode ocorrer é um meio de *inibir ou dificultar a comercialização de um determinado produto* ou até impedir determinada atividade econômica. A violação, neste caso, não será ao dispositivo do art. 150, IV, mas ao art. 170 da CF, que garante a liberdade de iniciativa.[533]

Na nossa opinião, as coisas se passam diferentemente. Bem compreendida a forma de aplicação do princípio de não-confiscatoriedade como *norma de colisão*, é falsa a questão se há incidência desta norma ou do princípio da livre iniciativa. Ocorre a aplicação de *ambos*: há colisão entre o princípio da livre iniciativa (CF, art. 170) e outros objeto de igual proteção constitucional (quais sejam, variará conforme a tributação tenha finalidade fiscal ou extrafiscal, mas poderá ser o objetivo de redução das desigualdades materiais – CF, art. 3º, III, que decorre do princípio do Estado Social, ou da proteção ao consumidor – arts. 5º, XXIII, e 170, V –, ou do interesse – art. 172 – e empresas nacionais – art. 170, IX), que será solucionada pela aplicação da norma de colisão, que é o princípio da não-confiscatoriedade, a determinar até que ponto (o do efeito confiscatório) poderá ser restringido o direito à livre iniciativa, para promoção daqueles fins também prestigiados pela Constituição. Não há disjuntiva; não ocorre incidência do art. 170 *ou* do art. 150, IV; há obrigatória incidência conjunta das duas normas: o princípio da livre iniciativa em situação de colisão com outros princípios constitucionais e a norma de colisão do art. 150, IV, na sua função de solução destes conflitos.

Segundo Vittorio Cassone:

> O confisco pode ocorrer em todas as espécies tributárias, salvo exceções, tais como nos impostos regulatórios do comércio exterior, *em certos produtos considerados supérfluos* ou nocivos à saúde pública e quanto aos empréstimos compulsórios para atender a despesas extraordinárias, decorrentes de calamidade pública, guerra externa ou sua iminência, atendido o princípio da igualdade.[534]

Em sentido semelhante, afirma Elizabeth Nazar Carrazza: "Não se pode negar que, em alguns impostos, a exacerbação de alíquotas pode chegar a um limite quase insuportável, porém admitido pelo sistema.

---

[533] Idem, p. 330, grifo do original. Por isto, a autora distingue impostos confiscatórios e proibitivos. E agrega: "Desta forma, o *tributo proibitivo* corresponde a uma forma indireta de impedir uma determinada atividade lícita; ao invés de o legislador proibir a venda do produto ou o exercício de certa atividade econômica, afirma-se que a venda é livre, só que haverá um imposto tão alto que para alguns contribuintes fica praticamente impossível a sua aquisição". Idem, grifo do original. Contra, a nosso ver, com razão: "À luz da Constituição de 1988, parece não mais ser cabível essa distinção entre impostos proibitivos e impostos confiscatórios, porque o que a Constituição veda são tributos com efeito de confisco". BARRETO, Aires. *Vedação*...cit., p. 100. Com efeito, como já assinalara, há longo tempo, o Des. Samuel Francisco Mourão, "se tais males são reais proíba, então a edilidade, a sua exploração. E se não o pode fazer por essa via direta, certamente lícito não lhe será que obtenha o mesmo resultado pela via oblíqua". (voto no Agravo de Petição nº 48.491, Santos, Tribunal de Justiça de São Paulo, Pleno, julgado em 25.08.1950).

[534] *In* MARTINS, Ives Gandra da Silva (Coord.). *Direitos fundamentais*...cit., p. 400, grifo nosso.

Em outros, de revés, tal forma de proceder levaria à extinção do próprio fator desencadeante da atividade de tributação".[535]

A questão, porém, seria, quanto a alguns tributos e em algumas situações, não existir limite além do qual se caracterize o efeito confiscatório, ou de diferenciação da intensidade do limite? Em outras palavras: diferença na caracterização do efeito de confisco existe. Mas é qualitativa (em alguns tributos e situações, não se pode caracterizar efeito confiscatório) ou apenas de grau – quantitativa (neles se exige maior intensidade da exação para caracterizar o efeito em questão)?

Plínio José Marafon indica que a diferença seria de grau, sendo apenas "mais difícil" caracterizar o confisco nos impostos indiretos, por envolver dificuldades probatórias:

> A nosso ver, portanto, todo e qualquer tributo que não seja razoável, isto é, que atinja o patrimônio/renda do contribuinte, onerando-lhe indiscriminadamente e, portanto, atingindo parte ou totalidade de seus bens, terá *efeito confiscatório*.
> Os tributos que mais se prestam a efeitos confiscatórios são os diretos, porque são assumidos pelo contribuinte, sem poder repassá-los a terceiros. São exemplo o IR, o IPTU, o IPVA, o ITR, e algumas contribuições sociais.
> Já nos tributos indiretos é mais difícil argüir o confisco (embora não seja impossível), porque depende de provar que a tributação absurda é que inviabiliza a comercialização do bem ou serviço.[536]

A *possibilidade* de transferência do ônus (que, em tese, sempre existe – vide nota 536) não exclui, de *per si*, a viabilidade de ocorrer efeito confiscatório, já porque a concretização da transferência depende de muitas variáveis:

> No se puede partir de la premisa que en materia de impuestos indirectos la traslación del gravamen se opera en todos los casos, y que por ende no resulta admisible alegar la existencia de la confiscatoriedad. La traslación del impuesto depende de una serie de factores de orden económico, como la rigidez o elasticidad de la demanda del producto de que se trate, de la existencia de un mercado con varios oferentes, o de si se actúa en una posición monopólica o dominante, de si el oferente trabaja a costos crecientes, constantes o decrecientes, todo lo cual impide desplazar dogmáticamente la aplicabilidad del principio de la no confiscatoriedad.[537]

No mesmo sentido, da admissibilidade do efeito confiscatório nos chamados "impostos indiretos", pronuncia-se Gilberto Ulhôa Canto:

---

[535] *Progressividade*...cit., p. 71.

[536] *In* MARTINS, Ives Gandra da Silva (Coord.). *Direitos fundamentais*...cit., p. 440, grifo do original. Não nos parecem exatos os exemplos do imposto de renda, IPTU, IPVA ou ITR como tributos que "são assumidos pelo contribuinte sem poder repassá-los a terceiros". Em tese, qualquer tributo a cargo de comerciantes, industriais ou prestadores de serviços pode ter seu ônus financeiro transferido a terceiros. No imposto de renda, empresas podem incluir o ônus fiscal no preço de seus produtos ou serviços. Mesmo profissionais liberais ou autônomos (pessoas físicas) podem transferir economicamente o respectivo ônus, incluindo-o no preço de seus serviços. Em contratos de locação, ordinariamente há cláusula determinando repasse do ônus econômico do IPTU ao locatário, o mesmo ocorrendo nos de arrendamento rural quanto ao ITR. O IPVA de veículos utilizados para prestação de serviços de transporte (salvo os casos de isenção do imposto) será normalmente objeto de traslação financeira para os usuários destes serviços.

[537] SPISSO, Rodolfo R. *Derecho*...cit., p. 260.

Poderá, entretanto, haver efeito confiscatório de impostos sobre a produção e a circulação de mercadorias e/ou serviços, sempre que a alíquota real do tributo for maior do que a margem de lucro com que o contribuinte opera. Por exemplo, se um determinado imposto for de 15% e incidir sobre mercadoria vendida com a margem de lucro de 10%, em tese poderá haver *confisco*, a não ser que o contribuinte possa trasladar o montante do imposto. A hipótese poderia verificar-se, segundo se alega, no caso de incidência do ICMS sobre exportações de produtos semi-elaborados, uma vez que o mercado internacional tem preços inelásticos, os quais eventualmente não comportam a traslação do imposto.[538]

A hipótese, em que certamente o normal é a impossibilidade de traslação,[539] já não se faz presente em nossa legislação, seja pela previsão do art. 3º, inciso II da Lei Complementar nº 87, de 13.09.96, com base no permissivo do art. 155, § 2º, XII, *e*, da Constituição,[540] de não incidir o ICMS sobre "operações e prestações que destinem ao exterior mercadorias, inclusive produtos primários e produtos industrializados semi-elaborados, ou serviços", seja pela nova redação dada ao art. 155, § 2º, X, *a*, da Constituição pela Emenda Constitucional nº 42 ("não incidirá sobre operações que destinem mercadorias para o exterior, nem sobre serviços prestados a destinatários no exterior, assegurada a manutenção e o aproveitamento do montante do imposto cobrado nas operações e prestações anteriores").

Há outros casos, porém, em que não se viabiliza a traslação do ônus do tributo: assim nas hipóteses de preços controlados ou tabelados, de recessão do mercado, ou de intensa competitividade, que não permita majoração de preços.

Nesta senda, Naveira de Casanova após assinalar "que el efecto confiscatorio se puede configurar en cualquiera de los casos señalados, pero que es más fácil de individualizar en algunos casos que en otros",[541] assim o identifica nos impostos ditos indiretos:

> mientras en los tributos directos la confiscatoriedad está más en relación con la capacidad económica general del interesado, pues ésta es más fácilmente determinable, permitiendo un gravamen mayor en los tramos superiores de la escala, en cambio, en los tributos indirectos la confiscatoriedad se halla en relación con el elemento que constituye el objeto del gravamen, y

---

[538] *In* MARTINS, Ives Gandra da Silva (Coord.). *Capacidade contributiva*. Caderno de Pesquisas Tributárias, vol. 14. São Paulo: Resenha Tributária – Centro de Estudos de Extensão Universitária, 1989, p. 28.

[539] O Tribunal de Justiça do Rio Grande do Sul decidiu, a respeito da aplicação do art. 166 do CTN, que, no caso de mercadorias que têm preço cotado em bolsa, no mercado internacional (soja, no caso), não há possibilidade de repasse de ônus tributário, pois o preço resulta da cotação internacional, não sendo possível o fornecedor alterá-lo para repassar ônus fiscais impostos por um Estado ou país (1º Grupo Cível, Embargos Infringentes nº 70008468845, Rel. Luiz Felipe Silveira Difini, julgado em 04.06.2004).

[540] Contraditoriamente, a Emenda Constitucional nº 42 manteve a permissão do art. 155, § 2º, XII, *e* para a lei complementar "excluir da incidência do imposto, nas exportações para o exterior, serviços e outros produtos além dos mencionados no inciso X, *a*". Ocorre que este último dispositivo, com a nova redação que lhe deu a própria EC 42, já torna imunes ao imposto quaisquer mercadorias e serviços destinados ao exterior, não havendo mais o que possa a lei complementar excluir.

[541] *El principio*...cit., p. 400.

> no con la capacidad económica global, desdibujada en estos casos, dejando menor margen de apreciación para la configuración de la confiscatoriedad...
>
> ... en los impuestos a los consumos, y en general en los impuestos indirectos, la afectación de la propiedad que configura el efecto confiscatorio puede verse acompañada por otras violaciones a derechos constitucionales. Ejemplifica con un impuesto sobre los beneficios empresariales, que como toda manifestación de capacidad contributiva pueden ser gravados, pero que si el gravamen fuera tan elevado que paralizara la inversión, podría ser inconstitucional por afectar la libertad de empresa. Lo mismo ocurriría si se tratara de un impuesto que tornara prohibitivo el consumo de ciertos bienes.[542]

Vislumbra-se corretamente que a norma de colisão da vedação de utilização de tributo com efeito de confisco aplica-se à solução de conflitos não só do direito de propriedade, mas também de outros princípios de garantia individual (como o da liberdade de empresa ou livre iniciativa), com outros direitos objeto de proteção constitucional (como os decorrentes do princípio do Estado Social, por exemplo), não havendo, pois, relação de excludência entre tais normas (princípio da livre iniciativa e vedação de tributo com efeito confiscatório, por exemplo).

A nosso ver, todos os impostos, diretos ou indiretos, podem vir a ter efeito de confisco. Sua caracterização é mais simples nos impostos sobre a renda ou patrimônio. Mas também pode ocorrer nos impostos sobre a produção ou consumo, embora a natureza destes mais se preste à transferência do ônus financeiro a terceiros, até o consumidor final. Este fato não é irrelevante: fará que diversa seja a caracterização e quantificação do efeito confiscatório. Nestes impostos (particularmente IPI e ICMS), há efeito confiscatório quando a tributação é de tal forma exacerbada e absorve tão significativa parte do lucro da atividade que não deixa parte razoável dele para utilização pelo produtor, comerciante, industrial ou prestador do serviço *e* circunstâncias jurídicas (por exemplo, tabelamento de preços) ou econômicas (por exemplo, recessão global ou setorial) impedem sua transferência aos adquirentes dos bens ou serviços.

Aqui, por certo, generalização de quantificações é muito mais difícil. É preciso verificar, em cada caso, se após a tributação e sua traslação se possível (que, em alguns casos, ainda poderá só se dar *parcialmente*), resta parcela razoável de lucro para o contribuinte. Se isto não ocorrer, a tributação terá efeito confiscatório.

Como já vimos (item 1.1, nesta 2ª Parte), Douglas Yamashita afirma que nos impostos indiretos, quando muito altos, podem ocorrer duas situações: ou o preço do produto é de tal forma encarecido pelo imposto que não é vendido (então não ocorreria o fato gerador e, conseqüentemente, não haveria confisco) ou o vendedor baixa o preço,

---
[542] Idem, p. 400-401.

pelo que consegue vender os produtos, mas o lucro é inteiramente consumido pelo imposto, que, então, tem efeito confiscatório.[543]

Em ambas as hipóteses, o autor exige demais, afora que as situações são exageradamente esquemáticas (na realidade, não existirão assim extremadas, mas sempre com algum grau de combinação entre si). Se o imposto é tão elevado, que é impossível a traslação, e não se vende o produto (ainda que o fato imponível não ocorra), a previsão de tal imposto, por si só, tem feito confiscatório, porque impede a atividade econômica. O grau de restrição ao princípio da livre iniciativa é tão forte que levará a que esta prepondere sobre os outros princípios em conflito, cuja promoção só poderia justificar a restrição, mas não o aniquilamento (naquele caso) da livre iniciativa.

Na segunda hipótese (vende-se o produto, reduzido seu preço, mas "seu lucro é *inteiramente* consumido por tais impostos que então têm efeito de confisco"[544]), por certo ocorre tal efeito. Mas também aqui o autor exige demais: não é necessário que o lucro seja *inteiramente* consumido pelo imposto. Basta que não reste ao contribuinte *razoável parcela* deste, para caracterizar o efeito confiscatório.

Cumpre reconhecer, porém, como já apontado, a maior dificuldade das quantificações. Só a análise, inclusive com o auxílio de elementos contábeis e econômicos, dos casos concretos, poderá determinar o que constitui, em cada situação, razoável parcela do lucro. Cremos difícil, nestes tributos, a indicação genérica de uma alíquota ou percentual, mesmo com a ressalva de se tratar de presunção *juris tantum*.

Ademais, deve-se considerar que freqüentemente tais tributos têm função extrafiscal, visando ao desestímulo da fabricação de produtos nocivos à saúde ou à maior taxação de mercadorias consideradas supérfluas. O caso mais comum é das altas alíquotas de IPI sobre cigarros e bebidas. Vittorio Cassone chega a sustentar que o efeito confiscatório não pode ocorrer "em certos produtos considerados supérfluos ou nocivos à saúde pública".[545] A própria Constituição Federal determina que o IPI "será seletivo, em função da essencialidade do produto" (art. 153, § 3º, I) e o ICMS "poderá ser seletivo, em função da essencialidade das mercadorias e serviços" (art. 155, § 2º, III). Se, na Carta Federal, a previsão de seletividade vem em termos imperativos para o IPI e de facultatividade para o ICMS, a Constituição Estadual do Rio Grande do Sul tornou-a obrigatória também com relação a este último: "será seletivo, em função da essencialidade das mercadorias e dos serviços, preferencialmente com base nas cestas de consumo familiar, conforme dispuser a lei, que também fixará

---

[543] *In* MARTINS, Ives Gandra da Silva (Coord.). *Direitos fundamentais*...cit., p. 689-690.

[544] Idem, p. 690, grifo nosso.

[545] Idem, p. 400.

as alíquotas, respeitando o disposto na Constituição Federal" (art. 145, § 4º).

Portanto, tais impostos têm obrigatória função extrafiscal e devem ter alíquotas diferenciadas em razão da essencialidade dos produtos.

Discordamos, porém, da posição de Vittorio Cassone. Ainda com relação a produtos supérfluos ou considerados nocivos à saúde (cigarros e bebidas, por exemplo) existe um limite para a tributação, além do qual assume feição confiscatória. "A tributação extrafiscal não é um cheque em branco. Ela tem parâmetros. A invocação de um valor ou princípio não pode ser um pretexto para negar os demais".[546]

A diferença é quantitativa. O limite de confiscatoriedade, no caso de extrafiscalidade, é mais alto que na hipótese de tributação com finalidade fiscal. Neste campo, generalizar presunção de um *quantum* ou alíquota a partir da qual se presume ocorrer efeito de confisco é ainda mais difícil: só se poderá estabelecer pela análise de todas as circunstâncias, nos casos concretos. Mas pode-se dizer que será confiscatório o IPI ou ICMS que mesmo em se tratando de produto de menor essencialidade ou supérfluo, ou de bebidas, cigarros e outros produtos, considerados nocivos, *inibir sua produção*, por não restar razoável margem de lucro que permita a continuação da atividade após sua incidência e traslação – total ou parcial – aos consumidores.

Neste caso, o conceito de razoável margem de lucro que deverá restar para utilização do produtor, comerciante ou industrial será mais reduzida que no caso de tributação fiscal, só se considerando confiscatória a tributação que, mesmo após sua traslação parcial ou total, inviabilizar a continuidade da atividade econômica desenvolvida.

Ou bem o Estado proíbe a produção e comercialização de tais produtos (se puder – diante das possibilidades fácticas e jurídicas – e reputar adequado fazê-lo) ou não proíbe. Se não proibir, a atividade será lícita, posta à livre iniciativa (CF art. 170) e não poderá ser inviabilizada pela via indireta da tributação.

A tributação extrafiscal poderá (provavelmente será um de seus objetivos) *reduzir* o consumo de tais bens; não poderá eliminá-lo e deverá restar, para os industriais, comerciantes e prestadores de serviços que se dediquem ao ramo, alguma margem de lucro (que não poderá ser eliminada, mas apenas *reduzida* e *até o limite* que ainda *permita o desenvolvimento da atividade*).

No caso de cigarros, por exemplo, a tributação pelo IPI, embora a alíquotas muito altas, não tem efeito de confisco, porque a experiência demonstra ser elástica a possibilidade de traslação, restando (após esta) notoriamente lucro apreciável para os respectivos fabricantes e

---

[546] GRECO, Marco Aurélio. *Contribuições (uma figura sui generis)*. São Paulo: Dialética, 2000, p. 222.

comerciantes. Tal expõe também a virtual impossibilidade, na matéria, de proposição de parâmetros, ainda que presuntivos, de quantificação do efeito confiscatório.

A determinação, em cada caso concreto, e presentes inclusive as variáveis metajurídicas (a possibilidade e os limites da traslação serão, no mais das vezes, uma questão econômica), do que constitui "razoável margem de lucro", far-se-á com o emprego dos critérios identificados para exame da razoabilidade: existência de relação entre meios e fins; não-ocorrência de arbitrariedade; conformidade com valorações morais da sociedade; possibilidade de sustentação à luz da argumentação prática racional; eqüidade e aceitabilidade social da medida consistente na tributação. É a forma como se resolve o conflito entre – no caso – o princípio da livre iniciativa e outros objeto de igual proteção constitucional (promoção da saúde pública, por exemplo[547]), pela aplicação da norma de colisão em questão – proibição da utilização de tributo com efeito confiscatório – através da concreção do conceito indeterminado "efeito de confisco" à luz da razoabilidade, através dos critérios indicados.

1.1.3.1. Substituição tributária

O IPI e o ICMS são os tributos que mais se adaptam ao uso do instituto da substituição tributária. Escrevia Becker, na década de 1960, que sua "utilização, na época atual, já é freqüentíssima, de tal modo que, dentro de alguns anos, o uso do substituto legal pelo legislador será a 'regra geral'".[548] E Antônio de Pádua Ribeiro apontou:

> Na verdade, sob o prisma radical ortodoxo, não é possível visualizar o instituto, fundamental para tornar efetivo, no atual estágio da civilização, o princípio da *praticabilidade da tributação*, algo parecido, no campo do processo, com o princípio da economia processual, segundo lembra Sacha Calmon. Acrescento mais: da mesma forma que o direito processual passa por verdadeira revolução visando a concretizar o princípio da efetividade da jurisdição, com a criação de diversos institutos novos (ampliação das cautelares e antecipação de tutela, dentre outros), o Direito Tributário não pode passar imune a essa evolução da sociedade, deixando de acolher a figura da substituição tributária para frente, que, numa visão analógica, apresenta certo caráter cautelar: objetiva tornar efetiva a responsabilidade tributária.[549]

---

[547] Esta vem prevista no art. 196 da Constituição Federal: "A saúde é direito de todos e dever do Estado, *garantida mediante políticas sociais e econômicas que visem à redução do risco de doença* e de outros agravos e ao acesso universal igualitário às ações e serviços para sua promoção, proteção e recuperação" (grifamos).

[548] *Teoria geral...*cit., p. 550.

[549] Substituição tributária para frente. *Revista do Centro de Estudos Judiciários do Conselho da Justiça Federal*, Brasília, vol. 1, n° 3, p. 105, dez. 1997, grifos do original. E conclui o autor: "A sua adoção constitui exigência da sociedade moderna, visando à aplicação do princípio da praticabilidade da tributação. Apóia-se, aqui e alhures, em dois valores básicos: necessidade de evitar a evasão fiscal (segurança fiscal) e de assegurar recursos com alto grau de previsão e praticabilidade (certeza fiscal)". Idem, p. 110.

Mas, especialmente com relação à substituição tributária para frente, na qual a lei obriga o substituto a pagar não só o imposto referente à operação por ele realizada, mas também o relativo a operações posteriores, houve acesa controvérsia, que, curiosamente, ao invés de serenar, ampliou-se após a sua previsão expressa na Constituição Federal, decorrente da Emenda Constitucional nº 3: "A lei poderá atribuir a sujeito passivo de obrigação tributária a condição de responsável pelo pagamento de imposto ou contribuição, cujo fato gerador deva ocorrer, posteriormente, assegurada a imediata e preferencial restituição da quantia paga caso não se realize o fato gerador presumido" (CF, art. 150, § 7º, acrescido pela Emenda Constitucional nº 3). Dela se disse que violaria "praticamente, todos os princípios constitucionais basilares relativos aos tributos".[550]

Entre as objeções, sustentou-se que o regime da substituição tributária caracterizaria a utilização de tributo com efeito de confisco por ser exigido o tributo do substituto (que não praticou o fato gerador e do qual o fato gerador não constitui indício de capacidade contributiva), implicando, pois, em absorção de parte de seu patrimônio pelo Estado, sem justa causa.

O Supremo Tribunal Federal afastou a alegação de confiscatoriedade, face à ocorrência de traslação do ônus do tributo:

> Quanto ao confisco, não é difícil demonstrar a impossibilidade de sua ocorrência, tendo em vista o reembolso, pelo substituto do imposto pago, quando do recebimento do preço das mãos do substituído; reembolsando-se esse, de sua vez, ao receber o preço final das mãos do consumidor.[551]

Superada, pela decisão do intérprete autorizado da Constituição, esta primeira questão, outra objeção, relacionada com o princípio sob estudo, surgiu.

A Constituição assegura a devolução da quantia paga, caso não se realize o fato gerador presumido (art. 150, § 7º, acrescido pela EC 3). Por igual, o art. 10, *caput*, da Lei Complementar 87/96 reafirma tal direito, com o esclarecimento de que a restituição se faz ao contribuinte

---

[550] Idem, p. 106. No entanto, a jurisprudência, inclusive de nossas Cortes Superiores – Supremo Tribunal Federal e Superior Tribunal de Justiça – firmou-se no sentido da constitucionalidade do regime de substituição tributária para frente, tanto antes como depois da Emenda Constitucional nº 3. Neste sentido, no STF, REs 213.396-5/SP (*leading case*, que será examinado adiante), rel. Min. Ilmar Galvão; 207.877/SC (Marco Aurélio); 190.317/SP (Moreira Alves); 202.715/SP (Ilmar Galvão), entre outros. E no STJ, também exemplificativamente, ROMS 9.428-ES, 10.570-ES, 8.756-GO, REsp 43.541-0/SP, EREsps 35.958/SP, 37.361/SP, 38.530/SP, 39.413-7/RS, 52.520/SP, 30.269/SP, 45.923/RS, 39.413/SP.

[551] RE 213.396-5/SP, Rel. Min. Ilmar Galvão, Pleno, julgado em 02.08.1999, DJU de 01.12.2000. O argumento foi reiterado no RE 202.715/SP, Pleno, Rel. Min. Ilmar Galvão, julgado em 26.10.1999, DJU de 17.12.1999: "Por fim, afastou a Corte a ocorrência de confisco, tendo em vista o reembolso, pelo substituto, do imposto pago, quando do recebimento do preço das mãos do substituído, reembolsando-se esse, de sua vez, ao receber o preço final das mãos do consumidor".

substituído (pois este é quem arca, na verdade, com o ônus financeiro do tributo), afastando discussões antes existentes sobre sua legitimidade para pleitear a restituição: "É assegurado ao contribuinte substituído o direito à restituição do valor do imposto pago por força da substituição tributária, correspondente ao fato gerador presumido que não se realizar".

O problema – conhecido – apresentava-se quando o fato gerador se realizava, mas por valor inferior ao presumido. Nestas hipóteses, segundo os contribuintes, o fato gerador presumido só se realizou *em parte*, devendo ser restituído o tributo exigido por substituição quanto à parte em que o fato gerador presumido não se realizou.[552] O fisco, por seu turno, se fundava em que, mesmo ocorrendo a venda por preço inferior à base de cálculo presumida, não haveria direito à devolução, porque é da natureza do regime de substituição tributária o recolhimento (antecipado, no caso de substituição para frente) do tributo sobre uma base de cálculo presumida, concretizando-se posteriormente a operação, cujo preço real dificilmente será rigorosamente igual ao presumido. O preço efetivo da operação poderá, portanto, ser maior ou menor que a base de cálculo presumida, mas não haverá, em um caso ou outro, direito do contribuinte à devolução ou do fisco de exigir complementação, medidas que descaracterizariam o sistema da substituição tributária e frustrariam seus objetivos de segurança e certeza fiscal. Aliás, a ocorrência de eventuais diferenças entre a base de cálculo presumida e o valor real da operação decorre do próprio fato de ser aquela calculada pela média de preços do setor. Estabelecida pela média de preços, em regime de livre mercado, inevitavelmente serão praticados preços maiores ou menores.

A doutrina apontava, nestes casos, para a ocorrência de confisco:

> No âmbito da substituição tributária para frente (art. 150, § 7º, CF, introduzida pela Emenda Constitucional 3/93), vislumbra-se a figura do confisco se o Fisco não restituir o tributo recolhido antes da ocorrência do fato gerador presumido, no caso de inocorrência deste, *ou se for positivado excesso de pagamento*.[553]

A jurisprudência, tanto do Superior Tribunal de Justiça, como do Tribunal de Justiça do Rio Grande do Sul, era no sentido de que, se a operação se realizava por valor inferior à base de cálculo presumida, tinha o contribuinte direito à devolução da diferença exigida a maior,[554]

---

[552] Tal entendimento se coaduna com a doutrina de Moschetti, segundo quem as presunções fiscais absolutas são sempre inconstitucionais: "Le presunzioni fiscali assolute, anche se astrattamente logiche e razionali, sono sempre inscostituzionali: collegando infatti il pagamento a fatti, soggetti o *valori* la cui esistenza non è accertata, né successivamente accertabile, non garantiscono che il concorso di tutti sia commisurato alla loro capacità effettiva". *Il principio*...cit., p. 287, grifo nosso.

[553] MELO, José Eduardo Soares de. *In* MARTINS, Ives Gandra da Silva (Coord.). *Direitos fundamentais*...cit., p. 291, grifo nosso.

[554] Neste sentido, no STJ: ROMS 9.677/MS (*leading case*) e 13.387/PE, REsps 327.623/MG, 278.840/SP, 239.510/ES, 398.984/MA, entre muitos outros. No TJ/RS, Apelações Cíveis 70002528057 e 70000257246 e Embargos Infringentes 70000606400 e 70002849180, exemplificativamente.

sendo que em vários julgados apontou-se que a cobrança de valor superior ao devido com a utilização da base de cálculo correta configuraria confisco.

> A substituição tributária para frente, enquanto forma anômala de apuração e cobrança do ICMS, porquanto é arbitrada uma base de cálculo, sendo ignorado no momento do pagamento adiantado do tributo, o real valor da operação a ser realizada futuramente, enseja a restituição de valores comprovadamente pagos a maior no momento em que se verificou a redução da base de cálculo, quando das operações concretamente realizadas, vale dizer, a venda de refrigerantes, cervejas e água mineral. Inteligência do art. 155, parágrafo 2º, II e do parágrafo 7º, do art. 150, da Constituição Federal/88, com a redação trazida pela Emenda Constitucional nº 3/93, e artigo 10 da Lei Complementar nº 87/96. Não é o não-implemento da totalidade do fato gerador presumido, por certo, que irá dar vazão à repetição do indébito, mas também quando não houver a incidência parcial da base de cálculo inicialmente encontrada pelo Fisco, com o que a restituição flui também do entendimento de que em havendo o Fisco arrecadado mais do que efetivamente iria arrecadar, em se tomando por referência a base de cálculo real, tal restituição prescindiria de permissivo legal específico para que viesse a ocorrer, operando, então a lógica do pagamento indevido, pois do contrário estar-se-ia consagrando o confisco, o locupletamento indevido.[555]

Ocorre que o Supremo Tribunal Federal, julgando a ADIn 1851-4/AL, decidiu não haver direito à restituição do tributo recolhido a maior antecipadamente, nos casos de substituição tributária, quando a operação final se realizar por valor inferior ao presumido, restringindo-se a restituição assegurada pelo § 7º do art. 150 da CF às hipóteses de não ocorrer o fato gerador presumido.

Impugnava-se (entre outros dispositivos[556]) a cláusula 2ª do Convênio ICMS 13/97, que dispunha:

> Não caberá a restituição ou a cobrança suplementar do ICMS quando a operação ou prestação subseqüente à cobrança do imposto, sob a modalidade de substituição tributária, se realizar com valor inferior ou superior àquele estabelecido com base no artigo 8º da Lei Complementar 87, de 13 de setembro de 1996.

O STF, que no julgamento de medida cautelar suspendera os efeitos deste texto, ao julgar o mérito da ADIn, considerou constitucional o dispositivo questionado, estando a decisão, no que respeita ao tema, assim ementada:

---

[555] Tribunal de Justiça do Rio Grande do Sul, Embargos Infringentes 70002553196, 1º Grupo Cível, Rel. Des. Carlos Roberto Lofego Caníbal, julgado em 03.08.2001. No mesmo sentido, TJRS, Embargos Infringentes 70003558863, Apelação Cível 70003009297 ou Apelação Cível 70008811804, 2ª Câmara Cível, Rel. Des. Arno Werlang, julgada em 11.08.2004, onde se consigna: "A prevalência do valor real da operação sobre o valor estimado decorre da incidência dos princípios da estrita legalidade, da capacidade contributiva e da proibição do confisco. Por força do princípio da legalidade a base de cálculo deve estar expressamente prevista em lei. Fere o princípio da capacidade contributiva e, por conseqüência, caracteriza tributação confiscatória aquela que, desprezando a base de cálculo real e legítima, pela qual a operação foi efetivamente praticada, adota outra, que não corresponde a esta realidade".

[556] Tratavam-se dos incisos VI e VII do art. 498 do Decreto 35.241/91 do Estado de Alagoas (acrescidos pelo Decreto Estadual 37.406/98). O STF não conheceu da ação quanto a tais dispositivos, inclusive porque se destinavam a vigência temporária, até 30.06.1998, pelo que, quando do julgamento da ADIn (que ocorreu em 08.05.2002), já não mais vigiam.

A EC nº 03/93, ao introduzir no art. 150 da CF/88 o § 7º, aperfeiçoou o instituto, já previsto em nosso sistema jurídico-tributário, ao delinear a figura do fato gerador presumido e ao estabelecer a garantia de reembolso preferencial e imediato do tributo pago quando não verificado o mesmo fato ao final. A circunstância de ser presumido o fato gerador não constitui óbice à exigência antecipada do tributo, dado tratar-se de sistema instituído pela própria Constituição, encontrando-se regulamentado por lei complementar que, para definir-lhe a base de cálculo, se valeu de critério de estimativa que a aproxima o mais possível da realidade.

A lei complementar, por igual, definiu o aspecto temporal do fato gerador presumido como sendo a saída da mercadoria do estabelecimento do contribuinte substituto, não deixando margem para cogitar-se de momento diverso, no futuro, na conformidade, aliás, do previsto no art. 114 do CTN, que tem o fato gerador da obrigação principal como a situação definida em lei como necessária e suficiente à sua ocorrência.

O fato gerador presumido, por isso mesmo, não é provisório, mas definitivo, não dando ensejo a restituição ou complementação do imposto pago, senão, no primeiro caso, na hipótese de sua não-realização final.

Admitir o contrário valeria por despojar-se o instituto das vantagens que determinaram a sua concepção e adoção, como a redução, a um só tempo, da máquina fiscal e da evasão fiscal a dimensões mínimas, propiciando, portanto, maior comodidade, economia, eficiência e celeridade às atividades de tributação e arrecadação.[557]

Assim, o STF, intérprete autorizado da Constituição, decidiu não haver direito à restituição (ou cobrança suplementar) se (no caso da substituição tributária para frente) o fato gerador presumido realiza-se, mas por valor inferior (ou superior) ao presumido. Se não há direito à restituição, por certo sua negativa não caracterizará confisco, porque este pressupõe haver direito que seja absorvido pelo Estado sem indenização.

O STJ, prontamente, adaptou sua jurisprudência aos termos da decisão do STF, inclusive referindo expressamente que "a decisão do STF em ADIn deve ser observada de forma vinculante (cf. § 2º do art. 102 da CF)".[558]

Posteriormente, o STF iniciou o julgamento das ADIn 2675-5/SP e 2777-8/PE. Nelas, os governadores dos Estados de São Paulo e Pernambuco questionavam a constitucionalidade de dispositivos de leis estaduais que determinam a restituição do imposto pago antecipadamente, em razão de substituição tributária para frente, quando comprovado que na operação final o preço praticado foi inferior à base de cálculo presumida.[559]

---

[557] Pleno, julgado em 08.05.2002, Relator Min. Ilmar Galvão, por maioria (vencidos os Min. Carlos Velloso, Celso de Mello e Marco Aurélio), DJU de 13.12.2002.

[558] Embargos declaratórios no ROMS 13.915/MG, 1ª Turma, Rel. Min. Humberto Gomes de Barros; REsp 270.612/ES, 1ª Turma, Rel. Min. Francisco Falcão. Entre muitos outros na jurisprudência do STJ após o julgamento da ADIn 1851: REsps 469.506-PB, 470.390-RJ, 418.380/SP, 425.397-SP, ROMS 12.779-GO, 14.866-MT, 12.737-SE, 14.483-RJ, 14.875-PA, 14.610-PI; AgRg em AGs 451.974-MG, 438.757-MT e 363.692-MG.

[559] Trata-se, na ADIn 2.675-5/PE, do inciso II da Lei 11.408/96 do Estado de Pernambuco, assim redigido: "É assegurado ao contribuinte-substituído o direito à restituição: ... II – do valor parcial do imposto pago por força da substituição tributária, proporcionalmente à parcela que tenha sido retida a maior, quando a base de cálculo da operação ou prestação promovida pelo contribuinte-substituído for inferior àquela prevista na antecipação". Já a ADIn 2.777-8/SP, tem

Os julgamentos foram interrompidos, por pedidos de vista, após voto dos respectivos relatores,[560] pela improcedência das ações.

Tal situação levou à cogitação de que a decisão então proposta pelos relatores contrariaria a orientação adotada na ADIn 1851.

A nosso ver, isto não ocorre. Em ambas as ações, na sessão de julgamento de 27.11.2003, após o voto dos respectivos relatores, o Tribunal, resolvendo questão de ordem suscitada pelo Min. Sepúlveda Pertence, por unanimidade, admitiu o julgamento das ações, inobstante a decisão adotada na ADIn 1.851. O Tribunal, portanto, examinou expressamente a questão se a decisão adotada na ADIn 1.851 prejudicava as ações em tela e decidiu pela negativa. Fê-lo acertadamente, pois foi decidido na ADIn 1.851 que o disposto no art. 150, § 7º da CF não obriga à restituição quando a operação final se der por valor inferior ao presumido. Mas lá não se decidiu que haja proibição na Constituição de que lei ordinária determine a restituição, que é coisa diferente.

A Constituição não determina a restituição (exceto quando não ocorre o fato gerador presumido), mas também não a proibe: a lei pode dispor em um sentido ou outro, sem incorrer em inconstitucionalidade. Não há, pois, incompatibilidade entre a decisão adotada na ADIn 1.851 e os votos dos relatores nas ADIns 2.675-5/PE e 2.777-8/SP: podem ser constitucionais normas tanto que prevejam quanto que não prevejam a restituição (esta última ocorreria, com idêntico resultado econômico, se a lei estadual *não* adotasse o regime da substituição tributária, o que evidentemente lhe é lícito fazer).

Posteriormente, na sessão de 17.08.2005, veio o voto do Ministro Nelson Jobim, julgando procedentes ambas as ações, reafirmando a orientação adotada na ADIN 1.851-4, e (aqui, a novidade), considerando inclusive não ser possível à lei estadual ordenar a devolução do valor decorrente da diferença entre a base de cálculo presumida e o valor real da operação, pois "estaria configurada clara situação de GUERRA FISCAL caso a restituição do tributo recolhido pretensamente a maior ficasse a cargo ou opção do ente federativo",[561] após o que foi o julgamento das duas ADIns adiado, por indicação do Min. Cezar Peluso.

---

por objeto, o inciso II do art. 66-B da Lei paulista nº 6.374 de 01.03.1989, acrescido pelo art. 3º da Lei Estadual 9.176 de 02.10.1995, *verbis*: "Art. 66-B Fica assegurada a restituição do imposto pago antecipadamente em razão da substituição tributária: I – caso não se efetive o fato gerador presumido na sujeição passiva; II – caso se comprove que na operação final com mercadoria ou serviço ficou configurada obrigação tributária de valor inferior à presumida". As ações pretendem se fundar na interpretação dada pelo STF ao art. 150, § 7º da CF, na ADIn 1.851-4.

[560] Na ADIn 2.675-5/PE, Min. Carlos Velloso e na ADIn 2.777-8/SP, Min. Cezar Peluso.

[561] Voto-vista do Min. Nelson Jobim na ADIn 2.777-8, grifo do original. Informações colhidas em http://www.stf.gov.br. Acesso em 04.10.2005.

A matéria continuará, pois, por longo tempo, a ser (ao menos quanto à possibilidade da legislação estadual prever a devolução) objeto de controvérsia. No estágio atual, certo é que a decisão do STF na ADIn 1.851-4, no sentido da constitucionalidade da norma que determine a não-devolução, não foi modificada e tem efeito vinculante, ainda mais claro face à nova redação dada ao artigo 102, § 2º, da CF, pela Emenda Constitucional nº 45, de 08-12-2004.

Para nós, é incompatível com o regime da substituição tributária (expressamente autorizado pelo art. 150, § 7º, da CF, e objeto de reiteradas decisões dos tribunais pela sua constitucionalidade) perquirir, em cada operação, se o preço real foi superior (ou inferior) ao presumido. Todavia, quando a base de cálculo presumida for efetivamente superior à *média dos preços praticados no mercado* haverá violação, inclusive da disposição da lei complementar a respeito.[562] Neste caso, caberá controle judicial para impedir a exigência ilegal ou, se já consumada, assegurar ao contribuinte a devolução do excesso. Mas isto quando a base de cálculo (que deve ser a média dos preços praticados no mercado) for distorcida, não corresponder efetivamente à média de preços (não quando o preço da operação, no caso concreto, for inferior à média de preços, o que seria retornar à apuração contábil e individual do imposto devido). Se o imposto for exigido sobre uma base de cálculo presumida incorretamente apurada, que supere a média efetiva de preços praticados no mercado, haverá excesso e efeito de confisco: o contribuinte poderá utilizar os meios processuais cabíveis (mandado de segurança e liminar, ação anulatória e antecipações de tutela, etc.) para impedi-lo ou, se já consumado, obter a repetição do indébito.

Aponta claramente neste sentido, o voto, na própria ADIn 1851-4, do Min. Sepúlveda Pertence:

> A Constituição autorizou, com a chamada "substituição tributária para frente", tomar como fato gerador um fato presumido. É claro que com sua dimensão material igualmente presumida. É claro, também, que esta presunção não pode ser arbitrária, mas isso não se discute. *Se ela é arrazoada*, a minha leitura do § 7º do art. 150 da Constituição Federal é que aquele fato, antecipadamente levado em consideração, os seus efeitos se tornem definitivos com a única ressalva constitucional de não vir a ocorrer o fato previsto. (grifamos)

É ínsito ao sistema de substituição tributária a tributação sobre uma base de cálculo presumida, que corresponde à média dos preços praticados no mercado. Se de média se trata, em condições de livre concorrência, haverá necessariamente preços efetivamente praticados ora superiores, ora inferiores. Não há ilegalidade ou efeito confiscató-

---

[562] Art. 8º, § 4º da Lei Complementar 87/96: "A margem a que se refere a alínea *c* do inciso II do caput será estabelecida com base em preços usualmente praticados no mercado considerado, obtidos por levantamento, ainda que por amostragem ou através de informações e outros elementos fornecidos por entidades representativas dos respectivos setores, adotando-se a média ponderada dos preços coletados, devendo os critérios para sua fixação ser previstos em lei".

rio se a operação for tributada pela base de cálculo presumida e esta, correspondendo ao preço médio praticado, for superior ao preço efetivo da operação, no caso concreto. Mas haverá ilegalidade, passível de controle judicial, preventivo ou reparatório, e efeito confiscatório, se a base de cálculo presumida não corresponder à média de preços no mercado, mas for superior a este preço médio (não ao preço praticado no caso concreto) e não atender sua fixação às exigências postas no art. 8º, § 4º, da LC 87/96 (obtenção dos preços usualmente praticados por levantamento, ainda que por amostragem ou por informações ou elementos fornecidos por entidades representativas do setor – o Fisco tem, pois, de comprovar que realizou os levantamentos ou solicitou às entidades tais informações e elementos) e no art. 35 da Lei Estadual nº 8.820/89 do Rio Grande do Sul (levantamento efetuado pela fiscalização nos dez municípios com maior participação no imposto, pesquisados no mínimo dez estabelecimentos ou 10% dos estabelecimentos do setor em cada município, adotada média ponderada dos preços coletados, ou levantamento de preços por órgão oficial ou informações ou elementos fornecidos por entidades representativas do setor),[563] devendo a administração tributária comprovar, sob pena de caracterizar-se a ilegalidade da base de cálculo presumida, o atendimento destas exigências legais.

> Sua utilização (da substituição tributária para a frente – nota nossa) afasta-se do modelo de tributação com base na ocorrência do fato gerador em razão de finalidades extrafiscais, como a simplificação da arrecadação e a diminuição dos custos administrativos de fiscalização. Sua estrutura reside na presunção de que o fato gerador ocorrerá, em determinadas dimensões, no futuro. Se o Poder Legislativo projetou bem e avaliou corretamente a medida para a generalidade dos casos, e dimensionou o "fato gerador futuro" medianamente, para cada setor atingido, sua ocorrência individual com características diversas daquelas presumidas não afeta a validade do mecanismo de substituição tributária adotada enquanto tal. Nessa hipótese a medida adotada é adequada, pois a adequação exigida – reitere-se – não é concreta, individual e posterior, mas abstrata, geral e anterior. A questão decisiva, pois, está na análise do mecanismo legal de substituição tributária em geral e da sua adequação abstrata, geral e prévia

---

[563] "Art. 35: A margem a que se refere o art. 34, I, 'c', 3, será estabelecida em regulamento, com base em preços usualmente praticados no mercado considerado, obtidos por levantamento efetuado pela Fiscalização de Tributos Estaduais em estabelecimentos situados, no mínimo, nos 10 (dez) municípios do Estado que tenham maior índice de participação na receita do imposto.
§ 1º - Para os efeitos do disposto no 'caput' deste artigo:
a) deverão ser pesquisados, em cada município, no mínimo, 10% (dez por cento) dos estabelecimentos do setor, desde que para obter esse percentual não tenha que ser pesquisado mais do que 10 (dez) estabelecimentos;
b) será adotada a média ponderada dos preços coletados;
c) no levantamento de preço praticado pelo substituto ou substituído intermediário, serão consideradas as parcelas de que trata o art. 34, I, 'c', 1 e 2;
§ 2º - Em substituição ao disposto no 'caput', a critério da Fiscalização de Tributos Estaduais, a margem poderá ser estabelecida com base em:
a) levantamento de preços efetuado por órgão oficial de pesquisa de preços, mesmo que não específico para os fins previstos neste artigo;
b) informações e outros elementos fornecidos por entidades representativas dos respectivos setores, quando de acordo com os preços efetivamente praticados".

para a maioria dos casos, e não no exame da ocorrência do fato gerador em dimensões diferentes daquelas presumidas ou na investigação da falta de diminuição dos custos tributários com a fiscalização e arrecadação dos tributos.[564]

Em síntese: na substituição tributária há efeito de confisco se adotada base de cálculo presumida abstratamente inadequada, ou seja, superior à média de preços praticada no setor, o que é passível de controle judicial; não há efeito confiscatório se a base de cálculo presumida é adequadamente fixada, com base na média de preços do setor, com observância das exigências legais para tanto (LC 87/96, art. 8º, § 4º; Lei Estadual – RS nº 8.820/89, art. 35), mesmo que, no caso concreto, a operação se realize por valor inferior à média estabelecida.

1.1.4. Impostos de transmissão: ITCD e ITIV

Na Argentina, o primeiro pronunciamento da longa e antiga série de decisões da Corte Suprema de Justicia de la Nación a respeito da confiscatoriedade de tributos deu-se em matéria de imposto sucessório: foi a decisão em "Doña Rosa Melo de Cané, su testamentaria, sobre inconstitucionalidad del impuesto a las sucesiones en la Provincia de Buenos Aires",[565] na qual a Corte considerou inconstitucional, por confiscatório, um imposto sucessório de 50%, cujo produto era destinado à Direção Geral de Educação da Província de Buenos Aires. Nela se afirmou que

> el impuesto del 50 por ciento, establecido en la ley provincial impugnada es una verdadera exacción o confiscación que restringe en condiciones excesivas los derechos de propiedad y de testar, que la Constitución consagra en sus artículos 17 y 20 a favor de ciudadanos y extranjeros toda vez que él alcanza a una parte sustancial de la propiedad o la renta de varios años del capital gravado.[566]

No caso, a CSJN considerou confiscatória a taxação à alíquota de 50%, mas ainda não enunciou o limite de 33%, que viria posteriormente a adotar em sua jurisprudência. Assim, exemplificativamente, em "Gobierno de Italia c. Consejo Nacional de Educación" decidiu:

> A diferencia de lo que ocurre con el impuesto a la renta o con los impuestos indirectos, un gravamen a la transmisión de un legado que representa más de la tercera parte del valor de los bienes, como el cobrado al recurrente por aplicación del art. 30 de la ley 11.287, es confiscatorio y violatorio de los derechos de propiedad y de testar asegurados por los arts. 14, 17 y 20 de la Constitución Nacional.[567]

ou:

> El impuesto a la transmisión gratuita de bienes que establece la ley 1.739 de la provincia de Tucumán, aplicado a donatarios radicados en el país y que no tienen parentesco con el donante,

---

[564] ÁVILA, Humberto. *Teoria...*cit., p. 120.
[565] Fallos 115:111 (1911).
[566] Idem. E agregou a Corte: "El poder de crear impuestos está sujeto a ciertos principios que se encuentran en su base misma, y entre otros, al de que ellos se distribuyan con justicia".
[567] Fallos 190:159 (1941).

es confiscatorio e inconstitucional en la parte que exceda el 33% del valor imponible al que el Fisco de la provincia demandada se atuvo en su liquidación definitiva.[568]

Há uma oscilação jurisprudencial em "Eduardo A. Shepherd", no qual o Tribunal considerou válido o adicional do imposto sucessório na transmissão de bens a não-residentes, podendo o gravame, neste caso, chegar a 50% do valor dos bens transmitidos, sem que se caracterizasse como confiscatório: "No es confiscatorio el impuesto a la transmisión gratuita establecido por el art. 30 de la ley 11.287, que en el caso de un heredero radicado en el extranjero absorbe el 50% de lo transmitido".[569]

No entanto, esta orientação seria logo abandonada, retornando-se à jurisprudência tradicional do limite de 33% em "Carlos Vicente Ocampo". Aqui, admite-se a constitucionalidade do adicional ao imposto de transmissão devido por herdeiros com domicílio fora do país, que a Corte considerou não violar o princípio constitucional da igualdade, mas se afirma que o imposto, mesmo com o adicional em questão, não pode ultrapassar o limite de 33% do valor dos bens recebidos por herança:

> No es violatoria del principio de la igualdad constitucional la discriminación hecha por la ley 11.287 entre los herederos domiciliados en el país o en el extranjero y la consiguiente imposición de un recargo a estos últimos.
> Pero ese gravamen es confiscatorio e inconstitucional cuando absorbe más de la tercera parte del valor de los bienes trasmitidos. En tal caso corresponde reformar la liquidación practicada y reducir el monto del impuesto al límite máximo del 33% del valor de los bienes recibidos en herencia.[570]

Em síntese: na jurisprudência da CSJN argentina, é confiscatório o imposto sucessório que absorve mais de 33% do valor dos bens recebidos pelo sucessor.

Seria este raciocínio adequado e aplicável ao direito brasileiro?

A primeira constatação é que, embora o percentual adotado seja o mesmo nos dois casos (33%), é profundamente diferente o critério adotado pelo Tribunal argentino para aferir a confiscatoriedade do imposto sucessório e territorial. Neste, a limitação é a 33% da renda anual obtenível com a correta e adequada exploração do imóvel rural. Já no imposto sobre sucessões é de 33% do valor dos bens recebidos pelo herdeiro. No primeiro caso, paga-se o imposto exclusivamente com os rendimentos gerados pelo bem e, ainda assim, com *parte* dos rendimentos. O último incide sobre o próprio patrimônio transmitido e

---

[568] "María Laura Pérez Guzmán de Viaña y otra c. Provincia de Tucumán", Fallos 211:1033 (1948).

[569] "Eduardo A. Shepherd, (suc.)", Fallos 212:493, julgado em 22.12.1948. A decisão seguia na senda da adotada para o imposto territorial em "Banco Hipotecario Franco-Argentino c. Província de Córdoba" – Fallos 210:1208 (1948).

[570] Fallos 234:129 (1956). Esta decisão marca o retorno à orientação de que o tributo, mesmo com o "recargo por ausentismo", que é considerado constitucional, não pode exceder o limite de 33%, aplicável por igual ao imposto territorial, alterando-se, também quanto a este, a posição adotada em "Banco Hipotecario Franco-Argentino c. Provincia de Córdoba". Fallos 210:1208 (1948).

o percentual de 33%, antes de se referir a uma parte dos rendimentos gerados, significa a absorção de parcela expressiva do próprio patrimônio. Para utilizar a linguagem da própria Corte, o imposto sobre sucessões, mesmo limitado a 33% dos bens recebidos, "alcanza a una parte sustancial de la propiedad o la renta de varios años del capital gravado".[571]

No direito brasileiro, a solução dos conflitos entre direito de propriedade, herança ou testar e fins sociais prestigiados pela Constituição, envolve a consideração das seguintes normas e suas formas de interação. O art. 5º, inciso XXII, da Constituição, dispõe que "é garantido o direito de propriedade", sendo que, segundo o inciso XXIII, "a propriedade atenderá a sua função social" e, nos termos do inciso XXX do mesmo artigo, "é garantido o direito de herança". O art. 150, IV, estabelece ser vedado "utilizar tributo com efeito de confisco" e o art. 155, § 1º, inciso IV determina que o Imposto sobre transmissão *causa mortis* e doação, de quaisquer bens ou direitos (ITCD) "terá suas alíquotas máximas fixadas pelo Senado Federal".

Portanto, se é garantido o direito de propriedade, subordinado à função social, o direito de herança, proibida a utilização de tributo com efeito de confisco e atribuído ao Senado a fixação de alíquotas máximas para o imposto de transmissão *causa mortis*, é de concluir que o constituinte pretendeu atribuir ao Senado a fixação do limite a partir do qual o ITCD passa a ser considerado "de efeito confiscatório".

Todavia, esta delegação ao legislador não é ilimitada, nem incondicionada. Na fixação deste limite haverá que se pautar pela razoabilidade (entendida, como já exposto, como apropriada relação entre meios e fins, não-arbitrariedade, conformação com valorações morais adotadas pela sociedade, eqüidade, possibilidade de sustentação à luz da argumentação prática racional e nível de aceitabilidade social).[572]

No caso, o Senado procedeu a esta fixação dentro de limites de razoabilidade, pois, pela Resolução nº 9/92, fixou a alíquota máxima do ITCD em 8%.

Com razão, no particular, a Corte Suprema argentina, ao menos quanto ao fundamento de que será confiscatório imposto sobre sucessões que absorva a renda de vários anos dos bens transmitidos.

A contrario sensu, parece-nos razoável entender que não alcança o patamar do efeito confiscatório imposto sobre transmissão *causa mortis* que se limite aos rendimentos que podem ser gerados pelos bens

---

[571] "Doña Rosa Melo de Cané, su testamentaria, sobre inconstitucionalidad del impuesto a las sucesiones en la Provincia de Buenos Aires", Fallos 115:111 (1911).

[572] Andréia Minussi Facin inclusive considera que se fosse fixado um determinado percentual no nosso ordenamento "seria prudente que se analisasse o caso concreto, ou seja, se ultrapassasse o percentual estipulado, seria considerado confisco; se fosse inferior, cada caso seria analisado individualmente". *Vedação*...cit., p. 9.

transmitidos em um exercício. Tal limite, em termos aproximativos, pode ser objeto de presunção (relativa) de se situar em torno de 10% do valor do bem.

Assim, quando o Senado, no uso da competência que lhe foi constitucionalmente atribuída (CF, art. 155, § 1º, IV) de fixar as alíquotas máximas ou o limite de não-confiscatoriedade do ITCD, fixou-as em 8%, exercitou aquela competência constitucional dentro de padrões de razoabilidade, não havendo reparo, de direito constitucional, a opor.

É certo que, em outros ordenamentos, encontram-se alíquotas superiores de impostos sucessórios ou sobre heranças, mas, a par de que a consideração deve ser feita pelo resultado da aplicação conjunta das alíquotas e bases de cálculo, neles é maior a eficácia e o peso do princípio do Estado Social (consubstanciado na maior extensão e qualidade dos serviços públicos prestados), o que leva a soluções algo diversas das colisões entre este princípio e aqueles concorrentes (direitos de propriedade, herança e testar).

Em conclusão, no direito constitucional tributário brasileiro, foi atribuído ao Senado, no caso do ITCD, fixar o conteúdo da norma de colisão que veda a utilização de tributo com efeito de confisco, ao fixar as alíquotas máximas deste imposto, e aquele o fez com razoabilidade ao adotar o limite de 8%. No direito brasileiro, hoje, é este o limite a partir do qual o ITCD terá efeito de confisco, constitucionalmente vedado. Tal decorre dos arts. 5º, XXII, XXIII, XXX; 150, IV, e 155, § 1º, IV, da Constituição Federal.

Pela semelhança dos impostos e à míngua de disposição expressa quanto às suas alíquotas máximas, o mesmo limite, a partir do qual considera-se estar o tributo sendo utilizado com efeito de confisco, pode ser aplicado ao imposto de transmissão *inter vivos*, por ato oneroso, de bens imóveis e de direitos reais sobre imóveis, exceto de garantia (ITIV), previsto no art. 156, II da CF, de competência dos municípios.

1.1.5. Imposto sobre serviços de qualquer natureza

O imposto municipal sobre serviços de qualquer natureza, não abrangidos pelo ICMS, previsto no art. 156, I, da Constituição, é exigido de prestadores de serviços e, como tal, se presta à traslação do respectivo ônus econômico para os destinatários dos serviços prestados, pela inclusão no preço dos mesmos.

Portanto, aplicam-se-lhe as considerações já expendidas no exame do possível efeito confiscatório do IPI e do ICMS.

Assim, também no ISS a configuração do efeito confiscatório envolve maiores dificuldades do que nos impostos sobre o patrimônio ou a renda, eis que, em princípio, há possibilidade de traslação do imposto e, enquanto for viável incorporar o tributo ao preço e manter razoável margem de lucro, não se caracterizará o efeito confiscatório.

Todavia, se isto dificulta a identificação da confiscatoriedade, não a impede. A traslação depende de uma série de fatores econômicos, como amplitude da demanda, grau de concorrência no setor.[573] Conforme as condições de mercado, a traslação pode ficar impossibilitada total ou parcialmente, e a margem de lucro reduzida aquém dos padrões considerados razoáveis.

Portanto, no ISS – assim como no ICMS ou IPI – o imposto terá efeito confiscatório quando, após sua traslação total ou parcial para o preço do serviço, não restar ao prestador de serviço razoável parcela do lucro auferido.

Também aqui a quantificação é mais difícil do que nos chamados impostos diretos e só o exame dos casos concretos, inclusive com os elementos metajurídicos inerentes, pode determinar, nas diversas hipóteses ocorrentes, o que seja razoável parcela do lucro, com mais precisão do que indicar que se trata do suficiente para a manutenção e desenvolvimento da prestação de serviços.

No ISS, porém, há uma peculiaridade. Dispõe o art. 156, § 3°, I, da Constituição Federal, com a redação da Emenda Constitucional n° 37, de 12-06-2002, caber à lei complementar, quanto a este imposto, "fixar as suas alíquotas mínimas e máximas".[574] Quanto à alíquota mínima (cuja possibilidade de fixação em lei complementar foi prevista a partir da Emenda Constitucional n° 37), não dispondo a respeito a Lei Complementar 116, a questão continua regrada pelo art. 88 do Ato das Disposições Constitucionais Transitórias, acrescentado pela EC 37, que a fixa em dois por cento, exceto para serviços de construção civil.[575]

---

[573] SPISSO, Rodolfo R. Derecho...cit., p. 260.

[574] Embora o texto atual resulte da Emenda Constitucional n° 37, havia, nas redações anteriores disposições equivalentes. Assim, no texto original da Constituição de 1988, segundo o art. 156, § 4°, I, cabia à lei complementar fixar as alíquotas máximas dos impostos previstos nos incisos III e IV (impostos sobre vendas a varejo de combustíveis líquidos e gasosos, exceto óleo diesel, já extinto – inciso III e sobre serviços de qualquer natureza – inciso IV). Já na redação resultante da Emenda Constitucional n° 3, dizia o art. 156, § 3°, I que "em relação ao imposto previsto no inciso III (ISS – nota nossa) cabe à lei complementar fixar as suas alíquotas máximas". A alteração, como se vê, promovida pela EC 37, em relação às redações anteriores, é a possibilidade de fixação, pela lei complementar, além de alíquotas máximas, de alíquotas mínimas (visando a desestimular a prática conhecida como "guerra fiscal"). Todavia, até a edição da Lei Complementar n° 116 de 31.07.2003 não fora exercitada tal competência, nem havia norma a respeito no Decreto-Lei 406/68.

[575] "Art. 88: Enquanto lei complementar não disciplinar o disposto nos incisos I e III do § 3° do art. 156 da Constituição Federal, o imposto a que se refere o inciso III do *caput* do mesmo artigo:
I – terá alíquota mínima de dois por cento, exceto para os serviços a que se referem os itens 32, 33 e 34 da Lista de Serviços anexa ao Decreto-lei n° 406, de 31 de dezembro de 1968;
II – não será objeto de concessão de isenções, incentivos e benefícios fiscais, que resulte, direta ou indiretamente, na redução da alíquota mínima estabelecida no inciso I".

As alíquotas máximas, por sua vez, foram fixadas em 5% pelo art. 8º da Lei Complementar 116.

Vale aqui o mesmo raciocínio desenvolvido quanto ao ITCD. A Constituição Federal inclui entre os fundamentos da República "os valores sociais do trabalho e da livre iniciativa" (art. 1º, IV); afirma que "a ordem econômica, fundada na valorização do trabalho humano e na livre iniciativa" observa, entre outros princípios, os da "livre concorrência", da "propriedade privada" e da "função social da propriedade" (art. 170, *caput* e incisos II, III e IV); prevê imposto sobre "serviços de qualquer natureza, não compreendidos no art. 155, II" (art. 156, III); proíbe a utilização de tributo com efeito de confisco (art. 150, IV) e autoriza a fixação em lei complementar de alíquotas mínimas e máximas do ISS (art. 156, § 3º, I). Portanto, aqui a Constituição atribuiu, já não ao Senado, mas ao legislador complementar, competência para quantificar o limite a partir do qual este imposto teria efeito confiscatório (art. 150, IV), ao fixar as alíquotas máximas admissíveis (art. 156, § 3º, I).

A competência outorgada não é absoluta ou ilimitada, pois é incontroverso que o Poder Legislativo também está sujeito a limites constitucionais explícitos e implícitos, e deve ser exercitada de acordo com pautas de razoabilidade.

No caso concreto, a fixação da alíquota máxima de 5%, pelo art. 8º da LC 116, atende a tais requisitos, pois parece de difícil identificação situação em que a incidência desta alíquota impeça, após a sua traslação total ou parcial ao preço dos serviços, que reste razoável parcela do lucro para o prestador.

Todavia, como o efeito confiscatório se dá pelo resultado da aplicação conjunta das alíquotas e base de cálculo, o Superior Tribunal de Justiça considerou confiscatória, em tese, a incidência do ISS sobre os valores totais recebidos por empresa agenciadora de mão-de-obra (abrangendo as parcelas destinadas ao pagamento dos salários e encargos sociais dos trabalhadores), considerando que a base de cálculo, nesta hipótese, deva se limitar à comissão auferida pela empresa agenciadora de mão-de-obra, pois "a equalização, para fins de tributação, entre o preço do serviço e a comissão induz à exação excessiva, lindeira à vedação ao confisco".[576]

---

[576] Recurso Especial nº 411.580-SP, 1ª Turma, Rel. Min. Luiz Fux, julgado em 08.10.2002, DJU de 16.12.2002, assim ementado:
"1. A empresa que agencia mão-de-obra temporária age como intermediária entre o contratante da mão-de-obra e o terceiro que é colocado no mercado de trabalho.
2. A intermediação implica o preço do serviço que é a comissão, base de cálculo do fato gerador consistente nestas 'intermediações'.
3. O implemento do tributo em face da remuneração efetivamente percebida conspira em prol dos princípios da legalidade, justiça tributária e capacidade contributiva.
4. O ISS incide, apenas, sobre a taxa de agenciamento, que é o preço do serviço pago ao

Em síntese, o ISS, como imposto que se presta à traslação do respectivo ônus para o preço dos serviços, terá efeito confiscatório quando, após esta traslação, total ou parcial, não restar ao prestador do serviço razoável parcela do lucro produzido pela atividade. No direito positivo brasileiro, face à expressa autorização constitucional ao legislador complementar para fixação do limite de confiscatoriedade deste tributo, pelo estabelecimento de suas alíquotas máximas, e tendo este exercitado tal competência dentro de parâmetros de razoabilidade, ao delimitá-las, considera-se confiscatória incidência do ISS a alíquotas superiores a 5% (art. 8º da LC 116); ou ainda quando a adoção de base de cálculo inadequada impedir que reste, ao prestador de serviço, razoável parcela do lucro.

1.1.6. Imposto sobre operações de crédito, câmbio e seguro ou relativas a títulos ou valores mobiliários

O imposto, previsto no art. 153, V, da Constituição Federal, sobre "operações de crédito, câmbio e seguro, ou relativas a títulos ou valores mobiliários", vem sendo chamado de Imposto sobre Operações Financeiras, expressão vaga e imprecisa, pois certamente abrangeria operações não colhidas por este imposto (e inclusive objeto de incidência de outros tributos, como a CPMF). Ademais, há hipóteses de incidência do imposto em questão que não são "operações financeiras".[577] Na verdade, há quatro impostos, distintos, incidentes sobre operações: a) de crédito; b) de câmbio; c) de seguro e d) relativos a títulos ou valores mobiliários.

Não se trata de "imposto indireto". Com relação à incidência do art. 166 do Código Tributário Nacional, a jurisprudência do antigo Tribunal Federal de Recursos se firmou no sentido de não se aplicarem as exigências daquele dispositivo à repetição de indébito do imposto exigido no ano de 1980, nos termos do Decreto-Lei 1.783, de 18.04.1980, sem observância do princípio da anterioridade (do qual hoje se encontra excepcionado pelo art. 150, § 1º, da CF/88, mas não o era pelo art. 153, § 29, da Emenda Constitucional nº 1/69, mesmo com a redação que lhe fora dada pela Emenda nº 8 àquela Carta):

> Não sendo o fenômeno da repercussão privativo de determinada espécie de impostos, mas comum a todos eles, e dada a impossibilidade de identificar o consumidor final, o rigor da

---

agenciador, sua comissão e sua receita, excluídas as importâncias voltadas para o pagamento dos salários e encargos sociais dos trabalhadores. Distinção de valores pertencentes a terceiros (os empregados) e despesas, que pressupõem o reembolso. Distinção necessária entre receita e entrada para fins financeiro-tributários. Precedentes do E. STJ acerca da distinção.
5. A equalização, para fins de tributação, entre o preço do serviço e a comissão induz a uma exação excessiva, lindeira à vedação ao confisco".

[577] MOSQUERA, Roberto Quiroga. *Tributação no mercado financeiro e de capitais*. São Paulo: Dialética, 1999, p. 102-104.

Súmula 546-STF e do art. 166-CTN praticamente inviabiliza a pretensão do contribuinte em ver restituído o tributo indevidamente pago. Como, entretanto, não se pode desconhecer a existência desses textos, é razoável interpretá-los *cum grano salis*, em ordem a alcançarem apenas os tributos em que a repercussão se apresenta mais tangível pela sua indiscutível entrada na composição do preço da mercadoria ou do serviço.[578]

Este critério está em consonância com a interpretação que o STJ tem dado ao art. 166 do CTN, no sentido de restringir sua aplicação aos típicos impostos indiretos, como ICMS e IPI:

> Tributos que comportem, por sua natureza, transferência do respectivo encargo financeiro são somente aqueles em relação aos quais a própria lei estabeleça dita transferência. Na verdade, o art. 166 do CTN, contém referência bem clara ao fato de que deve haver pelo intérprete sempre, em casos de repetição de indébito, identificação se o tributo, por sua natureza, comporta a transferência do respectivo encargo financeiro para terceiro ou não, quando a lei, expressamente, não determina que o pagamento da exação é feito por terceiro, como é o caso do ICMS e do IPI.[579]

No que releva, o imposto, ora sob exame, não é tributo em que na generalidade dos casos se possa presumir a traslação do respectivo ônus econômico de forma que este aspecto desempenhe um papel fundamental na configuração do efeito confiscatório (contrariamente ao que ocorre no IPI, ICMS e ISS, onde o efeito de confisco se caracteriza se, após a traslação, total ou parcial, que normalmente ocorre, não resta ao agente econômico parcela razoável do lucro obtenível com a atividade). Com efeito, no caso do IOF,[580] em várias hipóteses, não haverá normalmente traslação, pelo menos na operação imediatamente subseqüente: assim, se o contribuinte pagou-o em uma importação de bens para uso próprio, ou para sua incorporação ao ativo permanente, ou em operação de crédito.[581]

Ainda em sede jurisprudencial, o Tribunal Regional Federal da 5ª Região julgou confiscatórias as incidências do imposto em questão previstas na redação original dos arts. 1º e 5º da Lei 8.033/90, *verbis*:

> Art. 1º - São instituídas as seguintes incidências do imposto sobre operações de crédito, câmbio e seguro, ou relativas a títulos ou valores mobiliários:
> I – transmissão ou resgate de títulos e valores mobiliários, públicos e privados, inclusive de aplicações de curto prazo, tais como letras de câmbio, depósitos a prazo com ou sem emissão de certificado, letras imobiliárias, debêntures e cédulas hipotecárias;
> II – transmissão de ouro definido pela legislação como ativo financeiro;
> III – transmissão ou resgate de título representativo de ouro;
> IV – transmissão de ações de companhias abertas e das conseqüentes bonificações emitidas;
> V – saques efetuados em cadernetas de poupança.

---

[578] Tribunal Federal de Recursos, Recurso Ordinário 114.669, 5ª Turma, Rel. Min. Torreão Braz, julgado em 11.11.1986.

[579] Agravo Regimental no REsp 436.894/PR, 1ª Turma, Rel. Min. José Delgado, julgado em 03.12.2002, DJU 17.02.2003.

[580] Embora a impropriedade da denominação "imposto sobre operações financeiras" já assinalada, que se estende à sigla IOF, utilizaremos a mesma, por seu reiterado uso no direito brasileiro e *brevitatis causa*.

[581] Exemplos colhidos na Apelação Cível 118.178/PR, Tribunal Federal de Recursos, 6ª Turma, Rel. Min. Carlos Mario Velloso, julgada em 26.03.1987, DJU 02.04.1987.

Art. 5º - A alíquota do imposto de que trata esta Lei é de:
I – 8%, nas hipóteses de que trata o inciso I do art. 1º;
II – 35%, nas hipóteses de que tratam os incisos II e III do art. 1º;
III – 25%, nas hipóteses de que trata o inciso IV do art. 1º;
V – 20%, na hipótese de que trata o inciso V do art. 1º.

No acórdão em questão se consignou:

> Alíquotas em percentuais tão avantajados oneram sobremodo os contribuintes minando-lhes a capacidade contributiva, e findam por inviabilizar, inclusive, as operações financeiras que tencionassem eles ver realizadas.
> É certo que para a manutenção do Estado é indispensável a criação de mecanismos que viabilizem a sua existência através, é óbvio, da participação de toda a sociedade.
> Entretanto, o contribuinte não pode ser privado do seu direito de propriedade, ou da livre disposição de seus bens; a oneração, via de imposto, em mais de um terço do valor do bem, tal como ocorre no caso da transmissão de ouro enquanto ativo financeiro (e mesmo no tocante a outros valores mobiliários) finda por criar empeço especialmente gravoso à realização da própria operação financeira pelo contribuinte, retirando-se em função disso (ainda que por via oblíqua) a plena disponibilidade dos bens de que seja aquele proprietário.
> Por isso que, considerado o percentual das alíquotas fixadas pela Lei nº 8.033, de 1990, pode-se mesmo desembocar na conclusão (de inquestionável razoabilidade, cumpre que se registre) a que chegou a ora Apelada, ao considerar como apta a produzir efeitos confiscatórios, a exação referida no ato normativo muitas vezes aqui mencionado.[582]

Acreditamos que as alíquotas previstas na redação originária da Lei 8.033/90 eram nitidamente confiscatórias. Posteriormente, o art. 45 da Lei 9.069/95 reduziu-as para zero, nas hipóteses de que tratam os incisos I, III e IV, e 15% nas hipóteses do inciso II.

O Supremo Tribunal Federal, por seu turno, julgou constitucional o inciso I do art. 1º da Lei 8.033/90, mas ali não foi examinado o problema da eventual confiscatoriedade das alíquotas (previstas no art. 5º, e não no art. 1º). A pecha de inconstitucionalidade, rejeitada pelo STF, fundava-se em que o inciso I do art. 1º da Lei 8.033/90, ao instituir imposto sobre as operações de transmissão ou resgate de títulos e valores mobiliários, públicos e privados, instituíra imposto novo (sobre o patrimônio), não discriminado na Constituição, sem as formalidades exigidas pelo art. 154, I, da CF, para o exercício, pela União, da competência residual e violara ainda a garantia de irretroatividade da lei tributária (CF, art. 150, III, *a*), por tributar a titularidade de ativos financeiros que o titular possuía em 16 de março de 1990, data anterior à vigência da lei. A Corte Suprema concluiu não se tratar de imposto (residual) sobre o patrimônio, porque os títulos integravam o patrimônio do contribuinte em 16.03.1990, mas o imposto não incide "sobre tais

---

[582] Tribunal Regional Federal da 5ª Região, 3ª Turma, Remessa *Ex Officio* 165.198-PB, Rel. Geraldo Apoliano, julgado em 25.05.2000. A ementa, no que toca à questão do confisco está assim posta: "A vedação ao confisco, fato de difícil conceituação no direito pátrio, há de ser estudada em consonância com o sistema sócio-econômico vigente, preservando-se a proteção outorgada ao direito de propriedade, em sua função social. Razoabilidade da tese segundo a qual, as alíquotas consignadas na Lei nº 8.033/90 onerariam de tal sorte a capacidade contributiva do sujeito passivo da obrigação tributária, que findariam por inviabilizar-lhe as operações financeiras que pretendesse realizar".

títulos, porém 'sobre operações praticadas' com tais títulos (art. 2º, I), operações essas consistentes na transmissão ou resgate dos mesmos (art. 1º, I), que são fatos geradores do IOF, tal como definidos no art. 63, IV, do CTN". Também considerou inexistir ofensa à irretroatividade das leis tributárias, pois a hipótese de incidência do IOF não são os ativos e aplicações existentes em 15.03.1990, mas as operações praticadas com os mesmos a partir da vigência da lei.[583] Como se vê, nada se decidiu sobre as alíquotas e sua confiscatoriedade ou não.

De notar, porém, que o inciso V do art. 1º da Lei 8.033/90 (incidência de IOF sobre saques efetuados em caderneta de poupança) teve sua inconstitucionalidade declarada pelo STF,[584] sendo a matéria inclusive objeto da Súmula 664:

> É inconstitucional o inciso V do art. 1º da lei 8.033/90, que instituiu a incidência do imposto nas operações de crédito, câmbio e seguros (IOF) sobre saques efetuados em caderneta de poupança.

Inobstante, quais os parâmetros para que se possa considerar o IOF como de efeito confiscatório?

Para tentar responder à pergunta é necessário considerar as diferentes incidências do imposto. Assim quando incidir sobre operações de crédito ou seguro, o imposto onerará uma operação mercantil, realizada habitual e profissionalmente por uma das partes, com intuito de lucro. Nestas operações é mais simples delimitar um padrão de confiscatoriedade. Em operação de crédito ou seguro há um determinado lucro obtido (os juros, que são remuneração do capital; o prêmio, que é a remuneração do segurador). Confiscatória será a incidência de IOF que não permita ao particular que realiza a operação de crédito ou seguro reter razoável parcela do lucro auferido. Considerando o parâmetro já sugerido de que o conjunto de tributação incidente não pode absorver mais que metade dos rendimentos (e poderá haver incidência cumulativa de imposto de renda, por exemplo), cremos adequado traçar o patamar de que a incidência de um tributo isolado (no caso, o IOF) não poderá ultrapassar 33% dos rendimentos auferidos

---

[583] Recurso Extraordinário nº 233.144-2/SP, Pleno, Rel. Min. Carlos Velloso, julgado em 17.06.2002, DJU de 23.11.2003.

[584] O "leading case" no STF foi o Recurso Extraordinário nº 232.467-5/SP, Pleno, Rel. Min. Ilmar Galvão, julgado em 29.09.1999, DJU de 12.05.2000: "IOF SOBRE SAQUES EM CONTA DE POUPANÇA. LEI Nº 8.033, de 12.04.90. ART. 1º, INCISO V – INCOMPATIBILIDADE COM O ART. 153, V, DA CONSTITUIÇÃO FEDERAL. O saque em conta de poupança, por não conter promessa de prestação futura e, ainda, porque não se reveste de propriedade circulatória, tampouco configurando título destinado a assegurar a disponibilidade de valores mobiliários, não pode ser tido por compreendido no conceito de operação de crédito ou de operação relativa a títulos ou valores mobiliários, não se prestando, por isso, para ser definido como hipótese de incidência do IOF, previsto no art. 153, V, da Carta Magna. Recurso conhecido e improvido, com declaração de inconstitucionalidade do dispositivo legal sob enfoque".

na operação: juros e comissões cobrados e prêmio do seguro, respectivamente.

As dificuldades são maiores nas operações de câmbio ou sobre títulos e valores mobiliários. Neste caso, o imposto mais se assemelha a um tributo sobre *transmissão* de valores. Na operação de câmbio, o objeto da tributação, antes que o lucro na operação em si (diferença entre cotação de compra e venda de moeda), é a remessa (transmissão) de um valor para o exterior, ou deste para o Brasil: "São contribuintes do IOF incidente sobre operações de câmbio os compradores ou vendedores da moeda estrangeira na operação referente a transferência financeira para ou do exterior" (art. 6°, *caput*, da Lei 8.894, de 21.06.1994). É, portanto, imposto sobre transferência (transmissão) internacional de valores.

No caso do imposto sobre operações relativas a títulos ou valores mobiliários, o fato gerador é a aquisição, cessão, resgate, repactuação ou pagamento para liquidação de títulos e valores mobiliários (Lei 8.894/94, art. 2°, II, *a* e *b*). Também aqui se trata de transmissão destes títulos e valores (aquisição, cessão, resgate e liquidação), com transferência da respectiva propriedade.

Igualmente, o IOF sobre ouro ativo financeiro é um imposto sobre a transmissão deste bem, pois o fato gerador do imposto "é a primeira aquisição do ouro, ativo financeiro, efetuada por instituição autorizada, integrante do Sistema Financeiro Nacional" (art. 8° da Lei 7.766, de 11.05.1989), ou a *transmissão* de ouro definido pela legislação como ativo financeiro ou *transmissão* ou resgate do título representativo do ouro (grifamos, incidências temporárias previstas nos incisos II e III do art. 1° da Lei n° 8.033/90).

Sendo impostos que se assemelham àqueles sobre a transmissão de bens, cremos que se possa estabelecer o mesmo parâmetro de caracterização do efeito confiscatório que sugerimos para aqueles: ocorrerá quando o imposto consumir valor superior à renda que o bem possa produzir no período anual, considerados, no caso, os níveis de remuneração do capital no mercado financeiro, excluída a mera manutenção de seu valor diante da inflação (correção monetária): em síntese, a taxa média anual de juros praticada em aplicações financeiras, menos a inflação ocorrente.

Cremos que a taxação, na transmissão destes ativos, que superar a renda anual potencial que poderiam gerar, terá efeito de confisco, por implicar em restrição a um dos elementos do direito de propriedade (o de dispor do bem), maior do que parece admissível diante dos conflitos (certamente existentes) com outros direitos objeto de proteção constitucional. Ou como expressou o acórdão antes citado:

> É certo que para a manutenção do Estado é indispensável a criação de mecanismos que viabilizem a sua existência através, é óbvio, da participação de toda a sociedade. Entretanto, o

contribuinte não pode ser privado do seu direito de propriedade, ou melhor, da livre disposição de seus bens.[585]

1.1.7. Impostos sobre o comércio exterior

Os impostos sobre o comércio exterior são o campo mais próprio e tradicional para o exercício de tributação extrafiscal (o *police power* da jurisprudência norte-americana) e de regulação da economia. Por isto, tradicionalmente ficam a salvo de algumas limitações ao poder de tributar.

O art. 141, § 34, da Constituição de 1946, já os excepcionava da exigência de anterioridade e prévia autorização orçamentária (exigida, esta última, pela redação original daquela Carta): "Nenhum tributo será exigido ou aumentado sem que a lei o estabeleça; nenhum será cobrado em cada exercício sem prévia autorização orçamentária, ressalvada, porém, a tarifa aduaneira e o imposto lançado por motivo de guerra".

Por este caráter regulatório ou interventivo na economia, há quem sustente que tais tributos são simplesmente excluídos da vedação à utilização com efeito confiscatório. "O confisco pode ocorrer em todas as espécies tributárias, salvo exceções, tais como nos impostos regulatórios do comércio exterior ..."[586] E Baleeiro admite que "o caráter destrutivo e agressivo é inerente a essa tributação admitida por tribunais americanos e argentinos e da qual há exemplos no Direito Fiscal brasileiro quando visa ao protecionismo à indústria, ao incentivo à natalidade, ao combate ao ausentismo, ao latifúndio, etc".[587]

De fato, a CSJN argentina exclui o imposto de importação da sua jurisprudência tradicional sobre o limite de 33%:

> No es aplicable la jurisprudencia de la Corte que tiene declarado que determinados impuestos, en la medida que exceden el 33% de su base imponible, afectan la garantía de la propiedad, por confiscatorios, cuando se trata de tributos que gravan la importación de mercaderías. Tal ocurre cuando el Estado, por razones que hacen a la promoción de los intereses económicos de la comunidad y su bienestar, instituye, con finalidades acaso disuasivas, gravámenes representativos de uno o más veces el valor de la mercadería objeto de importación.
> El poder impositivo tiende, ante todo, a proveer de recursos al tesoro público, pero constituye, además, un valioso instrumento de regulación económica que a veces linda con el poder de policía y sirve a la política económica del Estado, en la medida que corresponde a las exigencias del bien general, cuya satisfacción ha sido prevista en la Constitución como uno de los objetos del poder impositivo.[588]

Não existiria então qualquer limite à tributação, em se tratando de impostos sobre o comércio exterior? Aqui não se aplicaria a vedação constitucional à utilização de tributo com efeito confiscatório?

---

[585] Remessa Ex Officio 165.198-PB, TRF 3ª Região, cit.

[586] CASSONE, Vittorio. *In* MARTINS, Ives Gandra da Silva (Coord.). *Direitos fundamentais*...cit., p. 400.

[587] *Limitações*...cit., p. 567.

[588] "Marcelo A. Montarcé c. Dirección Nacional de Aduanas". Fallos 289:443 (1974).

O primeiro argumento contrário vem do texto constitucional, que excepciona expressamente estes (e alguns outros) impostos das exigências de legalidade e anterioridade (CF, arts. 150, § 1º, e 153, § 1º), mas não os exclui (nem a quaisquer outros) da proibição à utilização de tributo com efeito de confisco.

Quanto ao imposto de exportação, dificilmente surgirá a questão de confiscatoriedade: a tributação, na espécie, não tem sido agressiva, face à necessidade de política econômica de estimular exportações para gerar saldos positivos de balança comercial. Por isto, o imposto de exportação vem sendo fixado em patamares baixos ou mesmo inexistentes. Tal política se estende inclusive a outros impostos incidentes sobre as exportações. O texto constitucional hoje vigente (resultante da EC 42) contempla várias imunidades quanto a mercadorias e serviços destinados à exportação: do IPI sobre produtos destinados ao exterior (art. 153, § 3º, III); do ICMS sobre operações que destinem mercadorias para o exterior e serviços prestados a destinatários no exterior, assegurada a manutenção e o aproveitamento dos créditos resultantes das operações e prestações anteriores (art. 155, § 2º, X, *a*, com a redação da EC 42) e, quanto ao ISS, cabe à lei complementar excluir da sua incidência exportações de serviços para o exterior (art. 156, § 3º, II), o que foi feito pelo art. 2º, I, da LC 116.

No imposto de importação, todavia, são comuns alíquotas elevadas. Em alguns momentos foram mesmo mais exacerbadas, visando à proteção da indústria nacional; mas ainda hoje há alíquotas altas, especialmente diante de eventuais dificuldades de balança comercial, sendo, inclusive, lícito ao Poder Executivo alterar as respectivas alíquotas independente de lei (CF, art. 153, § 1º).

Sobre a decisão por última citada da Corte Suprema argentina,[589] anota José Osvaldo Casás que "se admite la finalidad extrafiscal de los tributos aduaneros al punto de alcanzar extremos prohibitivos de las exportaciones".[590]

A observação é correta, apenas com a retificação que o excerto a respeito do acórdão se refere a operações de importação (e não exportação):

> Que la jurisprudencia de esta Corte, en cuanto tiene declarado que determinados impuestos, en la medida que exceden el 33% de su base imponible afectan la garantía de la propiedad, por confiscatorios, no es aplicable cuando, como sucede en la especie, se trata de tributos que gravan la importación de mercaderías, bien se advierta que si no es constitucionalmente dudoso que el Estado, por razones que hacen a la promoción de los intereses económicos de la comunidad y su bienestar, se encuentra facultado para prohibir la introducción al país de productos extranjeros (arts. 67, incs. 12, 16 y 28 de la Constitución Nacional) con igual razón debe considerárselo habilitado para llegar a un resultado semejante mediante el empleo de su

---

[589] Idem.

[590] *Los principios*...cit., p. 9.

poder tributario, instituyendo con finalidades acaso disuasivas, gravámenes representativos de uno o más veces el valor de la mercadería objeto de importación.[591]

A perspectiva, contudo, não se afigura correta. Ou bem o Estado pode proibir a operação, e então que o faça pela via direta; ou não pode proibir pela via direta e também não o poderá fazer por via indireta de tributação confiscatória.

O certo é que existe um limite, até mesmo em tributos regulatórios, como os de comércio exterior, além do qual a tributação se torna confiscatória. A Constituição não os excepciona da norma do art. 150, IV, como faz (expressamente) de outras limitações ao poder de tributar.

Este limite é mais alto do que nos demais tributos, pois se trata de impostos regulatórios. Mas a diferença é quantitativa, *de grau*, e não quanto à existência ou não de algum limite. O limite é de difícil quantificação e variável de acordo com valorações vigentes na sociedade e acolhidas pela Constituição. No imposto de importação, é particularmente alto e até já se admitiram alíquotas superiores às hoje vigentes.

A nosso ver, nestes impostos, confiscatória será a tributação que impedir o desenvolvimento da atividade, por inviabilizar a recuperação dos custos, a traslação do tributo e a manutenção de margem de lucro que permita seu exercício.

A tributação é regulatória. Poderá restringir a atividade (este é mesmo seu objetivo, em muitos casos): pode ocorrer que o aumento do imposto e sua traslação ao preço, reduza o número de potenciais compradores. Enquanto tal redução ocorrer dentro de limites que não inviabilizem a continuação da atividade econômica, a tributação será válida, atingirá seus objetivos regulatórios (reduzir a importação de determinados bens), não terá efeito confiscatório, e a restrição ao princípio da livre iniciativa será admissível. Quando a redução for tal que restringir o mercado consumidor de modo a inviabilizar a atividade econômica (não apenas limitar), ultrapassará o objetivo regulatório (não reduzirá, mas eliminará atividade lícita), terá efeito confiscatório, e os fins regulatórios já não justificarão tão grave restrição ao princípio da livre iniciativa, também objeto de proteção constitucional.

Assim atua, a nosso ver, no caso de impostos sobre importação e exportação, a norma de colisão que proíbe a utilização de tributo com efeito de confisco, ante a colisão entre princípio da livre iniciativa e intervenção estatal regulatória do comércio exterior. O ponto de incidência da norma de colisão aqui é diferente (sob o aspecto quantitativo) de outros casos, em que outros são os princípios em colisão (direito de propriedade e justiça distributiva, por exemplo) e, conse-

---
[591] Fallos 289:243 (1974), cit.

qüentemente, diferentes os conflitos que se estabelecem e as respectivas soluções.

Aqui, não ousamos sugerir critérios mais concretos para quantificações. Estas representam regras, que se extraem das soluções dadas com o emprego da norma de colisão às situações de colisões entre princípios. Só se pode extraí-las, com razoável grau de acerto, das soluções reiteradamente adotadas pelo órgão constitucionalmente incumbido de solucionar autoritativamente tais conflitos (o órgão de jurisdição constitucional), ou pelo raciocínio desenvolvido através de argumentação prática racional.

No caso concreto (impostos sobre comércio exterior), não há conflitos solucionados, com a reiteração necessária, pelos tribunais constitucionais que permitam a identificação de uma regra resultante das decisões destas cortes. E há suficientes variáveis (inclusive metajurídicas) envolvidas, que impedem se chegue a uma só conclusão (ou pelo menos a uma conclusão mais adequada ou sustentável) com o emprego da argumentação prática racional.

A última observação não passou despercebida a Vittorio Cassone:

> Quanto aos impostos "regulatórios" do comércio exterior (II, IE, IPI, IOF), a questão tem que ser vista sob outro ângulo, porquanto, embora o produto de sua arrecadação não deixe de ser interessante para os cofres públicos, o fim visado é ter sob controle o comércio exterior, para proteger a indústria nacional – aspecto que hodiernamente sofre certos temperamentos, em vista dos efeitos práticos do fenômeno da globalização.[592]

No passado, sob o fundamento de proteção à nascente indústria nacional, já foram admitidas alíquotas de imposto de importação de 300, até 400%. Hoje, em tempos de maior abertura econômica e mais intenso comércio internacional,[593] cremos que não se poderia negar o efeito confiscatório de uma incidência tão exacerbada, que, ademais, dificilmente se compatibilizaria com tratados e convenções sobre comércio internacional. O efeito regulatório dos impostos em tela, já hoje,

---

[592] *In* MARTINS Ives Gandra da Silva (Coord.). *Direitos fundamentais*...cit., p. 398.

[593] Em matéria de imposto estadual sobre a propriedade de veículos automotores, o STJ decidiu que "a Constituição Federal, artigos 150 e 152, proíbe os Estados de estabelecer alíquotas diferentes do IPVA para carros importados", assim fundamentando, no essencial, a decisão:
"Segundo se pode depreender e como bem observou o voto vencido: 'Na verdade, ao exigir dos proprietários de veículos de procedência estrangeira alíquota diferenciada do tributo, está o Estado instituindo tratamento desigual entre contribuintes que se encontram em situação equivalente, contrariando, ainda, as disposições do art. 150, da Constituição, conquanto, da satisfação do Imposto de Importação tem-se por proibida qualquer distinção em razão de título ou direitos' (cf. fls. 168).
Por outro lado, a norma insculpida no art. 152 da Carta Política é clara ao vetar aos Estados, Distrito Federal e Municípios estabelecer diferença tributária entre bens e serviços de qualquer natureza, em razão de sua procedência ou destino. Portanto, a lei estadual em questão cujo mandamento está em flagrante desconformidade com a Constituição Federal, não foi pela mesma recepcionada, inviabilizando-se sua aplicação ao caso concreto". Recurso Ordinário em Mandado de Segurança nº 10.906/RJ, 1ª Turma, Rel. Min. José Delgado, julgado em 02.05.2000, DJU de 05.06.2000.

visa mais ao equilíbrio da balança de pagamentos que à proteção da indústria nacional, em um mundo onde a comunicação e competição globais cada vez mais restringem o significado econômico das fronteiras nacionais.

1.1.8. Imposto sobre grandes fortunas

Como é sabido, o imposto sobre grandes fortunas, objeto de previsão constitucional (CF, art. 153, VII) de criação por lei complementar, não foi instituído.

Na hipótese de que viesse ou venha a ser instituído, certamente se lhe aplicaria a norma do art. 150, IV, da CF, proibindo sua utilização com efeito de confisco. A discussão travada, em outros ordenamentos, a respeito do imposto sobre o patrimônio, sua admissibilidade, conveniência e limites poderia fornecer subsídios à questão.

No horizonte europeu, a França adota imposto sobre grandes fortunas ou de solidariedade social, com um mínimo isento de 703.184,16 euros e alíquota progressiva que, na faixa superior (que excede a quinze milhões de euros), chega a 1,8%.[594]

Na Europa, adotam imposto sobre patrimônio Espanha, Finlândia, Irlanda, Noruega, Suécia, Luxemburgo e Suíça, todos com alíquotas inferiores a 1%. Nos Estados Unidos, tal taxação foi extinta no século XIX; na Itália, em 1948;[595] no Japão, em 1953, e na Alemanha, em 1996, face à decisão do Tribunal Constitucional Federal que julgou inconstitucional, por violatória dos princípios da igualdade (LF, art. 3º, 1) e da garantia do direito de propriedade (LF, art. 14, 2), a conformação do imposto sobre o patrimônio resultante da lei de tributação patrimonial de 17.04.1974 (com as alterações resultantes das leis de 14.11.1990 e 14.09.1994), fixando prazo para sua alteração pelo legislador até 31.12.1996.[596] Como o legislador, até a data fixada, não estabeleceu nova disciplina legal para o tributo, nos termos da decisão do Tribunal, o imposto sobre o patrimônio alemão restou extinto em 31.12.1996.

---

[594] GROSCLAUDE, Jacques e MARCHESSOU, Philippe. *Droit fiscal general*. 2ª ed., Paris: Dalloz, 1999, p. 360.

[595] Na Itália, há decisão da Cassazione Civile que proclama, em tese, a legitimidade de impostos patrimoniais, mas diante da situação específica de um imposto a ser pago por pessoas jurídicas, incidente a uma alíquota de 0,75% sobre o patrimônio da pessoa jurídica, cumulativa com outra alíquota de 15% sobre a renda que excedesse a 6% do patrimônio: "Infatti, a parte la piena legittimità delle cosiddette imposte 'patrimoniale' dettate generalmente da esigenze particolari di prelievo di certe porzioni della richezza dei singoli soggetti tassabili indipendentemente dalla produzione del reddito, *la predetta incidenza ha carattere prevalentemente funzionale e strumentale contro l'occultamento del reddito* e, quanto alla misura, è contenuta in limiti assai lontani da quelli che la porrebbero in contrasto con la norma di cui all'art. 53 Costituzione". Corte di Cassazione, Sez. Un. Civile, 1º marzo 1971, nº 510, Spa Italcementi c. Min. Finanze. *Rivista di diritto finanziario e scienza delle finanze*, Milano, vol. II, p. 137-138, 1972, grifo nosso. Em verdade, tratava-se de um imposto sobre a renda de pessoas jurídicas, considerado um lucro presumido (sem possibilidade de prova contrária) de 6% do patrimônio.

[596] BVerfGE 93, 121.

Na Espanha, adotou-se solução legal para o possível efeito confiscatório que pode advir da soma das incidências dos impostos sobre renda e patrimônio. O art. 31, 1, da Lei 19/1991, de 6 de junho (Ley del Impuesto sobre el Patrimonio), com a redação que lhe deu a Disposição Final 4ª da Lei 46/2002, com vigência a partir de 01.01.2003, determina que a soma da quota do imposto sobre o patrimônio com a correspondente à parte geral da base de cálculo do imposto de renda, não pode exceder a 60% da parte geral da base de cálculo do imposto de renda de pessoa física.[597] Se as duas exações conjuntamente superarem tal limite de 60%, o imposto sobre o patrimônio será reduzido até ser atingido tal percentual (60%), limitada tal redução a, no máximo, 80% do valor devido a título de imposto sobre o patrimônio (há um "imposto mínimo", no caso do imposto sobre o patrimônio, mesmo quando superado o limite conjunto de 60% para os impostos sobre renda e patrimônio – de 20% do imposto do patrimônio originalmente apurado). A fixação deste limite mínimo teve o objetivo (como expressamente assinalado na Exposição de Motivos da Lei 19/1991) de evitar que a tributação de patrimônios importantes se diluísse, no caso da renda tributável pelo imposto de renda ser (permanente ou ocasionalmente) nula ou insignificante.

> Con la razonable mejora que la citada Disposición Final Cuarta de la Ley 46/2002, de 18 de diciembre, de reforma del IRPF ha introducido, este límite del 60% tiene una función esencial; servir al principio de no confiscatoriedad y a la expresión del mismo a que se refiere el Tribunal Constitucional alemán en la citada sentencia de 22 de junio de 1995. Esto es, que el Impuesto sobre el Patrimonio sólo puede cuantificarse de tal modo que su efecto conjunto con el resto de las cargas tributarias deje intacta la llamada "sustancia patrimonial", "Substanz des Vermögens" -, de manera que debe poder pagarse con los rendimientos ordinarios que cabe esperar del citado patrimonio. Si ello no es así, la tributación sobre el patrimonio producirá un efecto confiscatorio. En suma, lo que se está queriendo decir es que la carga económica correspondiente al Impuesto sobre el Patrimonio debe soportarse con cargo al propio patrimonio que se declara, y al servicio de esta finalidad parece encontrarse el citado límite conjunto del 60%.[598]

---

[597] Na redação anterior à Lei 46/2002, o limite era de 70%.

[598] ASOCIACIÓN ESPAÑOLA DE ASESORES FISCALES – GABINETE DE ESTUDIOS. Informe sobre el impuesto sobre el patrimonio, p. 17. Disponible em http://www.aedaf.es. Acesso em 06.12.2004. Mas o mecanismo não se coloca a salvo de críticas: "lo que es instrumento, pretendidamente orientado a poner cota a la confiscatoriedad, se está utilizando como una via de planificación fiscal para favorecer la elisión de los grandes patrimonios. Así, es frecuente la adopción de medidas para reducir en lo posible la parte general de la base imponible de IRPF y permitir que la cuota de éste y la correspondiente al Impuesto sobre el Patrimonio superen fácilmente el mencionado límite del 60%, para obtener con ello las correspondientes reducciones, aunque sea con el citado límite del 20%. Así, la medida consistente en optar por determinada clase de rentas gravadas en la parte general de la base imponible con preferencia a otras. Por ejemplo, a efectos de reducir la parte general de la base imponible resulta más adecuado cobrar una cantidad en concepto de rendimiento de trabajo que percibirla en concepto de dividendo, que ha de multiplicarse por el 140% - artículo 23, 5º, b) de la Ley del IRPF -. Pero también se emplean vías de organización patrimonial. Así, estaría la de sustituir aquellos elementos patrimoniales que por su naturaleza o destino no sean susceptibles de producir rendimientos gravados en el IRPF por otros que sí lo sean, ya que la parte de la cuota del Impuesto sobre el Patrimonio que corresponde a los primeros se excluye por mandato legal del límite conjunto

Na Alemanha, conforme já se referiu (1ª Parte, nº 1.5.4), a decisão do Tribunal Constitucional Federal foi de que "o imposto sobre o patrimônio só pode ser acrescentado aos demais impostos sobre o rendimento, quando a carga tributária total sobre os rendimentos brutos permanecer próxima de uma divisão meio a meio entre o poder público e o particular".[599] Efetivamente, no que concerne, o Tribunal decidiu que o imposto sobre o patrimônio não pode interferir em sua essência, devendo poder ser satisfeito com os rendimentos gerados. E que, acrescido aos outros impostos incidentes sobre os rendimentos, a carga tributária não pode exceder uma divisão próxima da metade, pois, segundo o art. 14, 2, da Lei Fundamental, a propriedade deve servir ao mesmo tempo para o benefício privado e o bem estar de toda coletividade:

> Independentemente da proteção permanente ao patrimônio original, os rendimentos do patrimônio também são objeto da proteção das posições de direito sobre valores patrimoniais com base na liberdade individual. Segundo o art. 14, § 2º da Lei Fundamental, a utilização da propriedade serve, ao mesmo tempo, para o benefício privado e para o bem-estar de toda a sociedade. Por isso os rendimentos do patrimônio, são, por um lado, sujeitos à tributação em geral e, por outro, deve restar um benefício de rendimento privado ao titular do direito. Dessa maneira, o imposto sobre o patrimônio só pode ser acrescentado aos demais impostos incidentes sobre os rendimentos, quando a carga tributária total sobre os rendimentos brutos permanecer próxima de uma divisão meio a meio entre o poder público e o particular, observando, de forma padronizada, receitas, despesas dedutíveis e outros abatimentos e, com isso, evitar resultados tributários em geral que contrariem uma distribuição de carga tributária de acordo com a norma de igualdade e tendo a capacidade contributiva como parâmetro.[600]

Portanto, para o Tribunal Constitucional alemão, o imposto sobre o patrimônio (além de só poder tributar os rendimentos patrimoniais), somado a outros impostos (especialmente o imposto de renda), não pode ultrapassar algo próximo da metade dos rendimentos potenciais do patrimônio (adota, pois, um percentual próximo de 50%).

A legislação espanhola, a partir de 2003, utilizou o percentual de 60% (mas que pode ser superado, pois é exigível um mínimo de 20% do imposto sobre o patrimônio inicialmente apurado). Todavia, a base de cálculo é diversa: parte geral da base de cálculo do imposto de renda pessoa física, o que não abrange todos os rendimentos.

No caso de ser instituído no Brasil o imposto sobre grandes fortunas, em quais níveis poderia incidir para não incorrer na pecha de confiscatoriedade?

Por primeiro, o mínimo imponível terá que observar a conformação do imposto que é sobre grandes fortunas e, portanto, "só poderá

Impuesto sobre el Patrimonio-IRPF". E, como aponta o mesmo estudo estão "todos estos mecanismos al alcance de pocos contribuyentes que pueden procurarse el correspondiente asesoramiento técnico". Idem, p. 17-18.

[599] BVerfGE 93, 121 (121).

[600] BVerfGE 93, 121 (138).

alcançar os patrimônios realmente muito diferenciados, em razão do seu elevadíssimo valor. Necessariamente, a lei complementar terá de se manter adstrita a tal conceito".[601] Não se trataria de uma tributação que simplesmente se identificasse com os impostos sobre o patrimônio existentes no direito comparado: a competência outorgada pela nossa Constituição não é para tributar o patrimônio (este só poderia ser instituído como imposto residual, nos termos do art. 154, I), mas patrimônios elevadíssimos, pois a Constituição fala em grandes fortunas. Por certo, o conceito é indeterminado, mas, como ocorre comumente em tais situações, pode-se dizer o que não são grandes fortunas: patrimônios medianos, próprios das diversas camadas de classe média. Grande é diferente de médio. Quanto a parâmetro aceitável para a expressão constitucional, observe-se que na França, onde há um imposto sobre grandes fortunas, o mínimo isento é de 703.184, 16 euros.[602]

Observada a amplitude, necessariamente significativa do mínimo isento, decorrente da própria conformação constitucional do imposto, entendemos que o limite caracterizador do efeito confiscatório poderia ser encontrado quanto ao tributo isoladamente em 33% dos rendimentos potenciais que podem ser gerados pelo patrimônio e quanto ao conjunto da carga tributária (especialmente quanto ao resultado de sua incidência cumulativamente com o imposto de renda) em 50% dos mesmos rendimentos. A sugestão compatibiliza o exame feito da questão pela tradicional jurisprudência argentina, no que toca à incidência isolada, e a decisão do Tribunal alemão quanto à incidência conjunta de impostos sobre renda e patrimônio, que, como se viu, influenciou a legislação espanhola. Parece ser a identificação mais aproximada da forma de incidência da norma de colisão que proíbe a utilização de tributo com efeito de confisco, diante da colidência do direito de propriedade com tributação que visa a promover os fins de erradicação de pobreza e marginalização e redução das desigualdades (CF, art. 3º, III), inclusive face à vinculação da arrecadação do imposto em tela ao Fundo de Combate e Erradicação da Pobreza, objeto do art. 80, III, do Ato das Disposições Constitucionais Transitórias (artigo acrescentado pela Emenda Constitucional nº 31, de 14.12.2000).

1.1.9. Impostos extraordinários de guerra

O art. 154, II, da Constituição Federal prevê que a União poderá instituir, na iminência ou no caso de guerra externa, impostos extraordinários, mesmo não compreendidos em sua competência tributária,

---

[601] PAULSEN, Leandro. *Direito tributário. Constituição e Código Tributário à luz da doutrina e da jurisprudência*. 6ª ed., Porto Alegre: Livraria do Advogado ed. e ESMAFE, 2004, p. 332.

[602] GROSCLAUDE, Jacques e MARCHESSOU, Philippe. *Droit...cit.*, p. 360.

que deverão ser suprimidos, gradativamente, cessadas as causas de sua criação.

Evidentemente aqui será admitida tributação mais severa, sem que se lhe impute efeito confiscatório. "A guerra é circunstância de gravíssima ruptura conjuntural e estrutural que enseja tributação mais elevada e sacrifícios de todos, maiores do que aqueles toleráveis em tempo de paz".[603]

Mesmo ela, porém, não é cheque em branco. Uma incidência, ainda que a título de imposto extraordinário de guerra, de 100% sobre a renda (ou, em exemplo ainda mais extremo, sobre o patrimônio) teria efeito confiscatório e seria inconstitucional. Claro que, no caso de impostos de guerra, o limite de confiscatoriedade é muito mais elevado e de ainda mais difícil quantificação, mesmo a título de sugestão. Escusado dizer que tais tributos não foram instituídos em nosso ordenamento (à falta dos pressupostos de sua criação), o que faz não haver quaisquer parâmetros jurisprudenciais para a identificação concreta de seu efeito confiscatório. E a tentativa de fazê-lo abstratamente esbarra na dificuldade de não se conhecer a amplitude que pode ter o conflito, sua duração, as necessidades dele decorrentes, sua gravidade, a situação econômica eventualmente vigente.

Nestas condições, não tentaremos aqui propor um elemento quantitativo para o efeito confiscatório dos impostos extraordinários de guerra, por não vislumbrarmos construção a respeito que seja racionalmente sustentável. Apenas sinalamos que, ainda no caso de impostos de guerra, há um limite. Mas é muito mais elevado que em circunstâncias normais e de quase impossível identificação prévia.

Por fim, com relação a tais impostos é necessário "que se preveja e se observe a supressão gradativa, à medida que cessem as causas que levaram a União a tal medida tributária excepcional, ou a tais medidas tributárias excepcionais".[604] Assim não ocorrendo, a partir da cessação daquelas causas (a guerra, no caso), o imposto antes lícito assumirá feição confiscatória, porque só naquela situação excepcional pode haver tal tributação adicional sobre os bens dos particulares.

1.1.10. Impostos residuais

Segundo o art. 154, I, da CF, a União poderá instituir, mediante lei complementar, impostos não previstos na Constituição, desde que sejam não-cumulativos e não tenham fato gerador ou base de cálculo próprios dos impostos discriminados no texto constitucional.

Não exerceu a União tal competência residual.

---

[603] DERZI, Misabel Abreu Machado. Nota de atualização a BALEEIRO, Aliomar. *Limitações*...cit., p. 576.

[604] PONTES DE MIRANDA. *Comentários à Constituição de 1967, com a Emenda nº 1, de 1969*, cit., tomo II, p. 494.

Em tese, tais impostos (como quaisquer outros) podem ter efeito confiscatório.

Não tendo sido criados, porém, e sendo particularmente ampla a conformação que podem adotar, nada se pode afirmar mais concretamente sobre a identificação de sua possível confiscatoriedade, que sempre dependeria do tipo de imposto que fosse criado.

1.2. TAXAS

As taxas podem ter efeito de confisco?

Ocorre que a taxa é contraprestação pelo fornecimento de um serviço público (específico e divisível) ou por uma autorização decorrente do exercício do poder de polícia. Taxas se regem pela retributividade, ou seja, devem guardar razoável correspondência com o preço dos serviços prestados ou necessários para a concessão da autorização pretendida, no caso de taxas de polícia. Tal se encontra implícito no texto constitucional que autoriza a instituição de "taxas, em razão do exercício do poder de polícia ou pela utilização, efetiva ou potencial, de serviços públicos específicos e divisíveis, prestados ao contribuinte ou postos a sua disposição" (CF, art. 145, II). Com efeito,

> corolário do conceito de taxa, quando cobrada pela prestação ou disponibilidade de *serviço*, é o de que o *quantum* exigido dos usuários não ultrapasse o custo global daquele, sob pena de se transmudar em imposto a cota excedente apurada e, assim descaracterizada, subordinar-se às restrições constitucionais próprias do imposto.[605]

Esta correlação entre o custo dos serviços e a taxa, todavia, é aproximativa, ou seja, exige-se razoável congruência entre uma e outra: "The state is not required to compute with mathematical precision the cost to it of the services necessitated by the caravan traffic. If the fees charged do not appear to be manifestly disproportionate to the services rendered, we cannot say from our own knowledge or experience that they are excessive".[606]

> O devedor da taxa contrapresta, quase sempre, porém não necessariamente em dinheiro, a quota aproximada de serviço, ou menos que a quota de serviço que o favoreceu. O excesso que seja não-extorsivo não a deturpa; o excesso extorsivo transforma-a, parcialmente, em imposto, e tem-se que indagar se a unidade política poderia decretar o imposto, na base em que o decretou.[607]

---

[605] DÓRIA, Antônio Roberto Sampaio. *Direito*...cit., p. 61-62, grifos do original. Para Moschetti tal impede, por exemplo, a adoção de alíquotas proporcionais: "Se si fosse voluto dare il carattere di corrispettivo, o, meglio, di tributo commutativo, si sarebbero dovuti scegliere altri criteri di commisurazione. Ammettere una commisurazione proporzionale del tributo, significava tendere a colpire una manifestazione di ricchezza – vera o presunta tale – e non richiedere il pagamento di un servizio". *Il principio*...cit., p. 122.

[606] U.S. Supreme Court. Clark v. Paul Gray, Inc., 306 U. S. 583 (1939).

[607] PONTES DE MIRANDA. *Comentários à Constituição de 1967, com a Emenda n° 1, de 1969*, cit., tomo II, p. 371.

Há quem sustente, pois, que não podem ter as taxas, mesmo em tese, efeito confiscatório. Se houver razoável correlação com o preço do serviço, não há de perquirir sobre confisco. Se não houver, há desnaturação da base do cálculo, sendo inválido o tributo e não há necessidade de cogitar de confisco. Para Antônio José da Costa, "resulta, assim, excluir do efeito de confisco as taxas (contraprestação do custo da atuação) e a contribuição de melhoria (valorização e custo das obras, o que for menor), já que possuem limites determinados para a base de cálculo e valor máximo da exação".[608] Diversamente, no entender de Roque Carrazza, "se não houver equivalência entre o custo da atuação estatal específica e o *quantum* da taxa, o tributo será inconstitucional, por desvirtuamento de sua base de cálculo. Com isto, aliás, ele assumirá feições confiscatórias, afrontando, pois, o art. 150, IV, da CF".[609] Na mesma senda, Andréia Minussi Facin sustenta que "as taxas têm efeito confiscatório, quando o valor dos serviços públicos ou a remuneração relativa ao exercício do poder de polícia sejam consideravelmente excessivos, não possuindo proporção com os custos e não tendo a finalidade de interesse público".[610]

Também Estevão Horvath aponta:

> quando se cuida de taxas, o confisco se revela tão logo se verifique que o que está sendo cobrado individualmente dos seus contribuintes tem magnitude superior àquela que lhe corresponderia, caso os cálculos resultantes da divisão do custo total do serviço (ou da atividade de polícia) prestado entre os possíveis (estimados) beneficiários estivessem corretos.
> Aqui, não se tem que cogitar, pois, segundo pensamos, da *exorbitância* do valor a ser pago como diz a Corte Suprema argentina, da sua *irrazoabilidade*, como diríamos nós outros ou da absorção *do bem ou da renda* do contribuinte. Basta a incompatibilidade entre o *quantum* de tributo pretendido como devido pelo contribuinte e aquele que resultaria da correta divisão efetuada conforme relatado supra.[611]

Sacha Calmon Navarro Coelho também considera que o princípio da vedação de confisco "tem validade e serve de garantia, inclusive, para evitar exageros no caso das taxas".[612]

O Tribunal de Justiça de nosso Estado, por sua vez, decidiu:

> Apresenta-se arbitrário e ilegal o ato da autoridade administrativa, de exigir como taxa de vistoria em veículos do impetrante, valor exacerbado que, ao final de apenas e tão somente dois exercícios, terá cobrado o valor correspondente ao bem vistoriado, com nítida característica de confisco.
> Afronta ao disposto no art. 150, IV, da CF/88. O poder discricionário não se confunde com o poder arbitrário. Deve a referida taxa ser fixada em valor razoável, compatível com a atividade

---

[608] In MARTINS, Ives Gandra da Silva (Coord.). *Direitos fundamentais*...cit., p. 432.

[609] *Curso*...cit., p. 489.

[610] *Vedação*...cit., p. 15. Parece-nos que mesmo havendo "finalidade de interesse público" (que normalmente há na arrecadação de tributos em si), não poderá deixar de haver a correlação entre o valor da taxa e o custo aproximado do serviço.

[611] *O princípio*...cit., p. 133-134, grifos do original.

[612] *Curso de direito tributário brasileiro*. 7ª ed., Rio de Janeiro: Forense, 2004, p. 274.

desenvolvida, de modo a não inviabilizar atividades econômicas, fontes geradoras de riqueza. Incidente de inconstitucionalidade suscitado.[613]

O incidente de inconstitucionalidade em tela foi assim decidido:

> Incidente de inconstitucionalidade. Tributário. Taxa de vistoria para o exercício de atividade instituída pelo Município de Rio Pardo. Valor fixado em montante superior ao custo administrativo decorrente do exercício do poder de polícia. Descaracterização do tributo. Base de cálculo própria de imposto. Ofensa aos princípios da proporcionalidade, razoabilidade, não-confiscatoriedade e igualdade. Inconstitucionalidade declarada.[614]

Aires Barreto, todavia, defende ponto de vista algo diverso:

> Conseqüentemente, se a base de cálculo das taxas é o custo da atividade estatal, não há como cogitar-se, senão obliquamente, de confisco, porque para haver confisco seria necessário que tivéssemos uma base de cálculo, concretamente considerada, absolutamente distante do custo da atividade estatal. Só que nesse caso o tributo seria inválido por desnaturação da base de cálculo. Só por via de conseqüência, é que seria confiscatório. Vale dizer, a taxa, antes de ser inválida, em virtude de confisco, já o era em razão da desnaturação da base de cálculo. Seria despiciendo cogitar de confisco. A utilização de base incompatível com o tributo já seria razão bastante para fulminar a exigência. Como prega o dito popular, teríamos perdido a guerra por dez razões diferentes: a primeira (desnaturação da base) porque não tínhamos canhões; as demais dispensa-se de referir. Não adianta cogitar de confisco se, primeiro, houve desvirtuamento da base de cálculo.
> Parece razoável concluir, portanto, num primeiro momento, que o efeito de confisco não se aplica às taxas.[615]

A nosso ver, razão lhe assiste: com relação às taxas, só obliquamente pode se caracterizar o efeito de confisco. Se não houver a razoável correlação com o custo do serviço, o tributo será inválido por desnaturamento de sua base de cálculo. Taxa não haverá e, normalmente, o ente não terá competência para instituir o imposto que na verdade existirá.

Parece, então, que a operatividade do princípio da não-confiscatoriedade ficará prejudicada, pois, antes, a desnaturação da base de cálculo terá levado à inexigibilidade do tributo.

A equivalência, ainda que aproximativa, do valor da taxa com o custo do serviço decorre da própria conformação (constitucional entre nós) do tributo. É tributo comutativo, no dizer de Moschetti, que "*rappresentino comunque specifico corrispettivo a determinate prestazioni, immediate o differite, dirette o indirette, od al godimento di beni o di diritti* della pubblica amministrazione o di enti pubblici".[616]

---

[613] Apelação e Reexame Necessário 599326436, 2ª Câmara Cível, Rel. Desa. Teresinha de Oliveira Silva, julgado em 01.12.1999. O voto da relatora destaca: "exigir taxa anual do impetrante, simples comerciante ambulante que se utiliza de veículo automotor (ônibus) velho, de 1965, adquirido por R$ 5.000,00, conforme se verifica de recibo anexado aos autos, taxa essa de valor correspondente a 2.500 UFIRs, conforme se depreende do CTM (fl. 17), é inequívoco confisco, porque ao cabo de apenas dois exercícios, terá a municipalidade cobrado como taxa de vistoria para que o impetrante exerça o comércio ambulante, o equivalente ao preço do bem. Isso é inadmissível, não podendo o judiciário com tal exigência compactuar".

[614] Tribunal de Justiça do Rio Grande do Sul, Incidente de Inconstitucionalidade 70001812171, Tribunal Pleno, Rel. Des. Elvio Schuch Pinto, julgado em 02.04.2001.

[615] *Vedação*...cit., p. 105.

[616] *Il principio*...cit., p. 99, grifos do original. O autor colhe o conceito do art. 12 da lei (italiana) 452, de 3 de junho de 1943.

Naveira de Casanova tem posição contrária, valendo para o debate transcrever a síntese de sua argumentação:

> Respecto de la tasa pueden presentarse dudas, que hacen difícil imaginar una tasa confiscatoria. Sus tipos suelen ser muy bajos; gran parte del servicio público que constituye su hecho imponible se cubre a través de impuestos; y en las legislaciones suele existir inclusive el límite del coste real del servicio. Sin embargo, se pueden hacer ciertas aclaraciones al respecto. Del hecho que sea difícil imaginar una tasa confiscatoria no se deriva la inaplicabilidad del principio a esa hipótesis dificultosa de imaginar, ya que el principio será aplicable a cada especie tributaria, inclusive a la tasa. De las tres dudas planteadas, no hay que perder de vista su naturaleza: las dos primeras son decisiones políticas del Legislador y la tercera una norma legal. O sea que, en lo referente a las dos primeras, si el Legislador decidiera no atenerse a ellas, es decir, aumentando el tipo de la tasa, o financiando el servicio público en mayor proporción mediante tasas que mediante impuestos (siempre que no viole otra norma que establezca límites a esta proporción), no estaría desnaturalizando el instituto de la tasa (en principio) ni desconociendo por ello ningún mandato constitucional (también en principio). Asimismo, con el hecho de la existencia de una ley que estableciera el límite del coste del servicio, pues estaríamos ante una norma legal, derogable por el Legislador mediante una norma de igual rango por él dictada, mientras que el principio de no confiscación es indisponible para el Legislador por ser un mandato constitucionalmente establecido.[617]

Ocorre que o limite do custo (aproximado) do preço do serviço não decorre de alguma lei, não é opção do legislador, nem é por ele revogável: decorre da própria conformação de tributo comutativo (reconhecida em ordenamentos como o norte-americano, à míngua de qualquer disposição legal específica[618]) e, no caso brasileiro, decorre de forma implícita da definição *constitucional* do tributo ("taxas, em razão do exercício do poder de polícia ou pela utilização, efetiva ou potencial, de serviços públicos específicos e divisíveis, prestados ao contribuinte ou postos a sua disposição"). Portanto, este limite não é disponível pelo legislador. Tal como o princípio do não-confisco, é constitucional; apenas, o primeiro (equivalência aproximada entre valor da taxa e custo do serviço) é implícito e o segundo (proibição de efeito confiscatório), explícito.

É por isto que não se exige, para descaracterizar a taxa, exorbitância, ou superlativa irrazoabilidade, mas apenas ausência de correspondência aproximada com o custo do serviço, como aponta Estevão Horvath.[619] Se não houver tal correspondência, estará desnaturada a base de cálculo do tributo e não haverá taxa, mas imposto (normalmente) carente de previsão constitucional. Não se cogita de efeito confiscatório, que ocorre com tributos cuja exigência decorre das competências

---

[617] *El principio*...cit., p. 392.

[618] Clark v. Paul Gray, Inc., 306 U.S. 583; Kane v. New Jersey, 242 U.S. 168; Interstate Buses Corp. v. Blodgett, 276 U.S. 251; Ingels v. Morf, 300 U.S. 296; Patapsco Guano Co. v. North Carolina, 171 U.S. 345; Morf v. Bingaman, 298 U.S. 410; Territory of New Mexico ex rel. McLean & Co. v. Denver & Rio Grande R. Co., 203 U.S. 38; Interstate Transit Inc. v. Lindsey, 283 U.S. 183; Dixie Ohio Express Co. v. State Revenue Commission of Georgia, 306 U.S. 72.

[619] *O princípio*...cit., p. 133-134.

outorgadas pela Constituição e cuja invalidade advém exclusivamente da exacerbação do *quantum*.

Note-se que, na decisão do citado Incidente de Inconstitucionalidade 70001812171, diante de taxa municipal de vistoria de veículo claramente excessiva em relação ao custo de serviço, o Tribunal de Justiça do Rio Grande do Sul sustentou primeiro haver descaracterização do tributo pela utilização de base de cálculo própria de imposto e só como argumento subsidiário a ofensa aos princípios da proporcionalidade, razoabilidade (aqui há a identificação de ambos, que já foi objeto de crítica neste trabalho, mas é recorrente na jurisprudência brasileira), não-confiscatoriedade e igualdade.

Com efeito, o argumento central do julgado é:

> Assim, deve a base de cálculo ser fixada de forma a expressar o custo do exercício do poder de polícia. Custo este que não se reflete apenas na base de cálculo, mas em todos os elementos quantitativos da taxa, de modo que o valor total cobrado, resultado da combinação da base de cálculo e alíquota ou o valor fixo estabelecido, corresponda ao custo da atividade administrativa.

A decisão do STF sobre lei que majorava a taxa judiciária no Rio de Janeiro é por vezes citada como exemplo de invalidação de taxa confiscatória. Acontece que os fundamentos da decisão, que é anterior à Constituição de 1988 (portanto, não havia, à época, norma constitucional – ao menos expressa – proibindo a utilização de tributos com efeito confiscatório), foram impossibilitar a obtenção de prestação jurisdicional e – justamente – não poder a taxa ultrapassar uma equivalência razoável entre o custo real dos serviços e o montante que o contribuinte deve pagar.

Na própria ementa se consagra: "Se a taxa judiciária, por excessiva, criar obstáculo capaz de impossibilitar a muitos a obtenção de prestação jurisdicional, é ela inconstitucional, por ofensa ao disposto na parte inicial do § 4º do artigo 153 da Constituição". E, no acórdão, expõe-se o argumento da não-correspondência entre o valor da taxa e o preço do serviço:

> Sendo – como já se acentuou – a taxa judiciária, em face do atual sistema constitucional, taxa que serve de contraprestação à atuação de órgãos da Justiça cujas despesas não sejam cobertas por custas e emolumentos, tem ela – como toda taxa com caráter de contraprestação – um limite, que é o custo da atividade do Estado dirigido àquele contribuinte. Esse limite, evidentemente, é relativo, dada a dificuldade de se saber, exatamente, o custo dos serviços a que corresponde tal contraprestação. O que é certo, porém, é que não pode taxa dessa natureza ultrapassar uma equivalência razoável entre o custo real dos serviços e o montante a que pode ser compelido o contribuinte a pagar, tendo em vista a base de cálculo estabelecida pela lei e o *quantum* da alíquota por esta fixado.[620]

O acórdão sequer se refere a confisco, mencionando, no máximo, que a taxa judiciária tem de ter um limite, sob pena de tornar-se

---

[620] Representação nº 1077-RJ, Pleno, Rel. Min. Moreira Alves, julgado em 28.03.1984, RTJ 112/34.

"exorbitante".[621] Portanto, o fundamento da invalidação da taxa judiciária foi a vedação do acesso à justiça e a ultrapassagem de equivalência razoável com o custo do serviço. Como especialmente esta última circunstância já desnatura a taxa (e a transforma em imposto não deferido pela Constituição à competência do Estado membro) daqui não se passou, não havendo por que perquirir de efeito confiscatório, do qual se cogita em se tratando de tributos qualitativamente válidos, mas inválidos, pela exacerbação quantitativa, que atinge o efeito confiscatório.[622]

Um imposto de 100% sobre a renda não deixa de ser imposto, mas é imposto confiscatório e, *por isto*, inválido. Uma "taxa" que exceda à contraprestação razoável pelo serviço *não é taxa*, pelo que já não poderá haver taxa confiscatória.

1.3. CONTRIBUIÇÕES DE MELHORIA

Pode a contribuição de melhoria, como disciplinada no direito brasileiro, assumir feição confiscatória?

Segundo Antônio José da Costa, conforme já mencionamos, isto não pode ocorrer, não só em relação às taxas, mas também às contribuições de melhoria, porque possuem limites determinados para a base de cálculo e valor máximo da exação (valorização e custo das obras, o que

---

[621] "Por isso taxas cujo montante se apura com base em valor do proveito do contribuinte (como é o caso do valor real do pedido), sobre a qual incide alíquota invariável, tem necessariamente de ter um limite, sob pena de se tornar, com relação às causas acima de determinado valor, indiscutivelmente exorbitante em face do custo real da atuação do Estado em favor do contribuinte". Idem.

[622] Fabio Brun Goldschmidt sustenta "a caracterização do efeito de confisco em situações em que se cobrar taxa pela potencialidade de utilização dos serviços, tratando-se de serviços de utilização não compulsória". Por primeiro, a expressão do art. 79, I, *b* é de dificílima conceituação. Se for compulsoriedade de fato, ou impossibilidade de não fruir do serviço seria um truísmo, porque não ocorreria, no mundo fático, a possibilidade da não-utilização. Isto levou Baleeiro a interpretar o dispositivo do CTN dizendo: "É potencial, quando compulsório, funcione efetivamente à disposição do contribuinte. Compulsório o pagamento, não o uso". *Direito tributário brasileiro*. 10ª ed., Rio de Janeiro: Forense, 1990, p. 353. Correta, a nosso ver, a observação de Luciano Amaro: "Vê-se, pois, que não é a *compulsoriedade* (seja lá isso o que for) que caracteriza os serviços taxáveis pela simples *utilização potencial*. O que importa fixar é que a Constituição autoriza a criação de taxas cobráveis tanto na fruição *efetiva* quanto na fruição *potencial* de certos serviços (para cuja prestação o Estado se tenha aparelhado). O Código Tributário Nacional não foi feliz quando pretendeu separar os grupos de serviços que poderiam e os que não poderiam ser taxados na utilização potencial, contribuindo dessa forma para exponenciar as dificuldades da doutrina no manejo da taxa". *Direito tributário brasileiro*. 11ª ed., São Paulo: Saraiva, 2005, p. 40, grifos do original. Portanto, cremos que taxa possa ser exigida pela utilização potencial de serviços, independente da compulsoriedade (de dificílima definição) ou não de seu uso, já que a Constituição a permite também pela utilização potencial, sem exigir tal requisito. De qualquer forma, se tal não fosse admitido, seria ainda hipótese de desfiguração da taxa e não de efeito de confisco.

for menor).[623] Aproximadamente no mesmo sentido, mas fazendo importante ressalva, expressa-se Sampaio Dória:

> O fato é que, em regra, a execução das obras públicas traz inegáveis benefícios aos imóveis marginais, e só excepcionalmente a repartição integral do custo entre as propriedades presumivelmente valorizados ocasionará agravos isolados para cuja reparação, entretanto, aí está o poder judiciário, receptivo às justas postulações de contribuintes prejudicados.[624]

Diferente é o ponto de vista de Aires Barreto:

> Sabendo-se que a contribuição de melhoria é o tributo que incide sobre a valorização imobiliária causada por obra pública, haveria fatalmente confisco se, sobre a base de cálculo – valorização imobiliária causada por essa obra pública – aplicar-se alíquota superior a 100%. Se a hipótese de incidência da contribuição de melhoria é a valorização imobiliária acarretada pela obra pública, o máximo que se poderá exigir a esse título é toda a valorização. Isto é o mesmo que dizer que, sobre a base de cálculo valorização, aplicar-se-á a alíquota de 100%. Confisco (efeito de) haverá se a alíquota aplicável e aplicada for superior a 100%. Estar-se-á absorvendo parcela da propriedade (atribuindo-a ao Estado), produzindo inegável efeito de confisco. Ocorrerá, nesse caso, haverá mutilação da propriedade porque, nesse caso, o Estado, em virtude da aplicação da alíquota "confiscatória", absorverá um valor (total ou parcial) da propriedade estranho à valorização imobiliária decorrente de obra pública.[625]

Segundo o autor, portanto, a contribuição de melhoria terá efeito confiscatório se a alíquota aplicada sobre a base de cálculo (que é a valorização do imóvel decorrente da obra pública) for superior a 100%. Roque Carrazza, porém, parece exigir menos para caracterizar a confiscatoriedade:

> Avançando um pouco, temos que a base de cálculo da contribuição de melhoria, como já acenado, pode chegar, de acordo com o estipulado em lei, até o *quantum* da valorização experimentada pelo imóvel em decorrência, tão-somente, da obra pública concluída em suas imediações...
> Já, a alíquota da contribuição de melhoria é um percentual deste *quantum* (5%, 10%, 20% etc.), apontado na lei.
> A propósito, em decorrência do princípio da legalidade, tanto a base de cálculo como a alíquota da contribuição de melhoria devem ser fixadas por meio de lei da entidade tributante, isto é, da pessoa política que realizou a obra pública, tendo competência administrativa para tanto. É claro que o legislador, ao disciplinar o assunto, não poderá imprimir ao tributo caráter confiscatório (art. 150, IV, da CF).[626]

A Corte Suprema argentina considera fundamental para a validade da "contribución de mejoras", sob pena de incidir em confiscatoriedade, que o benefício resultante da obra não seja substancialmente excedido pela contribuição:

> Dada la índole excepcional de esto impuesto, que no se justifica sino por razón del beneficio recibido por el contribuyente, lógicamente se deduce que para su validez deben concurrir los elementos esenciales de que la obra pública sea de beneficio local y de que ese beneficio no sea sustancialmente excedido por la contribución. Se dice sustancialmente, porque atenta la naturaleza de lo que debe ser evaluado (el beneficio) no es posible exigir una exactitud

---

[623] *In* MARTINS, Ives Gandra da Silva (Coord.). *Direitos fundamentais*...cit., p. 432.
[624] *Direito*...cit., p. 72.
[625] *Vedação*...cit., p. 105.
[626] *Curso*...cit., p. 498-499.

matemática, bastando para tenerse por cumplida la condición que exista una correlación aproximada entre ambos factores.[627]

Na contribuição de melhoria, segundo a jurisprudência da Corte argentina, não basta que o tributo ultrapasse 33% do valor do imóvel: é necessário que ultrapasse a valorização da propriedade resultante da obra.

> El contribuyente que impugna como confiscatoria una contribución de mejoras, por exceder el 33% del valor del inmueble según la valuación fijada por la contribución directa, debe demostrar que el tributo exigido es superior al mayor valor determinado en la propiedad por el pavimento.[628]

Portanto, na Argentina, sem regra expressa a respeito, alcançou-se a conclusão de que é confiscatória a contribuição de melhoria se ultrapassar o acréscimo de valor do patrimônio do contribuinte em razão da obra pública.[629]

Entre nós, caráter confiscatório de contribuição de melhoria foi reconhecido em decisão do extinto Tribunal de Alçada do Paraná, nos seguintes termos:

> TRIBUTÁRIO. CONTRIBUIÇÃO DE MELHORIA. LANÇAMENTO SOB VALOR SUPERIOR AO VALOR DE MERCADO DO IMÓVEL. CONFISCO. INCONSTITUCIONALIDADE. APELAÇÃO PROVIDA.
> 1. A contribuição de melhoria exige para sua conformação válida a obediência aos parâmetros do valor total do custo da obra pública e da valorização do imóvel beneficiado.
> 2. A Constituição Federal de 1988 não derrogou as disposições do Dec. Lei 195/67, cuja legislação não lhe é incompatível, sendo assegurada sua aplicação pelo parágrafo 5º do art. 34 das Disposições Transitórias da vigente Carta Magna.
> 3. Nulo se afigura o lançamento tributário sob as vestes de contribuição de melhoria, quando seu valor excede o custo de mercado do imóvel valorizado pela obra pública de pavimentação de via pública onde se situa, eis que evidenciado o efeito de confisco do tributo e sua conseqüente inconstitucionalidade.[630]

---

[627] "Don Enrique Santamarina c. Provincia de Buenos Aires sobre inconstitucionalidad de la ley de afirmados (camino de Lomas de Zamora a Esteban Echeverria)". Fallos 172:272 (1935). E agrega a Corte: "Faltando esos elementos, el impuesto especial no puede sostenerse ni como una contribución de mejora ni tampoco como un impuesto común, que supone condiciones de igualdad y de uniformidad de que aquél carece. Importaria imponer a unas pocas personas o propiedades arbitrariamente elegidas una carga impositiva destinada a emplearse en beneficio de la comunidad; en una palabra: confiscar, total o parcialmente". Por sua vez, em "Gerónimo Mordeglia (su sucesión) c. Provincia de Buenos Aires", a CSJN decidiu que "la contribución cobrada en mérito de lo dispuesto por la ley 3.900 de la provincia de Buenos Aires, que absorbe por completo la valorización producida por el pavimento y representa el quíntuplo de dicho beneficio es confiscatoria y contraria a los arts. 14 y 17 de la Constitución Nacional". Fallos 200:392 (1944).

[628] "Delio Panizza c. Municipalidad de Rosario Tala". Fallos 244:178 (1959).

[629] Gustavo J. Naveira de Casanova assim sintetiza a questão: "Hay una valorización, un mayor valor patrimonial para el contribuyente, producto, generalmente, de una obra pública de la Administración, lo que implica la existencia de dos límites para el monto de la contribución especial: uno global, el costo de la obra, y uno individualizado, el concreto mayor valor que ha registrado el contribuyente en su patrimonio a causa de la obra pública. Es este último límite el que debe tomarse en consideración para medir la producción de efectos confiscatorios". *El principio*...cit., p. 394.

[630] 7ª Câmara Cível, Apelação Cível 88.688.0, Rel. Juiz Ronald Moro, julgado em 19.08.1996, DJPR 06.09.1996.

Ocorre que, no direito brasileiro, tais limites são expressamente previstos em lei, pois, nos termos do art. 81 do CTN, a contribuição de melhoria "é instituída para fazer face ao custo de obras públicas de que decorra valorização imobiliária, tendo como limite total a despesa realizada e como limite individual o acréscimo de valor que da obra resultar para cada imóvel beneficiado".

Seria dispiciendo, então, cogitar de confisco em se tratando de contribuição de melhoria, pois só se caracterizaria se superados os limites legais expressos a respeito de seu valor? Cremos que não.

Hoje estes limites estão postos em *lei* (o CTN, e poderiam, em tese, ser alterados por lei complementar); não são mais limites constitucionais, como ocorria na vigência da EC nº 1/69, cujo art. 18, II, previa a possibilidade de instituição de "contribuição de melhoria, arrecadada dos proprietários de imóveis valorizados por obras públicas, que terá como limite total a despesa realizada e como limite individual o acréscimo de valor que da obra resultar para cada imóvel beneficiado". A Constituição vigente só se refere, sucintamente, a "contribuição de melhoria, decorrente de obras públicas" (art. 145, III).[631]

Assim aqui vale a advertência de Naveira de Casanova (feita a respeito das taxas, com nossa discordância já expressa no caso daquela espécie tributária) de que a lei (complementar, no caso), em tese, poderia alterar estes limites, *não fosse a incidência do princípio constitucional da proibição de tributos com efeito confiscatório*.

Assim, entendemos que a contribuição de melhoria é confiscatória quando seu limite individual supera a valorização do bem decorrente da obra pública. Se a contribuição se ativer a este limite, o Poder Público só estará recebendo do particular o valor acrescido ao bem pela atuação do ente tributante; se superar este valor, estar-se-á exigindo, além do valor equivalente à valorização decorrente da atuação do Estado, um *plus* que desfalca o direito de propriedade (anterior à obra) que detinha o particular: estará se confiscando ao menos parte do bem.

Esta a forma de atuação da norma de colisão princípio de não-confiscatoriedade no caso concreto (colisões entre fins visados pela tributa-

---

[631] Os dois limites (individual e geral) constavam do texto de 1946 que introduziu esta figura tributária em nosso direito constitucional: "A contribuição de melhoria não poderá ser exigida em limites superiores à despesa realizada, nem ao acréscimo de valor que da obra decorrer para o imóvel beneficiado" (art. 30, § único, da CF/46). A Constituição de 1967 só mencionava o limite global: "A lei fixará os critérios, os limites e a forma de cobrança da contribuição de melhoria a ser exigida sobre cada imóvel, sendo que o total da sua arrecadação não poderá exceder o custo da obra pública que lhe der causa" (art. 19, § 3º). A Emenda nº 1 de 1969 voltou a prever os dois limites (art. 18, II, reproduzido no texto); a Constituição vigente, por sua vez, não faz menção nem ao limite global nem ao individual, hoje só objeto de disposição expressa no CTN (art. 81). Portanto, os limites específicos da contribuição de melhoria, no direito positivo brasileiro vigente, não são constitucionais, mas objeto de lei complementar.

ção – obtenção de recursos para custear a obra dos beneficiados, com a valorização de seus imóveis, pela atividade estatal – e direito de propriedade): quando a exigência se limitar à valorização do imóvel em decorrência da obra pública tem precedência o fim de justiça social da tributação; quando superar este limite, a precedência passa a ser do direito de propriedade.

Certo, enquanto a contribuição de melhoria permanecer dentro dos limites hoje expressos no art. 81 do CTN, não será confiscatória. Dir-se-á que não haverá que cogitar então de incidência do princípio do não-confisco, porque, nesta hipótese, a tributação já será inválida por ilegal, e a contrariedade será a texto legal expresso, que é *regra* e, portanto, tem conteúdo mais determinado e aplicável por subsunção.

A eficácia aqui do princípio da proibição de tributos com efeito confiscatório é que mesmo se o legislador (complementar) revogasse o texto de lei que estabelece tais limites, estes continuariam presentes no ordenamento jurídico, pois decorreriam da norma do art. 150, IV, da CF.

De outro lado, a jurisprudência do STF contém interessante decisão sobre a matéria, em que a Corte considerou confiscatória contribuição de melhoria, incorretamente nominada de taxa por lei municipal, cujo valor ultrapassava a valorização imobiliária advinda da obra realizada para os imóveis de cujos proprietários foi exigida a exação.

Note-se que os fatos ocorreram durante a vigência da Constituição de 1946, cujo art. 30, parágrafo único, expressamente dispunha que contribuição de melhoria não poderia superar a despesa realizada nem o acréscimo de valor que da obra decorrer para o imóvel.

O voto do Min. Bilac Pinto esclarece a questão:

> A Lei municipal de Curitiba nº 2.337, de 5 de dezembro de 1963, ao regular a *taxa da construção de pavimentos* não observou as normas de direito tributário fixadas na Lei Federal 854, de 10.10.49, notadamente aquela que assumia relevo singular por conter os limites intransponíveis da obrigação fiscal.
> A ausência de fixação legal do teto de incidência fiscal, estabelecido pelo parágrafo único do art. 30 da Constituição de 1946, levou a Prefeitura Municipal de Curitiba a lançar o tributo em nível evidentemente confiscatório.
> O próprio acórdão recorrido registra: "... o que de certa forma surpreende é o montante do lançamento que atinge o valor aproximado de cinquenta mil cruzeiros novos".
> Tratando-se de imóvel rural, situado a cerca de dez quilômetros do centro de Curitiba e cujo valor estimado pela própria Prefeitura, andava perto de Cr$ 9.000,00 (doc. de f. 10, 13 e 24 – um terço da área de Estefano Walesko), não poderia ficar sujeito a uma taxa de construção de pavimento que corresponde a mais de cinco vezes o seu valor.[632]

Portanto, mesmo havendo limites expressos em lei à contribuição de melhoria, cuja correta observância afasta a possibilidade de se

---

[632] Recurso Extraordinário nº 71.010-PR, Pleno, Rel. Min. Carlos Thompson Flores, julgado em 09.03.1972, grifo do original.

configurar efeito confiscatório, podem surgir situações particulares em que este se apresente.

Sintetizando, a contribuição de melhoria terá efeito confiscatório quando superar a valorização que da obra resultar para o imóvel beneficiado. Este limite é expressamente previsto no art. 81 do CTN e, se observado, inibirá o surgimento de efeito de confisco nesta espécie tributária. Embora tal limite não se encontre mais expresso no texto constitucional, decorre do princípio que veda a utilização de tributo com efeito de confisco e prevaleceria mesmo se fosse afastada do ordenamento jurídico a regra do art. 81 do CTN.

1.4. OUTRAS CONTRIBUIÇÕES

Também as cada vez mais comuns e variadas contribuições previstas em nossa legislação (sociais, incluídas de seguridade e sociais gerais; de intervenção no domínio econômico; de interesse de categorias profissionais ou econômicas; de iluminação pública; sobre movimentação financeira e o que mais a imaginação do legislador constitucional derivado tributário criar) podem ter efeito confiscatório.

Contribuições são "imposta di scopo", ou tributos com finalidade específica, que "colpiscono capacità contributive speciali collegate al fine o all'attività dell'ente".[633]

Sendo as contribuições tributos que se distinguem exclusivamente pela vinculação da receita a determinada finalidade, os critérios para identificação de eventual efeito confiscatório serão semelhantes àqueles adotados no caso de impostos.

O Supremo Tribunal Federal teve oportunidade de, em pelo menos duas situações, pronunciar-se, em sede de controle concentrado de constitucionalidade, sobre argüição de confiscatoriedade de contribuições.

Assim, na ADIn 2.010-2/DF, suspendeu liminarmente a vigência do (já revogado) art. 2º da Lei 9.783, de 28.01.1999, que elevava, temporariamente e com adoção da técnica da progressividade, a contribuição de seguridade social a cargo dos servidores públicos federais. Lá, como já referido (1ª Parte, nº 1.5.5), considerou que a incidência conjunta da contribuição de seguridade assim majorada e do imposto de renda consumia quase metade dos vencimentos dos servidores, caracterizando efeito de confisco. No dizer do Min. Carlos Velloso, "o efeito de confisco se caracterizaria, sobretudo, no fato, por exemplo de o servidor, em razão da exigência fiscal, ter que se privar de bens ou utilidades de que vinha se utilizando".

---

[633] MOSCHETTI, Francesco. *Il principio*...cit., p. 165, nota 165.

Na oportunidade, sustentou o Presidente da República em suas informações:

> No caso vertente, não há que falar-se em efeito confiscatório das alíquotas da contribuição, pois estas, mesmo a mais elevada, não destroem todo o vencimento, nem todo o provento, não sendo obstáculo para a sobrevivência digna da pessoa humana, muito pelo contrário, o acréscimo progressivo de alíquotas visa a assegurar o equilíbrio ente o custeio e os gastos da previdência social do setor público federal, garantindo-se a sobrevivência do sistema, de modo a viabilizar o financiamento tanto aos atuais inativos quanto aos futuros.

O Tribunal, porém, afirmou o efeito confiscatório da referida contribuição, ao entendimento de que

> se evidencia o caráter confiscatório, vedado pelo texto constitucional, sempre que o efeito cumulativo – resultante das múltiplas incidências tributárias estabelecidas pela mesma entidade estatal – afetar, substancialmente, de maneira irrazoável, o patrimônio e/ou os rendimentos do contribuinte.
> O Poder Público, especialmente em sede de tributação (e não custa relembrar que as contribuições de seguridade social revestem-se de caráter tributário), não pode agir imoderadamente, pois a atividade estatal acha-se essencialmente condicionada pelo princípio da razoabilidade.[634]

No caso concreto, o STF considerou-o configurado em função do resultado da incidência simultânea dos dois tributos (contribuição de seguridade e imposto de renda na fonte), objeto de retenção quando do recebimento pelos servidores de seus salários:

> Estou em que se se somar o imposto de renda com a contribuição de que ora se cuida, o servidor terá de pagar, aproximadamente, 47% (quarenta e sete por cento) do que recebe. É por isso que o caráter confiscatório transparece do conjunto formado por essas duas taxações. Se o imposto de renda fosse objeto de julgamento agora, ter-se-ia que levar em conta a contribuição, visto que os dois tipos compõem o total que alcança o confisco, que me parece ser a hipótese em exame.[635]

Posteriormente, na ADIn 2.031-5/DF, em que se impugnava a constitucionalidade da Emenda Constitucional nº 21, de 18 de março de 1999, que incluiu, no Ato das Disposições Constitucionais Transitórias, o art. 75, prorrogando a cobrança da contribuição provisória sobre movimentação ou transmissão de valores e de créditos de natureza financeira (CPMF), um dos argumentos era estar a exação a confiscar rendimentos e salários, em violação ao art. 150, IV da CF.

O exame da alegação foi breve, eis que outros eram os temas centrais trazidos a exame para sustentar a alegada inconstitucionalidade.

Na defesa da constitucionalidade do ato, o Congresso aduziu que não se poderia considerar a contribuição confiscatória, pois "atinge os contribuintes em pequenos valores".

No julgamento da medida cautelar, a pecha de confiscatoriedade foi rejeitada, nestes termos: "Não se há, também, de cogitar de confisco,

---

[634] ADIn 2.010-2/DF, cit., medida cautelar, voto do Relator, Min. Celso de Mello.
[635] Idem, voto do Min. Maurício Corrêa.

dada modicidade da alíquota da contribuição, de cujo resultado prático é lícito discordar em termos de política econômica, não, porém, imputar-lhe efeito confiscatório".[636]

No julgamento do mérito, limitou-se a Corte a reportar-se a este fundamento.[637]

Portanto, aqui não prosperou a impugnação de confiscatoriedade, tendo em conta principalmente (embora muito sucinta a argumentação a respeito) a modicidade da alíquota (0,38% e 0,30%, à época, nos termos do art. 75, § 1º, do ADCT, acrescido pela EC 21).

As contribuições, como se disse, diferenciam-se pela destinação a atividades específicas, realizadas pelo Estado ou por entidades estatais descentralizadas, ou não-estatais reconhecidas como desempenhando atividade de interesse público. Sendo a nota distintiva exclusivamente a destinação, pode-se, de maneira geral, adotar, para identificar sua confiscatoriedade, os mesmos parâmetros enunciados quanto aos impostos.

A imensa variedade possível de contribuições, tão presente na sua recente proliferação no direito brasileiro, torna inviáveis generalizações, que dependerão sempre do exame concreto do fato gerador, base de cálculo e alíquota de cada contribuição.

Nos casos extremos, a identificação da confiscatoriedade será mais fácil: é confiscatória contribuição sobre a folha de salários que somada ao imposto de renda descontado na fonte atinja valor próximo da metade dos rendimentos (ADIn 2.010-2/DF) e não é confiscatória contribuição de 0,38% sobre movimentações financeiras (ADIn 2.031-5/DF). Entre estes extremos, há imenso campo para construção de regras no caso de conflitos entre princípios (que serão solvidos pela atuação da norma de colisão do art. 150, IV da CF), com critérios aproximados àqueles apontados no exame que fizemos dos vários impostos existentes em nosso direito positivo.

A regra criada pela decisão da Corte Suprema na ADIn 2.010-2/DF, a nosso ver, pode ser estendida: têm efeito confiscatório contribuições incidentes sobre salários que, acrescidas dos demais tributos objeto de retenção na fonte, aproximem-se de metade do valor do respectivo salário.

Não há contradição entre tal regra e a de que o conjunto da carga tributária só é confiscatório quando *superar* o parâmetro aproximado

---

[636] ADIn 2.031-5/DF (Medida Cautelar). Pleno, Rel. Min. Octávio Gallotti, julgado em 29.09.1999, DJU de 28.06.2002. Na ementa, consta a respeito do tema sob exame: "Rejeição, também em juízo provisório, das alegações de confisco de rendimentos, redução de salários, bitributação e ofensa aos princípios da isonomia e da legalidade".

[637] Pleno, Rela. Min. Ellen Gracie, julgado em 03.10.2002, DJU de 17.10.2003. A ementa reproduz a respeito aquela da medida cautelar, apenas com supressão da expressão "também em juízo provisório".

de metade dos rendimentos auferidos pelo contribuinte: se só os tributos incidentes sobre o salário e descontados na fonte já se aproximarem de 50%, o conjunto da carga tributária (considerados impostos sobre o consumo e demais exações) certamente superará aquele percentual.

Por derradeiro, parece-nos não ser o campo próprio da incidência da norma do art. 150, IV da CF, a questão (cada vez mais relevante no atual quadrante do direito tributário brasileiro) se a não-aplicação do valor arrecadado com a contribuição na finalidade para a qual foi instituída invalida ou não o tributo. O problema não se relaciona com o aspecto quantitativo da exigência tributária, que é o campo preferencial de aplicação do princípio da não-confiscatoriedade.

A orientação tradicional de que tal fato seria simples ilícito administrativo (ou criminal) e, por isto, objeto exclusivo desses ramos do direito, sem que invalidasse a contribuição em si ou impedisse sua exigibilidade, não é mais sustentável, inclusive face à própria dinâmica dos fatos, muito expressiva no direito brasileiro atual, com o evidente abuso existente a respeito. Se o elemento distintivo das contribuições é a destinação específica, ausente esta e decorrente esta ausência não de simples ilícito administrativo, mas de norma legal, o que há é imposto (sem a destinação específica não há contribuição). Se tal imposto não se compreender na competência impositiva do ente que o criou ou não tiver obedecido aos requisitos constitucionais para sua instituição, será inconstitucional.

A questão resolve-se mais propriamente pela consideração da desnaturação da espécie tributária "contribuição", ante a ausência de seu elemento distintivo, que pela incidência da vedação de efeito confiscatório (que pressupõe, em princípio, tributo *qualitativamente* válido, mas irrazoavelmente exacerbado), inclusive porque independe da consideração do aspecto quantitativo da contribuição.

1.5. EMPRÉSTIMOS COMPULSÓRIOS

Os empréstimos compulsórios podem ter efeito confiscatório, considerado que é da sua essência a restituibilidade do valor arrecadado pelo ente público?

Sobre o caráter tributário dos empréstimos compulsórios – antes tão controvertido no direito brasileiro e inclusive negado pela velha Súmula 418 do STF – hoje converge a doutrina e indica o texto constitucional, que deles tratou no Capítulo intitulado "Sistema Tributário Nacional". Qualquer dúvida eventualmente existente sobre assim os ter considerado a Constituição, parece eliminada pela nova redação dada ao art. 150, § 1º, da CF, pela EC 42: "A vedação do inciso III, b, não se aplica aos *tributos* previstos nos *arts. 148, I*, 153, I, II, IV e V; e 154, II; e a vedação do inciso III, c, não se aplica aos *tributos* previstos nos *arts. 148, I*, 153, I, II, III e V; e 154, II, nem à fixação da base de cálculo dos impostos previstos nos arts. 155, III e 156, I" (grifos nossos).

Ora, a previsão do art. 148, I, a que a nova redação do art. 150, § 1º, se refere como "tributos", é justamente de empréstimos compulsórios.

Assente que os empréstimos compulsórios são tributos, a eles se aplica também a proibição de utilização com efeito de confisco.

Terão efeito confiscatório, em princípio, se absorverem, ainda que temporariamente, parcela irrazoável da renda ou do patrimônio do contribuinte.

Como precisar esta noção?

Estevão Horvath propõe um critério definido:

> ... o princípio da vedação do confisco, quando se tratar de empréstimo compulsório, tem objetivação mais evidente. É que, estando o produto da sua arrecadação (os recursos dele provenientes) *vinculado à despesa que o motivou* (parágrafo único do art. 148, CF), o limite individual a ser cobrado de cada pessoa a ele sujeito não pode ultrapassar – a exemplo do que dissemos acima com relação às taxas – o importe da despesa (com a situação de calamidade, guerra, investimento urgente) que deu ensejo à sua cobrança.
> Assim, será confiscatório o empréstimo compulsório que extrapole o valor supra-referido, não o sendo – independentemente da sua magnitude concreta para cada sujeito – na hipótese em que ficar abaixo desse valor.[638]

O critério não nos parece defensável. O efeito de confisco é sempre relacionado à magnitude concreta do tributo para cada sujeito. A posição do autor levaria a que virtualmente não houvesse nenhum limite para os empréstimos compulsórios. As hipóteses que permitem sua criação podem justificar despesas virtualmente ilimitadas: qual o limite de gastos com guerra, ou calamidade, ou com investimento público de caráter urgente e de relevante interesse nacional (presente a fluidez, característica na nossa prática constitucional, das expressões "relevância" e "urgência")? Um empréstimo que absorvesse toda a renda ou patrimônio do contribuinte não seria confiscatório, se aplicado em despesas de guerra ou, em hipótese mais amena, em investimentos urgentes e de relevante interesse nacional (por certo existentes em inúmeras situações, locais e razões, face à notória carência de investimentos para o desenvolvimento de muitos setores da vida nacional)?

Note-se que, no caso mais restrito das contribuições de melhoria, não resta dúvida quanto à insuficiência, para garantia mínima dos contribuintes, do limite global relativo ao custo da obra, sendo necessário agregar-lhe o limite individual da valorização imobiliária.[639]

---

[638] *O princípio...*cit., p. 136, grifos do original.

[639] Exatamente esta a situação examinada pelo Supremo Tribunal Federal no RE 71.010-PR, referido no item 1.3, retro.

No caso dos empréstimos compulsórios, deve haver algum limite da magnitude concreta da exação para cada contribuinte, porque certamente insuficiente o limite global da despesa, que, no caso das hipóteses constitucionalmente previstas para sua instituição, é virtualmente ilimitado.

José Eduardo Soares de Mello propõe outra solução para a questão:

> os *empréstimos compulsórios* serão confiscatórios quando sejam significativos os valores entregues provisoriamente aos cofres públicos, para atender calamidade pública, guerra externa ou sua iminência; e investimentos públicos, urgentes e relevantes, ocorrendo o retorno em montante inferior ao mutuado.[640]

O critério é correto, mas *insuficiente*.

Os empréstimos compulsórios têm efeito confiscatório (*primeira hipótese*) se absorverem, mesmo temporariamente, parcela irrazoável da renda ou do patrimônio do contribuinte.

Os critérios para identificação do efeito confiscatório (resultado da solução de conflitos de princípios entre direito de propriedade, ou do trabalho, ou livre iniciativa e os fins visados com a arrecadação resultante do empréstimo compulsório) são semelhantes àqueles que procuramos detalhar ao tratar dos impostos.

Em se tratando dos empréstimos compulsórios de que trata o art. 148, II, da CF (fundados em investimentos públicos de caráter urgente e relevante interesse nacional), terão efeito de confisco, se incidirem sobre renda ou propriedade se, isoladamente, ultrapassarem 33% da renda (ou dos rendimentos potenciais do bem objeto de tributo) ou, em conjunto com os demais tributos, superarem 50% deste valor. Se incidirem sobre consumo (por exemplo, os instituídos sobre combustíveis, pelo Decreto-Lei 2.288/86), valerão as observações feitas quando examinamos o possível efeito confiscatório de impostos sobre o consumo: ocorrerá quando, após a translação (seja total ou apenas parcial) do ônus financeiro do tributo, não restar ao agente econômico (produtor, industrial, comerciante ou prestador de serviços) parcela razoável do lucro produzido pela atividade.

Nos empréstimos compulsórios fundados no art. 148, I, da CF (guerra externa ou sua iminência, ou calamidade púbica), outros serão os critérios.

No caso de guerra, vale o que foi dito a respeito dos impostos extraordinários de guerra: há limite (não seria de admitir uma incidência de 100% sobre a renda ou o patrimônio, mesmo se tal pudesse ser empregado no esforço de custear a guerra), mas este, de dificílima, senão impossível, quantificação prévia, é muito mais elevado do que os supra-referidos, que dizem respeito a situações de normalidade.

---

[640] *Imposto sobre serviço de comunicação*. São Paulo: Malheiros, 2000, p. 44, grifo do original.

No caso de calamidade pública, também os limites antes mencionados poderão ser superados:[641] a extensão admitida para tal é, todavia, mais limitada que na hipótese de guerra, e dependerá da extensão e gravidade da "calamidade pública" que der causa à exação, sabido que tal conceito também apresenta significativo grau de vagueza.

Os empréstimos compulsórios têm efeito de confisco (*segunda hipótese*) quando, independentemente do valor da exação, não há sua restituição integral. É da natureza deste tributo sua restituibilidade e a restituição deve ser integral (na hipótese contrária, não se estará restituindo ao menos parte do empréstimo compulsório).

Restituição integral significa restituição, ao menos, com correção monetária pelos índices oficiais, que sabidamente não é *plus*, mas manutenção do valor real da quantia objeto do empréstimo compulsório.

Se a devolução se faz sem correção monetária, está se subtraindo do particular parte do valor emprestado, sem indenização (o que se admite dentro de limites de razoabilidade em se tratando de outros tributos, mas não de empréstimo compulsório, tributo que se identifica e diferencia justamente pela necessária restituição), e utilizando-o com efeito de confisco.

Bernardo Ribeiro de Moraes afirmou que "na hipótese de empréstimo compulsório normal, em que o contribuinte paga o tributo inexiste contrato e, assim o Estado é livre, inclusive para retirar a promessa de devolução (outra lei poderá fazê-lo)".[642]

Tal posição não parece correta. A devolução é da essência do tributo. Além da lesão grave à boa-fé objetiva que ocorreria neste proceder, sem devolução, o tributo transfigurar-se-ia em imposto, normalmente estranho à respectiva competência impositiva e, ainda que assim não fosse, retroativo (se já recolhido o empréstimo compulsório) e, em qualquer caso, caracterizador de efeito confiscatório.

Portanto, há efeito de confisco sempre que o empréstimo compulsório não é integralmente restituído. Há, nesta hipótese, transferência para o Estado de valores pertencentes ao particular, sem indenização: sinteticamente, efeito de confisco.

---

[641] A decisão do Tribunal Constitucional Federal alemão que restringiu a incidência do imposto sobre o patrimônio à renda por este produzida (e limitado, ainda, considerada sua incidência conjunta com o imposto de renda, a aproximadamente metade destes rendimentos) ressalvou que, em condições excepcionais – referiu-se à situação do pós-guerra – a tributação pode atingir o patrimônio em si: "A Lei Fundamental permite, mesmo nos termos do direito tributário atualmente vigente, tributação sobre a essência do patrimônio em condições extraordinárias, como por exemplo em estado de excepcionalidade. Assim, a lei sobre vítimas em situação de necessidade do Reich de 31 de dezembro de 1919 (RGBI. II, 1919, p. 2.189), tributou o patrimônio em si, atingindo sua essência, para financiamento das despesas provenientes do Tratado de Versailles. Da mesma forma, ocorreu com os impostos instituídos pela lei de compensação de despesas de 14 de agosto de 1952 (BGBI. I, p. 446)". BVerfGE 93, 121 (139).

[642] *Compêndio de direito tributário*. 6ª ed., Rio de Janeiro: Forense, 2000, p. 458.

Discordamos de José Eduardo Soares de Mello quando exige que "sejam significativos os valores ... ocorrendo o retorno em montante inferior ao mutuado"[643] para caracterizar o efeito de confisco. Empréstimo compulsório é restituível; tal o traço essencial a esta espécie de tributo. Se não for restituído integralmente (entenda-se com correção monetária que é mera manutenção do valor), há confiscatoriedade, independentemente de ser menor ou maior o valor mutuado. Se o valor mutuado exceder à razoabilidade (pelos critérios já expostos), aí há por si confiscatoriedade, independente da restituição. São, pois, duas hipóteses distintas de confiscatoriedade, em se tratando de empréstimos compulsórios.

O Superior Tribunal de Justiça tem reiteradas decisões, no caso dos empréstimos compulsórios pelo consumo de energia elétrica, instituídos em favor da Eletrobrás, pela Lei 4.156/62, no sentido de que a falta de correção monetária integral de valores arrecadados a título de empréstimo compulsório implica na utilização deste tributo com efeito de confisco. Exemplificativamente:

TRIBUTÁRIO – EMPRÉSTIMO COMPULSÓRIO – CORREÇÃO MONETÁRIA – TERMO INICIAL – LEI 4.357/64, ART. 3º - DL 1.512/76, ART. 2º.
I – Na interpretação da lei tributária, não se pode fazer *tabula rasa* da vedação constitucional ao confisco velado (CF, art. 150, IV).
II – Negar correção monetária a valores arrecadados a título de empréstimo compulsório é utilizar a lei tributária como instrumento de confisco, em desafio à vedação constitucional.
III – A conjunção entre o Art. 2º do DL 1.512/76 e o Art. 3º da Lei 4.357/64 disciplina o tratamento contábil reservado aos valores recolhidos pelos consumidores de energia elétrica, a título de empréstimo compulsório. Em homenagem à vedação de confisco velado (CF, art. 150, IV) tais valores antes de se inscreverem na rubrica "crédito", devem ser corrigidos monetariamente. Não é lícito ao Estado colocar os créditos do contribuinte ao largo do tempo e da inflação, como se um e outro não existissem.[644]

---

[643] *Imposto sobre serviço*...cit., p. 44.

[644] Recurso Especial nº 182.804-SC, 1ª Turma, Rel. Min. Humberto Gomes de Barros, julgado em 22.06.1999, DJU de 02.08.1999. Do voto do Relator destacamos: "Como se percebe, os dispositivos conjugados disciplinam o tratamento contábil dos valores recolhidos pelos consumidores, a título de empréstimo. Eles não dizem que, antes de se inscreverem na rubrica 'crédito' os valores emprestados sejam colocados ao largo do tempo e da inflação. Não dizem, nem o poderiam fazer. Do contrário, estariam a praticar confisco velado, em franco desafio à vedação imposta pelo Art. 150, IV da Constituição Federal.
Com efeito, congelar o valor de determinada quantia, em meio de acelerada inflação é confiscar parte deste valor. Imagine-se, para melhor argumentar, que algum avarento do velho estilo deixou entre as crinas de seu colchão, quantia equivalente a R$ 1.000,00 (dinheiro suficiente para adquirir dois cavalos de sela). Passado um ano, com a morte do harpagão, seus herdeiros descobrem a quantia escondida. Se a inflação ocorrida entre o ocultamento e o descobrimento foi de cinquenta por cento, os mil reais estão reduzidos à metade e apenas comprarão um cavalo. A outra metade foi confiscada através do tributo velado, chamado inflação.
Se assim ocorre, a correta leitura dos dispositivos conjugados leva ao entendimento de que o lançamento contábil do débito da Eletrobrás, por empréstimo compulsório, levará em conta valores atualizados das quantias emprestadas à empresa por seus clientes".
No mesmo sentido, na jurisprudência do STJ, entre outros REsps 194.952, 468.395, 475.917, 463.069 e AGREsp 389.612.

Já na jurisprudência do Supremo Tribunal Federal, a questão se apresenta menos clara. No Recurso Extraordinário 146.615-4/PE, o STF decidiu que o empréstimo compulsório sobre consumo de energia elétrica em favor da Eletrobrás foi recepcionado pela Constituição de 1988:

> Integrando o sistema tributário nacional, o empréstimo compulsório disciplinado no art. 148 da Constituição Federal entrou em vigor, desde logo, com a promulgação da Constituição de 1988, e não só a partir do primeiro dia do quinto mês seguinte à sua promulgação.
> A regra constitucional transitória inserta no art. 34, § 12, preservou a exigibilidade do empréstimo compulsório instituído pela Lei nº 4.156/1962, com as alterações posteriores, até o exercício de 1983, como previsto o art. 1º da Lei 7.181/83.[645]

Posteriormente, no Agravo Regimental em Recurso Extraordinário 194.875-3/PR, em que foi questionada a forma de devolução (sobre o que não haveria pronunciamento no RE 146.615), decidiu-se:

> Se a Corte concluiu que a referida disposição transitória preservou a exigibilidade do empréstimo compulsório com toda a legislação que o regia, no momento da entrada em vigor da Carta Federal, evidentemente também acolheu a forma de devolução relativa a esse empréstimo compulsório imposta pela legislação acolhida, que a agravante insiste em afirmar ser inconstitucional.[646]

Por isto, foi negado seguimento a recurso extraordinário contra acórdão local que teve por constitucionais os critérios de conversão de créditos decorrentes do empréstimo compulsório em questão, mas sob o fundamento de que a verificação da ocorrência de confisco demandaria exame da prova, inviável em recurso extraordinário:

> Verificar se teria havido confisco em razão de a correção monetária não ter sido plena e se o valor patrimonial das ações, utilizado para a correção dos créditos (D.L. 1.512/76, arts. 2º, 3º e 4º; Lei 7.181/83, art. 4º), seria superior à sua cotação em Bolsa demanda o exame da prova, o que é inadmissível em sede de recurso extraordinário.[647]

Mas o STF tem igualmente negado seguimento a recursos extraordinários de decisões no sentido de que "empréstimo compulsório devolvido sem correção monetária integral passa a ser, parcialmente, confisco".[648] No RE 287.200/SC, expressou-se claramente que "a controvérsia referente à correção monetária é infraconstitucional e não viabiliza o RE"[649] e, no Agravo Regimental no RE 345.160-0/SC, a

---

[645] Pleno, Rel. Min. Octavio Gallotti, julgado em 06.04.1995, DJU de 30.06.1995.
[646] 1ª Turma, Rel. Min. Ilmar Galvão, julgado em 13.12.1995, DJU de 19.04.1996.
[647] Agravo Regimental no Recurso Extraordinário 255.836-2/RJ, 2ª Turma, Rel. Min. Carlos Velloso, julgado em 21.10.2003, DJU de 14.11.2003. No voto do Relator explicita-se a razão da negativa de seguimento: "A alegação de que o critério de conversão dos créditos importaria em confisco, bem registra o Ministério Público Federal, não prescinde do exame da matéria de fato, o que não seria possível em sede de recurso extraordinário".
[648] RE 258.367/SC, Rel. Min. Ellen Gracie (decisão monocrática), julgado em 18.06.2001, DJU 25.09.2001. No mesmo sentido: REs. 376.628, 313.839, 258.367, 287.200 e 279.053, embora por vezes invocando ausência de pré-questionamento e outros óbices formais.
[649] Rel. Min. Nelson Jobim, decisão monocrática, julgado em 08.11.2000, DJU de 21.11.2000.

ementa consigna: "Empréstimo compulsório. Energia elétrica. Devolução. Correção monetária. Ausência de questão constitucional".[650]

Assim, o STF não tem conhecido (ou negado seguimento, em decisões monocráticas) recursos extraordinários sobre a questão, por entender que a controvérsia referente à correção monetária é infraconstitucional, ou porque a verificação da ocorrência de confisco demanda reexame de prova, prevalecendo assim a orientação do Superior Tribunal de Justiça (correta, como vimos) de que "os valores cobrados a título de empréstimo compulsório sobre a energia elétrica devem ser corrigidos monetariamente desde o seu pagamento e não a partir do primeiro dia do exercício seguinte ao do recolhimento do tributo, sob pena de violar do princípio de vedação ao confisco".[651]

Em síntese, os empréstimos compulsórios têm efeito confiscatório quando o valor exigido é irrazoável (consoante os parâmetros acima expostos) *ou* quando a restituição não é integral (entendida como tal a restituição com correção monetária integral, que é mera manutenção do valor da importância objeto do empréstimo compulsório).

1.6. TRIBUTOS EXTRAFISCAIS

A tributação com fins extrafiscais, que visa a (antes que atender às necessidades financeiras do erário) estimular ou desestimular certas atividades, implica necessariamente (ao menos na segunda hipótese, de desestimular) na adoção de incidências fiscais mais elevadas.

É a tributação que no direito norte-americano se diz fundada no *police power*. O sentido, todavia, é diferente do que utilizamos, no nosso direito, a expressão "poder de polícia":

> Enquanto no sistema americano o poder de polícia se invoca preferencialmente para fundamentar os atos *legislativos* limitadores de direitos individuais, nos regimes jurídicos europeus, e geralmente também no nosso, o poder de polícia incumbe à *administração*, na execução da lei *in concreto* (polícia administrativa).[652]

---

[650] Rel. Min. Nelson Jobim, 2ª Turma, julgado em 22.12.2002, DJU de 29.11.2002.

[651] REsp 463.049-DF, 2ª Turma, Rel. Min. Castro Meira, julgado em 18.05.2004, DJU de 16.08.2004.

[652] DÓRIA, Antônio Roberto Sampaio. *Direito*...cit., p. 190, grifos do original. No mesmo sentido: "Releva considerar, contudo, que, a princípio, segundo a visão constitucional norte-americana, o *police power* perfazia competências implícitas e residuais das legislaturas estaduais para regular a iniciativa privada em prol do interesse público (*public welfare*). Diversamente, porém, de acordo com a formulação doutrinária prevalente na França e também na Itália, que inspiraram a compreensão do instituto no Brasil, o poder de polícia é tratado na circunscrição do Direito Administrativo, como faculdade discricionária da Administração Pública, destinada, basicamente, à defesa da ordem, da segurança, da qualidade da vida e do mercado de produção e distribuição de bens essenciais à população". CASTRO, Carlos Roberto de Siqueira. *O devido processo*...cit., p. 41-42, grifos do original.

Em suma, no direito norte-americano, quando houver referência a tributos fundados no *police power* (ou poder de polícia, se adotada a tradução), estar-se-á cuidando de tributação extrafiscal (atos legislativos que visam a estimular ou a desestimular determinadas atividades, limitando – no último caso – seu exercício).

Por isto, em estudo clássico, afirmou Bilac Pinto:

> Abramos parêntese para esclarecer que se a doutrina exposta é irrestritamente válida para os tributos fundados no Poder de Tributação do Estado, não o é, porém, para os que se fundem no Poder de Polícia. Relativamente a estes já mostramos que os tributos confiscatórios podem ser legítimos, desde que o Estado exerça o seu Poder de Polícia visando irrecusáveis finalidades de ordem pública.
> Nos casos de excesso ou abuso desse Poder, a argüição de inconstitucionalidade terá que versar em torno do seu mau uso, e nunca acerca da confiscatoriedade da carga fiscal.[653]

Cecília Maria Marcondes Hamati também considera que "é admitida a tributação sem a observância do princípio do não confisco desde que por motivos extrafiscais e em virtude do poder polícia".[654]

Na mesma senda, doutrina Sacha Calmon Navarro Coêlho:

> Em suma, a vedação do confisco há de se entender *cum modus in rebus*. O princípio tem validade e serve de garantia, inclusive, para evitar exageros nos caso de taxas, como já lecionamos. O princípio, vê-se, cede o passo às políticas tributárias extrafiscais, *mormente as expressamente previstas na Constituição*. Quer dizer, onde o constituinte previu a exacerbação de tributação para induzir comportamentos desejados ou para inibir comportamentos indesejados, é vedada a argüição do princípio do não-confisco tributário, a não ser no caso-limite (*absorção do bem ou da renda*).
> Destarte, se há fiscalidade e extrafiscalidade, e se a extrafiscalidade adota a *progressividade exacerbada* para atingir seus fins, deduz-se que o princípio do não-confisco atua no *campo de fiscalidade* tão-somente e daí não sai, sob pena de *antagonismo normativo*, um absurdo lógico-jurídico.[655]

Já Aliomar Baleeiro apontava que "outras vezes, o imposto há de ser quase confiscatório, para tornar-se útil ao exercício do poder de polícia no objetivo de estorvar certo uso ou atividade".[656]

A proibição de utilizar tributo com efeito de confisco não se aplicaria, então, no campo da extrafiscalidade?

Cremos que se aplica, embora com medida diferente daquela utilizada quando se trata de tributação com fim fiscal.

O art. 150, IV, da Constituição não excepciona de sua incidência os tributos com finalidade extrafiscal e não haverá de bastar a mera alegação de extrafiscalidade para se admitir qualquer tributação até o ponto de impedir o exercício da atividade por consumir quase inteiramente a margem de lucro (após a incidência do imposto e sua traslação – parcial ou total – aos consumidores).

---

[653] *Finanças e Direito*...cit., p. 562.
[654] *In* MARTINS, Ives Gandra da Silva (Coord.). *Direitos fundamentais*...cit., p. 275.
[655] *Curso*...cit., p. 274.
[656] *Limitações*...cit., p. 546.

O critério para identificação de efeito confiscatório não será o mesmo em se tratando de tributação com finalidade fiscal ou extrafiscal. No imposto de importação, no IPI sobre bebidas e cigarros, por exemplo, admitem-se alíquotas extremamente elevadas, superiores mesmo a 100% que, em outros tributos (impostos sobre o patrimônio e a renda, por exemplo), seriam certamente confiscatórias.

O limite é mais além do que na tributação com finalidade fiscal; mas um limite existe, pois a proibição constitucional é de utilizar tributo com efeito de confisco e não apenas de utilizar tributo com finalidade exclusivamente fiscal com efeito de confisco.

Pérez de Ayala e Gonzáles Garcia parecem seguir nesta linha, pois admitem que os princípios do art. 31.1 da Constituição espanhola e art. 3º da Lei Geral Tributária possam ser matizados, suavizados, ou mesmo excepcionados, quando aplicados aos impostos financeiros, quando o exigirem os objetivos político-econômicos vinculados ao bem comum e à justiça social, de que trata o art. 4º da Lei Geral Tributária.[657]

Douglas Yamashita observa que o exame da legitimidade constitucional da tributação extrafiscal faz-se com o emprego do princípio da proporcionalidade:

> Em Direito Econômico, ou seja, nos tributos com finalidade extrafiscal, cuja finalidade persegue objetivos de política educacional, ambiental, macroeconômica, previdenciária, etc., cabe verificar se tal tributo observa o implícito princípio constitucional da proporcionalidade. Isso quer dizer que todo tributo com finalidade extrafiscal deve perseguir um fim ou fins legítimo(s) (legitimer Zweck), ser um meio efetivo (Geeignetheit) para alcançar esse fim, ser um meio imprescindível (Erforderlichkeit) para realizar esse fim e deve representar um sacrifício razoável ou proporcional ao fim aspirado.[658]

Já deixamos consignado (1ª Parte, nº 2.3.1) que o princípio da proporcionalidade, com sua rígida estrutura formal, não é o mais adequado à identificação do efeito confiscatório em matéria tributária.

No caso de Yamashita, o autor faz a subdivisão da proporcionalidade em quatro subprincípios, destacando o da legitimidade dos fins (que, na concepção tripartite mais tradicional, se inclui no exame do subprincípio da adequação). De qualquer forma, uma medida tributária será sempre adequada, em tese, para perseguir uma finalidade extrafiscal e, em condições normais, será necessária, mas o exame da proporcionalidade em sentido estrito parece não ser a melhor forma de identificar eventual efeito confiscatório (melhor obtido com o teste mais flexível de razoabilidade), pois ainda que a promoção do direito concorrente seja mínima e a restrição ao direito decorrente da tributação média (o que não atenderia ao exame da proporcionalidade em sentido estrito), não há necessariamente efeito confiscatório, que de-

---

[657] PÉREZ DE AYALA, José Luis e GONZÁLES GARCIA, Eusebio. *Curso de derecho tributario*. 4ª ed., Madrid: Editoriales de Derecho Reunidas, 1986, tomo I, p. 183.

[658] *In* MARTINS, Ives Gandra da Silva (Coord.). *Direitos fundamentais*...cit., p. 692.

manda forte restrição, por via da tributação, a um direito constitucionalmente protegido. Exemplo desta situação, por sinal, se verifica na altíssima tributação com finalidade extra fiscal de cigarros: a promoção do direito à saúde pública é mínimo (sabidamente pequena a redução do consumo de tal produto resultante da tributação) e a restrição à livre produção e comercialização deste produto pela tributação é provavelmente média, face às altíssimas alíquotas aplicadas, sem que se acoime tal exigência de confiscatória. Ao teste de razoabilidade, tal como descrito neste trabalho, todavia, tal tributação atende: há adequada relação entre meios e fins; a tributação restritiva da atividade não é arbitrária (pois o fumo é efetivamente nocivo à saúde), corresponde a uma valoração moral, é sustentável à luz da argumentação prática racional, corresponde a considerações de eqüidade e tem relevante nível de aceitação social.

Embora a razoabilidade melhor se preste a detectar o limite de confiscatoriedade, em se tratando de tributação extrafiscal, o importante é que há limite: mais dilatado e com maior indeterminação; existente, todavia.

> Admitir-se a progressividade exacerbada, no campo da extrafiscalidade, de maneira quase irrestrita, é dar ao legislador carta branca. Parece mais consentâneo com o sistema normativo vigente, que *a extrafiscalidade venha a ser utilizada dentro de limites de razoabilidade*. Afora as hipóteses expressamente previstas na Lei Maior, que não configuram, rigorosamente falando, hipóteses de confisco de natureza tributária, deve acautelar-se o legislador ao atuar nesse campo. Os excessos quando não claramente explicitados, são passíveis de impugnação judicial. Não se pode negar que, em alguns impostos, a exacerbação de alíquotas pode chegar a um limite quase insuportável, porém admitido pelo sistema. Em outros, de revés, tal forma de proceder levaria à *extinção do próprio fator desencadeante da atividade de tributação*.[659]

No mesmo sentido (que consideramos correto), e com algumas precisões a mais:

> Entendo que deverá ser enfrentada esta dificuldade no estudo que se fizer sobre extrafiscalidade. Vale dizer, analisar qual o limite da extrafiscalidade, bem como o grau de extrafiscalidade da tributação *versus* a previsão de consfisco. Um ITR de 2% é um imposto normal, se for de 5% estará na faixa da extrafiscalidade; mas, e se for de 30 ou 40%? Até onde vai a normalidade da tributação e onde começa a faixa da extrafiscalidade aliada à busca de outras finalidades não meramente arrecadatórias? Onde começa o confisco? É fundamental circunscrever estas três faixas. A tributação extrafiscal não é um cheque em branco. Ela tem parâmetros. A invocação de um valor, ou princípio, não pode ser um pretexto para negar os demais.[660]

Sintetizando: a norma constitucional que veda a utilização de tributo com efeito de confisco se aplica, embora com *diferenças quantitativas*, à tributação extrafiscal, que também se sujeita a limitações constitucionais. Há três faixas de tributação: faixa de tributação fiscal, de tributação extrafiscal e confiscatória.[661] No campo da extrafiscalida-

---

[659] CARRAZZA, Elizabeth Nazar. *Progressividade*...cit., p. 71, grifos nossos.

[660] GRECO, Marco Aurélio. *Contribuições*...cit., p. 222, grifo do original.

[661] Na tributação fiscal, a faixa de confiscatoriedade se inicia onde finda a de tributação fiscal, inexistindo (no caso de tributação fiscal) entre elas, a faixa intermediária (de tributação extrafiscal).

de, o limite de confiscatoriedade (embora de mais difícil determinação *a priori*) é atingido quando a tributação inibir a produção e comercialização do produto ou exercício de atividade lícita por não restar, após a incidência da tributação e sua traslação total ou parcial ao preço do produto ou serviço, razoável margem de lucro, que possibilite o exercício da atividade. A tributação extrafiscal pode *reduzir* a atividade tributada (este é mesmo seu objetivo), não pode impedi-la de todo. Aí a lesão ao princípio da livre iniciativa seria tão forte, que já não a justificariam os fins pretendidos promover com a adoção daquele tributo e o conflito entre estes princípios resolver-se-ia, pela atuação da norma de colisão da proibição de utilização de tributo com efeito confiscatório, pela afirmação da precedência, no caso concreto, do princípio da livre iniciativa.

1.7. REFERIBILIDADE A CADA TRIBUTO ISOLADAMENTE OU AO SISTEMA TRIBUTÁRIO COMO UM TODO

A proibição de utilizar tributo com efeito de confisco se refere a cada tributo, isoladamente, ou à carga tributária global?

Ives Gandra da Silva Martins responde pela segunda alternativa:

> Na minha especial maneira de ver o confisco, não posso examiná-lo a partir de cada tributo, mas da universalidade de toda a carga tributária incidente sobre um único contribuinte.
> Se a soma dos diversos tributos incidentes representa carga que impeça o pagador de tributos de viver e se desenvolver, estar-se-á perante carga geral confiscatória, razão pela qual todo o sistema terá de ser revisto, mas principalmente aquele tributo que, quando criado, ultrapasse o limite da capacidade contributiva do cidadão.
> Há, pois, um tributo confiscatório e um sistema confiscatório decorrencial. A meu ver, a Constituição proibiu a ocorrência dos dois, como proteção ao cidadão.[662]

Ricardo Lobo Torres, faz a seguinte ressalva:

> A proibição de tributos confiscatórios deve ser examinada isoladamente com relação a cada hipótese de incidência, levando-se em conta as condições de modo, tempo e lugar que possam tornar inconstitucional a sua aplicação. O controle judicial se exerce sobre a norma que institui o confisco e não sobre o sistema tributário em geral.[663]

Mas esclarece que

> a apreciação sistêmica é importante para descobrir o efeito confiscatório que poderia exsurgir da análise individual do tributo ou para enfatizar a existência de inconstitucionalidade quando houver descoordenação nas incidências fiscais e superposição de gravames.[664]

O Presidente da República, nas informações que prestou na ADIn 2.010-2/DF, defendendo a constitucionalidade do art. 2º da Lei 9.783/99, sustentou, ao contrário, que a norma do art. 150, IV, da

---

[662] BASTOS, Celso Ribeiro e MARTINS, Ives Gandra da Silva. *Comentários*...cit., vol. 6, tomo I, p. 178-179.
[663] *Tratado*...cit., vol. III, p. 136.
[664] Idem.

Constituição, ao vedar a utilização de tributo com efeito de confisco, usa o termo tributo no singular, referindo-se a cada tributo isoladamente:

> É equivocada a concepção de que o aumento das alíquotas das contribuições do regime previdenciário próprio da União teria efeito confiscatório.
> Primeiro porque a Constituição, no inciso IV do art. 150, veda a utilização do tributo com efeito de confisco, e usa o termo tributo no singular, referindo-se a cada tributo isoladamente, e não a totalidade dos tributos existentes no País, de modo que não é correto, para efeito de verificar se o tributo seria confiscatório ou não, o exame de toda a carga tributária no País.
> Se assim fosse possível, qual dos tributos dentre os vigorantes no País seria inconstitucional? O último deles, o que tivesse maior alíquota, o que representasse mais economicamente em face da base de cálculo, enfim a subjetividade do exame seria totalmente inadequada.[665]

A parte final do argumento reproduz a conhecida objeção de Dino Jarach: "Pero, en ese caso, ¿cuál de los impuestos resultaría confiscatorio: el último o el primero establecido por ley, o el último cobrado, o el primero vencido, o el último vencido, o el más gravoso?".[666] E agregava:

> Sin embargo, no se ha hecho la cuestión, y si ella se hiciera pondría a dura prueba la capacidad de la Corte para adaptar su doctrina, si pretendiera neutralizar uno de los impuestos, o bien reducirlos todos en forma proporcional, máxime cuando la acumulación fuera de impuestos correspondientes a distintos poderes impositivos, todos actuando dentro de los límites de sus respectivas facultades.[667]

No julgamento da já referida ADIn 2.010-2/DF, o Min. Nelson Jobim observou "não podemos levar em conta o conceito de confisco a partir da carga tributária total. Teremos de examinar isoladamente". A partir daí concluiu em seu voto (vencido no particular): "Não creio que possamos partir do pressuposto de que estaremos perante um confisco isoladamente. Como não podemos calculá-lo integralmente, na globalidade da carga tributária, peço vênia ao eminente Relator para, neste ponto não conceder a liminar".

Aproximativamente no mesmo sentido, foi o voto (igualmente vencido quanto à questão) do Min. Moreira Alves: "Também não levo em consideração a alegação da ocorrência de confisco, dada a dificuldade da fixação de parâmetro – se apenas levando em conta o imposto de renda, ou se levando em conta todos os impostos diretos e indiretos – para resolver-se questão dessa natureza".

Nota-se, todavia, que mesmo na mais modesta das hipóteses aventadas (levar-se em conta apenas a incidência conjunta do imposto

---

[665] A primeira parte da argumentação, todavia, está em contradição, ao menos parcial, com o Projeto de Lei Complementar n° 173, de 1989, do então Senador Fernando Henrique Cardoso (que será objeto de exame no n° 2.1.2, desta 2ª Parte), que no art. 7° buscava definir "efeito confiscatório" e no respectivo § 2° dispunha: "Para os efeitos deste artigo computar-se-ão todos os tributos federais, estaduais ou municipais, que incidam no bem, direito ou serviço com fatos geradores simultâneos, ou decorrentes de um único negócio".

[666] *Curso superior...*cit., p. 138.

[667] Idem, p. 138-139.

de renda), no somatório destas duas exações (imposto de renda e contribuição de seguridade majorada pela Lei 9.783/99), apresenta-se com bastante clareza o efeito confiscatório, como identificou a maioria do Tribunal.

O argumento foi rebatido, a nosso ver com absoluta pertinência, no voto do Min. Ilmar Galvão:

> ... estou perfeitamente de acordo com a lição trazida aqui, pelo eminente Relator, a do Professor Ives Gandra, no sentido de que esse confisco pode ser examinado em relação ao somatório dos tributos. Porque, senão, teríamos de admitir que, havendo vinte tributos a 6%, somando 120%, esses tributos não seriam confiscatórios, embora absorvendo 120% do que ganha o servidor. Seria um absurdo pensar uma coisa dessas, que um tributo somente é que teria de tornar insuportável a vida do contribuinte e não o somatório dos tributos.[668]

A ementa do acórdão reflete a posição da Corte sobre o tema:

> A identificação do efeito confiscatório deve ser feita em função da totalidade da carga tributária, mediante verificação da capacidade de que dispõe o contribuinte – considerando o montante de sua riqueza (renda e capital) – para suportar e sofrer a incidência de todos os tributos que ele deverá pagar, dentro de determinado período, à mesma pessoa política que os houver instituído (a União Federal, no caso), condicionando-se, ainda a aferição do grau de insuportabilidade econômico-financeira, à observância, pelo legislador, de padrões de razoabilidade destinados a neutralizar excessos de ordem fiscal eventualmente praticados pelo Poder Público.

A nosso ver, a ocorrência de eventual efeito de confisco deve ser examinada em relação ao conjunto do sistema tributário, pena de descaracterização do conteúdo garantístico do princípio, que, entre nós, é limitação constitucional ao poder de tributar. Na ADIn 2.010-2/DF, o Supremo Tribunal Federal, como visto, já apontou este caminho, embora não nos pareça deva o exame ser limitado às imposições de uma só pessoa de direito público, o que não decorre da Constituição, nem vem convincentemente fundamentado no julgado. Vale a respeito o mesmo argumento: se a União, o Estado e o Município lançassem cada um tributos que consumissem 33% da renda do contribuinte, o que aconteceria? Aparentemente cada uma das exigências de cada pessoa jurídica de direito público interno não teria efeito confiscatório; seu somatório evidentemente teria, por atingir virtualmente a totalidade da renda do contribuinte.

Na doutrina espanhola, Antonia Agulló Agüero indica que "la prohibición hay que entenderla sin menoscabo de la justicia del sistema y en articulación con los principios de igualdad y capacidad económica. *Es un límite que afecta a todo el sistema tributario, independientemente de su configuración técnica concreta*".[669]

---

[668] No mesmo sentido: "Si se crearan cien impuestos, todos con una tasa del 1%, en definitiva, absorberían la totalidad de la renta, en sentido amplio, o el capital, y no porque fuesen varios impuestos el resultado seria distinto del que produciría un solo impuesto del 100% de su base imponible". NAVARRO, Patricio A. Acumulación de impuestos. In *Memoria de la Asociación Española de Derecho Financiero, 1989*. Madrid: Asociación Española de Derecho Financiero, 1991, p. 300-301.

[669] *La prohibición*...cit., p. 31, grifo nosso.

Tal aliás parece decorrer claramente do texto do art. 31, n° 1, da Constituição espanhola: "Todos contribuirán al sostenimiento de los gastos públicos de acuerdo con su capacidad económica *mediante un sistema tributario justo inspirado en los principios de igualdad y progresividad que, en ningún caso, tendrá alcance confiscatorio*" (grifo nosso).

Em verdade, o princípio se aplica tanto aos tributos isoladamente considerados, quanto ao conjunto do sistema, não sendo sequer logicamente viável uma aplicação sem a outra. Vale o que disse Moschetti a respeito do princípio da capacidade contributiva:

> è destinato ad operare anzitutto nell'ambito dell'intero sistema tributario, ma non è possibile pervenire alla sua attuazione sul piano generale del sistema, se non adeguando al principio stesso ciascuna delle singole fattispecie che tale sistema compongono. Esso trova quindi applicazione anche nell'ambito della singola legge d'imposta e a tutti i livelli di governo (Stato ed enti autarchici territoriali).[670]

Como afirma, em estudo recente, Ricardo Lobo Torres, o efeito confiscatório pode ser caracterizado "quanto ao conjunto do sistema, neste último caso quando houver descoordenação nas incidências fiscais e superposição de gravames".[671]

A relevância da questão é evidente. Spisso, examinando a realidade argentina, mas com considerações que se ajustam perfeitamente à situação de nosso país, apontou:

> Uno de los más graves problemas actuales es la exorbitancia de la carga tributaria, resultado de las altas tasas y de la superposición de impuestos que recaen sobre una misma materia imponible – más allá de los propósitos enunciados por la ley de coparticipación federal impositiva, desvirtuados por las numerosas excepciones al principio que consagra -, por lo que el enjuiciamiento de la legitimidad global de los impuestos no es una mera especulación teórica sino una necesidad acuciante del momento actual.[672]

Fabio Brun Goldschmidt sustenta que "a CSJN argentina, na mesma linha do nosso STF, também já reconheceu a possibilidade de caracterização de efeito-confisco pelo total da carga tributária".[673]

A afirmação não é rigorosamente exata. O STF, na ADIn 2.010-2/DF, admitiu que o efeito confiscatório possa se caracterizar pela incidência conjunta dos tributos, mas com a nota restritiva (a nosso ver, incorreta) de serem instituídos pela mesma pessoa política. E na jurisprudência da Corte Suprema de Justicia de la Nación argentina não há pronunciamentos claros no sentido de que o efeito confiscatório possa se caracterizar pela incidência do conjunto de tributos ou da

---

[670] *Il principio*...cit., p. 218, nota 6.
[671] *In* MARTINS, Ives Gandra da Silva (Coord.). *Direitos fundamentais*...cit., p. 174.
[672] *Derecho*...cit., p. 454.
[673] *O princípio*...cit., p. 280. Em nota de rodapé, porém, o autor reconhece que a jurisprudência daquele Tribunal é contraditória e pretende se fundar em assertiva isolada de Patrício Navarro de que "analisando detidamente o entendimento da CSJN e expungindo suas contradições, vemos que ela admite que o efeito de confisco se possa caracterizar pela acumulação de gravames". Idem, p. 280, nota 100.

carga tributária global, existindo, no máximo, referências vagas e a título de fundamentação de alguns julgados a respeito. Como aponta Naveira de Casanova:

> Entre ellos destaca la característica de no haber pronunciamientos específicos sobre la aplicabilidad del principio a un conjunto de tributos. La aplicación siempre ha sido individual para un tributo determinado, y en el caso concreto, cuando la protesta del contribuyente fue favorablemente acogida. Hay, sin embargo y como veremos, algunos aspectos de la jurisprudencia, expresados generalmente en forma de *obiter dictum*, o de argumentos que pueden utilizarse *a contrario sensu* en fallos algo distantes en el tiempo, aunque de doctrina aplicable en la actualidad, que podrían dar asidero a un pronunciamiento favorable en cuanto a la aplicación del principio a un conjunto de tributos, es decir, que el efecto confiscatorio se vea configurado por la actuación de más de un tributo.[674]

Em "Ganadera e Industrial Ciriaco Morea S.A. c. Provincia de Córdoba", a parte autora sustentava que "a los efectos de decidir respecto del carácter confiscatorio de un impuesto deben computarse las demás gabelas que pesan sobre los ingresos del contribuyente".

A Corte, por sua vez, decidiu que "el límite máximo de 33% para la absorción por el impuesto discutido del índice de productividad de un inmueble, se ha establecido con referencia a un solo gravamen". E por isto não acolheu a impugnação por confiscatoriedade, pois "si la prueba acredita que durante el período del pleito la renta real bruta del inmueble gravado no ha sido absorbida en una proporción mayor del 33% por la contribución directa, debe desecharse la impugnación de confiscatoriedad del impuesto".

A questão é mais detidamente examinada na fundamentação do julgado:

> Que esta tesis no es, sin embargo, valedera con el fin de concluir que en la especie el límite admitido por esta Corte para la absorción válida del índice de productividad, por el gravamen discutido – 33% - ha sido sobrepasado, porque *el máximo en cuestión se ha establecido con referencia a un solo gravamen*. Aun, pues, de admitirse el planteo que de la cuestión hace la demanda no modificaria en la especie la solución del juicio, en cuanto el difícil problema del límite máximo conjunto de los impuestos no ha sido debidamente debatido en la causa, ni fue objeto tampoco de la prueba exhaustiva que su consideración requeriria. *Ese máximo, por lo demás, haberia de ser por necesidad considerablemente mayor que el establecido para un solo impuesto*, y en todo caso no puede considerarse superado, respeto de la actora.[675]

Posteriormente, em "General Electric S.A. c. Municipalidad de Rosário-Santa Fe", decidiu a CSJN:

> Si la sentencia apelada declara la validez de la superposición del gravamen a las actividades lucrativas instituido por la Municipalidad de Rosario, Provincia de Santa Fe, con el de carácter provincial, por no resultar ambos, en conjunto, confiscatorios, la superposición cuestionada no afecta las garantías constitucionales de la igualdad y la propiedad.[676]

Em suma, a Corte Suprema argentina, embora não tenha em alguma decisão proclamado a confiscatoriedade de exações conside-

---

[674] *El principio*...cit., p. 221-222, grifos do original.
[675] Fallos 210:172 (1948), grifos nossos.
[676] Fallos 255:66 (1963).

rando a incidência cumulativa de mais de um tributo, sugere que tal poderia ocorrer, mas o percentual caracterizador deste efeito teria de ser "consideravelmente maior" que os 33% tradicionalmente adotados por sua jurisprudência.

Spisso, porém, sustenta que o limite de 33% deve valer tanto para um tributo individualmente considerado quanto para o conjunto da carga tributária:

> A nuestro juicio, el tope del 33% fijado por la Corte es aplicable a todos los gravámenes, e incluso cuando se trata de juzgar sobre la confiscatoriedad global de los impuestos.
> La Corte, hacia fines de la década de los años 40, en un fallo interpretando su propia jurisprudencia, *obiter dictum* sostuvo que el tope del 33% fue fijado con referencia a un solo gravamen, máximo que en caso de tener que referirse a la confiscatoriedad global de los impuestos "habría de ser por necesidad considerablemente mayor que el establecido por un solo impuesto".
> No compartimos esta aislada opinión de la Corte. Si al absorber más de una tercera parte de la riqueza gravada el tributo resulta confiscatorio con agravio al derecho de la propiedad, la situación siempre es la misma, se trate de uno o varios tributos. Además, el distingo que, recordemos, en aislada decisión pretende hacer la Corte entre confiscatoriedad de un impuesto y global del régimen tributario, permitiría sostener que el tope del 33%, fijado en el caso de un impuesto, es arbitrario, ya que existiría por encima de él un margen, digamos, verbigracia, hasta el 50% en que el tributo aún resulta compatible con el derecho de propiedad, y más allá del cual deviene confiscatorio.[677]

Na Alemanha, como já se viu, o Tribunal Constitucional Federal considerou, no caso do imposto sobre o patrimônio,[678] que há um limite para a carga tributária global de aproximadamente 50% dos rendimentos potenciais, decorrente do art. 14, II da Lei Fundamental, segundo qual o uso da propriedade deve servir tanto ao benefício privado quanto ao interesse público.

Deve haver um limite de confiscatoriedade, considerado o conjunto da carga tributária. Cairia no vazio a vedação constitucional se cada tributo individualmente considerado não pudesse ser confiscatório, mas sua incidência conjunta pudesse. A Constituição veda utilizar tributo com efeito de confisco, porque não quer que o sistema tributário tenha tal efeito. O argumento (usado nas informações do Presidente da República na ADIn 2.010-2/DF) de que o vocábulo tributo vem utilizado no singular no art. 150, IV, a par de derivar de interpretação literal, é pobre. A Constituição não diz que o tributo *isoladamente considerado* não pode ser confiscatório. Se quisesse adotar diretriz tão esdrúxula, de proibir efeito de confisco quanto a um tributo e permitir quando a incidência seja de mais de um tributo, teria de dizer

---

[677] *Derecho*...cit., p. 273.

[678] 2ª Câmara, sentença de 22.06.1995, BVerfGE 93, 121 (121). "O imposto sobre o patrimônio só pode ser acrescido aos demais impostos sobre a renda, quando a carga tributária total incidente sobre os rendimentos brutos permanecer próxima de uma divisão meio a meio entre o poder público e o uso particular, observando-se de forma padronizada, receitas, despesas dedutíveis e outros abatimentos".

expressamente. Não disse, não deveria razoavelmente dizer e não se pode presumir pretendesse dizer porque "é antes de crer que o legislador haja querido exprimir o conseqüente e adequado à espécie, do que o evidentemente injusto, descabido, inaplicável, sem efeito".[679] Fosse excluída de sua incidência a hipótese de o confisco se dar pelo conjunto do sistema, a norma de proibição do efeito confiscatório tributário sequer poderia cumprir sua função de norma de colisão, quando o conflito entre direito de propriedade (ou de trabalho, ou livre iniciativa) e outros constitucionalmente protegidos se estabelecesse não diante da incidência de um tributo isoladamente, mas do conjunto da carga tributária. Na Espanha, a pertinência do princípio com o conjunto do sistema decorre ainda mais claramente do texto constitucional ("sistema tributario justo inspirado en los principios de igualdad y progresividad que, em ningún caso, tendrá alcance confiscatorio" – art. 31, 1 – CE).

Portanto, não se admitem nem tributos isoladamente confiscatórios, nem um sistema tributário confiscatório: "Há, pois, um tributo confiscatório e um sistema confiscatório decorrencial. A meu ver, a Constituição proibiu a ocorrência dos dois, como proteção ao cidadão".[680]

Todavia, os limites de confiscatoriedade são diferentes, quando se considera o efeito de um tributo isoladamente, ou do conjunto do sistema. Se adotássemos a orientação de Spisso, de considerar em ambas as hipóteses (que, todavia, são diferentes) o limite de 33% (fixado na jurisprudência argentina para *alguns* tributos *isoladamente considerados*), uma só exação ocuparia todo o campo de licitude quantitativa da tributação, nada sobrando em termos de possibilidade de incidência de quaisquer outros tributos. Tal situação se afigura mais claramente insustentável em Estados federais (e, ainda mais, no Brasil, onde há três esferas impositivas: União, Estados ou Distrito Federal e Municípios).

No que toca à quantificação de limites, em um caso e outro, parece poder se acolher, porque compatíveis entre si e razoáveis, aqueles postos pela tradicional jurisprudência argentina (para tributos isolados) e adotado pelo Tribunal Constitucional Federal alemão e sugerido pelo nosso Supremo Tribunal Federal para a carga tributária global. Assim, serão confiscatórios impostos sobre o patrimônio ou a renda que absorvam isoladamente mais de 33% da renda auferida, ou que potencialmente possa ser gerada pelo bem objeto da tributação, ou

---

[679] MAXIMILIANO, Carlos. *Hermenêutica e interpretação do direito*. 9ª ed., Rio de Janeiro: Forense, 1979, p. 165.

[680] BASTOS, Celso Ribeiro e MARTINS, Ives Gandra da Silva. *Comentários*...cit., vol. 6, tomo I, p. 179.

quando o conjunto da carga tributária incidente superar 50% destes rendimentos.

Posto isto, cabe enfrentar a questão posta por Jarach; qual tributo se invalida: o último, o primeiro, o último cobrado, o primeiro vencido, o último vencido, o mais gravoso, ou ainda se reduzem todos proporcionalmente?

Cremos correta a resposta dada por Ives Gandra: "todo o sistema terá que ser revisto, mas principalmente aquele tributo que, quando criado, ultrapasse o limite da capacidade contributiva do cidadão".[681]

Esta questão também veio a lume para o STF, no julgamento da ADIn 2.010-2/DF, como se verifica deste excerto do acórdão:

> "O SR. MINISTRO MOREIRA ALVES – E qual é o inconstitucional? É o último? É o primeiro? É o de maior valor?
> O SR. MINISTRO ILMAR GALVÃO – Se o último trouxe essa conseqüência, foi a gota d'agua, e ele é inconstitucional.

No mesmo sentido, Rogério Vidal Gandra da Silva Martins e José Ruben Marone apontam que "nestas hipóteses, entendemos que a carga tributária é confiscatória e o tributo que fez com que a carga global ferisse os princípios da propriedade, capacidade contributiva e livre iniciativa estará revestido de confiscatoriedade e, de conseqüência, inconstitucionalidade".[682]

Portanto, no caso de o efeito confiscatório se caracterizar pelo conjunto da carga tributária, invalida-se a última (ou as últimas) imposição(ões), a partir do momento em que se alcançou o patamar confiscatório. Assim fez o STF na ADIn 2.010-2/DF, invalidando o aumento temporário da contribuição previdenciária dos servidores públicos federais, decorrente do (já revogado) art. 2º da Lei 9.783/99, que fora a última exação criada (o imposto de renda e a contribuição previdenciária sem o adicional temporário eram anteriores). Assim fez o Tribunal Constitucional Federal alemão, invalidando, na sistemática então vigente, o imposto sobre o patrimônio (o imposto de renda fora instituído anteriormente).

É certo que tal orientação poderá conduzir a desequilíbrios, sobretudo em estados federais, o que já não passara despercebido a Jarach ("máxime cuando la acumulación fuera de impuestos correspondientes a distintos poderes impositivos, todos actuando dentro de los límites de sus respectivas facultades"[683]). Patrício A. Navarro dá à questão a seguinte solução:

> Consideramos que el inconstitucional es el impuesto cuya creación o aumento provoca la confiscatoriedad, el que sólo podrá sobrevivir hasta el límite que autoriza la Corte Podrá argumentarse que éste es injusto porque cercena sólo los poderes de la jurisdicción que actuó

---

[681] Idem, p. 178.
[682] *In* MARTINS, Ives Gandra da Silva (Coord.). *Direitos fundamentais*...cit., p. 828.
[683] *Curso*...cit., p. 138-139.

màs tarde, dejando a la otra incólume en el ejercicio de su poder. Ningún sistema podrá resultar perfecto, pero tal como dice la frase popular, existe "la gota que rebasa el vaso", y ello es lo que produce el perjuicio.[684]

A exata conformação de um sistema tributário justo e equânime entre os diversos entes de governo no federalismo não pode resultar apenas da operatividade do princípio da vedação de tributos com efeito confiscatório, nem é tarefa primordial da jurisdição constitucional. O princípio do não-confisco é norma de colisão, que serve à solução dos conflitos entre direitos individuais (de propriedade, de profissão, de livre iniciativa) e aqueles decorrentes do elemento de socialidade do Estado Social e Democrático de Direito (aproximação da igualdade material, fins redistributivos, desenvolvimento nacional, intervenção na economia etc.), não para solução de conflitos entre os diversos entes no estado federal. A jurisdição constitucional, mediante a aplicação do princípio de não-confiscatoriedade, excluirá o tributo, quando no conflito decorrente, a precedência for do direito individual. O posterior reequilíbrio de eventual desajuste daí decorrente para a repartição de poderes decorrente do federalismo será tarefa mais apropriada ao legislador. À jurisdição constitucional incumbe velar para que inocorra restrição de direitos constitucionalmente protegidos além dos limites justificados pela promoção de princípios concorrentes; ao legislador, por sua vez, cabe corrigir eventuais desajustes, decorrentes desta atuação, na repartição de competências entre os entes federais.

Em síntese, a jurisdição constitucional excluirá o tributo que representar a gota d'água a encher o copo, gerando efeito confiscatório do conjunto da carga tributária. Pode ser que tal providência torne aconselhável alguma medida de correção no sistema tributário globalmente considerado, inclusive quanto à repartição das competências entre os entes federais: esta tarefa é mais consentânea, todavia, com as atribuições do Poder Legislativo que de uma Corte Constitucional.

1.8. MULTA FISCAL

Parcela da doutrina sustenta que a vedação de utilizar tributo com efeito de confisco não se aplica às multas fiscais (sejam moratórias ou penais), porque multa não é tributo (o art. 3º do CTN integra na definição de tributo o não constituir sanção de ato ilícito), e o texto constitucional só proibiu utilizar tributo (e não multa ou penalidade) com efeito de confisco. Nesse sentido, Vittorio Cassone:

---
[684] *Acumulación*...cit., p. 301

... na realidade, no caso das penalidades, não implica em "proibição de confisco", porque esse instituto vale para a situação de "utilizar *tributo* com efeito de confisco" (art. 150, IV, CF), não para as *penalidades*, as quais envolvem operações irregulares (sonegação fiscal). Isso porque a Lei 8846/94 tem fundamento maior em princípios fundamentais que a Carta da República põe em relevo, nos arts. 1º e 3º, como diretriz de todo o corpo normativo da Constituição: cidadania, dignidade da pessoa humana, valores sociais do trabalho, tudo isso com o objetivo de construir uma sociedade livre, justa e solidária. E, certamente, a atitude dessa empresa, de sonegar, não se coaduna com tais princípios.

Logo, em se tratando de *multa*, a "proibição do confisco" não se lhe aplica.[685]

Um pouco adiante, aduz o autor, à guisa de conclusão que "as penalidades não estão sujeitas à vedação do efeito de confisco, devendo sua quantificação, atender aos princípios da proporcionalidade e da razoabilidade".[686] Ou, no mesmo sentido: "para as penalidades o limite que se lhes aplica decorre de outro fundamento, que é o princípio da razoabilidade, desdobrado no princípio da proporcionalidade".[687] Também não se esclarece a qual dos princípios a quantificação das multas deve atender, pois são coisas diferentes, como já apontamos (1ª Parte, nºs 2.3.1 e 2.3.2), sendo certo que um não se desdobra ou é parte do outro, bem como que a concreção do conceito indeterminado "efeito de confisco" se faz através da aplicação do princípio da razoabilidade.

Semelhante doutrina é exposta por Antonio José da Costa:

> As penalidades de caráter tributário, civil, penal ou administrativo, apesar de no caso de multa moratória ser, na maioria das vezes, um acessório do principal (tributo), em nenhuma hipótese se confunde com o tributo (art. 3º, do CTN), uma vez que a penalidade, além de excluída expressamente do próprio conceito legal de tributo, possui natureza jurídica e está sujeita a regime jurídico diferente. No caso de penalidade exacerbada, poderia ser alegada a quebra do princípio da proporcionalidade, mas nunca o efeito (tributário) confiscatório.[688]

Também Yoshiaki Ichibara opina que "as penalidades estão sujeitas a regime jurídico diferente, excluídas expressamente do conceito jurídico-positivo de *tributo*. No caso de penalidade exacerbada, por exemplo, poderia ser alegada a quebra do princípio da proporcionalidade, mas nunca o efeito confiscatório (tributário)".[689]

---

[685] *In* MARTINS, Ives Gandra da Silva (Coord.). *Direitos fundamentais*...cit., p. 397, grifos do original.

[686] Idem, p. 400.

[687] OLIVEIRA, Ricardo Mariz de. *In* MARTINS, Ives Gandra da Silva (Coord.). *Direitos fundamentais*...cit., p. 241.

[688] *In* MARTINS, Ives Gandra da Silva (Coord.). *Direitos fundamentais*...cit., p. 432. O autor acrescenta: "infere-se do exposto que as penalidades não estão sujeitas à vedação desse efeito (de confisco – nota nossa), tendo em vista ser diferente o seu regime jurídico, excluídas que estão do conceito jurídico-positivo de *tributo*". Idem, grifo do original.

[689] Idem, p. 494, com fundamentação semelhante: "Com referência às penalidades, sejam de caráter tributário, civil, penal ou administrativo, apesar de no caso da multa moratória ser, na maioria das vezes, um acessório do principal (tributo), não se confundem com o tributo (art. 3º do CTN), uma vez que a penalidade, além de excluída do próprio conceito legal de tributo, possui natureza jurídica e está sujeita a regime jurídico diferente.
Portanto, se o efeito confiscatório está dirigido expressamente ao tributo, localizado topograficamente no Título "Da Tributação e do Orçamento", no Capítulo "Do Sistema Tributário Nacional", no nosso entender, não inclui e nem se aplica às penalidades". Idem.

A rigor, o princípio da proporcionalidade, com sua estrutura formal de três subprincípios, sequer se presta ao exame da gravosidade das multas, eis que seu emprego se dá no caso de colisão de princípios e não da valoração do elemento quantitativo da regra que impõe multa. A referência aqui à proporcionalidade só pode ser entendida como noção genérica de equivalência ou congruência entre gravidade da infração e valor da multa, e não no sentido técnico do princípio da proporcionalidade na jurisprudência e doutrina alemãs, onde teve origem.

Já Estevão Horvath adverte:

> É grande a tentação de procurar enquadrar quantia excessiva imposta como penalidade pela legislação tributária dentro da moldura do princípio da não-confiscatoriedade. Contudo, o rigor científico que entendemos deva prevalecer numa abordagem que se pretende científica nos afasta dessa possibilidade.[690]

Nesta direção, a seguir refere que "*tributo* não é *multa* e o princípio da não-confiscatoriedade proclamado pelo art. 150, IV da Constituição reporta-se àquele e não a esta".[691] Mas acaba por propor solução de compromisso, nos seguintes termos: "Isso não obstante, embora a situação ora em comento não se submeta ao art. 150, IV da Lei Maior, segundo pensamos, está ela ao abrigo da proteção do princípio genérico que, decorrente da proteção ao direito de propriedade, está a vedar o confisco, genericamente considerado".[692]

Todavia, conforme também já exposto (1ª Parte, nº 2.4), o princípio da não-confiscatoriedade não é simples derivação do direito de propriedade (caso em que sua eficácia seria nenhuma, por inteiramente absorvida pela do direito de propriedade), mas norma de colisão para solução dos conflitos entre direito de propriedade e outros princípios constitucionalmente protegidos.

O princípio que veda utilizar tributo com efeito de confisco aplica-se às multas ou penalidades. É certo que multa não é tributo e que a própria definição de tributo do Código (art. 3º) expressa não constituir sanção de ato ilícito. Ocorre que o art. 113, § 1º, do CTN, dá o mesmo tratamento legal ao tributo e à multa, sendo ambos objeto da obrigação tributária. Assim, "se a multa não é tributo, o tratamento legal é equivalente, conforme o art. 113, § 3º, do CTN; logo, nada obsta esteja sujeita aos mesmos princípios legais".[693] Comentando o citado art. 113, § 3º, assim se exprimiu Celso Ribeiro Bastos:

> Contudo a intenção do texto é tão manifesta que acaba por relevar esse pecadilho de ordem lógica. É que resulta claro que o que o legislador quis deixar certo é que a multa tributária,

---

[690] *O princípio*...cit., p. 114.

[691] Idem, grifos do original.

[692] Idem, p. 115.

[693] Voto do Des. Irineu Mariani na Apelação Cível 599133980, Tribunal de Justiça do Rio Grande do Sul, 1ª Câmara Cível, julgado em 30.06.1999.

embora não sendo, em razão de sua origem, equiparável ao tributo, há que merecer o mesmo regime jurídico previsto para sua cobrança.[694]

A posição de que a vedação à utilização de tributo com efeito confiscatório tem aplicação também às multas tributárias (moratórias ou penais, embora o *quantum* a caracterizar o efeito confiscatório seja distinto em cada uma das espécies) se funda na melhor doutrina e em firme e reiterada jurisprudência do Supremo Tribunal Federal.

Sacha Calmon lembra "que uma multa excessiva ultrapassando o razoável para dissuadir ações ilícitas e para punir os transgressores (caracteres punitivo e preventivo da penalidade) caracteriza, de fato, uma maneira indireta de burlar o dispositivo constitucional que proíbe o confisco".[695]

Também para Ives Gandra, "o confisco abrange a obrigação tributária. Vale dizer, tributo e penalidade, sempre que a relação entre Fisco e Contribuinte ou Estado e Cidadão seja de natureza exclusivamente tributária, como ocorre na esmagadora maioria das hipóteses".[696]

E ainda:

> Penso que a vedação ao efeito confisco se aplica também em relação às multas. O impedimento constitucional é que, a pretexto de exercer a atividade de tributação, o Poder Público Tributante se apposse dos bens do contribuinte, seja a título de tributo, seja a título de penalidade, que se transforma em obrigação principal, e portanto há que merecer o regime jurídico, a teor do art. 113, § 3º, do CTN ...[697]

Na jurisprudência, as decisões da Corte Suprema argentina revelam alguma ambigüidade. Assim, em "Albino Mancinelli c. Impuestos Internos" julgou aquele Tribunal:

> Los principios admitidos en materia de gravámenes confiscatorios no son por lo regular invocables respecto de las multas impositivas de carácter penal, por tratarse de sanciones intimidatorias indispensables y porque se incurre voluntariamente en los hechos que traen aparejada su aplicación. No importa que el capital del infractor sea reducido y no cubra la multa de diez tantos del impuesto que intentó evadir.[698]

No entanto, em "Municipalidad de Tucumán c. S.A. La Eléctrica del Norte", a CSJN afirmou que "el concepto de confiscatoriedad establecido por la Corte Suprema en sus fallos con respecto a los impuestos, es aplicable a las multas por desobediencia a la ley".[699] E

---

[694] *In* MARTINS, Ives Gandra da Silva (org.). *Comentários ao Código Tributário Nacional.* 3ª ed., São Paulo: Saraiva, 2002, vol. II, p. 156.

[695] COÊLHO, Sacha Calmon Navarro. *Teoria e prática das multas tributárias.* 2ª ed., Rio de Janeiro: Forense, 1992, p. 67. E acresce: "Quando esta (multa – nota nossa) é tal que agride violentamente o patrimônio do cidadão contribuinte, caracteriza-se como confisco indireto e, por isso, é inconstitucional". Idem.

[696] *In* MARTINS, Ives Gandra da Silva (Coord.). *Direitos fundamentais...*cit., p. 57.

[697] RODRIGUES, Marilene Talarico Martins. *In* MARTINS, Ives Gandra da Silva (Coord.). *Direitos fundamentais...*cit., p. 337.

[698] Fallos 206:92 (1946).

[699] Fallos 179:54 (1937). Este parece ser o elemento central de argumentação da decisão, embora no caso concreto o Tribunal tenha concluído que "no siendo violatorias del contrato de concesión ni confiscatorias las multas diarias aplicadas por la Municipalidad a la empresa concesionaria,

mais clara é a decisão em "Provincia de Tucumán c. Cia. Hidroelectrica de Tucumán":

> El carácter confiscatorio de las multas puede provenir no solamente de su monto sino también de la falta de relación racional entre éste y la naturaleza y circunstancias de la infracción penada; como ocurre en el caso de un concesionario de servicios a quien, por considerar que ha incurrido en infracciones independientes y simultáneas, se aplican tantas multas de cien pesos cada una como facturas mensuales ha expedido con un recargo improcedente según la autoridad administrativa, con el resultado de totalizar así la suma de dos millones de pesos mensuales en concepto de multas sin que haya mediado contumacia de la compañía, pues suspendió el cobro de las facturas tan pronto como le fue notificada la prohibición y la sanción administrativa.[700]

Portanto (e embora a última decisão citada se refira a multa administrativa), inobstante certa dubiedade, parece que a melhor forma de compatibilizar logicamente as decisões da CSJN é no sentido de não se aplicar às multas a quantificação utilizada para os tributos (o percentual tradicional de 33%), mas reconhecer-se a possibilidade de se caracterizarem como confiscatórias e, conseqüentemente, inconstitucionais, por infringentes do art. 17 da Constituição.

Na Espanha, a Audiência Nacional não admitiu a possibilidade de invalidarem-se multas por terem efeito confiscatório:

> también debe rechazarse el último de los motivos basados en el carácter confiscatorio de la sanción, manera que su finalidad no es aprehender el patrimonio individual del contribuyente, sino prevenir conductas semejantes, tanto del propio sujeto como de otros que vulneran la igualdad entre los contribuyentes y lesionan gravemente los intereses públicos.[701]

Na jurisprudência brasileira, encontram-se decisões neste sentido: "a norma constitucional que proíbe o confisco não se aplica à multa, pois é direcionada aos tributos e não às sanções, que têm o objetivo de dar eficácia à atividade fiscal";[702] ou "a jurisprudência é pacífica no sentido de que multa não é tributo, podendo ela ter efeito confiscatório",[703] o que, porém, é equivocado, pois a jurisprudência certamente não é pacífica neste sentido e no STF é firme no sentido *oposto*; ainda: "o art. 150, IV da Constituição Federal, com vedar o confisco só se refere aos tributos sem homenagear a multa";[704] ou "a vedação imposta pelo art. 150, IV, da CF é a utilização do tributo como confisco e não da multa".[705]

---

no puede invocarse validamente la garantia del art. 17 de la Constitución Nacional". Mas referiu expressamente, no considerando 9, *in fine*, que "en cuanto al concepto de confiscatoriedad esta Corte ha establecido conceptos, tratándose de impuestos que, con mayor razón, pueden aplicarse a multas por desobediencia a la ley".

[700] Fallos 203:78 (1945).

[701] Decisão de 6 de julho de 1993.

[702] STJ, 1ª Turma, Agravo Regimental no REsp. 627.315-BA, Rel. Min. José Delgado, julgado em 08.06.2004, DJU de 08.09.2004.

[703] STJ, 1ª Turma, Agravo Regimental no Agravo de Instrumento 436.173-BA, Rel. Min. José Delgado, julgado em 21.05.2002, DJU de 16.09.2002.

[704] Tribunal de Justiça do Rio Grande do Sul, Apelação Cível nº 70002188175, 21ª Câmara Cível, Rel. Des. Genaro José Baroni Borges, julgado em 04.12.2002.

[705] TJ/RS, Apelação Cível 70009105602, 21ª Câmara Cível, Rel. Des. Francisco José Moesch, julgado em 01.09.2004.

Todavia, não há maior exame da questão na jurisprudência do STJ, até porque a questão é efetivamente constitucional, como salientado em vários julgados,[706] refugindo, pois, ao âmbito do recurso especial e à competência daquela Corte.

Nos tribunais estaduais, há decisões admitindo a aplicação da proibição de efeito confiscatório às multas tributárias. Exemplificativamente: "A multa fiscal punitiva pode ser revista pelo Poder Judiciário, especialmente quando assume caráter confiscatório",[707] referindo o acórdão que "a multa punitiva por infração assumiu caráter confiscatório, porque estabelecida em percentual de 200% sobre o valor do tributo corrigido".[708]

No Supremo Tribunal Federal, é firme a jurisprudência no sentido da inadmissão de multas confiscatórias.

Em antiga decisão, após reconhecer o dissídio jurisprudencial sobre poder ou não o juiz reduzir multa imposta pelo Fisco dentro dos limites legais, o STF admitiu como razoável a solução da decisão recorrida de, ante multa fixada administrativamente no mínimo quanto à sua parte variável e quase no máximo quanto à parte fixa, reduzir esta última também ao mínimo.[709] Pouco depois, já afirmou que "o judiciário pode excluir ou graduar a multa imposta pela autoridade administrativa"[710] ou "concilia-se com farta jurisprudência do Supremo Tribunal Federal o acórdão que reduziu multas, juros, etc., pelos quais, dívida em mora, sem fraude, ficou elevada a mais de 400%".[711]

No RE 81.550/MG, a ementa refere: "Multa moratória de feição confiscatória. Redução a nível compatível com a utilização do instrumento da correção monetária" e o acórdão explicita:

> Conheço do recurso e lhe dou parcial provimento para julgar procedente o executivo fiscal, salvo quanto à multa moratória que, fixada em nada menos de 100% do imposto devido, assume feição confiscatória. Reduzo-a para 30% (trinta por cento), base que reputo razoável para a reparação da impontualidade do contribuinte.[712]

No RE 91.707/MG, a Corte já menciona esta jurisprudência como consolidada: "Tem o STF admitido a redução da multa moratória

---

[706] Entre outros REsp 645.186, 2ª Turma, Rel. Min. João Otávio de Noronha, DJU de 27.09.2004 e decisões monocráticas nos REsps 741.084, 693.081, 624.848, 731.303, 720.007, 719.160, 720.073 e 719.163.

[707] 1º Tribunal de Alçada Civil de São Paulo, Apelação 363.799-0, 6ª Câmara, rel. Juiz Ribeiro Machado, julgado em 25.08.1987, in RT 624/101.

[708] Idem.

[709] RE 55.906/SP, Pleno, Rel. Min. Luiz Gallotti, julgado em 27.05.1965, RTJ 33/647.

[710] RE 61.160/SP, 2ª Turma, Rel. Min. Evandro Lins e Silva, julgado em 19.03.1968, RTJ 44/661. No mesmo sentido: "Pode o Judiciário, atendendo às circunstâncias do caso concreto, reduzir multa excessiva aplicada pelo Fisco". (RE 82.510/SP, 2ª Turma, Rel. Min. Leitão de Abreu, julgado em 11.05.1976, RTJ 78/610).

[711] RE 78.291/SP, 1ª Turma, Rel. Min. Aliomar Baleeiro, julgado em 04.06.1974, RTJ 73/549.

[712] 2ª Turma, Rel. Min. Xavier de Albuquerque, julgado em 20.05.1975, RTJ 74/319.

imposta com base em lei, quando assume ela, pelo seu montante desproporcionado, feição confiscatória".[713] Na hipótese, o Tribunal não conheceu recurso extraordinário interposto contra decisão que reduzira a multa moratória de 100% para 30%.

Afora isto, o STF teve oportunidade de enfrentar o problema do efeito confiscatório das multas, em controle concentrado de constitucionalidade, já na vigência da Constituição de 1988, e sob a ótica da violação da vedação de utilizar tributo com efeito de confisco. Em duas oportunidades, invalidou regras que previam multas que considerou excessivas e violatórias da vedação do art. 150, IV da CF.

A ADIn 551-1/RJ questionava a constitucionalidade dos §§ 2º e 3º do art. 57 do Ato das Disposições Constitucionais Transitórias da Constituição do Rio de Janeiro:

> § 2º - As multas conseqüentes do não recolhimento dos impostos e taxas estaduais aos cofres do Estado não poderão ser inferiores a duas vezes o seu valor.
>
> § 3º - As multas conseqüentes da sonegação dos impostos ou taxas estaduais não poderão ser inferiores a cinco vezes o seu valor.

O voto do Relator menciona expressamente a aplicabilidade às multas da vedação à utilização de tributo com efeito confiscatório: "Tal limitação ao poder de tributar estende-se, também, às multas decorrentes de obrigações tributárias, ainda que não tenham elas natureza de tributo". E considerou as multas de duas vezes o valor do tributo como conseqüência do não recolhimento e de cinco vezes, no caso de sonegação, como confiscatórias, "configurada, assim, a contrariedade dos dispositivos impugnados com o inciso IV do art. 150 da Constituição Federal, o que desde logo permite a declaração de sua inconstitucionalidade".

O Min. Sepúlveda Pertence, após referir que o "problema da vedação de tributos confiscatórios *que a jurisprudência do Tribunal estende às multas* gera, às vezes, uma certa dificuldade de identificação do ponto a partir de quando passa a ser confiscatório" (grifamos), observou:

> Também não sei a que altura um tributo ou uma multa se torna confiscatório; mas uma multa de duas vezes o valor do tributo, por mero retardamento de sua satisfação, ou de cinco vezes, em caso de sonegação, certamente sei que é confiscatório e desproporcional.[714]

---

[713] 2ª Turma, Rel. Min. Moreira Alves, julgado em 11.12.1979, RTJ 96/1.354.

[714] Pleno, Rel. Min. Ilmar Galvão, julgado em 24-04-2002. A expressão desproporcional no voto do Min. Pertence certamente está empregada no sentido comum já referido de não guardar congruência com a gravidade da infração. A ementa desta decisão é a seguinte:
"AÇÃO DIRETA DE INCONSTITUCIONALIDADE. §§ 2º E 3º DO ART. 57 DO ATO DAS DISPOSIÇÕES CONSTITUCIONAIS TRANSITÓRIAS DA CONSTITUIÇÃO DO ESTADO DO RIO DE JANEIRO. FIXAÇÃO DE VALORES MÍNIMOS PARA MULTAS PELO NÃO-RECOLHIMENTO E SONEGAÇÃO DE TRIBUTOS ESTADUAIS. VIOLAÇÃO DO INCISO IV DO ART. 150 DA CARTA DA REPÚBLICA.
A desproporção entre o desrespeito à norma tributária e sua conseqüência jurídica, a multa, evidencia o caráter confiscatório desta, atentando contra o patrimônio do contribuinte, em contrariedade ao mencionado dispositivo do texto constitucional federal".

De outro lado, na ADIn 1.075-1/DF[715], o STF concedeu a medida cautelar pleiteada para suspender os efeitos do art. 38 e seu parágrafo único, da Lei 8.846/94 (posteriormente revogado pelo art. 82, alínea *m* da Lei 9.532/97), que previa multa de 300% pela falta de emissão de documento fiscal, por afronta à proibição constitucional de utilização de tributo com efeito confiscatório. Note-se que a multa de 300% incidia sobre o valor da operação[716] (e não sobre o imposto devido, eventualmente sonegado pela não-emissão de nota fiscal, ou mesmo pago, inobstante descumprida esta obrigação acessória), o que mais sublinhava seu caráter confiscatório.

Convém sinalar, de outro lado, que no RE 220.284/SP, o STF considerou válida multa moratória de 30% sobre o valor do tributo.[717]

No caso da legislação estadual rio-grandense, o art. 1º, IV, da Lei 8.894, de 15.07.1988, dera nova redação ao art. 9º da Lei 6.537, de 27.02.1973, passando a impor multa de 200% do valor do tributo devido, no caso de infrações qualificadas (100% para as básicas e 50% para as privilegiadas). A multa de 200% pode ser considerada confiscatória, inobstante divergência jurisprudencial em nosso Tribunal de Justiça a respeito.[718] A Lei 10.932 de 14.01.1997, contudo, reduziu a penalidade (ainda no caso de infrações qualificadas) para 120% (fixando-a em 30% para as infrações privilegiadas e 60% para as básicas), percentual que parece não incidir na proibição de efeito confiscatório, em se tratando de infração qualificada, normalmente com intuito de

---

[715] Pleno, Rel. Min. Celso de Mello, julgado em 17.06.1998, acórdão não publicado.

[716] Era este o texto do já revogado art. 3º da Lei 8.846 de 21.01.1994: "Ao contribuinte, pessoa física ou jurídica, que não houver emitido a nota fiscal, recibo ou documento equivalente, na situação de que trata o art. 2º, ou não houver comprovado a sua emissão, será aplicada a multa pecuniária de 300% (trezentos por cento) *sobre o valor do bem objeto da operação ou serviço prestado*, não passível de redução, sem prejuízo da incidência do imposto sobre a renda e proventos de qualquer natureza e das contribuições sociais. § único: Na hipótese prevista neste artigo, não se aplica o disposto no art. 4º da Lei 8.218, de 29 de agosto de 1991" (grifo nosso) E se pudesse restar alguma dúvida sobre a base de cálculo da multa dissipava-a o art. 4º: "A base de cálculo da multa de que trata o art. 3º será o valor efetivo da operação, devendo ser utilizado, em sua falta, o valor constante da tabela de preços do vendedor, para pagamento à vista, ou o preço de mercado". O art. 4º da Lei 8846/94, que não tivera sua eficácia suspensa pela decisão na medida cautelar da ADIn 1.075-1/DF, foi também revogado, posteriormente, pelo art. 82, alínea *m* da Lei 9.532/97.

[717] 1ª Turma, Rel. Min. Moreira Alves, julgado em 16.05.2000, DJU de 10.08.2000: "Não se pode pretender desarrazoada e abusiva a imposição por lei de multa – que é pena pelo descumprimento da obrigação tributária – de 30% sobre o valor do imposto devido. Recurso extraordinário não conhecido".

[718] Veja-se, por exemplo, Apelação Cível 599133980, 1ª Câmara Cível, Rel. Des. Irineu Mariani, julgado em 30.06.1999. O relator restou vencido, nesta questão específica (confiscatoriedade da multa), pois assim considerava a multa de 200%: "Não há dúvida de que a multa de 200% sobre o imposto devido tem caráter confiscatório. O dobro do imposto devido, atualmente, ultrapassa as mais largas fronteiras da tolerância e da razoabilidade. Vai além do caráter agressivo, admitido justamente para sensibilizar, pela suma gravidade da conseqüência, o instinto da preservação".

sonegação, hipótese em que a multa deve ser *elevada*, para atingir seu fim dissuasório; mas não *confiscatório*.[719]

O STJ, por seu turno, admitiu multa de 150% sobre o valor do tributo devido diante da existência de fraude:

> É legal a cobrança de multa, reduzida do percentual de 300% (trezentos por cento) para 150% (cento e cinqüenta por cento), ante a existência de fraude por meio de uso de notas fiscais paralelas, comprovada por documentos juntados aos autos. Inexiste na multa efeito de confisco, visto haver previsão legal (art. 4º, II, da Lei 8218/91).[720]

Procurando sintetizar as conclusões a respeito, podemos dizer que embora a multa não seja tributo, o CTN, em seu art. 113, § 1º, dá-lhe o mesmo tratamento, pelo que a proibição constitucional de utilizar tributo com efeito de confisco aplica-se também às multas tributárias, consoante antiga e firme jurisprudência do Supremo Tribunal Federal. Relativamente à quantificação, buscando organizar e sistematizar esparsas decisões jurisprudenciais a respeito, cremos poder se considerar como tal (devendo, nestes casos, ser reduzidas pelo juiz) multas moratórias que ultrapassem 30%,[721] e punitivas (no caso de infração dolosa, com intuito de fraude, em que a multa deve ser *elevada*, mas não *confiscatória* – os conceitos são distintos) superiores a 150% do valor do tributo devido.

1.9. JUROS E CORREÇÃO MONETÁRIA

A incidência de correção monetária sobre tributos em atraso não terá efeito confiscatório, de vez que não se trata de acréscimo, mas de mera manutenção do valor real da dívida, desde que o índice utilizado tenha de alguma forma pertinência com o ritmo de desvalorização da moeda. Como se sabe, há vários índices que procuram medir a "inflação". A utilização (decorrente de eleição do legislador) de um ou de outro, em princípio, não assume feição confiscatória, o que só

---

[719] Neste sentido, TJ/RS, Apelação Cível 70010530194, 22ª Câmara Cível, Rel. Desa. Maria Izabel de Azevedo Souza, julgada em 17.03.2005 e Apelação Cível 70008875866, 1ª Câmara Cível, Rel. Des. Henrique Osvaldo Poeta Röenick, julgada em 30.06.2004: "A cobrança de multa no percentual de 120% não fere os princípios da capacidade econômica e tampouco caracteriza confisco".

[720] REsp. 419.156-RS, 1ª Turma, Rel. Min. José Delgado, julgado em 07.05.2002, DJU de 10.06.2002.

[721] Para José Eduardo Soares de Melo, "esta penalidade (multa moratória – nota nossa) não poderia alcançar até 40% do valor do tributo (como previsto em determinadas legislações), devendo ser balizadas pela Lei Federal 9.298 de 1º.08.1996, que introduziu modificação no Código de Defesa do Consumidor, reduzindo de 10% para 2% o percentual máximo das multas moratórias, em face do inadimplemento de obrigações". *In* MARTINS, Ives Gandra da Silva (Coord.). *Direitos fundamentais*...cit., p. 289. Sem razão, contudo. Parece-nos absolutamente insustentável pretender que o Código de Defesa do Consumidor vá disciplinar as relações (de direito público) entre fisco e contribuinte, que não são relações de consumo, nem seus participantes se enquadram nas definições de consumidor e fornecedor dos respectivos arts. 2º e 3º.

poderia ocorrer se adotado índice que não guardasse razoável correlação com a taxa de inflação real. Mas já aí só nominalmente estar-se-ia utilizando índice de correção monetária, pois, em verdade, seria um índice de juros reais, a acrescer a dívida.

Já os juros, em tese, podem ter caráter confiscatório, quando irrazoáveis, levam a crescimento exagerado da dívida fiscal. Por certo, admitem-se juros moratórios e a jurisprudência vem acolhendo inclusive sua cumulação com a multa de mora, sob o fundamento de que esta pune o descumprimento da norma tributária que determinava fosse o tributo pago no vencimento e os juros moratórios se destinam a compensar a falta de disponibilidade dos recursos pelo ente tributante durante o período de atraso.[722] Mas seu *quantum*, se ultrapassar parâmetro de razoabilidade (que se decompõe nos elementos já examinados – correlação entre meios e fins, não-arbitrariedade, valoração moral, sustentabilidade através da argumentação prática racional e aceitabilidade social), será confiscatório.

Qual a definição deste *quantum*?

A nosso ver, confiscatória será a cobrança de juros moratórios que ultrapassem aqueles pagos pelo Tesouro para remuneração dos respectivos títulos da dívida pública. Se os juros moratórios destinam-se a compensar a falta de disponibilidade de recursos pelo Fisco, devem equivaler àqueles que o Tesouro deve pagar para obter recursos substitutivos.

No caso da legislação federal, os juros de mora são calculados pela taxa SELIC ou "equivalentes à taxa referencial do Sistema Especial de Liquidação e de Custódia – SELIC para títulos federais, acumulada mensalmente", nos termos do art. 13 da Lei 9.065, de 20.06.1995, combinado com o art. 84, I da Lei 8.981, de 20.01.1995. Houve divergência jurisprudencial acerca da constitucionalidade de tais disposições (que mandavam aplicar a taxa SELIC para cômputo dos juros de mora), mas prevaleceu na 1ª Seção do STJ a posição pela sua aplicabilidade, a partir de 01.01.1996, para a correção das obrigações tributárias, ressalvando-se contudo que esta taxa, por incluir juros e correção monetária, não pode ser cumulada com índices de correção monetária.[723]

---

[722] Neste sentido: PAULSEN, Leandro. *Direito tributário*...cit., p. 1072; na jurisprudência, Súmula 209 do antigo Tribunal Federal de Recursos: "Nas execuções fiscais da Fazenda Nacional, é legítima a cobrança cumulativa de juros de mora e multa moratória".

[723] "I – A taxa SELIC é aplicável a partir de 1º de janeiro de 1996 para a correção de valores das obrigações tributárias, inclusive para os tributos sujeitos a lançamento por homologação, em face da determinação contida no parágrafo 4º, do artigo 39, da Lei nº 9.250/95. Ressalte-se que a aludida taxa, por ser composta de juros e fator específico de correção do valor real não é devida em cumulação com outros índices de atualização monetária ou taxa de juros.
II – O entendimento acima referido, hoje prevalente na Primeira Seção, com o julgamento dos EREsp's 291.257/SC, 399.497/SC e 425.709/SC, tem em conta que a Lei 9.250/95, ao regular a matéria, definiu hipótese especial, não vilipendiando, por esta ótica, o Código Tributário Nacional. Somente quando há índice oficial específico, ou é afastada por inconstitucionalidade

Os juros à taxa SELIC (considerado que já incluem correção monetária e com ela não podem ser cumulados) não têm efeito de confisco, consoante a orientação exposta, pois correspondem aos rendimentos pagos pelo Tesouro Federal para remuneração dos títulos da dívida pública, meio pelo qual a União pode financiar carências financeiras geradas pelo não-pagamento, na data devida, de tributos.

Também os juros moratórios de 1%, previstos no art. 161, § 1º, do CTN, ou no art. 69 da Lei Estadual 6.537/73, não têm efeito confiscatório, pois inferiores ao custo de captação de recursos, mesmo através da emissão de títulos da dívida pública ou contratação de operação de crédito pelo Estado, a par de constituir hoje o próprio índice dos juros legais, inclusive no direito privado, pela interpretação jurisprudencial que vem se firmando do art. 406 do novo Código Civil.

---

da lei que o fixou, é que se aplica o índice comum, previsto no art. 161, § 1º, do CTN.
III – Precedentes: EREsp nº 246.731/PR, Rel. Min. Humberto Gomes de Barros, DJ de 25/08/2003; AGREsp nº 207.334/PR, Rel. Min. Castro Meira, DJ de 15/09/2003; e REsp nº 516.337/PR, Rel. Min. José Delgado, DJ de 15/09/2003". AgRg no REsp 607.653-AL, 1ª Turma, Rel. Min. Francisco Falcão, julgado em 03.08.2004, DJU de 27.09.2004.
Esta orientação, aplicável à restituição de tributos, foi utilizada também pelo STJ quanto aos débitos com a Fazenda, por isonomia: "A jurisprudência prevalente no âmbito da 1ª Secção firmou-se no sentido da legitimidade da aplicação da taxa SELIC sobre os créditos do contribuinte, em sede de compensação ou restituição de tributos, bem como, por razões de isonomia, sobre os débitos para com a Fazenda Nacional. Assim se decidiu, dentre outros, nos seguintes julgados: REsp 526.550/PR, 1ª Turma Min. Luiz Fux, DJ de 20/10/2003; REsp 219.040, 2ª Turma, Min. Eliana Calmon, DJ de 04/08/2003; AGREsp 445.506/PR, 1ª Turma, Min. José Delgado, DJ de 24/03/2003". REsp 624.375/PR, 1ª Turma, Rel. Min. Teori Albino Zavascki, julgado em 12.05.2005, DJU de 23.05.2005.

2. Parâmetros para Efetividade do Princípio

Após examinarmos a previsão constitucional da vedação objeto deste estudo e sua evolução em vários sistemas jurídicos, o tipo de norma jurídica em que consiste (norma de colisão), sua relação e como atua nos conflitos entre outros princípios jurídicos, a respectiva finalidade, concluirmos sobre sua aplicabilidade às diversas espécies tributárias, inclusive aos tributos extrafiscais (embora em menor grau), que se refere a cada tributo mas também ao sistema tributário em seu conjunto e incide inclusive no que toca a multas tributárias, há que enfrentar a crucial questão de como fixar os parâmetros para tornar efetivo o princípio. Vimos que, em várias hipóteses, a aplicação do princípio dependerá da solução de conflitos entre direitos fundamentais constitucionalizados com caráter principialístico: direito de propriedade, de trabalho, indústria e profissão, livre iniciativa, justiça tributária, redução de desigualdades sociais e regionais, Estado Social e Democrático de Direito, garantia do desenvolvimento nacional, proteção do consumidor, de direitos do trabalhador, etc. Das soluções dadas a estes conflitos, resultam regras a explicitar a aplicação prática dos princípios, inclusive da norma de colisão que proíbe a utilização de tributos com efeito de confisco.

Pérez de Ayala sugere um limite "qualitativo" de confiscatoriedade tributária:

> En contra de lo que autorizadamente se ha afirmado, creemos que la definición de cuando se produce el alcance confiscatorio de la tributación puede y debe definirse con cierta modestia intelectual, a partir de dos ideas:
> Hay confiscación cuando el tributo es (o los tributos a pagar son) de tal magnitud que impiden la subsistencia del contribuyente o de los medios de producción de los que nace (la) riqueza gravada.
> Pese a que el concepto del impuesto confiscatorio, ha hecho trabajar, con poco éxito, a los estudiosos y a nuestro Tribunal Constitucional, a la hora de definir su significado como concepto jurídico indeterminado, debe recordarse, con Albiñana, que los hacendistas han calificado históricamente de confiscatorio, sin duda alguna, a la llamada leva de capitales.
> Partiendo de tan modestas y elementales premisas y concretamente de esta última figura tributaria es forzoso, a su vez, recordar, que la leva de capitales se encuadraba, precisamente por ser confiscatoria, entre los impuestos tradicionalmente llamados extraordinarios o recaudados por cuenta de capital. Esto es, aquellos tributos que por su magnitud, en todo o en parte, no pueden pagarse con, ni recaudarse de, la renta nacional del período anual en que el impuesto se devenga; sino que detraen, al menos en parte, los capitales o a la capacidad productiva,

preexistente al comienzo del período anual en que el tributo se aplica, en manos de los contribuyentes.[724]

De outro lado, a qualquer limite que venha se estabelecer, e que não seja simplesmente qualitativo, podem-se opor restrições, ou mesmo considerar arbitrário.

En cuanto al grado de arbitrariedad que se le pueda achacar al tope que se estableciera siguiendo estas ideas, creemos que es similar al grado de arbitrariedad existente en otros tipos de cuantificaciones, como por ejemplo en la elección de una tarifa u otra para cualquier tributo progresivo, donde no hay razones de peso científico excluyentes para el establecimiento de tales o de cuales porcentajes en vez de otros un poco mayores o un poco menores.[725]

Parece, todavia, haver uma pergunta preliminar: como, por qual instrumento e pela ação de qual órgão estatal, chegar à fixação destes limites?

2.1. SOLUÇÃO NORMATIVA OU JURISPRUDENCIAL?

O primeiro problema a enfrentar é se a fixação desses parâmetros deve ser feita normativamente (sua determinação constitucional ou legal) ou por via jurisprudencial. No primeiro caso, a lei (de maior ou menor hierarquia) fixará os limites quantitativos para identificação do efeito confiscatório; no segundo, fa-lo-á a jurisprudência, construindo regras, a partir dos casos concretos em que solucionará conflitos de princípios com o emprego da norma de colisão que proíbe a utilização de tributos com efeito de confisco.

2.1.1. Solução constitucional

A primeira resposta seria a fixação destes limites na Constituição. A norma que proíbe a utilização de tributos com efeito de confisco é constitucional (art. 150, IV). Na própria Carta estabelecer-se-iam, então, os limites acima dos quais os tributos seriam assim considerados, o que certamente aumentaria o grau de segurança jurídica:

Si se fija un tope más allá del cual se considerará que la tributación va contra la garantía de la propiedad, o que viola los principios y garantías de la tributación, pese a lo que de arbitrario tenga ese límite establecido, es innegable que redundará en una situación de certeza. Se ve que desde este punto de vista al acento se pone en el aumento de la seguridad jurídica que el conocimiento de un límite cierto y efectivo puede acarrear. Así el Legislador sabría a qué límite atenerse en la creación, establecimiento o aumento de los tributos, y los tribunales podrían amparar las situaciones incursas más allá del límite no permitido o no tolerado. Los contribuyentes, por su parte, tendrían un parámetro cierto con el cual medir su situación, aportando certeza jurídica.[726]

---

[724] In GARCIA DORADO, Francisco. *Prohibición constitucional de confiscatoriedad y deber de tributación*. Madrid: Dykinson, 2002, p. 7.

[725] NAVEIRA DE CASANOVA, Gustavo J. *El principio*...cit., p. 413-414.

[726] Idem, p. 413.

A possibilidade de fixação dos limites de confiscatoriedade na própria Constituição é, aparentemente, a solução mais simples e atraente, pelo ganho daí decorrente para a segurança jurídica. Deve, porém, ser afastada: tal detalhamento, mutável com os tempos e a amplitude da ação estatal, não se coaduna com texto constitucional, que se supõe estável diante das alterações sociais.

Os conflitos entre princípios (como direito de propriedade e socialidade, por exemplo) merecerão diferentes soluções (e diferente será a atuação e o limite demarcado pela norma de colisão da vedação de tributo confiscatório) – nem se considere em Estado socialista ou liberal (pois alterações deste porte levam mesmo a rupturas constitucionais), mas certamente nos Estados Unidos da América da Convenção de Filadélfia, do *New Deal* ou de hoje; nos *welfare states* ou no crescimento do neoliberalismo registrado no final do século XX; no Brasil da promulgação da Constituição de 1988 e dos dias atuais.

Há necessidade de chegar à definição de limites, reclamada também pelo princípio da segurança jurídica, mas a forma menos recomendável de fazê-lo será pela sua previsão em Constituição rígida, transformando o instituto de princípio (norma de colisão) em regra constitucional, com a inflexibilidade daí decorrente. Como aponta Palao Taboada, estes limites materiais não podem ser encerrados em fórmulas constitucionais, pois sempre remetem a um sistema de valores, a necessitar de concreção nos casos individuais.[727]

2.1.2. Solução legal

2.1.2.1. Em lei complementar

Autorizadas vozes, na doutrina, defendem a fixação do limite do que se considera efeito confiscatório em lei com especiais características a distinguirem-na da ordinária; no caso brasileiro, em lei complementar. Em relação ao direito espanhol, aponta Naveira de Casanova que "si la LGT tuviera carácter de Ley Orgánica, hubiera podido servir para, entre otras cuestiones, aclarar qué significa 'alcance cofiscatorio'".[728]

Na doutrina brasileira, assim se posiciona José Eduardo Soares de Melo:

> Sob esse aspecto, tem cabimento a edição de lei complementar (âmbito nacional) para regular as limitações ao poder de tributar (art. 146, II, CF), tendo em mira os limites extremos compatíveis com a carga tributária suportável pelos contribuintes. Considerando todas as potencialidades tributárias, o legislador nacional terá condição de estabelecer um limite de ônus

---

[727] PALAO TABOADA, Carlos. *La protección...* cit., p. 709.

[728] *El principio...*cit., p. 434.

fiscal para os tipos de operações, em que pese a dificuldade que encontrará para não ferir o princípio da autonomia em matéria tributária.[729]

Tentativa de fixação normativa de tais limites, no direito brasileiro, registrou-se no Projeto de Lei Complementar nº 173, de 1989, do então Senador Fernando Henrique Cardoso, cujo art. 7º definia "efeito de confisco":

> Art. 7º - Considerar-se-á caracterizada a utilização de tributo com efeito de confisco sempre que seu valor, na mesma incidência, ou em incidências sucessivas, superar o valor normal de mercado dos bens, direitos ou serviços envolvidos no respectivo fato gerador ou ultrapassar 50% do valor das rendas geradas na mesma incidência.
> § 1º. É vedada a pena de perdimento em matéria fiscal, ressalvadas as normas sobre abandono de mercadorias previstas na legislação vigente.
> § 2º. Para os efeitos deste artigo computar-se-ão todos os tributos federais, estaduais, ou municipais, que incidam no bem, direito ou serviço com fatos geradores simultâneos ou decorrentes de um único negócio.
> § 3º. As normas deste artigo não se aplicam ao imposto de importação, utilizado como instrumento regulador do comércio exterior.

Na Justificativa do referido Projeto de Lei Complementar, a matéria relativa à vedação de confisco vinha em seu nº 5, nestes termos:

> 5ª vedação de confisco mediante aplicação de tributos (art. 150, IV). Caberia esclarecer se apenas se deseja eliminar a pena de perdimento de bens no caso de dano ao Erário, constante do art. 153, § 11, da Constituição de 1969, ou se se pretende coibir taxações que representem confisco dos bens do contribuinte. Seria conveniente, nessa última hipótese, estabelecer-se algum parâmetro para determinar-se o ponto a partir do qual o tributo estaria sendo utilizado com efeito de confisco. Se tal não for possível, pelo menos definir o que é "efeito de confisco". Teria efeito de confisco um imposto que fosse absorvendo uma parcela do patrimônio do indivíduo, podendo transferi-lo para o poder público no período normal de vida de seu titular? Teria efeito de confisco a tributação de um bem que não produz renda suficiente para cobrir o imposto que sobre ele incide? Teria efeito de confisco o imposto que retira alto percentual da renda do indivíduo? Será confiscatório o imposto que, sem levar em conta reais despesas do contribuinte, acaba tributando como renda líquida valor que na realidade é renda bruta e por isso fica o contribuinte em déficit para cuidar de suas necessidades, depois que faz o pagamento dele exigido? É confiscatório o imposto que excede o valor residual do bem após pouco tempo de uso? O confisco refere-se a um imposto só ou a todo o sistema? É dos impostos federais só ou dos Estados só, ou dos Municípios só, ou dos impostos de duas ou três esferas de Governo? Talvez a solução esteja na criação de um rito processual posto à disposição dos contribuintes, de modo que cada um, julgando-se atingido por confisco em virtude da tributação por um ou vários impostos que tenha de suportar, possa ter como ajustar a carga tributária que entende confiscatória.

Apesar da pertinência da maioria das indagações formuladas na justificativa (que, todavia, o texto proposto só responde muito precariamente), a solução alvitrada pelo Projeto não é adequada, já porque não contempla o conjunto do sistema tributário (só considera os possíveis efeitos confiscatórios decorrentes da incidência de mais de um tributo na restrita hipótese prevista no parágrafo 2º – incidência de tributos sobre um mesmo bem, direito ou serviço, com fatos geradores simultâneos ou decorrentes de um mesmo negócio). Ademais, exige

---

[729] *In* MARTINS, Ives Gandra da Silva (Coord.). *Direitos fundamentais*...cit., p. 287.

que a incidência ultrapasse o valor de mercado dos bens, direitos ou serviços, ou, no caso de rendas geradas, 50% do seu valor.

Os quantitativos propostos (além da inerente falta de maleabilidade decorrente de sua expressão numérica em texto normativo) eram demasiadamente altos e superiores às quantificações adotadas pela jurisprudência de outros países, já examinada neste trabalho e que foi paulatinamente moldando regras mais adequadas para solucionar conflitos entre princípios, com o emprego da norma de colisão objeto do nosso estudo.

Embora o projeto em tela seja claramente insuficiente, e fosse possível imaginar melhor definição normativa de efeito confiscatório, inclusive em termos quantitativos, dificilmente poderia se afastar a correta advertência de Adriana Piraíno: "Assim é de se duvidar que alguma tentativa de definição em lei pudesse ser considerada suficientemente abrangente e, em existindo, acabaria por dar margem a arbitrariedades em relação àquilo que expressamente já não estivesse incluído no conteúdo da definição".[730]

Ademais, a definição seria sempre passível de mutações no tempo,[731] ou mais exatamente, de alterações nas regras de precedência nos conflitos de princípios (determinação de qual princípio deve prevalecer no caso concreto), solucionáveis pela incidência da norma de colisão de proibição de efeito confiscatório. Tais situações são sempre de solução problemática diante de regras fixadas em normas legislativas, que demandam processo menos flexível para sua alteração ou adaptação.

Esta razão, embora real, não é a principal a desaconselhar a definição em norma legal (ainda que com maiores exigências formais para sua aprovação em relação às leis ordinárias – lei complementar entre nós; lei orgânica no caso espanhol; leis de valor reforçado e leis orgânicas no direito português). O mais relevante é que a vedação de efeito confiscatório é uma garantia *constitucional*, não disponível para o legislador (mesmo complementar), sequer sob a forma da possibilidade de adotar em lei definição eventualmente restritiva de seu conteúdo ou alcance.[732] Trata-se de direito fundamental (mesmo que seu caráter

---

[730] *In* MARTINS, Ives Gandra da Silva (Coord.). *Direitos fundamentais*...cit., p. 757.

[731] "Além da dificuldade de abrangência satisfatória no que tange ao aspecto material, haveria problemas quanto ao aspecto temporal, pois uma definição seria estática no tempo e não sobreviveria às constantes mudanças da realidade fática, ou seja, à mudança dos fatos econômicos que dão substrato à tributação – e conseqüentemente ao seu abuso via efeito de confisco – com surgimento de fatos novos e extinção de antigos. Desse modo, quanto mais abrangente e detalhada a definição, na tentativa de abranger todas as hipóteses de efeito de confisco, maior a chance de não resistir à passagem do tempo". PIRAÍNO, Adriana. Idem.

[732] Tal impossibilidade de restrição por via de regulamentação de direitos e garantias constitucionais, que decorre logicamente da própria supremacia do texto constitucional, vem expressa no art. 28 da Constituição Argentina (desde a versão original da Carta de Alberdi): "Los

seja de norma a disciplinar os casos de colisão entre outros direitos fundamentais), integrante do chamado "Estatuto do Contribuinte", e que extrapola o âmbito de ação do legislador: "los derechos fundamentales son posiciones tan importantes que su otorgamiento o no otorgamiento no puede quedar en manos de la simple mayoría parlamentaria",[733] porque "o constitucionalismo (é) a teoria segundo a qual os poderes da maioria devem ser limitados para que se protejam os direitos individuais".[734] Estas noções, aplicadas ao campo objeto de nosso estudo, levam forçosamente a concluir que "uma proteção eficaz dos direitos fundamentais relativamente ao poder de tributar somente pode ser atingida se o legislador tributário estiver vinculado materialmente aos direitos fundamentais".[735]

2.1.2.2. Em lei ordinária

A definição, em lei ordinária, do que deva se entender por efeito de confisco apresenta os mesmos inconvenientes já apontados quanto à sua fixação em lei complementar (dificuldade de adequada definição do âmbito material da vedação; rigidez da fixação em norma legal, a exigir o *iter* formal do processo legislativo para sua modificação, diante de inexorável alteração das soluções de colisões de princípios por ele disciplinados, frente à mutação de condições políticas e sociais; possibilidade de regulamentação legislativa restritiva de uma garantia constitucional integrante dos direitos fundamentais do contribuinte), às quais se soma a maior facilidade de aprovação e alteração da respectiva definição (com a inafastável possibilidade de por essa via restringir-se seu alcance), pelo processo legislativo comum, sequer com o resguardo das maiores exigências que demanda a aprovação de leis complementares.

Não o poderia fazer, todavia, o legislador democraticamente legitimado, a quem a Constituição atribuiu a função legislativa?

Não, porque o princípio em tela é uma garantia do contribuinte, não só contra atos da Administração, mas *principalmente* em relação ao legislador.

"A questão politicamente sensível do constitucionalismo diz respeito à teoria da legitimidade. Porque os representantes eleitos da maioria não deveriam estar habilitados em qualquer circunstância, a sancionar leis que lhes parecessem equânimes e eficientes?"[736]

---

principios, garantias y derechos reconocidos en los anteriores artículos, no podrán ser alterados por las leyes que reglamenten su ejercicio".

[733] ALEXY, Robert. *Teoria*...cit., p. 432.

[734] DWORKIN, Ronald. *Levando*...cit., p. 233.

[735] KIRCHHOF, Paul. Steuergleichbut. Stuw (4): 302-303, 1984, apud ÁVILA, Humberto. *Sistema*...cit., p. 2, nota 10.

[736] DWORKIN, Ronald. *Levando*...cit., p. IX.

O próprio Dworkin responde:

> A teoria constitucional em que se baseia nosso governo não é uma simples teoria da supremacia das maiorias. A Constituição, e particularmente a Bill of Rights (Declaração de Direitos e Garantias), destina-se a proteger os cidadãos (ou grupos de cidadãos) contra certas decisões que a maioria pode querer tomar, mesmo quando essa maioria age visando o que considera ser o interesse geral ou comum.[737]

É certo que "con el control también sobre el Legislativo, los derechos fundamentales entran en una relación de tensión con el principio democrático".[738] Mas, por outro lado, ao menos isoladamente considerado, "o argumento a partir da democracia pede que os detentores de poder político sejam convidados a ser os únicos juízes de suas próprias decisões, para estabelecer se eles têm o direito de fazer aquilo que decidiram que querem fazer".[739]

O Estado de Direito como atualmente concebido não é apenas um Estado Democrático de Direito mas um Estado Constitucional Democrático de Direito, em que todos os poderes do Estado se vinculam à Constituição,[740] referindo-se a doutrina constitucional atual ao

> *Estado de Constituição*, tradução que se propõe à expressão alemã *Verfassungsstaat*, que aponta para a última forma de *Estado de Direito*, que vem ganhando hegemonia no Ocidente, com força atrativa sobre o mundo da *common law*, e que apresenta como instituição distinta o órgão denominado de *Tribunal Constitucional*.[741]

Emerge, pois, a única solução possível, em Estado Constitucional Democrático de Direito, para a questão proposta:

> Si se considera que no es imposible decidir este desacuerdo con argumentos racionales y si no se quiere que la mayoría parlamentaria decida ella misma sobre su propio campo de acción – lo que violaría la máxima de que nadie puede ser juez en su propia causa – queda entonces sólo la vía de dejar que el Tribunal Constitucional decida.[742]

O raciocínio aponta, assim, para a alternativa de que a delimitação ou a quantificação necessária para a efetividade do princípio objeto do

---

[737] Idem, p. 208-209.

[738] ALEXY, Robert. *Los derechos fundamentales*...cit., p. 34.

[739] DWORKIN, Ronald. *Levando*...cit., p. 225.

[740] Diz o art. 1°, n° 3 da Lei Fundamental alemã: "Os seguintes direitos fundamentais são vinculantes para os Poderes Legislativo, Executivo e Judiciário como direito diretamente válido".

[741] SOUZA JUNIOR, Cezar Saldanha. *A supremacia do direito*...cit., p. 96. O autor menciona (p. 96, nota 181) a referência ao termo por Rainer Grote, que efetivamente destaca como tal concepção superou a idéia tradicional de Estado de Direito (Rechtsstaat), e o papel fundamental que nela desempenhou o Tribunal Constitucional alemão: "It is not surprising therefore that the principle of 'Rechtsstaat' has been increasingly relegated to second rank by the concept of 'Verfassungsstaat' in the recent scholarly debate. The discussion on the 'Verfassungsstaat' reflects the central importance of the Basic Law for the legal and political discussion in Germany. It is to a substantial degree the result of the judicial activism displayed by the Federal Constitutional Court in interpreting the Basic Law, which is especially evident in the field of fundamental rights and has led to an increasing 'constitutionalization' of the legal order". GROTE, Rainer. Rule of law, Etat de Droit and Rechtsstaat. *Anais do Congresso da Associação Internacional de Direito Constitucional*, Roterdam, 12-16 de julho de 1999.

[742] ALEXY, Robert. *Teoria*...cit., p. 412.

nosso estudo tenha solução jurisprudencial ou, mais precisamente, seja vista como matéria de jurisdição constitucional.

2.1.3. Solução jurisprudencial

A solução não deve, pois, ser normativa. A definição de efeito confiscatório não compete ao legislador, *justamente porque é um princípio de limitação da atividade legislativa,* não podendo este delimitar as restrições à sua atividade, pena de descaracterização destas. Mesmo que se admita que o legislador pontualmente indique limites máximos (como ocorrente, no direito brasileiro, em relação ao ITCD e ao ISS), tais fixações terão de atender a limites de razoabilidade e sujeitar-se, também sob este parâmetro, a controle pela jurisdição constitucional.

No mais, além de cambiáveis as circunstâncias, é a jurisprudência que tem, a par de mais ampla maleabilidade, maior aptidão para, nos casos concretos, solucionar as diversas colisões de princípios, dando a medida da incidência da norma de colisão (proibição de tributos com efeito confiscatório), melhor construindo o necessário mosaico de soluções.

Tais questões envolvem a própria concepção de organização estatal e o que se deva entender como o princípio do Estado Constitucional Democrático de Direito:

> La necesaria colisión entre el principio de la democracia y los derechos fundamentales implica que el problema de la distribución de competencias entre el legislador parlamentario legitimado democrática y directamente como así también responsable – en el sentido de la destituibilidad electoral – y el Tribunal Constitucional sólo indirectamente legitimado democráticamente y no destituible electoralmente es un problema insoslayable y permanente. Ely ha llamado correctamente a su solución una "tricky task".[743]

Como, a nosso ver, trata-se de uma questão de jurisdição constitucional, impõe-se a pergunta: quais os critérios, ou seja, qual será o marco teórico que o Tribunal Constitucional (no caso brasileiro, o Supremo Tribunal Federal, embora este acumule outras funções jurisdicionais com as de Corte Constitucional) utilizará para fixar os parâmetros de aplicação do princípio do não-confiscatoriedade?

A resposta mais tradicional (vale dizer, a resposta do positivismo jurídico, em suas várias formulações) é que o faria através de uso de seu poder discricionário:

> Em qualquer regime jurídico, deixa-se em aberto um vasto e importante domínio para o exercício do poder discricionário pelos tribunais e por outros funcionários, ao tornarem precisos padrões que eram inicialmente vagos, ao resolverem as incertezas das leis ou desenvolverem e qualificarem as regras comunicadas, apenas imperfeitamente, pelos precedentes dotados de autoridade.[744]

---

[743] Idem, p. 433.

[744] HART, H. L. A. *O conceito*...cit., p. 149. Para a crítica de Dworkin à concepção de que os juízes exercem poder discricionário para a solução de "casos difíceis", sobre os quais não há uma regra jurídica de significado determinado e claramente aplicável, ver *Levando*...cit., p. 50-63 e 108-113.

Objeção, de alguma forma similar, à racionalidade da fixação destes limites em sede jurisprudencial, é trazida por César Albiñana Garcia Quintana, para quem o limite máximo à progressividade do sistema tributário deve ser fixado pelo legislador, pois se trata fundamentalmente de uma opção política, baseada na consciência social que detenha representação parlamentar suficiente, o que fará que um recurso de inconstitucionalidade fundado em tal objeção (alcance confiscatório) deixe o Tribunal Constitucional em situação difícil e politicamente arriscada.[745]

A solução de conflitos entre princípios pela jurisdição constitucional (com o emprego das normas de colisão de incidência mais pertinente a cada hipótese – em nosso estudo, o princípio da vedação à utilização de tributos com feito de confisco) só é sustentável, pois, se puder se fundar em algum método racional, extraindo desta racionalidade sua legitimidade:

> En esta cuestión se halla al mismo tiempo la clave para una posible reconciliación del principio democrático con los derechos fundamentales. Un Tribunal Constitucional que intente responder seriamente no pretenderá situar su concepción en contra de la del legislador, sino que más bien aspirará a una representación *argumentativa* de los ciudadanos por oposición a su representación *política* en el Parlamento. Cuando triunfa la representación argumentativa, triunfa la reconciliación.[746]

Para Dworkin, esta decisão (de representação argumentativa) deverá ser baseada na aplicação de princípios, que fornecem a base das decisões judiciais, e não de políticas, que são o substrato das decisões parlamentares. Uma proposição jurídica é verdadeira apenas se, em conjunto com outras proposições, decorre de princípios que melhor se ajustam à história institucional do respectivo sistema jurídico e fornecem-lhe a melhor justificativa moral. Por isto, mesmo nos casos difíceis há sempre uma resposta correta. Já para Alexy:

> es constitutiva la cuestión de saber cuál es, en el caso concreto y sobre la base del derecho positivo válido, la decisión correcta. En todos los casos discutidos, la respuesta a esta cuestión incluye las valoraciones de quien la formula. En gran medida, la dogmática jurídica es el intento de dar una respuesta racionalmente fundamentada a cuestiones valorativas que han quedado pendientes de solución en el material autoritativamente ya dado. Esto confronta a la dogmática jurídica con el problema de la fundamentabilidad racional de los juicios de valor.[747]

E, à guisa de conclusão de seu estudo, aduz:

> El discurso iusfundamental es un procedimiento argumentativo en el que lo que se trata es de lograr resultados iusfundamentales correctos sobre la base presentada. Como la argumentación iusfundamental está determinada sólo de manera incompleta por su base, la argumentación práctica general es un elemento necesario del discurso iusfundamental. Esto significa que *el discurso iusfundamental, al igual que el discurso jurídico en general, comparte la inseguridad de resultado del discurso práctico general.* Por lo tanto, es inevitable la apertura del sistema jurídico

---

[745] *Derecho financiero y tributario*. Madrid: Ministerio de Hacienda, 1979, p. 316.

[746] ALEXY, Robert. *Los derechos fundamentales*...cit., p. 40, grifos do original.

[747] *Teoria*...cit., p. 32.

provocada por los derechos fundamentales. Pero es una apertura de tipo calificado. No se trata aquí de una apertura en el sentido de la arbitrariedad o de la mera decisión. La base presentada confiere a la argumentación iusfundamental una cierta firmeza y, a través de las reglas y formas de la argumentación práctica general y de la argumentación jurídica, la argumentación iusfundamental que se lleva a cabo sobre esta base es estructurada racionalmente.

La inseguridad de resultado del discurso iusfundamental conduce a la necesidad de una decisión iusfundamental dotada de autoridad. Si la mayoría parlamentaria no ha de autocontrolarse, lo que significaría ser juez en causa propia, queda sólo la posibilidad de un Tribunal Constitucional, cualquiera que sea su forma.[748]

Cabe agora retomar tais idéias e sistematizá-las em relação à norma objeto de nosso estudo.

Por primeiro, é preciso fixar parâmetros, que, inicialmente qualitativos, deverão atingir paulatinamente definições quantitativas do que significa utilizar tributos com efeito de confisco, para possibilitar a aplicação efetiva da norma em questão e sua atuação como norma (de colisão) destinada a solucionar conflitos entre princípios objeto de proteção constitucional.

A dois, a definição destes limites não pode ser feita pelo legislador, seja complementar ou ordinário, pela impossibilidade de previsão normativa abstrata das diferentes quantificações que a norma de colisão assumirá, conforme sejam os princípios que se apresentem em colisão; pela mutabilidade das soluções que devam ser dadas a estas colisões por motivos políticos, econômicos ou sociais, que não se conforma com a rigidez e formal processo de alteração de textos legais; mas sobretudo porque se trata de uma questão constitucional, não disponível para o legislador, justamente porque visa a demarcar seu campo de ação.

Logo, a solução só pode ser jurisprudencial, mais precisamente de jurisdição constitucional, precipuamente confiada ao Tribunal Constitucional, independente das respectivas variações de composição, formato e competências (no caso brasileiro, o Supremo Tribunal Federal).

Tal faz exsurgir a questão da democracia. A decisão que diz respeito, em última análise, ao próprio conteúdo do princípio de não-confiscatoriedade tributária, será tomada por um órgão não diretamente legitimado pela via democrática. Sua legitimidade virá, pois, da *representação argumentativa*.

O que isto significa?

Não será, de certa forma contrariamente ao que sustenta Dworkin, haver uma única resposta correta, atingível através de raciocínio lógico, que permita identificar a solução decorrente dos princípios que se ajustam mais adequadamente à história institucional do sistema jurídico e lhe fornecem a melhor justificação moral.[749] Há, porém, um

---

[748] Idem, p. 553.

[749] "Justamente el análisis lógico muestra que la decisión en todos los casos medianamente problemáticos no puede obtenerse exclusivamente con los medios de la lógica a partir de las normas y conceptos jurídicos que hay que presuponer". ALEXY, Robert. *Teoria*...cit., p. 44.

método que, embora não assegure alcançar-se necessariamente um determinado resultado, é, enquanto caminho a ser trilhado na busca do resultado, intersubjetivamente controlável. É a solução das situações de colisão entre princípios jurídicos, todos igualmente válidos e merecedores de proteção constitucional, pela aplicação das normas de colisão, também previstas (expressa ou implicitamente) na Constituição.

No caso específico objeto de nosso estudo, conflitos entre o direito de propriedade e o princípio do Estado Social e Democrático de Direito (para citar só um exemplo – poderia se cogitar de numerosos outros: livre iniciativa e proteção à saúde, no caso da tributação extrafiscal de cigarros e bebidas; direito de propriedade e estímulo à produtividade rural, na incidência do ITR progressivo) são solucionados pela atuação da norma de colisão que veda a utilização de tributo com efeito de confisco. Além do limite de confiscatoriedade, tem precedência, no conflito específico, o direito de propriedade (ou de livre iniciativa, ou de liberdade de trabalho e profissão); aquém deste limite, tem precedência, naquela situação, o princípio concorrente. A concreção deste limite, ou seja, do conceito jurídico indeterminado de "efeito de confisco", é obtida com o emprego da razoabilidade, que, no curso deste trabalho, decompusemos em exame de a) existência de relação entre meios empregados e fins almejados; b) inocorrência de arbitrariedade; c) valoração moral da medida; d) sustentabilidade pela argumentação prática racional; e) eqüidade e f) sua significativa (embora não necessariamente majoritária) aceitabilidade social.

O método de solução de conflitos entre princípios pela aplicação da norma de colisão da não-confiscatoriedade tributária é, pois, determinável e controlável. O resultado de sua aplicação, porém, não é necessariamente determinado à luz de parâmetros exclusivamente lógicos. "Sobre ponderações, porém, pode-se discutir longamente. Se a discussão não deve perdurar eternamente, o que iria pôr em perigo a realização dos direitos do homem, devem ser criadas instâncias que estão autorizadas a decisões de ponderação juridicamente obrigatórias".[750]

Estas instâncias existem nos Estados Constitucionais Democráticos de Direito. São os tribunais, especialmente aqueles aos quais é confiada a guarda e interpretação da Constituição. Suas decisões, solucionando situações de colisão de princípios jurídico-constitucionais, com a aplicação da norma de colisão de não-confiscatoriedade

---

[750] ALEXY, Robert. Direitos fundamentais no Estado Constitucional Democrático (Palestra inaugural da comemoração dos cem anos da Faculdade de Direito da Universidade Federal do Rio Grande do Sul), proferida em 09.12.1998, no Salão Nobre da Faculdade de Direito da UFRGS). Trad. de Luís Afonso Heck. *Revista de Direito Administrativo*, Rio de Janeiro, vol. 217, p. 62, jul-set. 1999.

tributária e, especialmente por sua reiteração, serão juridicamente obrigatórias e dali surgirão regras jurídicas: em determinadas circunstâncias, o princípio x prepondera sobre o princípio y, pois assim resulta da concreta quantificação, no caso concreto, da norma de colisão (no nosso caso, o princípio de proibição de utilização de tributos com efeito de confisco).

2.2. CONSTRUÇÃO DE REGRAS A PARTIR DAS SOLUÇÕES DE CONFLITOS DE PRINCÍPIOS

A colisão entre princípios se resolve na dimensão de peso: *no caso concreto*, tem a norma de colisão determinada dimensão, portanto, o princípio x prevalece sobre o princípio y. Tal gerará uma *regra*: em determinadas condições, tal é a dimensão da norma de colisão e prevalece o princípio x sobre o princípio y. Em outras condições, outra poderá ser a conformação da norma de colisão, outra a relação de precedência entre os mesmos princípios, e outra a regra resultante.

De qualquer forma, das colisões entre princípios resultam regras: a) qual dos princípios tem precedência no caso concreto; o que resulta de b) qual a dimensão que assume, também naquele caso concreto, a norma de colisão.[751]

O reiterado exame de casos pela jurisprudência, com conseqüente solução dos conflitos de princípios emergentes, permite criar e estabilizar estas regras. No caso da vedação da utilização de tributos com efeito confiscatório, de alguma forma é incipiente o exame jurisprudencial da matéria, pelo que o estabelecimento de regras ainda é embrionário e as soluções apontadas, mesmo pelos órgãos autorizados a decisões de ponderação juridicamente obrigatórias, apresentam vacilações e são sujeitas a questionamentos.

> ¿Quién tiene razón? La cuestión no es fácil de responder. ¿Debe el patrimonio sujeto en su totalidad a gravamen someterse a la política tributaria hasta el límite de la "estrangulación", como parece sugerir Böckenförde? Esto significaría no tomarse lo suficientemente en serio la garantía de la propiedad del artículo 14 LF. ¿Debe, por otra parte, quedar absolutamente exenta la sustancia del patrimonio una vez adquirida – prescindiendo de situaciones de emergencia nacional como las posteriores a 1918 y 1945 [BverfGE 93, 121 (138 s.)] – quedando, pues, en rigor excluidos definitivamente cuando éstos se imponen directamente a partir de consideraciones de justicia social? Esto significaría tomarse demasiado a la ligera el principio del Estado social regulado en los artículos 20.1 y 28.1 frase 1 LF, así como el de la función social de la propiedad reconocido en el artículo 14.2 LF.[752]

---

[751] "Las condiciones bajo las cuales un principio precede a otro constituyen el supuesto de hecho de una regla que expresa la consecuencia jurídica del principio precedente". ALEXY, Robert. *Teoria*...cit., p. 94.

[752] ALEXY, Robert. *Los derechos fundamentales*...cit., p. 46.

O exame jurisprudencial do princípio da não-confiscatoriedade é, como já se disse, ainda incipiente, e as soluções dadas aos conflitos de princípios pelas instâncias autorizadas a soluções juridicamente obrigatórias, com aplicação desta norma de colisão, são insuficientes para que se possam identificar regras vinculantes para toda a variada gama de casos potencialmente sujeitos a solução com sua incidência.

Alguns parâmetros, porém, foram apontados no curso deste trabalho.

Em que pese a crítica (ou as dúvidas) de Alexy, manifestadas no excerto por último citado, parece que o limite global, para incidência de impostos sobre o patrimônio ou a renda, de metade da renda auferida ou da renda potencial que pode ser gerada pelo patrimônio, satisfaz, plenamente, na generalidade dos casos, ao exame de razoabilidade. Há sempre relação entre a criação de tributos e a obtenção de receitas para os fins almejados pelo Estado; tributação que supere a metade dos rendimentos auferidos (ou auferíveis) pelo contribuinte pode ser tida por arbitrária; a preservação de metade dos rendimentos ao titular da renda ou patrimônio é moralmente valorada e sustentável à luz da argumentação prática racional; correspondente a exigências de eqüidade e goza de apreciável aceitação social.

Moschetti, a respeito do art. 53 da Constituição italiana e do princípio da capacidade contributiva, diz, com razão, que "l'inciso in ragione comporta che il tributo può prelevare solo una parte della capacità, senza giungere all'esaurimento di essa".[753] E aduz que "sotto l'aspetto economico si è affermato che un tributo che, ad esempio, superasse l'aliquota media del 50% non sarebbe più un prelievo parziale, perché in tal caso quanto si toglie è superiore a quanto si lascia".[754]

Idêntica foi a solução adotada pelo nosso Supremo Tribunal Federal no julgamento, já amplamente analisado, da ADIn 2.010-2/DF, em que considerou confiscatório adicional de contribuição previdenciária que, somado ao imposto de renda na fonte, aproximava-se de 50% dos vencimentos dos servidores atingidos e que, certamente, no cômputo geral com outros tributos, inclusive sobre o consumo, faria a carga tributária global superar este patamar.

O limite fixado em longa e antiga série de decisões da Corte Suprema de Justicia de la Nación argentina de 33% dos rendimentos potenciais do bem, para a incidência de um tributo isoladamente

---

[753] *Il principio*...cit., p. 258. A frase do art. 53 sobre a qual se baseia o comentário é: "Tutti sono tenuti a concorrere alle spese pubbliche in ragione della loro capacità contributiva".

[754] Idem, p. 259, nota 146. No mesmo sentido: "Este percentual de 50% é, em princípio, o limite máximo da carga tributária, pois representa a harmonização entre o interesse individual correspondente à propriedade privada e o interesse público correspondente à função social da propriedade". VARGAS, Jorge de Oliveira. *Princípio*... cit., p. 133.

considerado, também parece atender ao teste de razoabilidade e é consentâneo com o limite global de 50% para o conjunto da carga tributária.

São regras estabelecidas a partir das soluções dadas a conflitos entre princípios, com o emprego da norma de colisão, que é o princípio da vedação de utilização de tributos com efeito de confisco, e conseqüente delimitação quantitativa de sua incidência, por instâncias autorizadas a decisões juridicamente obrigatórias.

Não abrangem todas nem a maioria das hipóteses de sua aplicação, face à incipiência, ainda presente, do trato jurisprudencial da matéria, mas indicam o início de um caminho. A fixação mais abrangente das regras resultantes da solução dos variados conflitos possíveis entre princípios, com a aplicação da norma de colisão que veda a utilização de tributos com efeito confiscatório, é tarefa de indiscutível relevância, ainda a ser mais amplamente desenvolvida pelos tribunais, cabendo à doutrina a inafastável incumbência de oferecer subsídios teóricos à missão de concretizar o princípio constitucional, para o que este trabalho buscou oferecer singela contribuição.

Conclusões

Do estudo empreendido, podemos extrair, sinteticamente, as seguintes conclusões:

1. O "efeito de confisco", mencionado no art. 150, IV da Constituição Federal, é conceito jurídico indeterminado, ou seja, centralmente vago, no qual encontra-se imprecisão na determinação não só de casos periféricos, mas da grande maioria das situações reais, exigindo, para sua aplicação, não simples operação de subsunção, mas de concreção.

2. A maioria das Constituições contemporâneas contém princípios limitadores do exercício do poder tributário, não apenas formais, mas de justiça substancial. Em várias delas (por exemplo, Espanha, Brasil, Peru, Venezuela), há expressa proibição de utilizar tributos com efeito, alcance ou caráter confiscatório (expressões que, a rigor, apresentam idêntico significado); em outras, (como a italiana) as limitações substanciais expressam-se sob a forma de constitucionalização do princípio da capacidade contributiva; ainda, em outros sistemas, estes limites, embora inexpressos nos textos constitucionais, foram objeto de construção jurisprudencial, a partir de princípios constitucionais mais gerais.

3. Confisco é punição consistente na apoderação, por ato judicial ou administrativo, fundado em lei, de bens particulares pelo Estado, sem indenização. Já por isto, tributo não pode, *de per si*, constituir confisco, porque não é, por definição (inclusive, em nosso direito, positivada no art. 3º do Código Tributário Nacional), sanção de ato ilícito.

4. A proibição em estudo é de tributos *com efeito de confisco*, expressão mais ampla e que pode ser identificada, em primeira aproximação, com tributação de tal forma exacerbada, em seu aspecto quantitativo, que absorva parte substancial da propriedade ou da renda do contribuinte.

5. O instituto em estudo não constitui imunidade, pois não se trata de exclusão de competência tributária em relação a determinadas pessoas ou objetos, mas de regramento de seu exercício (o que implica *outorga* e não *exclusão* de competência), dentro de determinados limites quantitativos.

6. No direito argentino, a proibição de tributos com efeito confiscatório resultou de longa construção jurisprudencial, que deu interpretação ampla ao art. 17 da Constituição e chegou ao estabelecimento de limites quantitativos para caracterização do efeito confiscatório: nos impostos sobre sucessões e imobiliário, 33% do valor dos bens transmitidos e dos rendimentos gerados pela correta e razoável exploração do imóvel, respectivamente; nas contribuições de melhoria, quando o tributo exceda substancialmente o benefício recebido pelo proprietário (a valorização do imóvel).

7. Nos Estados Unidos, os tribunais, embora resistentes a estabelecer controle judicial sobre o *quantum* da tributação e admitindo elevadas exações fundadas no *police power*, foram estabelecendo, através de longa construção jurisprudencial, a possibilidade da *judicial review* das leis, inclusive tributárias, com base nas cláusulas do *substantive due process of law* e da *equal protection of the laws*.

8. Na doutrina e jurisprudência espanhola, sempre preponderou (tal como na Itália) o estudo do princípio da capacidade contributiva, enquanto critério de justiça material da tributação, ficando o de não-confiscatoriedade relegado a segundo plano. A menção expressa da proibição de "alcance confiscatorio" do sistema tributário no art. 31.1 da Constituição de 1978 fez surgirem, em maior extensão, estudos doutrinários a respeito e o exame, ainda tímido, todavia, do instituto pela jurisprudência.

9. Na Alemanha, inexistente menção expressa sobre tributos confiscatórios na Lei Fundamental, jurisprudência tradicional do Tribunal Constitucional Federal considerava só haver lesão ao direito de propriedade (LF, art. 14) quando os tributos tivessem efeito estrangulador. A situação foi substancialmente alterada com a importantíssima decisão de 22 de junho de 1995, a respeito do imposto sobre o patrimônio, do Tribunal Constitucional Federal, que fixou o parâmetro, com base no art. 14, 2, da Lei Fundamental, de os tributos só poderem incidir sobre os rendimentos gerados pelos bens integrantes do patrimônio do contribuinte e ainda ser vedado superarem, em sua incidência conjunta, aproximadamente a metade dos rendimentos, sob pena de caracterizarem-se como confiscatórios.

10. No Brasil, a proibição de utilização de tributo com efeito confiscatório só foi expressa no art. 150, IV, da Constituição Federal de 1988, mas a doutrina considerava-a implícita nas anteriores Constituições. A menção expressa, na Carta vigente, fez com que se lhe voltasse a atenção da doutrina e ampliou sua aplicação, inclusive com relevante decisão do Supremo Tribunal Federal, na ADIn 2.010-2/DF, julgando confiscatório adicional temporário à contribuição previdenciária de servidores públicos federais, que, somado ao imposto de renda incidente na fonte, alcançava quase 50% dos respectivos vencimentos.

11. A norma constitucional que veda a utilização de tributo com efeito de confisco não pode ser suprimida ou modificada pelo poder constituinte derivado, pois, nos termos do art. 5º, § 2º, da CF inclui-se entre os direitos e garantias individuais, que o art. 60, § 4º, IV, da CF impede sejam objeto de emenda.

12. Os princípios jurídicos, enquanto padrões obrigatórios, mas não conclusivos, representam importante espécie das normas jurídicas, o que justifica sua identificação e adequado desenvolvimento teórico.

13. Tais conceitos adquiriram maior rigor doutrinário com os estudos de Dworkin e Alexy. Segundo Dworkin, a diferença entre regras e princípios é de natureza lógica, pois as regras são aplicáveis ao modo "tudo ou nada" (*all or nothing*) e determinam a solução para a situação sobre a qual incidem; os princípios são aplicáveis na medida do possível e, se relevantes, devem ser levados em consideração, juntamente com princípios contrapostos, pelo aplicador do direito, na decisão; têm, pois, uma dimensão de peso. Para Alexy, princípios são mandamentos de otimização, com validade *prima facie*, e regras são mandamentos definitivos. Os conflitos entre regras se dão no plano da validade; os conflitos entre princípios se dão na dimensão de peso (pois só podem entrar em conflito princípios válidos) e resolvem-se pela lei de colisão, segundo a qual, em uma situação concreta, um princípio preponderá sobre outro, permanecendo ambos válidos. Existem normas com caráter dúplice, a reunir em uma só norma, uma regra e um princípio.

14. Tais características, isoladas molde a permitir maior precisão à diferenciação conceitual entre princípios e regras, não invalidam a consideração de terem os princípios caráter de fundamentalidade ou aptidão como razão de justificação do sistema jurídico.

15. Princípios e valores não são conceitos idênticos. Os princípios contêm em si valores, mas além deles mandamentos, embora com caráter *prima facie*.

16. Há determinados princípios, como os de proporcionalidade ou razoabilidade, que não constituem mandamentos de otimização, visando a promover estados ideais, mas são normas para solução das situações de colisão dos princípios que representam estados ideais a ser buscados. São princípios (em sentido lato) inclusive porque não há como aplicá-los por subsunção (forma de aplicação característica das regras), mas com características especiais: aplicam-se em operações de *ponderação*, das quais não são *objeto*, mas *instrumento* (fornecem os critérios para realização da ponderação), permitindo, com sua aplicação, a solução das situações de colisão entre princípios (em sentido estrito) e a determinação de qual dos princípios em conflito teve, naquele caso concreto, precedência: denominamo-nos *normas de colisão*.

17. A norma que estabelece a proibição de utilizar tributo com efeito de confisco não é regra, pois não se aplica por subsunção, nem

princípio no sentido mais restrito (mandamento *prima facie*), mas um dos princípios (em sentido lato) que regem a aplicação dos demais e é *medida* da ponderação destes: é *norma de colisão*.

18. O princípio da proporcionalidade, segundo a doutrina mais difundida, abrange três subprincípios: adequação, necessidade e proporcionalidade em sentido estrito, a ser examinados em ordem sucessiva. Assim, uma medida restritiva de direitos deve ser *adequada* para atingir ou fomentar o fim visado; *necessária* para tal (não haver outro meio menos restritivo do direito fundamental e que promova o fim visado com igual eficiência) e, ainda, *proporcional em sentido estrito* (a intensidade da restrição ao direito fundamental não deve ser maior do que a importância da promoção do fim visado).

19. Significativa parcela da doutrina e da jurisprudência brasileira, inclusive do Supremo Tribunal Federal, utiliza o princípio da proporcionalidade como sinônimo de razoabilidade, ou como padrão genérico a vedar legislação ou atos administrativos opressivos ou arbitrários, sem considerar sua estruturação baseada nos três subprincípios da adequação, necessidade e proporcionalidade em sentido estrito.

20. Inobstante, a correta utilização do princípio da proporcionalidade, tal como construído pela jurisprudência e doutrina alemã, com suas três operações parciais já referidas, não se revela adequada à aplicação e determinação do alcance do princípio da proibição de tributos com efeito de confisco, pois este não é princípio jurídico em sentido estrito, cujas colisões com outros princípios pudessem ser solvidas com o emprego do princípio da proporcionalidade, mas norma de colisão (*tal qual a proporcionalidade*) que, nos casos mais afetos à sua operatividade, *substitui* o princípio da proporcionalidade, como norma para solução de hipóteses de colisão de princípios em sentido estrito.

21. O conteúdo do princípio da razoabilidade deve ser identificado a partir das construções a seu respeito nos sistemas jurídicos que lhe deram mais efetiva utilização, enquanto parâmetro de controle da legitimidade constitucional das leis e dos atos administrativos, particularmente o norte-americano e, por influência deste, o argentino. Tratando de sistematizar os elementos, por vezes esparsos, encontrados sobretudo na jurisprudência das respectivas Cortes Supremas, pode-se identificar o conteúdo do princípio da razoabilidade com a) exame da relação entre os meios escolhidos e o fim colimado pela medida (abrangendo legitimidade e importância dos fins e adequação dos meios); b) conformidade da medida com exigências de moralidade; c) inexistência de arbitrariedade; d) eqüidade; e) justificabilidade através da argumentação prática racional e f) aceitabilidade por parcela considerável da comunidade. Assim compreendido, o princípio da razoabi-

lidade resulta menos rigorosamente definido que a proporcionalidade, mas com maior âmbito de aplicação, por incluir elementos materiais ou valorativos, que servem inclusive à concreção de outras normas.

22. O princípio da proibição de tributos com efeito de confisco envolve conceito jurídico indeterminado – efeito de confisco – cuja aplicação, não se pode dar por subsunção, mas reclama concreção (complementação de seu significado pelo aplicador, com o auxílio de elementos extra-sistemáticos) que se faz com emprego do princípio da razoabilidade, com o conteúdo exposto no item anterior.

23. Sendo uma norma de colisão, cuja função é solucionar hipóteses de colisão entre princípios em sentido estrito, o princípio da proibição de tributos com efeito confiscatório não é apenas um aspecto, elemento ou subprincípio de um dos princípios eventualmente em colisão (direito de propriedade), nem sua aplicação tem por finalidade exclusiva a proteção deste direito, mas a realização, através das soluções que propiciar às situações de conflitos entre princípios, do valor de justiça acolhido pelo sistema constitucional tributário.

24. Os princípios de não-confiscatoriedade e capacidade contributiva se interrelacionam, mas não se identificam e sim se complementam. Embora, como regra geral, ocorra sua aplicação coincidente, há casos em que incide um e não outro, como âmbito de abrangência (só os impostos, para capacidade contributiva; todos os tributos, para não-confiscatoriedade); exigência a ser examinada quanto à generalidade dos casos (capacidade contributiva) ou a situações individuais (não-confiscatoriedade); não-tributação do mínimo vital (mais relacionado à capacidade, que à não-confiscatoriedade, especialmente se a tributação incidente for reduzida, em termos quantitativos); hipóteses de tributação modesta (não confiscatória, pois), mas indiferenciada quanto a diferentes capacidades (que ofenderia capacidade contributiva relativa), ou tributação fortemente exacerbada de capacidades contributivas elevadas (em que a lesão seria ao princípio de não-confiscatoriedade, como, tomando-se o parâmetro da decisão do Tribunal Constitucional Federal alemão, incidência fiscal que superasse a metade dos rendimentos gerados por grandes patrimônios).

25. O princípio da igualdade, decorrente dos princípios da dignidade humana e democrático, não impede classificações ou diferenciações razoáveis. A célebre máxima de que consiste em tratar igualmente os iguais e desigualmente os desiguais, em matéria tributária significa igualdade em iguais condições de capacidade contributiva. Por isto, em países onde as respectivas Constituições não positivaram o princípio da capacidade contributiva, os respectivos Tribunais Constitucionais (por exemplo, o alemão) extraíram-no do princípio da igualdade.

26. A tributação desigual (em iguais condições de capacidade contributiva) será normalmente confiscatória. Poderá, todavia, ocorrer imposição exacerbada mas igual, quando não haverá lesão ao princípio da igualdade, mas da não-confiscatoriedade. O princípio da igualdade poderá também entrar em conflito com outros princípios constitucionais (como propriedade privada e livre iniciativa, por exemplo), atuando o princípio da não-confiscatoriedade como norma de colisão para solução de tais conflitos.

27. Segundo a jurisprudência do Supremo Tribunal Federal, a progressividade tributária só pode ser instituída nas hipóteses expressamente autorizadas na Constituição. Nestes casos, o princípio da proibição de utilizar tributos com efeito de confisco estabelecerá limite máximo de progressividade. Nas colisões entre progressividade e princípios objeto de proteção constitucional (v.g., propriedade privada, liberdade de comércio, indústria e trabalho), a norma de colisão de não-confiscatoriedade determinará até que ponto se admite a restrição a estes direitos pelo emprego da progressividade na tributação.

28. O princípio da não-confiscatoriedade, por um lado, tem âmbito de aplicação mais amplo que o de não-tributação do mínimo vital, pois, no caso de bens e rendas que o superem, mas submetidos a tributação quantitativamente exacerbada, haverá lesão do princípio da proibição de utilização de tributos com efeito de confisco. Ainda, a noção de mínimo existencial só resguarda o essencial para a satisfação das necessidades básicas do contribuinte pessoa física e sua família, ao passo que também tributo incidente sobre pessoas jurídicas pode ter efeito confiscatório. De outro lado, a tributação do mínimo vital, mas em níveis quantitativamente módicos, é questão mais apropriadamente solvida pela incidência do princípio da capacidade contributiva (e conseqüente intributabilidade do mínimo existencial) que da não-confiscatoriedade.

29. Assim como o direito de propriedade, também os princípios do livre exercício profissional e da livre iniciativa podem entrar em conflito com outros princípios, que visam a fins de sociabilidade objeto de proteção constitucional, derivados do princípio do Estado Social e Democrático de Direito, aplicando-se, no campo da tributação, o princípio da não-confiscatoriedade, como norma de colisão para a solução destes conflitos.

30. Aplica-se à relação obrigacional tributária o princípio da boa-fé objetiva, a exigir de ambos os participantes da relação jurídica conduta cooperativa, com consideração aos interesses da contraparte. A conduta do sujeito ativo, de exigir tributo com efeito de confisco, desatende à boa-fé objetiva, por desconsiderar o legítimo interesse do sujeito passivo de só ser tributado dentro dos limites de restrição aceitáveis a direitos seus, constitucionalmente protegidos.

31. Quaisquer impostos, em tese, podem ter efeito confiscatório. Embora este seja mais facilmente identificável nos impostos sobre o patrimônio ou a renda, pode também ocorrer naqueles sobre circulação de riquezas e, superados certos limites – mais largos, é verdade – inclusive nos tributos extrafiscais.

32. As tentativas de estabelecer quantificações do que representaria o limite de confiscatoriedade, em cada caso, estão sujeitas a variações políticas, ideológicas, sociais e econômicas (um é o limite no Estado Social e Democrático de Direito, outro no Estado liberal clássico). Os parâmetros a seguir propostos têm em mira a atual sociedade e ordenamento constitucional brasileiro.

33. No caso do imposto de renda, à luz dos critérios da tradicional jurisprudência argentina, da decisão do STF de configurar-se efeito de confisco se, somado à contribuição previdenciária, aproxima-se de 50% dos vencimentos do servidor e do Tribunal Constitucional Federal alemão de que, somado aos demais tributos, não pode superar um limite próximo da metade da renda do contribuinte, pode-se sugerir que sua incidência isolada terá efeito de confisco quando superar 33% dos rendimentos brutos do contribuinte ou, no caso de pessoa jurídica, do lucro apurado.

34. No caso de IPTU e ITR, o limite de confiscatoriedade, em se tratando de tributação de finalidade fiscal, deve ser balizado em 33% dos rendimentos potenciais do imóvel, na esteira da tradicional jurisprudência da Corte Suprema argentina. Tais rendimentos potenciais anuais podem ser objeto de presunção relativa de situarem-se na faixa próxima de 10% do valor de mercado do bem. O mesmo limite (33% de 10% do valor de mercado do bem) é de aplicar-se analogicamente ao IPVA. Na utilização do IPTU e ITR com finalidade extrafiscal, a tributação não deve ultrapassar a totalidade (100%) dos rendimentos potenciais (observada, da mesma forma, presunção relativa de serem da ordem de 10% do valor do bem), porque, mesmo neste caso, existe um limite (embora maior) e haveria desfalque (confisco) puro e simples da propriedade, caso o tributo não pudesse ser satisfeito sequer com a integralidade dos rendimentos potenciais do bem.

35. Também os chamados impostos indiretos (IPI e ICMS, particularmente) podem ter efeito confiscatório. Não o impede o fato de, nestes impostos, normalmente haver traslação do ônus econômico do tributo, porque esta não ocorre obrigatoriamente (dependendo de fatores econômicos, tais como existência de controle de preços, recessão econômica, intensa competitividade), sendo ainda viável só ocorrer parcialmente. Nestes impostos, embora se revele impraticável a proposição *a priori* de limites *quantitativos*, pode-se enunciar critério qualitativo: há efeito confiscatório no caso de tributação tão exacerbada, que,

após sua traslação total ou parcial, consoante permitam as condições econômicas, não reste parte razoável do lucro gerado pela atividade para o produtor, comerciante ou industrial. No caso de utilização destes impostos com finalidade extrafiscal (desestímulo à fabricação de produtos nocivos à saúde ou maior taxação de mercadorias supérfluas), mais reduzida será a parcela do lucro que deverá restar ao contribuinte para que se a considere razoável e o imposto só será confiscatório se inviabilizar a continuidade da atividade, que pode ser *reduzida*, mas *não eliminada*, pela via da tributação.

36. Na substituição tributária, não há efeito de confisco se a operação afinal se realizar por valor inferior ao presumido e não houver restituição da diferença, inclusive porque o Supremo Tribunal Federal, intérprete autorizado da Constituição, decidiu, autoritativamente, que esta não obriga à restituição, e a decisão tem eficácia vinculante, nos termos do art. 102, § 2° da Constituição, cuja redação, decorrente da Emenda Constitucional n° 45, eliminou qualquer dúvida que pudesse haver a respeito. Há, todavia, efeito confiscatório se adotada base de cálculo presumida abstratamente inadequada, superior à *média* de preços efetivamente praticada no setor.

37. O art. 155, § 1°, IV, da CF atribuiu ao Senado, no caso do ITCD, fixar o conteúdo da norma de colisão que veda a utilização de tributo com efeito de confisco, e este o fez com razoabilidade, ao estabelecê-lo em 8% do valor dos bens transmitidos (inferior à renda anual presuntiva dos bens). Este, em nosso direito, o limite a partir do qual o ITCD terá efeito confiscatório, e decorre dos arts. 5°, XXII, XXIII, XXX; 150, IV e 155, § 1°, IV, todos da Constituição Federal. O mesmo limite é aplicável analogicamente, em função da semelhança dos tributos, ao imposto municipal sobre transmissão *inter vivos*, por ato oneroso, de bens imóveis e direitos reais a ele relativos, exceto de garantia (ITIV).

38. O ISS, sendo imposto que se presta à traslação do ônus financeiro para o preço dos serviços, terá efeito confiscatório quando, após esta traslação, total ou parcial, não restar ao prestador do serviço razoável parcela do lucro produzido pela atividade. Como o art. 156, § 3°, I, da CF (redação da EC 37) autorizou a lei complementar a fixar o limite de confiscatoriedade deste imposto, pelo estabelecimento de suas alíquotas máximas, e esta o fez razoavelmente, considera-se confiscatória incidência do ISS a alíquotas superiores a 5% (art. 8° da Lei Complementar 116), ou quando a adoção de base de cálculo inadequada impedir que reste, ao prestador do serviço, razoável parcela do lucro.

39. O impropriamente chamado "imposto sobre operações financeiras" – IOF abarca, na verdade, quatro impostos distintos, incidentes sobre operações: a) de crédito; b) de câmbio; c) de seguro e d) relativos a títulos ou valores mobiliários. No caso da incidência do imposto

sobre operações de crédito e seguro, pode-se considerá-lo confiscatório quando absorver mais de 33% dos rendimentos auferidos na operação (juros e comissões cobrados e prêmio do seguro, respectivamente). No caso de operações de câmbio, ou relativas a títulos ou valores mobiliários, o imposto incide sobre a *transmissão* de moeda estrangeira ou de títulos e valores mobiliários, pelo que é viável considerá-lo confiscatório (por aplicação analógica do critério proposto para os impostos sobre a transmissão de bens) se consumir valor superior à renda que o bem transmitido possa produzir em um período anual, considerados os níveis de remuneração do capital no mercado financeiro, excluída a mera manutenção de seu valor diante da inflação (correção monetária), ou seja, a taxa média anual de juros praticada em aplicações financeiras, menos a inflação ocorrente.

40. Também os impostos sobre o comércio exterior podem ter efeito de confisco, inclusive porque a Constituição os excepciona de outras limitações ao poder de tributar (anterioridade e, em termos, legalidade), mas não da proibição de utilizar tributo com efeito de confisco. O limite de confiscatoriedade é, quanto a estes impostos, significativamente mais alto, face à sua função regulatória do comércio exterior, mas existe: a diferença é de *grau*. É quase impossível propor uma quantificação, à míngua de decisões reiteradas sobre solução dos conflitos ocorrentes nestas hipóteses e pela presença de variáveis metajurídicas, mas se pode considerar que haverá efeito confiscatório quando tais impostos impedirem o desenvolvimento de atividade lícita, por inviabilizar a recuperação dos custos, a traslação do tributo e a manutenção de margem de lucro que permita seu exercício. A regulação pode *reduzir*, mas não *impedir* a atividade lícita.

41. Na hipótese de vir a ser criado o imposto sobre grandes fortunas, previsto no art. 153, VIII da CF, com exigência de lei complementar para sua instituição, deverá, para não se caracterizar sua utilização com efeito confiscatório, prever mínimo isento de tal forma que só incida sobre patrimônios realmente muito diferenciados em razão de seu elevadíssimo valor. Ainda, compatibilizando-se o exame da questão pela tradicional jurisprudência argentina (no que toca à incidência isolada) e à decisão do Tribunal Constitucional Federal alemão (quanto à incidência conjunta de impostos sobre o patrimônio e a renda), terá efeito de confisco se isoladamente superar 33% dos rendimentos potenciais que podem ser gerados pelo patrimônio e se o conjunto da carga tributária (especialmente considerada sua incidência cumulativa com o imposto de renda) ultrapassar 50% destes rendimentos.

42. Mesmo os impostos extraordinários de guerra, em tese, podem ter efeito confiscatório (assim uma incidência de 100% sobre a renda,

ou o patrimônio). Mas o limite será muito mais elevado e de impossível quantificação prévia, abstratamente. Ficará, ainda, caracterizado seu efeito de confisco, se não forem suprimidos, gradativamente, uma vez cessadas as causas de sua criação.

43. Os impostos residuais, se vierem a ser criados, poderão ter efeito confiscatório, cuja caracterização dependerá, em qualquer caso, da conformação que venha a lhes ser dada.

44. As taxas, em princípio, não têm efeito confiscatório, pois, pelo próprio figurino constitucional deste tributo, devem guardar razoável correspondência com o preço dos serviços prestados ou necessários para a concessão da autorização pretendida, no caso de taxas fundadas no poder de polícia. Se isto não ocorrer, o tributo já será inválido por desnaturação de sua base de cálculo, não havendo que se cogitar de efeito confiscatório. Neste caso, sequer haverá taxa, mas imposto normalmente não deferido à competência impositiva da respectiva pessoa de direito público.

45. A contribuição de melhoria terá efeito confiscatório quando superar a valorização que resultar da obra pública para o imóvel beneficiado. Este limite é expressamente previsto no art. 81 do CTN e, se observado, inibirá o surgimento de efeito de confisco nesta espécie tributária. Tal limite não se encontra mais expresso no texto constitucional, mas decorre do princípio que veda a utilização de tributo com efeito de confisco e, por isto, prevaleceria mesmo se fosse afastada do ordenamento jurídico a previsão expressa do art. 81 do CTN.

46. As contribuições diferenciam-se dos impostos por sua destinação a atividades específicas, realizadas pelo Estado, entidades estatais descentralizadas ou não-estatais reconhecidas como desempenhando atividade de interesse público. Sendo sua nota distintiva exclusivamente a destinação, pode-se adotar, de maneira geral, para identificar sua confiscatoriedade, os mesmos critérios referentes aos impostos; inviáveis, todavia, generalizações, pois dependem do exame concreto dos fatos geradores, bases de cálculo e alíquotas, devido à imensa variedade possível de contribuições. Da decisão do STF na ADIn 2.010-2, pode-se extrair terem efeito confiscatório contribuições incidentes sobre folha de salários que, acrescidas dos demais tributos objeto de retenção na fonte, aproximam-se de metade do valor dos respectivos vencimentos. O problema muito atual do desvio de finalidade, inclusive por normas legais, de contribuições e sua decorrente invalidade (ou não), resolve-se antes pela consideração da desnaturação da espécie tributária contribuição (e conseqüente existência de imposto não previsto constitucionalmente), que pela incidência da vedação de efeito confiscatório, cujo pressuposto é tributo qualitativamente válido, mas quantitativamente exacerbado de forma irrazoável.

47. Os empréstimos compulsórios têm efeito confiscatório se absorverem, mesmo temporariamente, parcela irrazoável da renda ou do patrimônio do contribuinte. Os critérios para identificar a parcela irrazoável são semelhantes àqueles expostos no caso dos impostos. No caso de empréstimos fundados no art. 148, II, da CF (investimento público de caráter urgente e relevante interesse nacional), terão efeito de confisco se (incidindo sobre renda ou propriedade) isoladamente ultrapassarem 33% da renda (ou dos rendimentos potenciais do bem objeto do tributo) ou, em conjunto com os demais tributos, superarem 50% deste valor; caso incidirem sobre consumo, se após a traslação total ou parcial do ônus econômico do tributo, não restar ao contribuinte parcela razoável do lucro produzido pela atividade. No caso do art. 148, I, da CF (guerra ou calamidade), ainda existe limite, mas é muito mais elevado e de impossível quantificação prévia. Também há efeito confiscatório, em qualquer caso, quando a restituição não é integral, ou seja, com correção monetária integral, que é simples manutenção do valor da importância mutuada.

48. O princípio de proibição de tributo com efeito de confisco aplica-se tanto a cada tributo isoladamente, como ao conjunto da carga tributária. Os limites propostos, contudo, serão diferentes em cada um dos casos. Na esteira da tradicional jurisprudência argentina (para tributos isolados) e dos balizamentos adotados pelo Tribunal Constitucional Federal alemão e sugeridos pelo nosso Supremo Tribunal Federal (para a carga global), podem se considerar confiscatórios impostos sobre o patrimônio ou a renda que absorvam isoladamente mais de 33% da renda auferida ou que potencialmente possa ser gerada pelo bem tributado ou quando o conjunto da carga tributária superar 50% destes rendimentos. Quando a inconstitucionalidade for declarada pela consideração do conjunto da carga tributária, a decisão judicial excluirá a incidência do tributo por último criado, que fizer o sistema alcançar o nível de confiscatoriedade, cabendo ao legislador adotar medidas que, em decorrência, venham a se tornar necessárias para eventual reequilíbrio das competências impositivas dos diversos entes federais.

49. Multa não é tributo, mas o art. 113, § 1º, do CTN dá-lhe o mesmo tratamento jurídico, pelo que a proibição de utilizar tributo com efeito de confisco também se aplica às multas tributárias, consoante antiga e firme jurisprudência do Supremo Tribunal Federal. Em termos quantitativos, em esforço de sistematização das esparsas decisões jurisprudenciais a respeito, podem se considerar confiscatórias (caso em que devem ser reduzidas pelo juiz) multas moratórias superiores a 30% e punitivas (em que a multa deve ser *elevada*, mas não confiscatória) que ultrapassem 150% do valor do tributo devido.

50. A incidência de correção monetária sobre tributos em atraso não tem efeito confiscatório, pois não se trata de acréscimo, mas mera manutenção do valor real da dívida. Os juros moratórios podem ter efeito de confisco quando ultrapassarem aqueles pagos pelo Tesouro para remuneração dos respectivos títulos da dívida pública, pois, se são destinados a compensar a falta de disponibilidade dos recursos pelo Fisco, devem equivaler àqueles que o Tesouro se obriga a pagar para obter recursos substitutivos. Por este critério, não são confiscatórios os juros moratórios equivalentes à taxa SELIC, previstos na legislação federal, ou de 1% ao mês, de que tratam os arts. 161, § 1º, do CTN e 69 da Lei Estadual 6.537/73, do Rio Grande do Sul.

51. A definição concreta dos limites, a tornar efetivo o princípio da não-confiscatoriedade tributária, não pode ser feita em norma constitucional, pois este detalhamento, mutável com os tempos e amplitude da ação estatal, não se coaduna com a estabilidade, diante das alterações sociais, que se espera do texto constitucional. Também não é a melhor solução seu estabelecimento pelo legislador, seja complementar ou ordinário, pela impossibilidade de previsão normativa abstrata das diferentes quantificações que a norma de colisão assumirá, conforme sejam os princípios em colisão, pela mutabilidade das soluções a estas colisões por motivos políticos, econômicos ou sociais, que não se conforma com a rigidez e formal processo de alteração de textos legais, mas sobretudo porque se trata de questão constitucional, não disponível para o legislador, justamente porque visa a demarcar seu campo de ação.

52. A solução deve ser jurisprudencial, mais precisamente de jurisdição constitucional, precipuamente confiada ao intérprete autorizado da Constituição (Tribunal Constitucional ou, no caso brasileiro, o Supremo Tribunal Federal), cuja legitimidade não provém diretamente da via democrática, mas da representação argumentativa. Esta deriva do emprego de método que, embora não assegure alcançar-se necessariamente determinado resultado, é, enquanto caminho a ser trilhado na busca do resultado, intersubjetivamente controlável. É a solução de conflitos entre direito de propriedade e Estado Social e Democrático de Direito, por exemplo, pela atuação da norma de colisão que veda a utilização de tributos com efeito de confisco, pela concreção deste conceito jurídico indeterminado, com emprego da razoabilidade, entendida como existência de relação entre meios empregados e fins almejados, não-arbitrariedade, valoração moral, sustentabilidade pela argumentação prática racional, eqüidade e significativa aceitabilidade social. Da solução de tais conflitos com este método, pelo órgão de jurisdição constitucional, e de sua reiteração surgirão regras, a estabelecer qual dos princípios em colisão terá precedência no caso concreto

e qual a dimensão, também no caso concreto, da norma de colisão (na hipótese, o princípio da proibição de utilizar tributo com efeito de confisco), como fizeram a longa série de decisões da Corte Suprema argentina e as do nosso Supremo Tribunal Federal e do Tribunal Constitucional Federal alemão estudadas nestes trabalho, importantes marcos iniciais de um labor a ser, com o auxílio dos indispensáveis subsídios teóricos oferecidos pela doutrina, objeto do necessário aprofundamento pela jurisprudência constitucional, extraindo da norma do art. 150, IV, da Constituição Federal a plenitude de seu significado e operatividade.

Referências Bibliográficas

AGULLÓ AGÜERO, Antonia. La prohibición de confiscatoriedad en el sistema tributario español. *Revista de Direito Tributário*, vol. 42, São Paulo: Malheiros, p. 28-34, out-dez. 1987.

ALEXY, Robert. Los derechos fundamentales en el Estado Constitucional Democrático. In: CARBONEL, Miguel (org.). *Neoconstitucionalismo (s)*. Madrid: Trotta, 2003, p. 31-47.

——. Colisão de direitos fundamentais e realização de direitos fundamentais no Estado de Direito Democrático. *Revista de Direito Administrativo*, Rio de Janeiro, vol. 217, p. 67-79, jul-set. 1999.

——. Epílogo a la teoría de los derechos fundamentales. *Revista Española de Derecho Constitucional*, Madrid, vol. 66, p. 13-64, set-dez 2002.

——. *Teoria de los derechos fundamentales*. Trad. de Ernesto Garzón Valdés. Madrid: Centro de Estudios Politicos y Constitucionales, 2001.

——. Direitos fundamentais no Estado Constitucional Democrático (Palestra inaugural da comemoração dos cem anos da Faculdade de Direito da Universidade Federal do Rio Grande do Sul, proferida em 09.12.1998, no Salão Nobre da Faculdade de Direito da UFRGS). Trad. Luís Afonso Heck. *Revista de Direito Administrativo*, Rio de Janeiro, vol. 217, p. 55-66, jul-set. 1999.

ASOCIACIÓN ESPAÑOLA DE ASESORES FISCALES. *Informe sobre el impuesto sobre el patrimonio*. Disponível em http://www.aedaf.es/doc/temporal/informe-Impu-Patri-doc. Acesso em 06-12-2004.

ATALIBA, Geraldo. *Lei Complementar na Constituição*. São Paulo: Revista dos Tribunais, 1971.

ATIENZA, Manuel; MANERO, Juan Ruiz. Sobre principios y reglas. *Doxa – Cuadernos de Filosofia del Derecho*, Alicante, vol. 10, p.101-119, 1991.

——. Para una razonable definición de "razonable". *Doxa – Cuadernos de Filosofía del Derecho*, Alicante, vol. 4, p. 189-200, 1987.

ÁVILA, Humberto. *Teoria dos princípios*. 4ª ed., São Paulo: Malheiros, 2004.

——. *Sistema constitucional tributário*. São Paulo: Saraiva, 2004.

BALEEIRO, Aliomar. *Limitações constitucionais ao poder de tributar*. 7ª ed., atualizada por Misabel Abreu Machado Derzi, Rio de Janeiro: Forense, 2001.

BARRETO, Aires. Vedação ao efeito de confisco. *Revista de Direito Tributário*, São Paulo, vol. 64, p.96-106, 1994.

BECKER, Alfredo Augusto. *Teoria Geral do Direito Tributário*. 3ª ed., São Paulo: Lejus, 1998.

BIDART CAMPOS, German J. *Derecho constitucional*. Buenos Aires: Edilar, 1968, tomo I.

BIELSA, Rafael. *Estudios de Derecho Publico*. Buenos Aires: Depalma, 1951, tomo II.

BILAC PINTO. Finanças e direito. A crise da ciência das finanças – os limites do poder fiscal do Estado – uma nova doutrina sobre a inconstitucionalidade das leis fiscais. *Revista Forense*, São Paulo, vol. 140, p.11-26, jun. 1940.

BOEHMER, Gustav. *El derecho a través de la jurisprudencia – su aplicación y creación*. Trad. José Puig Brutau. Barcelona: Bosch, 1959.

BOLLO AROCENA, María del Carmen. La prohibición de confiscatoriedad como límite constitucional a la tributación. In *Principios tributarios constitucionales*. Coedición Tribunal Fiscal de la Federación (México), Universidad de Salamanca (Espania) y la Fundación Domecq (México), 1992, p. 372-392.

BORGES, Souto Maior. A isonomia tributária na Constituição Federal de 1988. *Revista de Direito Tributário*, São Paulo, vol. 64, p. 8-19 , 1994.

BULIT GOÑI, Guilhermo E. Los principios tributarios constitucionalizados: el de razonabilidad. In *Principios constitucionales tributarios*. Culiacán: Universidad Autónoma de Sinaloa, 1993.

CANARIS, Claus-Wilhelm. *Pensamento sistemático e conceito de sistema na ciência do direito*. Trad. A. Menezes Cordeiro. Lisboa: Fundação Calouste Gulbenkian, 1989.

CANOTILHO, J.J. Gomes. *Direito constitucional e teoria da Constituição*, 7ª ed., Coimbra: Almedina, 2003.

CARRAZZA, Elizabeth Nazar. *Progressividade e IPTU*. Curitiba, Juruá, 2002.

CARRAZZA, Roque Antonio. *Curso de direito constitucional tributário*. 19ª ed., São Paulo: Malheiros, 2003.

CARSON, Clarence B. The power to tax is the power to destroy. In *Taxation and confiscation*. Irvington-on-Hudson: The Foundation for Economic Education, 1993, p. 171-184.

CARVALHO, Paulo de Barros. *Curso de direito tributário*. 15ª. ed., São Paulo: Saraiva, 2003.

——. Enunciados, normas e valores tributários. *Revista de Direito Tributário*, São Paulo, vol. 69, p.43-56, 1996.

——. Sobre os princípios constitucionais tributários. *Revista de Direito Tributário*, São Paulo, vol. 55, p.143-155, jan-mar/1991.

CASÁS, José Osvaldo. *Los principios del derecho tributario*. Disponível em http:www.salvador.edu.ar. Acesso em 12.06.2003.

CASTILHO, Paulo Cesar Baria de. *Confisco tributário*. São Paulo: Revista dos Tribunais, 2002.

CASTRO, Carlos Roberto de Siqueira. *O devido processo legal e a razoabilidade das leis na nova Constituição do Brasil*. Rio de Janeiro: Forense, 1989.

COÊLHO, Sacha Calmon Navarro. *Teoria e prática das multas tributárias*. 2ª ed., Rio de Janeiro: Forense, 1992.

——. Princípios constitucionais tributários. *Revista de Direito Tributário*, São Paulo, vol. 48, p.65-83, abr-jun. 1989.

——. *Curso de direito tributário brasileiro*. 7ª ed., Rio de Janeiro: Forense, 2004.

CORDEIRO, Antonio Manuel Menezes. *Da boa-fé no direito civil*. Coimbra: Almedina, 1989.

COSSIO, Carlos. *La teoría egológica del derecho y el concepto jurídico de libertad*. Buenos Aires: Losada, 1944.

COSTA, Regina Helena. Contribuição previdenciária dos servidores públicos federais. Inconstitucionalidades da Lei 9.783/99. *Revista do Tribunal Regional Federal da 3ª Região*, São Paulo, vol. 38, p. 81-93, abr-jun. 1999.

COUTO E SILVA, Clóvis do. *O princípio da boa-fé no direito brasileiro e português*. In *Estudos de direito civil brasileiro e português*. (*I Jornada luso-brasileira de direito civil*). São Paulo: Revista dos Tribunais, 1980.

——. *A obrigação como processo*. Porto Alegre: Emma, 1964.

CRETELLA JR., José. *Comentários à Constituição de 1988*. 2ª ed., Rio de Janeiro: Forense Universitária, 1993.

DANTAS, San Tiago. Igualdade perante a lei e "due process of law" (Contribuição ao estudo da limitação constitucional do Poder Legislativo). *Revista Forense*, vol. 116, p. 357-367, abr. 1948.

DE PLÁCIDO E SILVA, Oscar José. *Vocabulário jurídico*. Atualizado por ALVES, Geraldo Mayola e SLAIBI FILHO, Nagib. Rio de Janeiro: Forense, 1999, CD-ROM.

DÓRIA, Antônio Roberto Sampaio. *Direito constitucional tributário e "due process of law"*. 2ª ed., Rio de Janeiro: Forense, 1986.

DWORKIN, Ronald. *Levando os direitos a sério*. Trad. Nelson Boeira. São Paulo: Martins Fontes, 2002.

ESEVERI, Ernesto; MARTINEZ, Juan Lópes. *Temas prácticos de derecho financiero – parte general*. 3ª ed., Granada: Calmares, 1997.

ESSER, Josef. *Principio y norma en la elaboración jurisprudencial del derecho privado*. Trad. Eduardo Valenti Fiol. Barcelona: Bosch, 1961.

FACIN, Andréia Minussi. Vedação ao "confisco" tributário. *Revista Dialética de Direito Tributário*, São Paulo, vol. 80, p. 7-19, maio 2002.

FALCÃO, Amílcar de Araújo. *Fato gerador da obrigação tributária*. 5ª.ed., Rio de Janeiro: Forense, 1994.

FERRAZ, Tércio Sampaio. Princípios condicionantes do poder constituinte estadual em face da Constituição Federal. *Revista de Direito Público*, São Paulo, vol. 92, p. 34-42, out-dez. 1989.

FONROUGE, Giuliani. *Conceitos de direito tributário*. Trad. Geraldo Ataliba e Marco Aurélio Greco. São Paulo: Lael, 1973.

GADAMER, Hans-Georg. *Verdade e método. Traços fundamentais de uma hermenêutica filosófica*. Trad. Flávio Paulo Meurer. 2ª ed., Petrópolis: Vozes, 1998.

GARCIA DORADO, Francisco. *Prohibición constitucional de confiscatoriedad y deber de tributación*. Madrid: Dykinson, 2002.

GARCIA QUINTANA, César Albiñana. *Derecho financiero y tributario*. Madrid: Ministerio de Hacienda, 1979.

GIARDINA, Emílio. *Le basi teoriche del principio della capacità contributiva*. Milano: Giuffrè, 1961.

GONZÁLES GARCIA, Eusebio. *Curso de derecho tributario*. 4ª ed., Madrid: Editoriales de Derecho Reunidas, 1986, tomo I.

GONZÁLES PÉREZ, Jesus. *El principio general de la buena fe en el derecho administrativo*. 4ª ed., Madrid: Civitas, 2004.

GOLDSCHMIDT, Fabio Brun. *O princípio do não-confisco no direito tributário*. São Paulo: Revista dos Tribunais, 2004.

GRAU, Eros Roberto. *Direito, conceitos e normas jurídicas*. São Paulo: Revista dos Tribunais, 1988.

GRECO, Marco Aurélio. *Contribuições (uma figura sui generis)*. São Paulo: Dialética, 2000.

GROSCLAUDE, Jacques; MARCHESSOU, Philippe. *Droit Fiscal General*. 2ª ed., Paris: Dalloz, 1999.

GROTE, Rainer. Rule of law, Etat de Droit and Rechtsstaat. *Anais do Congresso da Associação Internacional de Direito Constitucional*, Roterdam, 12-16 de julho de 1999.

HART, H. L. A. *O Conceito de direito*. Trad. A. Ribeiro Mendes. 2ª ed., Lisboa: Fundação Calouste Gulbenkian, 1990.

HENSEL, Albert. *Diritto tributario*. Trad. Dino Jarach. Milano: Guiffrè, 1956.

HORVATH, Estevão. *O princípio do não-confisco no direito tributário*. São Paulo: Dialética, 2002.

JARACH, Dino. *Curso superior de derecho tributario*. Buenos Aires: Cima, 1957.

LA TORRE, Massimo e SPADARO, Antonio (org.). *La ragionevolezza nel diritto*. Torino: Giappichelli, 2002.

LARENZ, Karl. *Metodologia de la ciencia del derecho*. Trad. Enrique Gimbernat Ordeig. Barcelona: Ariel, 1966.

LINARES, Juan Francisco. *Razonabilidad de las leyes. El "debido proceso" como garantía innominada en la Constitución argentina*. 2ª.ed., Buenos Aires: Astrea, 1970.

LINARES QUINTANA, Segundo V. *Tratado de la ciencia del derecho constitucional argentino y comparado*. Buenos Aires: Plus Ultra, 1985, tomo IV.

MACHADO, Hugo de Brito. *Temas de direito tributário*. São Paulo: Revista dos Tribunais, 1993.

MARTÍN DELGADO, José Maria. Los principios de capacidad económica e igualdad en la Constitución española de 1978. *Revista Española de Hacienda Pública*, Madrid, vol. 60, p. 73-99, 1979.

MARTINEZ LAGO, Miguel Angel. Función motivadora de la norma tributaria y prohibición de confiscatoriedad. *Revista Española de Derecho Financiero - Civitas*, Madrid, vol. 60, p. 632-660, 1988.

MARTINS, Ives Gandra da Silva (Coord.). *Tributação na Internet*. Pesquisas tributárias, Nova série, nº 7. São Paulo: Centro de Extensão Universitária – Revista dos Tribunais, 2001.

—— (Coord.). *Direitos fundamentais do contribuinte*. Pesquisas tributárias, nova série, nº 6. São Paulo: Centro de Extensão Universitária – Revista dos Tribunais, 2000.

—— (Coord.). *Curso de Direito Tributário*. 8ª ed., São Paulo: Saraiva, 2001.

——; BASTOS, Celso Ribeiro. *Comentários à Constituição do Brasil*. São Paulo: Saraiva, 1990, vol. 6, tomo I.

MARTINS-COSTA, Judith. *A boa-fé no direito privado*. São Paulo: Revista dos Tribunais, 1999.

MAXIMILIANO, Carlos. *Hermenêutica e interpretação do direito*. 9ª ed., Rio de Janeiro: Forense, 1979.

MELLO, Celso Antônio Bandeira de. *Curso de direito administrativo*. 14ª ed., São Paulo: Malheiros, 2002.

MELLO, José Eduardo Soares de. *Imposto sobre serviço de comunicação*. São Paulo: Malheiros, 2000.

MENDES, Gilmar Ferreira. A proporcionalidade na jurisprudência do Supremo Tribunal Federal. *Repertório IOB de jurisprudência*, São Paulo, nº 23, p. 470-475, 1ª quinzena dez. 1994.

——. O princípio da proporcionalidade na jurisprudência do Supremo Tribunal Federal: novas leituras. *Repertório IOB de jurisprudência*, São Paulo, nº 14, p. 361-372, 2ª quinzena jul. 2000.

MIRANDA, Jorge. *Manual de direito constitucional*. 3ª ed., Coimbra: Coimbra ed., 2000, tomo IV.

MORAES, Bernardo Ribeiro de. *Compêndio de direito tributário*. 6ª ed., Rio de Janeiro: Forense, 2000.

MOSCHETTI, Francesco. *Il principio della capacità contributiva*. Padova: Cedam, 1973.

MOSQUERA. Roberto Quiroga. *Tributação no mercado financeiro e de capitais*. São Paulo: Dialética, 1999.

NAVEIRA DE CASANOVA, Gustavo J. *El principio de no confiscatoriedad. Estudio em España y Argentina*. Madrid: McGraw-Hill, 1997.

OLIVEIRA, José Marcos Domingues de. *Direito tributário. Capacidade contributiva. Conteúdo e eficácia do princípio*. 2ª ed., Rio de Janeiro: Renovar, 1998.

PALAO TABOADA, Carlos. Apogeo y crisis del principio de capacidad contributiva. In *Estudios jurídicos en homenaje al profesor Federico de Castro*. Madrid: Tecnos, 1976, tomo II, p. 378-417.

——. La protección constitucional de la propiedad privada como límite al poder tributario. In: *Hacienda y Constitución*. Madrid: Instituto de Estudios Fiscales, 1979, p.377-425.

PASTORELLO, Dirceu Antônio. *Os princípios jurídicos da tributação na Constituição de 1988* 4ª ed. São Paulo: Dialética, 2001.

PAULSEN, Leandro. *Direito tributário. Constituição e Código Tributário à luz da doutrina e da jurisprudência*. 6ª ed., Porto Alegre: Livraria do Advogado ed.-ESMAFE, 2004.

PÉREZ DE AYALA, José Luis. *Los principios de justicia en el impuesto en la Constitución*. Madrid: Consejo Superior de Cámaras de Comercio, Industria y Navegación de España, 1986.

PONTES DE MIRANDA, (Francisco Cavalcanti). *Comentários à Constituição de 1967 com a Emenda nº1, de 1969*. Rio de Janeiro: Forense, 1987, tomos II e III.

POTITO, Enrico. Alcune precisazioni concettuali in relazione all'imposta sulle aree fabbricabili sui principi costituzionali in tema di potestà di inposizione. *Rivista di Diritto Finanziario e Scienza delle Finanze*, Milano, vol. XXV, n°2, p. 291-327, 1966.

POUND, Roscoe. Hierarchy of sources and forms in different systems of law. *Tulane Law Review*, New Orleans, vol. 7, p.482-486, 1933.

QUIROGA LAVIÉ, Humberto. *Derecho constitucional*. Buenos Aires: Depalma, 1987.

RAO, Vicente. Jóquei Clube de São Paulo. Inteligência do Decreto nº 24.646, de 1934 – os "consideranda" na interpretação da lei – conceito de serviço público – delegação de atribuições da administração federal às entidades de corridas – subordinação destas à competência fiscal somente da União – interpretação dos arts. 30 e 31 da Carta Magna – imposto municipal sobre ingressos e de licença – intributabilidade, ainda, resultante de contrato. Parecer. *Revista dos Tribunais*, São Paulo, vol. 276, p.62-76, outubro de 1958.

RIBEIRO, Antônio de Pádua. Substituição tributária para frente. *Revista do Centro de Estudos Judiciários do Conselho da Justiça Federal*, Brasília, vol. 1, n° 3, p. 105-110, dez. 1997.

SILVA, José Afonso da. *Curso de direito constitucional positivo*. 18ª ed., São Paulo: Malheiros, 2000.

SILVA, Luis Virgílio Afonso da. O proporcional e o razoável. *Revista dos Tribunais*, São Paulo, vol. 798, p. 23-50, abr. 2002.

SOUZA, Carlos Renato Silva e. Capacidade contributiva, IPTU e progressividade. *Revista de Direito Tributário*, São Paulo, vol. 76, p. 243-268, 1996.

SOUZA JÚNIOR, Cezar Saldanha. *A supremacia do direito no Estado Democrático e seus modelos básicos*. Porto Alegre, 2002.

SPISSO, Rodolfo R. *Derecho constitucional tributario*. Buenos Aires: Depalma, 1991.

SCHWARTZ, Bernard. *Constitucional law – a text book*. New York: Macmillan, 1972.

TIPKE, Klaus. Sobre a unidade da ordem jurídica tributária. Trad. Luís Eduardo Schoueri. In SHOUERI, Luís Eduardo e ZILVETI, Fernando Aurelio (Coord.). *Direito Tributário. Estudos em homenagem a Brandão Machado*. São Paulo: Dialética, 1998, p. 60-71.

TORRES, Ricardo Lobo. *Tratado de Direito Constitucional Financeiro e Tributário*, vol. III – Os Direitos Humanos e a tributação - imunidades e isonomia. Rio de Janeiro: Renovar, 1999.

TORRES DEL MORAL, Antonio. *Principios de derecho constitucional español*. Madrid: Ateneo, 1985.

VALDÉS COSTA, Ramón. *Curso de derecho tributario*. 2ª ed., Buenos Aires: Depalma, 1996.

VANONI, Ezio. *Natureza e interpretação das leis tributárias*. Trad. Rubens Gomes de Sousa. Rio de Janeiro: Edições Financeiras, s/d.

VARGAS, Jorge de Oliveira. *Princípio do não-confisco como garantia constitucional da tributação justa*. Curitiba: Juruá, 2004.

VILLEGAS, Hector B. *Curso de finanzas, derecho financiero y tributario*. 4ª ed., Buenos Aires: Depalma, 1990.

YEBRA MARTUL-ORTEGA, Perfecto. Principios del derecho financiero y tributario en la Ley Fundamental de Bonn. *Revista de Direito Tributário*, São Paulo, vol. 56, p.19-38, abr-jun. 1991.